Hrsg.: Lutz Niethammer,
Bodo Hombach, Tilman Fichter, Ulrich Borsdorf

"Die Menschen machen ihre Geschichte nicht aus freien Stücken, aber sie machen sie selbst"

Einladung zu einer Geschichte des Volkes in NRW

Mit einem Vorwort von Johannes Rau

Verlag J.H.W. Dietz Nachf. Berlin/Bonn

ISBN 3-8012-0101-5

2. Auflage (16. bis 35. Tsd.) 1985

Godesberger Allee 143, D-5300 Bonn 2
Die Bildserien wurden erstellt von: Tilman Fichter und Alexander von Plato
Lektorat: Charles Schüddekopf
Umschlag: Karl Debus, Bonn, unter Verwendung von Fotos aus dem
Archiv K. Wohlgemuth, Essen (Titelseite)
und der Sammlung Arbeitswelt,
Vereinigung Westfälischer Museen, Münster
(4. Umschlagseite)
Layout: Karl Debus und Gero Zimmermann, Bonn
Satz: Satz-Studio Hülskötter, Burscheid-Dürscheid
Druck und Verarbeitung: braunschweig druck GmbH

Printed in Germany 1985

Inhalt

Unsere Tradition

Mit diesem Bilder-, Geschichten- und Geschichtsbuch wollen wir den Menschen an Rhein, Ruhr und Lippe Mut machen, die Geschichte unseres Landes neu zu überdenken — denn ein demokratisches Bewußtsein setzt auch den bewußten Umgang mit der eigenen Geschichte voraus. So sind zum Beispiel die Freiheitsbewegungen in Köln, Düsseldorf oder Elberfeld im Vormärz und in den Revolutionsjahren 1848/49 auch heute noch nicht allgemeiner Bestandteil unseres Landesbewußtseins. Das gilt sicher auch für die im letzten Jahrhundert in der Rheinprovinz und in Westfalen weit verbreitete Widerspenstigkeit gegen den preußischen Untertanengeist, ganz zu schweigen von den frühen Traditionen der Arbeiterbewegung im Bergischen Industriegebiet, am linken Niederrhein oder in Köln und Düsseldorf.
Nachdem Preußen, Rußland, England, Österreich und Schweden in der Völkerschlacht bei Leipzig im Oktober 1813 die napoleonischen Heere geschlagen hatten, fielen die Rheinlande und Westfalen 1815 an Preußen. Die einheimische Bevölkerung, deren Bedürfnisse auf dem Wiener Kongreß nicht Gegenstand der Verhandlungen gewesen waren, forderte 1817/18 in mehreren Petitionen, die aus der Franzosenzeit stammenden Institutionen wie Gleichheit der Bürger vor dem Gesetz, Gewaltenteilung, Schwurgerichte und Gewerbefreiheit, beizubehalten.
Als mehr als ein Jahrhundert später der erste Landtag von Nordrhein-Westfalen am 2. Oktober 1946 zu seiner konstituierenden Sitzung zusammentrat, konnten die 200 Abgeordneten auf eine reiche demokratische Tradition zurückgreifen, denn immer wieder hatte sich der Wille des Volkes zur Achtung demokratischer Regeln seit der Phase der Restauration gegen den preußischen Obrigkeitsstaat behaupten müssen. So bespitzelte die preußische Bürokratie in der Ära der „Demagogenverfolgung“ zahlreiche aufrechte Republikaner. Nach 1848/49 jagte die Berliner politische Polizei Demokraten wie Carl Schurz und Gottfried Kinkel. In der Phase des Kulturkampfes (1871—87) wurde dann die katholische Kirche durch Ausnahmegesetze bedrängt, und nach den Attentaten auf Kaiser Wilhelm I. im Frühsommer 1878 verfolgten die Polizeibehörden die Sozialdemokraten mit größter Härte. Erst 1890 hob der Reichstag das Sozialistengesetz — gegen den ausdrücklichen Wunsch von Bismarck — wieder auf.
In all jenen Jahren wurde in den preußischen Provinzen Westfalen und im Rheinlande Reichtum erarbeitet. Reichtum durch Kohle, Textil, Eisen und Stahl; den Menschen aber, die sich dafür mehr als ein Jahrhundert abgearbeitet haben, ist vom Ertrag ihrer Arbeit nicht viel geblieben.
Nordrhein-Westfalen ist das Herz der Bundesrepublik. Nordrhein-Westfalen ist das bevölkerungsreichste Bundesland, die Energiebasis der Republik, der Standort der Schwer- und Großindustrie, aber auch das Land mit den meisten mittelständischen Unternehmen. Nordrhein-Westfalen trug und trägt Verantwortung für alle: Zum Beispiel die Last der Kohle-Vorrang-Politik im Interesse der nationalen Energiesicherung. Hier hat Nordrhein-Westfalen besondere Leistungen und Lasten in den Aufbaujahren und bis heute stellvertretend für andere auf sich genommen.
Meine Freunde und ich haben besonderen Wert darauf gelegt, daß nun endlich auch die Lebensbedingungen der arbeitenden Menschen an Rhein, Ruhr und Lippe entscheidend verbessert wurden. Nordrhein-Westfalen ist nicht nur ein Land der Industrie, es beherbergt auch eine reichhaltige und anregende Kultur. Das zeigen Vielfalt und Qualität seiner Hochschulen, Theater, Opernhäuser und Museen. Der Reichtum, den die Menschen dieser Region erarbeiten, soll ihnen auch weiterhin zugute kommen. In den letzten Jahren wurde ganz besonders dafür gesorgt, daß Nordrhein-Westfalen in die eigene Zukunft investiert und stetig die Lebensbedingungen der Bürger verbessert: Im Verkehr und im Wohnungsbau, im Bildungsangebot, im Freizeitbereich und durch soziale Einrichtungen vielfältiger Art.
Die Heimatverbundenheit und das Interesse an der lokalen Geschichte haben seit Ende der 70er Jahre gerade auch bei jüngeren Menschen erfreulicherweise zugenommen. Die Alltagsgeschichten der feinen Leute kennen wir auch heute noch teilweise aus der schöngeistigen Literatur jener Jahre; die Alltagsgeschichten der „einfachen“ Leute müssen erst wieder neu entdeckt werden. Arbeit — Alltag — Demokratie bezeichnen stichwortartig die Dunkelstellen im vorherrschenden Geschichtsbewußtsein. Aber an der Basis der Parteien, Gewerkschaften, Frauen- und Jugendgruppen bewegt es sich seit längerem. Geschichtsinitiativen vor Ort untersuchen die Alltagsgeschichte, sichern Spuren der Arbeitswelt und der sozialen Kämpfe, drehen Dokumentarfilme, schreiben die Regionalgeschichte neu und widmen veraltete Industrieanlagen um. Oft wirken in diesen Initiativen Arbeiter und Angestellte und engagierte Intellektuelle eng zusammen. Das Monopol der akademischen Geschichtsschreibung zerbröselt. Ein neues engagiertes republikanisches Geschichts- und Landesbewußtsein entsteht.

Im Februar 1970 hat uns Gustav W. Heinemann in seiner Ansprache bei der Schaffer-Mahlzeit im Bremer Rathaus zu einer solchen Entwicklung Mut gemacht:

„Traditionen sind . . . keineswegs das Privileg konservativer Kräfte. Noch weniger gehören sie in die alleinige Erbpacht von Reaktionären, obwohl diese am lautstärksten von ihnen reden. Auch ist es sehr wohl möglich, bestimmte Vorgänge sehr verschieden zu deuten und — was vollends interessant ist — für sehr unterschiedliche Traditionsauffassungen in Anspruch zu nehmen. Es kann — so meine ich — nicht um die Frage gehen: Tradition — ja oder nein? Die Alternative besteht darin, an welche Traditionen angeknüpft werden soll und in welchem Sinne wir eines historischen Vorgangs gedenken."

Die ungezählten kleinen Ausstellungen, Gedenkveranstaltungen, historischen Konferenzen und Staatsakte anläßlich des 50. Jahrestages der „Machtübernahme" durch die Nationalsozialisten am 23. März 1933 haben uns allen deutlich gezeigt, daß die Auseinandersetzung um die Geschichte bereits voll im Gange ist. Die steigenden Besucherzahlen der Museen und überregionalen Geschichtsausstellungen (allein 1983 rund 40 Millionen Menschen) dokumentieren das wachsende historische Interesse in der Bevölkerung fast vierzig Jahre nach Ende des Zweiten Weltkrieges nur allzu deutlich. Nicht zuletzt als Antwort auf die zahlreichen Neuveröffentlichungen von repräsentativen konservativen Geschichtswerken über die neuere deutsche Geschichte ist dieses Buch gedacht. Es soll in Nordrhein-Westfalen ganz einfach auch denjenigen von uns Mut zur Geschichtsarbeit machen, die bisher noch achtlos mit unseren Traditionen umgegangen sind.

Natürlich liefert die Auseinandersetzung mit der Geschichte keine Patentrezepte für die Lösung der Zukunftsprobleme. Aber ein entspannteres und toleranteres Verhältnis der Generationen und Geschlechter oder einen bewußten Umgang mit der Natur können wir zum Beispiel aus unseren Erfolgen und Fehlern schon lernen. Die dritte technische Revolution, der Übergang von der Rationalisierung zur Halb- und Vollautomatisierung oder die anstehenden Neuverteilungen der Arbeit stellen auch Fragen an die Geschichte der Technik, der Industrie und der sozialen Kämpfe. Ohne die Antwort auf die Frage „Woher kommen wir?" werden wir auch die Frage „Wohin gehen wir?" nicht beantworten können. Schon deshalb können wir uns im Land der Arbeit nachlässigen Umgang mit unseren eigenständigen Traditionen nicht leisten. Was aber das Wichtigste ist: Die Demokratie im Staat, in der Gesellschaft und in den Organisationen der Arbeiterbewegung, für die Menschen in mehreren Generationen — oft unter heute nur noch schwer vorstellbaren Bedingungen — eingetreten sind, ist ein Gut, an dem wir festhalten müssen. Die Erfahrung lehrt uns, daß nur diejenigen dieses Gut auch in schwierigen Zeiten verteidigen, die sich seiner historischen Bedeutung bewußt sind.

Johannes Rau

Gebrauchsanleitung

Dieses Buch will Lust machen, Geschichte in die eigenen Hände zu nehmen. Sowohl die Geschichte, die unser Leben bindet und verändert, als auch jene, die uns etwas über diese Bindungen und Veränderungen sagt. An vielen Beispielen aus über eineinhalb Jahrhunderten im Rheinland und in Westfalen handelt es immer wieder von den Zusammenhängen von Arbeit, Alltag und den Möglichkeiten und Hemmnissen demokratischer Selbstbestimmung. Und oft wird an einzelnen Beispielen auch gezeigt, wie man die Geschichte des Lebens im eigenen Ort, im Betrieb, von Familien, von Organisationen und politischen Aktionen selbst erforschen, ihre Zeugnisse sammeln, ihre Geschichten aufspüren und durch sie Einsichten auch für heute gewinnen kann.

Damit unterscheidet sich dieses Lese- und Bilderbuch von vielen Geschichtsbüchern, die uns weismachen wollen, daß Geschichte nur in fernen Zentren der Macht stattfände und nicht auch hier in diesem Land der Arbeit, in dem viele Grundlagen der deutschen Erfahrung in diesen beiden Jahrhunderten erwirtschaftet und ihre Krisen und Niederlagen am fühlbarsten ertragen werden mußten. Solche Geschichtsbücher wollen uns meist nahelegen, daß Geschichte nur ein Privileg akademischer Historiker sei, die allein das Recht hätten, die Vergangenheit selbst und das, was aus ihr gelernt werden kann, zu benennen. Doch die Historiker können uns helfen, daß wir unsere eigene Geschichte, die immer wieder eine andere ist und Ort für Ort, Standpunkt für Standpunkt ausgegraben sein will, finden, schreiben, besprechen!

Nun sind freilich auch die Beiträge zu diesem Band fast durchweg von Historikern geschrieben oder aus Bildarchiven zusammengetragen worden. Aber sie sind nur Fragmente und Gesichtspunkte eines größeren Bildes, das erst entstehen kann, wenn viele Leser von ihren Erfahrungen und Standpunkten aus sich diese Anregungen zunutze machen und selbst ihre Geschichte erforschen. Eine solche Volksgeschichte wird sicherlich kein objektives, feststehendes Bild vermitteln können, sondern sie wird ein lebendiger Prozeß sein, in dem immer neue Einsichten aufleuchten und zur Geltung drängen, die politisch durchgesetzt werden müssen. Insofern will dieser Band nicht das vermitteln, was oft ein „Geschichtsbild" genannt wird, sondern er will ein Kaleidoskop professioneller, aber nach Kräften anschaulich und verständlich formulierter Anregung sein, womit, in welchen Zusammenhängen und mit welchen Quellen es sich für unsere Leser lohnen könnte, auch historisch an die Arbeit zu gehen. In Bild und Text können wir dafür nur Ansatzpunkte liefern, ein Mosaik, in dem die meisten Steine, wie so oft beim Freilegen historischer Überlieferungen, fehlen. Aus vielen Orten, Branchen und Lebenssituationen, die es verdient hätten, fehlen Beiträge, teils weil ein solches Buch begrenzt ist, meist aber, weil diese Gegenstände noch gar nicht bearbeitet sind.

Dafür aber wird es hohe Zeit, weil unsere Gesellschaft mehr von ihren Erfahrungen verdrängt, als daß sie diese in ihrer ganzen Vielgestaltigkeit hervorholte und dadurch der Phantasie Nahrung, aber auch Befestigung gäbe, ohne die eine demokratische Lösung unserer heutigen Probleme nicht fruchtbar werden wird. Der Band will dazu auch eine Vielzahl von Quellen — vom Familienalbum bis zum Staatsarchiv, von abrißbedrohten Industriegebäuden bis zur Darstellung der bildenden Kunst — vorführen, um die Möglichkeiten der Nachforschungen zu erweitern und dazu aufzufordern, das in der Vergangenheit aufgehobene Lernpotential nicht brachliegen zu lassen. Viele dieser Zeugnisse werden von uns selbst, von unserer Gesellschaft zerstört, und dies nicht zuletzt, weil sie in ihrem Wert nicht erkannt werden. Durch diesen Band soll hier die Aufmerksamkeit geschärft werden, achtsam mit unserem Erbe umzugehen und aus ihm Beiträge zu einer neuen Volkstradition zusammenzusetzen, die vital und sensibel genug ist, um die großen Ideale der Linken in unseren Alltag zu holen und praktisch werden zu lassen: Freiheit, Solidarität, Selbstgestaltung.

Den Herausgebern sei an dieser Stelle auch ein Wort des Dankes gestattet: Zuerst unseren Autoren, die sich für dieses Projekt begeistern ließen und nach Kräften ganz ohne akademische Rücksichten daran mitgearbeitet haben und sich manche redaktionellen Eingriffe zu Gunsten des Ganzen und seiner Verständlichkeit gefallen ließen. Wir sind sicher, daß sie auch solchen Gruppen, die sich selbst an die Aufarbeitung eines Stückes ihrer Geschichte machen wollen, mit Rat und Tat zur Seite stehen werden. Dankbar sind wir auch den vielen Archiven und Sammlungen, die es uns erlaubten, einige Stücke aus ihren Schätzen hier wiederzugeben, gerade auch die zunächst unscheinbaren, die sich erst durch den sorgfältigen, um nicht zu sagen liebevollen Blick erschließen. Danken möchten wir schließlich dem Verein der Freunde Nordrhein-Westfalens, in dem SPD und Gewerkschaften für eine neue Kulturinitiative in NRW zusammenarbeiten. Nicht zuletzt fanden wir es bemerkenswert, daß diese Institutionen es uns ohne alle Scheuklappen ermöglichten, in Gesichtspunkten und Autoren ein breites Spektrum zu versammeln, um zu veranschaulichen, daß eine neue Tradition des Volkes nicht aus ängstlicher Ausgrenzung, sondern nur aus einer unvoreingenommenen und kreativen Zusammenarbeit erwachsen kann.

Deshalb haben wir auch einen Satz zum Titel dieses Buches gewählt, der Realismus und Optimismus verbindet, und dessen unziemliche Länge uns vielleicht eher nachgesehen wird, wenn wir erklären, welche besondere Bewandtnis es mit diesem Satz hat. Er ist ein Schlüsselzitat, das in der Geschichte der deutschen Linken schon viel hin und her gewendet wurde. „Hatte Marx der Revolutionsmacherei alten Stils den Riegel vorgeschoben mit den Worten, die Menschen machen ihre Geschichte selbst, aber sie machen sie nicht aus freien Stücken, so legte Lassalle mit umgekehrter Betonung, aber mit gleichem Recht den Nachdruck auf die befruchtende Initiative, auf die revolutionäre Energie und Entschlossenheit, indem er den deutschen Arbeitern mit flammenden Worten predigte: Die Menschen machen ihre Geschichte nicht aus freien Stücken, aber sie machen sie selbst." Das schrieb Rosa Luxemburg 1913 in einem Gedenkartikel auf Karl Marx, aus dessen Schrift „Der 18. Brumaire des Louis Bonaparte" die ursprüngliche Fassung stammte, in einem der führenden Organe der alten Sozialdemokratie, der Leipziger Volkszeitung. Und unter dem Eindruck des Weltkrieges fügte sie drei Jahre später in ihrer berühmten, im Gefängnis geschriebenen „Junius"-Broschüre hinzu: „Die Menschen machen ihre Geschichte nicht aus freien Stücken. Aber sie machen sie selbst. Das Proletariat ist in seiner Aktion von dem jeweiligen Reifegrad der gesellschaftlichen Entwicklung abhängig, aber die gesellschaftliche Entwicklung geht nicht jenseits des Proletariats vor sich, es ist in gleichem Maße ihre Triebfeder und Ursache, wie es ihr Produkt und ihre Folge ist. Seine Aktion selbst ist mitbestimmender Teil der Geschichte."

Der drängende Atem und das alte Vokabular solcher Zeilen mögen uns heute fremd erscheinen. Aber sie enthalten eine Grunderkenntnis, auf der auch heute noch unsere historische Selbstvergewisserung bauen kann. Nämlich daß es in die Irre führen muß, wenn man die ‚große' Geschichte, die objektiven Befunde der gesellschaftlichen Veränderung gegen die Erfahrungen und Bestrebungen der ‚kleinen' Leute ausspielt und umgekehrt. Vielmehr müssen beide Elemente immer wieder zusammengebracht werden und das geht nur, wenn die Menschen, die die Geschichte der Zukunft so oder so mitgestalten, sich auch selbst an der Freilegung, der Darstellung und der Diskussion ihrer eigenen Geschichte engagieren.

Die Herausgeber

Das große kölnische Karnevalsfest 1824
Rheinisches Bildarchiv

Auf dem Weg zur bürgerlichen Gesellschaft

Bernd Weisbrod

Armut war überall

Pauper und Prolet im Wuppertal

In der ersten Hälfte des 19. Jahrhunderts waren Kötter und Heuerlinge, Tagelöhner und Wanderarbeiter, Heimgewerbetreibende und Fabrikarbeiter, kleine Händler und Handwerker selbst in den ökonomisch fortgeschrittensten Provinzen Preußens zu einem Leben am Rande des Existenzminimums gezwungen. Für sie alle galt das biedermeierliche Idyll vom bescheidenen Wohlstand im behaglichen Heim nicht, das zum Leitbild der bürgerlichen Gesellschaft des 19. Jahrhunderts werden sollte. Sie waren entweder „würdige" oder „unwürdige" Arme, denen nur entsprechend christliche Nächstenliebe oder Ausgrenzung und Einsperrung zugedacht war. Ihr eigentliches Problem bestand jedoch darin, Arbeit zu finden, die eine Familie ernährte.

Massenarmut war nicht neu. Die chronische Überbevölkerung und Unterbeschäftigung hatten sich schon im 18. Jahrhundert dramatisch verschärft, lange bevor Industrialisierung und Urbanisierung, die Engels am Beispiel Manchesters als die Geißeln der neuen Zeit brandmarkte, Einzug ins Rheinland und Westfalen hielten. Nach den Napoleonischen Kriegen verliefen die ökonomischen Krisen noch ganz nach dem Muster der traditionellen Hungerkrisen. Erst in den 40er Jahren wurde dieses Bild überlagert von Konjunkturkrisen modernen Typs, die vor allem im Textilbereich durch die schrittweise Verdrängung des hausindustriellen Gewerbes durch die Fabrikindustrie und die ausländische Konkurrenz gekennzeichnet waren.

Neu war auch die Einsicht, daß die alte, „sittlich gebundene Ökonomie", in der der „Stand der Armut" — wie kläglich auch immer — seinen Platz behauptet habe, unweigerlich durch die Herrschaft der Marktgesetze verdrängt werden müsse. Die bewußte Freisetzung der Menschen aus den alten Bindungen, die Aufhebung der Zunftverfassung und die Einführung der Gewerbefreiheit hatte sie auch des ständischen Schutzes beraubt. Für diesen Prozeß war die Fabrik, die die angstvollen Phantasien der Zeitgenossen beherrschte, nur ein anschauliches Symptom. Noch wiegten manche sich in der Hoffnung, die Massenverarmung sei durch Industrie — Erwerbsfleiß und massenhafte maschinelle Produktion — in kurzer Frist zu überwinden. Trotz der Verkündung des neuen „Evangeliums der Arbeit" erwies sich die Armut großer Bevölkerungskreise als ein beständiges und keineswegs nur moralisches Problem. Pauperismus in diesem Sinne war nach der Definition des Brockhaus von 1846 überall da vorhanden, „wo eine zahlreiche Volksklasse sich durch die angestrengteste Arbeit höchstens das notdürftigste Auskommen verdienen kann, auch dessen nicht sicher ist, in der Regel schon von der Geburt an und auf Lebenszeit solcher Lage geopfert ist, keine Aussicht auf Änderung hat."

Von der Hand in den Mund

Vier Fünftel der Einwohner Westfalens waren nach den Wahllisten des Provinziallandtags von 1826 zur klein- und unterbäuerlichen oder klein- und unterbürgerlichen Schicht zu rechnen. Einzelne Regionen und Berufsgruppen lebten jedoch nicht nur in Armut, sondern in existentieller Not. Tausende von Flachsspinnern darbten auf der Senne, einem kargen Landstrich zwischen Bielefeld und Paderborn. In einem eindringlichen Bericht des Mindener Regierungsrats Carl Hermann Bitter von 1853 hieß es, in ihren armseligen Hütten seien Brot und Fleisch unbekannt; mit Wurzeln, Rüben und Kartoffeln fristeten sie ein Leben „ohne Gegenwart und ohne Zukunft": „Sie säen, aber sie ernten nicht; sie arbeiten, aber sie erhalten keinen Lohn."

Am deutlichsten trat jedoch der Übergang von der vorindustriellen Massenarmut zum frühindustriellen Pauperismus in den Textilstädten des Wuppertals zutage. Von der Bevölkerung Barmens und Elberfelds, die sich in der ersten Hälfte des 19. Jahrhunderts mehr

Der 1. Mai im Wupperthal;
H. Würz, Historisches Zentrum Wuppertal

als verdoppelte, erhielten dauernd etwa 10 bis 20 Prozent Armenunterstützung. In Krisenzeiten, wie in den 30er und 40er Jahren, erwies es sich jedoch, daß „fast die Hälfte der Einwohner nicht ohne Unterstützung leben" konnte, wie der Barmer Stadtrat 1830 feststellte. Sieht man einmal von diesen Kriseneinbrüchen ab, so waren die Hauptgründe

für die Massenarmut einmal in den traditionellen Ursachen Alter und Krankheit, sodann in spezifischen Familienkonstellationen zu suchen. Elternlose Kinder, Kinder aus unvollständigen Familien oder solche, deren Eltern zu viele Mäuler zu stopfen hatten, machten oft bis zur Hälfte der Unterstützungsfälle aus. Der Mangel an Beschäftigungsmöglichkeiten sowie unregelmäßige und unzureichende Löhne dürften jedoch ausschlaggebend für die Massenverarmung im Wuppertal gewesen sein.
Das Lohngefüge baute immer noch auf dem Lohnstand des alleinstehenden Gesellen auf. Eine Familie war davon in der Regel nicht zu ernähren. 1849 wurde für eine Arbeiterfamilie mit drei Kindern unter 10 Jahren ein wöchentlicher Mindestbedarf von 4 Thalern errechnet. Einen solchen Lohnsatz konnten sich aber selbst die gutbezahlten Türkischrot-Färber erst im Revolutionsjahr 1848 erstreiten. Die Baumwollweber mußten in den 30er Jahren mit der Hälfte auskommen, wenn sie in den Fabriken arbeiteten. Die große Mehrheit der auswärts tätigen Heimweber erzielte einen Wochenlohn von knapp einem Thaler (30 Silbergroschen), wenn man ein Drittel ihrer Arbeitszeit für Feldarbeit in Rechnung stellt. Zwei Drittel der Arbeitskräfte in den Baumwollspinnereien waren Kinder, die einen Wochenverdienst von 24 Silbergroschen erzielten; Kinder, die den Webern beim Spulen halfen, konnten etwa 11 Silbergroschen zum Familieneinkommen beitragen. Die im Lohngewerbe beschäftigten Heimweber klagten darüber hinaus vor allem über die willkürlichen und betrügerischen Berechnungsmethoden auf der Wiegkammer: Selbst die notwendige Vorricht- und Wartezeit wollten die Kaufleute (Verleger) nicht mehr entlohnen. Aber auch die traditionellen Handwerksberufe waren heillos überfüllt und ernährten kaum mehr ihren Mann: Von 1.100 Schustermeistern in Elberfeld und Barmen hatten 1845 etwa 500 wenig oder gar nichts zu tun, nur ein Bruchteil zahlte überhaupt Gewerbesteuer.
In all diesen Fällen erzwang die Einkommenslage eine Lebensweise, die die Mitarbeit der Mutter und der erwerbsfähigen Kinder als selbstverständlich voraussetzte. Dies unterschied sich zunächst noch nicht von den traditionellen Arbeitsformen der kleinbäuerlichen Wirtschaft oder des proto-industriellen Hausgewerbes, in dem „die Selbstausbeutung der Familie" oft der einzige Ausweg aus der zunehmenden Verengung des Nahrungsspielraums gewesen war. Neu war allerdings die massenhafte Fabrikarbeit von Kindern, die wegen der physischen und vor allem der moralischen Gefährdung der heranwachsenden Generation, von der bis zur Hälfte der Schulpflicht entzogen wurde, öffentliches Aufsehen erregte. Ohne Fabrikinspektion blieb jedoch das königliche Regulativ von 1839 noch weitgehend unwirksam, für das sich der Barmer Fabrikant Schuchard, angeregt durch den Selbstmord einer 12jährigen Spinnerin, im rheinischen Provinziallandtag eingesetzt hatte. Immerhin wurde aber durch die Beschränkung der Kinderarbeit auf maximal 10 Stunden am Tag für Kinder unter 16 Jahren und durch das Verbot „regelmäßiger" Beschäftigung von Kindern vor dem vollendeten neunten Lebensjahr erstmals der „Wehr- und Erziehungsanspruch" des Staates ansatzweise gegenüber dem Laissez-faire-Interesse des Unternehmers zur Geltung gebracht. An eine beständige Lebenshaltung war unter diesen Umständen kaum zu denken. Größere Ausgaben für Schuhe oder Miete waren aus dem unregelmäßigen Verdienst oft nicht zu bestreiten. Am 1. Mai, dem traditionellen Miet-Termin, vollzog sich unter den Augen der Polizei eine gespenstische Prozession: „Heute steigt das Proletariat aus seinen dumpfen Höhlen", schrieb 1846 der „Gesellschaftsspiegel", das von Moses Heß herausgegebene „Organ zur Vertretung der besitzlosen Klassen", „die modernen Sklaven der Industrie, ein Geschlecht, arm und verwahrlost, arm an Geld, aber reich an Kindern, dessen unabänderliches Schicksal es zu sein scheint, zu arbeiten, zu leiden und zu sterben." Tausende Personen hatten sich schon zuvor auf dem Rathaus gemeldet, weil sie die Miete nicht zahlen konnten, noch einmal soviel konnten keine neue Wohnung finden.
In Barmen, dieser „reichen und frommen Stadt", deren pietistischen Mystizismus schon der junge Engels gegeißelt hatte, wohnte der Hunger. Die zahlreichen Festbankette und andere selbstgefällige Darstellungen des bürgerlichen Wohlstandes konnten nicht darüber hinwegtäuschen, daß für die Mehrheit der Bevölkerung die einfachen Gesetze des Überlebens galten. Besonders für die hausindustriellen Weber bedeutete die heraufdämmernde kapitalistische Industriewirtschaft zunächst nichts anderes als die Mangelwirtschaft in Permanenz: „Vater hatte einen Webstuhl", so schrieb der Amerika-Auswanderer Hermann Enters in seinen Lebenserinnerungen, „er verdiente soviel, wie man sagt, zu wenig zum Leben, zu viel zum Sterben".

Wer nicht hören will, muß fühlen

„Wer arbeiten kann, soll sich sein Brot in der Regel selbst verdienen. Wer dies nicht thut, gegen den muß polizeilicher Zwang eintreten." Diese Richtlinie der vorgesetzten Polizeibehörde für die städtische Armenpflege im Jahre 1816, als die Bettlerplage überhandzunehmen drohte, zeigt den Zwangscharakter einer solchen, dem protestantischen Ethos verpflichteten Arbeitserziehung. Armenunterstützung als Lohnersatz oder -ergänzung war in diesem Sinne prinzipiell bedenklich und nur in begründeten Einzelfällen zulässig. Sie widersprach auch der bewußten Freisetzung von Arbeitskräften, die in Preußen ihre rechtliche Regelung schließlich in der Freizügigkeitsgesetzgebung von 1842 erfuhr, die gleichzeitig den Unterstützungsanspruch von der

Heimatgemeinde löste und an den jeweiligen Wohnsitz band. Entsprechend richteten sich die Unterstützungsleistungen der Armenverwaltung, die in Elberfeld etwa die Hälfte des Gemeindehaushalts verschlangen, nicht nach den für den Lebensunterhalt erforderlichen Mindestbedürfnissen, sondern ausdrücklich nach einer fiktiven Mindestlohngrenze.
Selbst Familienväter mit deutlich weniger als einem Thaler Lohn waren ausdrücklich von der Unterstützung ausgeschlossen. Tatsächlich schützte aber auch die Ergänzung solch unzureichender Löhne durch Armengaben nicht vor bitterster Not. Bei der 1831 in Barmen durchgeführten „Bettlerjagd" griff man eine Reihe von Kindern auf, die das Familieneinkommen auf diese Weise aufbesserten. Ein Seidenweber mit einem Durchschnittslohn von zweieinhalb bis drei Thalern, dessen sechsjährige Tochter trotz Suppenzuteilung gebettelt hatte und der eine arbeitslose Tochter, eine schwächliche Frau und fünf weitere Kinder zu versorgen hatte, sah sich dem Vorwurf ausgesetzt, seine Kinder zu vernachlässigen.
Im Prinzip hielt die teils kirchlich, teils behördlich organisierte Armenverwaltung an dem Grundsatz fest, der schon Anfang des Jahrhunderts in der großen Armenrevision Johann Jakob Aders nach dem Vorbild Hamburgs erprobt wurde und der nach der Mitte des Jahrhunderts unter dem Namen „Elberfelder System" einen Siegeszug durch die Städte Deutschlands antreten sollte: Alle Unterstützungsfälle wurden nach dem Quartierprinzip ihren amtlichen Pflegern zugeteilt, die die individuelle Bedürftigkeitsprüfung mit dem unverhohlenen Anspruch auf moralische Armenzucht verbanden. Diese Vorläufer des modernen Sozialarbeiters, die nicht nur das Arbeitsverhalten, sondern die gesamte Lebensführung überprüften, sollten dabei den Armen durchaus das Drückende ihrer Abhängigkeit vorhalten, und, wenn „sie nicht folgen wollen, ihr Geld zurückhalten". Der Arme sah sich nicht nur dem ökonomischen Zwang ausgesetzt, seine Arbeitskraft um jeden Preis zu verkaufen, sondern auch der Erwartung, sich durch einen sittlichen Lebenswandel der Unterstützung würdig zu erweisen.
Diese Zwangslage wurde noch durch die drakonischen Strafandrohungen verstärkt, mit denen die Armenpolizei vermeintlich Arbeitsscheue verfolgte: Bei Rückfälligkeit drohten Zwangsarbeit und Korrektionshaft in der Provinzialarbeitsanstalt in Brauweiler.
Bei der geschlossenen Armenpflege drückte sich dieser Kontrollanspruch noch deutlicher in dem konsequenten Freiheitsentzug und der rigiden Anstaltsdisziplin des Armenhauses aus. Die Elberfelder Armenanstalt, deren großzügige bauliche Ausführung ebenso wie die Grundsteinlegung durch den Kronprinzen im Jahre 1825 Gelegenheit zu einer öffentlichen Zurschaustellung bürgerlicher Wohltätigkeit gab, barg gleichwohl den Keim für die moderne ausdifferenzierte Anstaltspflege von Kranken und Waisen. Insbesondere für die Waisenkinder brachten die Elberfelder Bürger in den 40er Jahren erhebliche zusätzliche Beträge für die Errichtung eigener Anstalten auf.
Für die große Menge der insbesondere in den Krisen von bitterer Not bedrängter Arbeiter sollte und konnte dieses aufwendige System der Armenpflege aber keine Hilfe bringen. Sie waren auf die patriarchalische Fürsorge der bürgerlichen Honoratiorenschicht verwiesen, die dem pietistischen Grundsatz der „Welt als Pflicht" huldigten. In der großen Teuerungskrise nach den Napoleonischen Kriegen wurde ein „Kornverein" auf Aktienbasis eingerichtet, der verbilligtes Brotgetreide zur Verfügung stellte. In den Krisen der 30er und 40er Jahre sahen sich jedoch die Fabrikanten und der Stadtrat trotz der Notspeisungen durch die Armenbehörde mit der immer lauter werdenden Forderung nach Arbeitsbeschaffung konfrontiert. Aber selbst Beschäftigungsvereine, städtische Arbeitsbeschaffungsprogramme, die durch Spenden und Steuerumlagen finanziert wurden, sowie staatliche Produktionsprämien für die von der Stillegung bedrohten Fabriken vermochten in der Krise von 1847/48 nur begrenzt Abhilfe zu schaffen.
War schon 1816 die Notwendigkeit zur Einführung von Armensteuern mit dem Argument begründet worden, diese Ausgaben seien „ebensowenig Werke der Wohltätigkeit als Wachdienste und Beiträge zur Sicherheit der Stadt", so zeigten die Tumulte des Revolutionsjahres 1848, daß die Sicherheit nicht mehr von der Durchsetzung des Arbeitszwangs, sondern von der Einlösung des Rechts auf Arbeit abhing.

Die Faust in der Tasche

„Der Tag der Rechenschaft ist erschienen", so schrieb Friedrich Harkort kurz nach dem schlesischen Weberaufstand im Sommer 1844, „und es mahnen die Klugheit und das eigene Gewissen! Wenn wir das Verhältnis der Nation: ein Drittel Arme, ein Drittel Arbeiter und nur ein Drittel Besitzende betrachten, so liegt darin wenig Garantie für das Bestehende, wenn die beiden ersten Abtheilungen zum Bewußtsein ihrer Kraft gelangen." Die Befürchtung Harkorts war trotz der sporadischen Tumulte, in denen sich in Elberfeld wie in anderen rheinischen Städten der Volkszorn Ausdruck verschuf, nicht begründet. Dies lag weniger daran, daß dem sozialintegrativen Programm der bürgerlichen Vereine zur Hebung von „Arbeitsamkeit, Sparsamkeit, Wohlstand und Sittlichkeit" der handarbeitenden Klassen in den 40er Jahren schon Erfolg beschieden gewesen wäre. Die Tatsache, daß es in Deutschland 1848 nicht zu einer breiten und einheitlichen sozialen Bewegung der Unterschichten gekommen ist, geht vielmehr darauf zurück, daß sich in der Frühindustrialisierung trotz der sich langsam durchsetzenden Form der Lohnarbeit kein Bewußtsein einer einheitlichen ökonomischen Klassenlage herausbildete. Hierfür war nicht nur die Ausdif-

ferenzierung und Anpassung traditioneller Arbeitsformen verantwortlich, sondern auch eine gewachsene Sozialstruktur, die die Lebensweise am Rande des Existenzminimums kennzeichnete. Einzelne Berufsgruppen des Wuppertals, wie die Färbergesellen, konnten im Revolutionsjahr unter Ausnutzung der Innungsbewegung nach der preußischen Gewerbeordnung von 1845 erstmals ihre Berufsinteressen in kollektiven Arbeitsverträgen sichern. Ihr revolutionäres Pathos war jedoch nur von kurzer Dauer: 1848 verkündeten sie feierlich: „Die Völker brechen die Ketten, welche im Laufe der Zeit List, Verrat und Gewalt ihnen angelegt; die Personen fordern Anerkennung der Menschenrechte, die Armut fordert vom Reichtum die Möglichkeit zu leben." Während des Elberfelder „Aufstands der Bürger" im Frühjahr 1849 anläßlich der Reichsverfassungsfrage zogen sie es jedoch vor, wie Engels verbittert bemerkte, ihrer Arbeit nachzugehen. Und doch standen sie in der zweiten Hälfte der 50er Jahre mit ihren Streiks am Beginn der sich entwickelnden Gewerkschaftsbewegung.
Friedrich Engels, der vorübergehend mit der Inspizierung der Elberfelder Barrikaden beauftragt war, beklagte jedoch nicht nur die Unzuverlässigkeit des liberalen Bürgertums und die Inkonsequenz einzelner organisationsfähiger Arbeitergruppen. Am meisten geißelte er das käufliche und schnapssüchtige „Lumpenproletariat", die große Menge der Armen, für die er selbst in seinen Vorträgen vor dem Elberfelder Bürgertum von 1845 die Einrichtung von Armenkolonien nach dem Muster des englischen Sozialisten Robert Owen vorgeschlagen hatte. Tatsächlich lassen sich im frühindustriellen Wuppertal Merkmale einer spezifischen „Kultur der Armut" erkennen, die der sozialen wie politischen Organisation der Armutspopulation, wie noch heute in den Schwellenländern der Dritten Welt, entgegenstehen. Die Lebensbeschreibung Hermann Enters legt hiervon beredtes Zeugnis ab: Sein Vater, ein Heimweber, der in den 40er Jahren ständig am Rande des Existenzminimums lebte, führte ein isoliertes und eigensinniges Leben. Die Familie, Arbeitseinheit und Herrschaftsgebiet zugleich, war sein eigentlicher Bezugspunkt. Die erzwungene Hoffnungslosigkeit kompensierte er durch irrational erscheinenden Gegenwartsbezug. Trotz drückender Not ging er auf Vogeljagd und erfreute sich seiner Blumenbeete: Hilfsangeboten der Armenpfleger, die er als „Pottkieker" betrachtete, begegnete er mit einer Mischung aus Mißtrauen und störrischer Verweigerung; pragmatische Anpassung überließ er seiner Frau. Die Revolution brachte der darbenden Familie wenigstens ein Zubrot aus nächtlichen Wachdiensten für seinen Fabrikherren. Erst mit dem Erscheinen Lassalles in Wuppertal, der als „neuer Christus" gefeiert wurde, geriet der alte Enters in den 60er Jahren in den Bannkreis der großen Emanzipationsbewegung der Arbeiterschaft.
Diese spezifischen Merkmale einer „Kultur der Armut" sollten trotz des spontanen und gelegentlich gewaltsamen Sozialprotests im Vormärz nicht als eine quasi revolutionäre Gegenkultur mißverstanden werden. Dem stand nicht nur die eigentümliche Rückständigkeit traditioneller Arbeitsformen, wie insbesondere im Fall der Wuppertaler Heimweber, entgegen, sondern auch die Pauperisierung der Lebenswelt der handarbeitenden Klassen. Ihr alltäglicher Erfahrungshorizont war beschränkt, ihr Aktionsradius begrenzt, selbst dort, wo sie durch die Angleichung des Lohnarbeiterschicksals vom Pauper zum Proleten wurden. Selbst noch in der Phase des Industriekapitalismus wirkte diese „Kultur der Armut" nach, die zwar für die arm Gebliebenen Eigen-Sinn produzierte, sie aber von der entstehenden selbstbewußten Industriearbeiterschaft mit Bildungs- und Organisationsanspruch isolierte.

„Die Eltern waren zu arm und rückständig", so schrieb Enters rückblickend, „manches wäre besser gewesen, allein Vater mangelte Energie und Courage. Wenn es schlechtging, unter aller Kanone, dann machte er eine Faust in der Tasche . . . Er nahm die Welt, wie sie sein sollte, und nicht, wie sie war. Er hielt nicht Schritt mit ihr . . .".

Textilarbeiterinnen der Weberei Huesker, Vreden/Westmünsterland, 1915. Fotograf: W. Laurich, Sammlung Arbeitswelt, Vereinigung Westfälischer Museen, Münster

Arno Klönne

„Es kocht in den Leuten eine Erbitterung gegen alle Maschinen"

Von der Heimarbeit zur Fabrik im ostwestfälischen Textilgewerbe

Im Vormärz, in den Jahren 1845/46, erschien in Elberfeld unter dem Titel „Gesellschaftsspiegel" eine Zeitschrift, deren Herausgeber es sich zur Aufgabe gemacht hatten, dem sozialen und ökonomischen Wandel der Verhältnisse im damaligen Deutschland auf die Spur zu kommen. „Organ zur Vertretung der besitzlosen Volksklassen", so hieß im Untertitel dieses Periodikums, bei dessen Herausgabe Friedrich Engels Pate gestanden hatte und dessen Redaktion bei dem „Frühsozialisten" Moses Heß lag. Zeitschriften dieses Typs waren damals in deutschen Landen höchst selten, und dies nicht nur wegen der Pressezensur der Staatsobrigkeiten; es lag der deutschen Publizistik nicht so sehr, aus den Höhen des Philosophierens in die Niederungen der materiellen Zustände hinabzusteigen.
Zu den interessantesten Beiträgen des „Gesellschaftsspiegels" gehört eine Artikelserie über „Die Lage der Weber und Spinner im Ravensbergischen", worin es heißt:
„Woher die Noth mitten in einer größtentheils fruchtbaren Gegend, die zwar stark bevölkert (namentlich die Ebene zwischen Bielefeld, Werther, Lübbeke, Herford), aber doch nicht übervölkert ist? Die beständige Antwort ist: ‚Der Leinenhandel geht so schlecht.' Das sagt der Weber und Spinner, wenn er seine Waare verkauft hat und trübselig heimkehrt; dasselbe sagt der reiche Kaufmann, wenn er sein Hauptbuch abschließt und die Bilanz zieht . . . Die Leinenfabrikation war von jeher einer der wichtigsten und vorzüglichsten deutschen Industriezweige. Die Leinenfabrikation nahm stets zu; die Bevölkerung war nun einmal auf Weben und Spinnen angewiesen und mußte um jeden Preis arbeiten, somit nun aber auch, wenn nicht neue Absatzwege ermittelt werden konnten, der Preis des Leinens und der Arbeitslohn der Weber und Spinner immer tiefer sinken . . . Wenn der Kaufmann über schlechte Geschäfte und schlechte Zeiten klagt, so fällt es allerdings mehr in die Zahlen, wenn er statt 12.000 Thalern nur 8.000 oder 6.000 jährlich verdient; wie klein nimmt sich dagegen die unbedeutende Differenz von ein paar Silbergroschen im täglichen Verdienst des Webers und Spinners aus. Aber bei dem Kaufmann handelt es sich bloß darum, ob er ein größeres Haus machen oder jährlich sein Kapital um so und so viel tausend Thaler vermehren kann, bei dem Arbeiter hingegen darum, ob er sich satt essen kann, oder hungern muß. Es liegt nun einmal in der Natur unseres Handels, daß der Kaufmann sich am Arbeiter für seine geringeren Procente schadlos hält; der Weber *muß* seine Arbeit verkaufen, um Brod und Garn zu neuer Arbeit kaufen zu können. Der Weber nun aber, der sich durch die niedrigen Preise gedrückt fühlt, sucht sich an dem Spinner schadlos zu halten; bei der starken Bevölkerung scheint es fast unvermeidlich, daß auf dem Spinner der ganze Druck doppelt lastet, zumal ihm die Maschine mit so furchtbarer Konkurrenz entgegen tritt und ihm auch den geringsten Verdienst gänzlich zu entziehen droht . . ." Welche krassen Ausformungen sozialen Elends die hier geschilderten wirtschaftlichen Vorgänge nach sich zogen, hat Georg Weerth in seiner Skizze „Die Armen in der Senne", die im „Deutschen Bürgerbuch für 1845" erschien, zu gleicher Zeit und für die gleiche Region beschrieben. In den Jahren vor dem „tollen Jahr 1848" bedeutete der Umwälzungsprozeß des Textilgewerbes nicht nur in Ostwestfalen für die Masse der in dieser Branche arbeitenden Bevölkerung Not und Armut, Hunger und Krankheit, physischen Verschleiß und soziale Verelendung.

Wohn- und Arbeitsraum einer Wuppertaler Heimweberfamilie; Historisches Zentrum Wuppertal

Wenn der Autor des oben zitierten Berichts aus dem „Gesellschaftsspiegel" von „Industrie", von „Fabrikation" und von „Arbeitern" schrieb, so sind diese Begriffe nicht im heute üblichen Sinne zu verstehen; im Vormärz herrschte in Deutschland auch im Textilgewerbe die Hand- und Heimarbeit noch eindeutig vor, und es war gerade die Umstellung auf die maschinelle Produktion, auf die Industriearbeit in der Fabrik, die solche Notzustände hervorbrachte.

Ländliche Heim- und Handarbeit

In der Zeit vor der Industrialisierung war das Textilgewerbe neben der Landwirtschaft der wichtigste Produktionszweig, und der Übergang zur maschinellen, fabrikmäßig organisierten Fertigung vollzog sich zunächst gerade in dieser Branche. Freilich war in dieser Hinsicht die Entwicklung in England der in Deutschland Jahrzehnte voraus, und es war auch diese Ungleichzeitigkeit der jeweiligen Industrialisierungsprozesse, durch die das hiesige Textilgewerbe in den dreißiger und vierziger Jahren des vergangenen Jahrhunderts in eine strukturelle Krise stürzte. Sehen wir uns die Entwicklung in Ostwestfalen einmal näher an: In den Jahrzehnten vor 1848 lag dort die wirtschaftliche Existenzgrundlage der Masse der Bevölkerung in einer vielschichtigen Kombination von Agrarproduktion und Textilfertigung. Der heimische Flachsanbau bot günstigen Rohstoff; viele Tausende Familien waren in Hand- und Heimarbeit mit der Verarbeitung von Flachs zu Garn beschäftigt, mit Hilfe von Spindel und Spinnrad. Die einheimischen Weber wiederum fertigten mit Handwebstühlen aus dem Flachsgarn Leinen, das sie an die Textilkaufleute absetzten, diese wiederum verfügten über lange Erfahrungen auch im internationalen Markt. Die meisten Spinner und Weber betrieben zugleich Landwirtschaft als Heuerlinge, Erbpächter oder Bauern, auf Pachtland oder auf eigenem Grundbesitz, wobei von Fall zu Fall und oft auch je nach Konjunktur der Schwerpunkt der Familienbetriebe so oder so gesetzt wurde: hier mehr auf die Agrarproduktion, dort mehr auf das Textilgewerbe.
In Vormärzzeiten war in der ostwestfälischen Textilbranche das „Verlagssystem" noch kaum verbreitet; die Textilkaufleute beschränkten sich auf den Kauf und Verkauf der Produkte, und dies oft in großem Stil. Dagegen stellten sie nur selten dem Weber Material und Arbeitsmittel zur Verfügung, wodurch sie sie zu Lohnabhängigen gemacht und sich eine zusätzliche Verantwortung aufgeladen hätten. Die Spinner und vor allem die Weber konnten sich deshalb als wirtschaftlich Selbständige verstehen, zumindest insoweit, als sie über eigenen Grundbesitz verfügten; aber auch die Kötter oder Heuerlinge waren im textilen Teil ihrer Arbeitssituation keinem direkten Kommando unterworfen. Ein eher handwerkliches Bewußtsein der Spinner und Weber hatte hierin seine objektive Grundlage.
Da die agrarischen und textilen Tätigkeiten in einem engen räumlichen Zusammenhang stattfanden, hatte die Familie einen gewissen Spielraum, Arbeiten und Arbeitszeit zu verteilen, soweit dem nicht — bei den Heuerlingen — Anforderungen des Grundbesitzers auf Mithilfe bei dessen Landwirtschaft entgegenstanden. Nicht wenige Weber hatten auch Gesellen, „Weberburschen" oder „Webermädchen", in ihren Diensten. Die Kombination von landwirtschaftlicher und textilgewerblicher Existenzweise bot in „normalen" Zeiten Kompensationsmöglichkeiten im eigenen Betrieb, man stand „auf zwei Beinen". Dies alles setzte allerdings ein Höchstmaß an Nutzung aller in der Familie vorhandenen Arbeitskraft voraus, die älteren Leute und die Kinder eingeschlossen, und die durchschnittlichen Tagesarbeitszeiten waren oft extrem hoch. Auch Tagelöhner, Mägde und Knechte, die in ihren „besten Jahren" tagsüber beim Bauern beschäftigt waren, arbeiteten oft genug danach noch als Spinner oder Weber; viele von ihnen waren bemüht, sich auf diesem Wege für das höhere Lebensalter „teilselbständig" zu machen, und sei es nur, daß es zur Anschaffung eines weiteren Spinnrads oder gar eines Webstuhls reichte.
Diese vergleichsweise günstige materielle Situation auch für die unterbäuerlichen Schichten in der ostwestfälischen Textilregion, bedingt durch die weltweite Nachfrage nach dem Ravensbergischen Leinen vor der Wende zum 19. Jahrhundert, hat gewiß zum besonders deutlichen Bevölkerungswachstum in diesem Raum beigetragen, zumal Kinderreichtum eben auch Zuwachs an familieneigenen Arbeitskräften für das Spinnen und Weben bedeutete.

Das Ende der vorindustriellen Textilwirtschaft

Die Krise der ostwestfälischen Textilwirtschaft wurde dann eingeleitet durch die Folgen, die die Napoleonischen Kriege und die Kontinentalsperre für den deutschen Welthandel zeitigten. Das Ravensbergische Leinen verlor internationale Absatzmärkte, und es konnte sie nach dem Ende der Kriegszeiten um so weniger zurückgewinnen, als nun die englische Textilindustrie in ihrer Produktionstechnik und Arbeits- oder Wirtschaftsorganisation einen mächtigen Sprung nach vorn gemacht hatte, durch Mechanisierung, Einsatz von Maschinen, Fabrikfertigung und Steigerung der Unternehmens- oder Kapitalgröße. Hinzu kam, daß die Baumwolle, die unter den damaligen technischen Bedingungen besonders leicht maschinell zu verarbeiten war, das Flachsgarn überrundete. Es kam zu einem langfristigen Preisverfall, zum Verdrängungswettbewerb, bei dem die ostwestfälischen (wie auch die meisten anderen deutschen) Textilkaufleute nur mithalten konnten, wenn sie die Herstellungskosten senkten und/oder die Fertigungsmethoden rationalisierten.

Hier hatte der Prozeß der sozialen Umwälzung und der zeitweilig extremen Verelendung, der in den Jahrzehnten nach 1800 in den deutschen Textilregionen stattfand, seinen ökonomischen Ausgangspunkt. Die Notlage der kleinen Leute, die wie in Ostwestfalen von einer agrarisch-textilen Mischwirtschaft existierten, wurde in der Zeit vor 1848 noch verschärft durch Krisen auch in der Agrarproduktion; hinzu kam, daß im Zuge des Bevölkerungswachstums die für die Nebenerwerbslandwirtschaft jeweils verfügbaren Parzellen kleiner geworden waren.
Der Schmälerung ihrer Gewinne oder der Gefährdung ihrer Konkurrenzfähigkeit suchten die Textilgroßkaufleute in Deutschland, deren Produktionstechnik weit unterhalb des englischen Niveaus lag, zunächst vielfach dadurch zu entgehen, daß sie den Druck nach unten weitergaben, also den Webern ihre Produkte nur noch abnahmen, wenn diese die Preise senkten. Die Weber gaben den Preisverfall an die schwächste Gruppe im System der Textilwirtschaft weiter, nämlich an die Spinner; in Ostwestfalen mußten diese außerdem noch befürchten, daß der für sie billige und selbst zu gewinnende heimische Flachs durch Baumwollimporte als Grundstoff verdrängt werden könnte.
Die Spinnerei war aber auch der Teil der Textilproduktion, in dem sich zuerst der Übergang zur maschinellen Herstellung und damit zur Fabrik vollzog, im nächsten Schritt ging dann die Weberei den Weg ins Maschinenzeitalter.
In Ostwestfalen ließen sich die Textilkaufleute nur sehr zögernd darauf ein, die Fertigung selbst zu übernehmen und sich in die Sphäre des produzierenden Gewerbes zu begeben. Dazu mag beigetragen haben, daß Qualitätsleinen als regionalspezifisches Produkt für die neue Produktionsweise nicht sonderlich geeignet war. Letzten Endes war aber auch in dieser Region der Wandel vom Handelskapitalismus zum Industriekapitalismus unvermeidbar und damit auch die Entwicklung von der handwerklichen Heimarbeit zur maschinell ausgerichteten Tätigkeit in der Fabrik.

Vom Verlagssystem zur ländlichen Fabrik

Die Lohnweberei im „Verlagssystem" bildete hier in der ostwestfälischen Leinenproduktion eine Art Zwischenlösung, die für einige Jahrzehnte die Branchenstruktur prägte. „Verlagssystem" heißt in diesem Zusammenhang: Die Kaufleute stellten den Heimwebern das Garn und zum Teil auch die Webstühle mit einem bestimmten Produktionsauftrag, und diese verrichteten ihre Arbeit nun gegen Lohn. Die wachsende Verelendung der Weber war es, die diesen oft die Möglichkeit nahm, das Garn selbst zu kaufen oder eine Absatzverzögerung durchzustehen; das Verlagssystem brachte die Weber zwar in Lohnabhängigkeit, ließ aber die überkommene Form der häuslichen Arbeitsorganisation bestehen.
Auf der Seite der Kaufleute erforderte das Verlagssystem eine größere Kapitalmenge, insofern trug es zur Konzentration im Leinenhandel bei. In dieselbe Richtung drängten Veränderungen in der Produktstruktur; neben die Leinenweberei traten nun Seide- und Plüschfertigung und die ersten Ansätze einer Wäscheindustrie. Vor allem das Ausweichen auf neue Stoffarten gab vielen Heimwebern vorübergehend noch einmal wirtschaftliche Überlebenschancen; der Übergang zur Industrie verlief für sie nicht so ruinös wie für die Spinner. Soweit allerdings das Garnspinnen und das Weben bisher in einem Familienbetrieb zusammengefaßt waren, indem zumeist der Mann am Webstuhl arbeitete und Frauen oder auch Kinder das Garnspinnen besorgten, verengten der Wegfall der hauseigenen Garnproduktion und die Einbeziehung in das Verlagssystem die Dispositionsmöglichkeiten bei der Heimarbeit; das im Auftragssystem steckende Zeitdiktat bei der Arbeit wurde strenger. Insgesamt verlor der männliche Weber, der bisherige „Hausarbeitsherr", an sozialem Status, bis dann einige Jahrzehnte später die textile Heimarbeit, vor allem als Näherei, zur Frauensache wurde.
Als die maschinelle Fabrikation im Textilgewerbe allmählich die Heimarbeit der Spinner und dann der Weber, auch in ihrer „fortgeschrittenen" Form, also im Verlagssystem, verdrängte, konnten die Unternehmer die Industriearbeiter weitgehend aus einem insoweit „vorgebildeten" Potential rekrutieren. Diese Arbeiter kannten sich in den Grundverfahren des Spinnens und Webens aus, sie waren mit den zu bearbeitenden Stoffen und oft auch mit den Arbeitsmitteln vertraut. Für Ostwestfalen gilt, daß die Textilindustrie, die sich dann hier mit Bielefeld als dem städtischen Zentrum entwickelte, ihre Arbeiter zum erheblichen Teil „bodenständig" beließ, und dies in zweifacher Hinsicht: Der überkommene soziale Zusammenhang (Wohnort) konnte häufig beibehalten oder mußte nur geringfügig verändert werden, wobei oft tägliches Pendeln zwischen Wohnort und Arbeitsort in Kauf genommen wurde; viele der in die Fabrikarbeit hineingezwungenen Spinner und Weber behielten eine kleine Nebenerwerbslandwirtschaft bei. Das hatte ohne Zweifel seine Auswirkungen auf den spezifischen Typus von Arbeiter und Arbeiterbewußtsein, wie er später in der Hochzeit der Industrialisierung in dieser Region dominierte und auch der Arbeiterbewegung hier ein gewissermaßen konservatives Gepräge gab. Zwar trieb auch im Ostwestfälischen die Krise des Textilgewerbes in den vierziger und fünfziger Jahren des vergangenen Jahrhunderts eine beträchtliche Anzahl jüngerer Menschen aus den unterbäuerlichen oder heimgewerblichen Schichten als Abwanderer ins Ruhrrevier oder machte sie zu Auswanderern; aber wer diese Notzeit in der Region überdauert hatte, neigte in den nun beginnenden Zeiten des industriellen Aufbaus zur Seßhaftigkeit, zumal ein hinreichendes

Arbeitsplatzangebot ab Mitte der fünfziger Jahre fast beständig gesichert war. Agrarisch-handwerkliche oder -heimgewerbliche Verhaltenstraditionen und die materielle Gebundenheit an das „eigene Stück Land" (auch wenn es nur gepachtet war) ließen kaum Gedanken an eine weiträumige berufliche Mobilität aufkommen und knüpften auch die familiären Strukturen eng zusammen. Zweifellos gingen die Spinner und Weber der Ravensbergischen Textilregion, die in einer längeren Überlieferung agrarisch-heimgewerblicher Produktions- und Lebensweise standen, nur widerstrebend zur unselbständigen, in den Arbeitsvollzügen fremdbestimmten Tätigkeit in der Fabrik und an der Maschine über, aber dieser Übergang wurde ihnen doch um einiges leichter, weil der Arbeitsinhalt, der „Beruf", wenigstens teilweise weitergeführt und auch über den Wechsel der Generationen hin „vererbt" werden konnte und überdies die weitverbreitete Nebenerwerbslandwirtschaft einen Restbestand von Selbständigkeit rettete. Dennoch — die Arbeit in den Textilfabriken nach der ersten Industrialisierungswelle erforderte ein hohes Maß an Unterwerfung, sowohl gegenüber der Maschinerie als auch gegenüber der Arbeitsorganisation. Die Fabrikordnungen gerade in dieser Branche waren hart, und ihre disziplinierenden Wirkungen waren offenbar gerade auch darauf berechnet, Arbeiterinnen und Arbeiter, die agrarischen und heimgewerblichen Verhältnissen entstammten (der Frauenanteil war in der Textilfabrikation weitaus höher als in der Metallfabrikation, auch waren hier jugendliche Arbeiterinnen und Arbeiter sehr zahlreich vertreten), an die Zwänge der Industriearbeit zu gewöhnen. Karl Ditt hat gezeigt, daß der hohe Anteil der Frauen in den Belegschaften der Textilfabriken und die ländliche Eingebundenheit der ehemaligen Spinner- und Weberfamilien (die ja auch Immobilität bedeutete) Widerstand gegen die scharfen Reglements der Fabrikherren unwahrscheinlich machten. Auch die oft nicht auf lebenslängliche Fabrikarbeit ausgerichtete Erwerbsperspektive, also die Erwartung einer Rückkehr in die Hausarbeit oder in die heimlandwirtschaftliche Tätigkeit, wird die Anpassungswilligkeit gegenüber manchen Zumutungen der Fabrikarbeit gefördert haben. Kurzum: die konkreten sozialen Bedingungen, unter denen in der Textilwirtschaft der Wandel von der Heimarbeit zur Fabrikarbeit sich vollzog, waren einer Herausbildung von „Gegenmacht"-Verhalten der Belegschaften nicht sonderlich günstig. Der Verschleiß der Arbeitskraft war infolgedessen in diesen Betrieben oft besonders krass. Die Textilfabriken in Ostwestfalen waren in dieser Hinsicht noch relativ gemäßigt, auch im innerdeutschen Vergleich, eben weil der Übergang zur Fabrikarbeit hier in größerem Stil erst zu einem ziemlich späten Zeitpunkt erfolgte, als die extremsten Auswüchse des Frühindustrialismus schon zurückgedrängt worden waren.

Protest gegen die Maschine

Wie reagierten nun die im Textilgewerbe arbeitenden Bevölkerungsschichten auf die Umwälzung der Produktionsweise? Der Widerstand der heimgewerblich-agrarisch existierenden Spinner und Weber auch in der Ravensbergischen Textilregion richtete sich zunächst gegen die Einführung der Maschine. Diese, so fürchtete man, und die bittere Not der Spinner in Vormärzzeiten schien solche Befürchtungen alltäglich zu bestätigen, würde Verelendung und schließlich den Untergang der gewerblichen Existenzmöglichkeiten überhaupt nach sich ziehen. Die in Bielefeld und dann in Paderborn von 1845 bis 1848 erscheinende frühsozialistische Zeitschrift „Das Westphälische Dampfboot" (die zeitweise als einziges in Deutschland selbst erscheinendes Periodikum Marx und Engels Publikationschancen bot) hat auf anschauliche Weise über den Protest der Spinner gegen die maschinelle Fertigung berichtet; sie brachte beispielsweise eine Art Reportage über eine Massenversammlung von Webern und Spinnern aus dem ostwestfälischen Raum im Januar 1845, bei der selbstgemachte Fahnen mit der Inschrift „Kein Maschinengarn" getragen wurden. Das „Dampfboot" kommentierte: „Es kocht in den Leuten eine Erbitterung gegen alle Maschinen, wie sie kaum in Schlesien größer gewesen sein kann. Es ist wahrhaftig hohe Zeit, ihnen hülfreich die Hand zu bieten, sie über die Verhältnisse der Industrie im Großen aufzuklären und ihnen andere Erwerbszweige zu eröffnen."

Hier schon deutete sich eine auf den ersten Blick verwunderliche politische Konstellation an, die in der Revolutionszeit 1848/49 dann die regionale Entwicklung prägte: Die Frühsozialisten und frühen „Sozialdemokraten", intellektuelle Minderheiten meist bürgerlicher Herkunft, die in Ostwestfalen zugleich die Wortführer der demokratischen Bewegung waren, suchten die in ihrem materiellen Status bedrohten heimgewerblich-agrarischen „Arbeiter" von der Unausweichlichkeit der Maschine und der fabrikmäßigen Produktion zu überzeugen und warben gleichzeitig für den Gedanken der Assoziation der Unterschichten, — während die Mehrheit der Spinner und Weber selbst ihr politisches Vertrauen eher in die stockkonservative, allen demokratischen Bemühungen sich entgegenstellende Richtung setzte, eben weil diese auch gegen die Industrialisierung, gegen Maschinen und Fabriken wetterte, weil sie versprach, den ländlich-heimarbeitenden Familien wirtschaftliche Selbständigkeit zu erhalten. Der in der ravensbergischen Textilregion vorherrschende Pietismus unterstützte solche politischen Neigungen der kleinen Leute auf dem Lande durch religiöse Werthaltungen, die Fleiß und Bescheidenheit in der kleinen, familiären Gemeinschaft forderten.

Ansätze der Sozialdemokratie

Die ersten Ansätze einer Arbeiterbewegung in Ostwestfalen, die sich um die 1848 bis 1850 in Bielefeld und in Lemgo erscheinende Wochenschrift „Der Volksfreund" herum gruppierten und auch Anknüpfungspunkte für die im Bielefelder Raum in den 60er Jahren dann aufwachsende Sozialdemokratie boten, taten sich schwer bei dem Versuch, die Spinner und Weber für sich zu gewinnen. Der Herausgeber des „Volksfreundes", der Unternehmer, Frühsozialist, Radikaldemokrat und spätere Linksliberale Rudolf Rempel, schrieb 1850 in seinem Blatt: „Die Anlegung der Spinnmaschine ruft in unserer Gegend gewaltige Aufregung hervor . . . Seht, ich bin mit euch (gemeint: den Spinnern und Webern) darin ganz einig, daß es anders, daß es besser werden muß. Das könnt ihr aber nicht dadurch erreichen, daß ihr eine Spinnmaschine entzweischlagt . . . Laßt uns alle dahin arbeiten, daß wir die Grundsätze der Demokratie zur Geltung bringen, daß wir den Arbeiter aus seiner bisherigen unterdrückten Stellung befreien und ihm zur Herrschaft verhelfen, dann werden uns keine Maschinen mehr schaden. Es wäre so dumm nicht, wenn die vereinigten Spinner und Weber ihre eigenen Maschinen besäßen, von denen sie selbst den Nutzen zögen, und nicht der jetzt alles beherrschende Kapitalist."

Rudolf Rempel war es auch, der in Ostwestfalen den Versuch machte, Weber und Spinner zu Produktivgenossenschaften zusammenzuschließen, deren Ziel es sein sollte, die neue Produktionsweise, Maschine und Fabrik, nicht dem Kapital zu überlassen, sondern von den Arbeitern her selbst zu organisieren, in eigener Verfügung zu betreiben.

Solche Bemühungen blieben ohne Erfolg. Nicht der „Industriesozialismus", sondern der Industriekapitalismus setzte sich durch. Die große Mehrheit der agrarisch-kleingewerblichen, heimarbeitenden Schichten in der ostwestfälischen Textilregion hatte keine andere Wahl als die abhängige Arbeit in der Fabrik; die Einbindung in ländliche Wirtschafts- und Sozialstrukturen ging dabei freilich in vielen Fällen nicht völlig verloren. Dieses spezifische Milieu war es, in dem in den Jahrzehnten vor 1914 die Sozialdemokratie in Ostwestfalen zu einer „bodenständigen" politischen Kraft wurde, deren Beharrungsvermögen hervorstach, was Kritik und gleichermaßen Respekt erzeugte.

Gerhard Brunn

Der „Kölner Fenstersturz"

Demokratische Revolution und Beginn der Arbeiterbewegung 1848 in Köln

Sensationelles wußte die „Kölnische Zeitung" durch Extrablätter am 26. Februar 1848 zu melden. In Paris sei die Revolution ausgebrochen, der französische König zurückgetreten. In Köln, wie überall in Deutschland, traf diese Meldung auf eine spannungsgeladene Atmosphäre voller politischer Unzufriedenheit. Seit Jahren forderten die Wortführer der Reformbewegungen des gebildeten, wirtschaftlich aufstrebenden Bürgertums entscheidende Veränderungen der wirtschaftlichen, sozialen und politischen Ordnung. Noch immer gab es auf deutschem Boden eine Vielzahl souveräner Einzelstaaten von Preußen über Hannover, Hessen-Nassau bis Bayern und Österreich. Noch immer wurden die Staaten absolutistisch oder halbabsolutistisch, ohne oder mit nur geringen Mitwirkungsmöglichkeiten der Untertanen regiert. Unter der Losung: „Einheit und Freiheit" ging es um die Erringung persönlicher und politischer Freiheit für die Bevölkerung. Es ging um garantierte Freiheitsrechte wie Meinungs-, Presse- und Versammlungsfreiheit sowie die Mitbestimmung des Bürgers in den politischen Entscheidungsprozessen, um eine wirksame Teilnahme an der Gesetzgebung.

Diese Freiheitsbestrebungen wurden gleichzeitig mit der Idee vom freiheitlichen gesamtdeutschen Nationalstaat verbunden. Durch ihn sollten die zerstreuten Energien gebündelt und die politische und gesellschaftliche Emanzipation vorangetrieben werden.

Anfang 1848 war die bürgerliche Opposition so stark wie nie zuvor. In Süddeutschland kam es im Herbst 1847 zu zwei zentralen Treffen, während in Preußen das politische Bürgertum im sogenannten „Verfassungskampf" versuchte, dem König die schon vor Jahrzehnten versprochene Verfassung und ein gesamtpreußisches Parlament abzuringen. Verschärft wurden die politischen Auseinandersetzungen durch die „soziale Frage". Die beginnende Industrialisierung hatte z. B. zur Verelendung Hunderttausender Familien von Heimwebern geführt. In großen Teilen chancenlos, Arbeit in den Fabriken zu finden, wo zudem für die 12—16 Stunden täglicher Arbeit nur Hungerlöhne gezahlt wurden, führten sie ein Leben unterhalb des Existenzminimums. Ein Zusammenschluß von Arbeitern zur gemeinsamen Interessenvertretung war jedoch nach der preußischen Gewerbeordnung von 1845 verboten. Wer um bessere Arbeitsbedingungen kämpfte, stand mit einem Bein im Gefängnis. Durch die Wirtschaftskrise und Mißernten dieser Jahre wurde die soziale Unruhe noch weiter verstärkt. Teuerung, Lohnverfall und schließlich Hungeraufstände waren die unmittelbaren Folgen.

Für die so in Deutschland aufgestauten sozialen Spannungen wurde die französische Revolution von 1848 zum Katalysator. Und obwohl die Bürger in Deutschland keine Revolution wollten, wie u. a. Briefe aus Köln zeigen, war man sich klar darüber, daß die Pariser Ereignisse auch politische Konsequenzen im eigenen Land haben würden. Man wollte die Gelegenheit benutzen, um den Herrschenden bisher verweigerte politische Zugeständnisse abzuringen.

In diesem Sinne richtete der Kölner Gemeinderat am 3. März 1848 eine Denkschrift an den König in Berlin. Gegen Ende der Sitzung versammelte sich vor dem Rathaus eine große Menschenmenge. Eine Delegation erschien im Ratssaal. An ihrer Spitze stand der Armenarzt Dr. Andreas Gottschalk, der „im Auftrag" „einer großen Zahl von Männern aus der arbeitenden Klasse" eine Liste mit sechs „Forderungen des Volkes" überreichte und sie in einer Rede und anschließenden Diskussion im Stadtrat erläuterte. Die Forderungen lauteten: 1. Gesetzgebung und Verwaltung durch das Volk. Allgemeines Wahlrecht und allgemeine Wählbarkeit in Gemeinde und Staat. 2. Unbedingte Freiheit der Rede und Presse. 3. Aufhebung des stehenden Heeres und Einführung einer allgemeinen Volksbewaffnung mit vom Volke gestellten Führern. 4. Freies Vereinigungsrecht. 5. Schutz der Arbeit und Sicherstellung der menschlichen Bedürfnisse für alle.
6. Vollständige Erziehung der Kinder auf öffentliche Kosten. Nachgetragen wurde noch eine siebte Forderung: Friede mit allen Völkern.

Der Tag endete in einem Tumult. Ohne jeden Anlaß trieb das Militär die friedliche Menge auseinander; ein Teil wurde in das Rathaus gedrängt; und als unter dem Druck der Menge ein Teil des Mobiliars zerbrach, sprangen zwei Gemeinderäte voller Panik aus dem Fenster; zwei gebrochene Beine und die Räumung des Rathauses durch das Militär sind die Folgen. Mit dem „Fenstersturz von Köln" begann, was später das „tolle Jahr" der Revolution 1848 im Rheinland genannt wurde, und Köln sollte darin eine herausragende Rolle spielen.

Zunächst sah es nicht danach aus. Rosenmontag rückte heran, und während man in der Karnevalshochburg Mainz alle Fastnachtsaktivitäten absagte, feierte man in Köln, Revolution hin, Revolution her, die närrischen Tage. Die Karnevalsvereine erklärten, daß der Republik in Frankreich nicht die Genugtuung gegeben werden solle, außer dem König auch den Kölner Karneval gestürzt zu haben.

Bürger und Arbeiter in der Revolution 1848/49

Das Bürgertum bestimmte die politische Erneuerungsbewegung 1848/49. Politisch spaltete es sich in zwei Lager, in das liberale, das eine verfassungsmäßige deutsche Monarchie anstrebte, und in das eigentlich revolutionäre, demokratische. Der linke Flügel vertrat die Errichtung einer deutschen Republik und damit eine völlige Umwälzung des bisherigen politischen Systems.

Obwohl es die Arbeiter als soziale Klasse damals noch nicht gab, sondern lediglich mehrere, nebeneinander existierende, voneinander getrennte „arbeitende Klassen", ist dies doch der Zeitpunkt, an dem der Arbeiter die politische Bühne betrat. Die große Masse verdiente sich weiterhin im Kleingewerbe und im Handwerk den Lebensunterhalt. In Köln z. B. wurden für das Jahr 1845 rund 35.000 Erwerbstätige ermittelt. Davon arbeiteten im Großgewerbe und in der Industrie ca. 4.000, ungefähr 12 %, im Handwerk 11.000, mit 31 % also fast dreimal soviel.

In der beginnenden Arbeiterbewegung formierten sich drei Richtungen: eine sozialkonservative, eine sozialreformerische und eine sozalrevolutionäre. Die erste strebte, rückwärtsgewandt, zu einer vorkapitalistischen Wirtschaftsordnung. Sozialreformerisch hingegen war die „Arbeiterverbrüderung", ein im Herbst 1848 von Berlin aus gegründeter Verband lokaler Arbeitervereine. Politisch orientierte sich der Verband an der radikalen bürgerlichen Demokratie.

Die politische Organisation des sozialrevolutionären Flügels war eine 1847 gegründete Geheimorganisation, der „Bund der Kommunisten". Ihr Programm war im „Kommunistischen Manifest" festgehalten worden, dessen Kernpunkt die Autoren des Manifestes, Marx und Engels, in Artikel 1 der Statuten vom 8. 12. 1847 zusammengefaßt hatten: „Der Zweck des Bundes ist der Sturz der Bourgeoisie, die Herrschaft des Proletariats, die Aufhebung der alten, auf Klassengegensätzen beruhenden

bürgerlichen Gesellschaft und die Gründung einer neuen Gesellschaft ohne Klassen und ohne Privateigentum."
Die bürgerliche Revolution war zunächst, nach Marx, eine notwendige Voraussetzung für die folgende Revolution des Proletariats. Kommunisten mit ihrer, wie es im Kommunistischen Manifest heißt, „theoretischen Einsicht in die Bedingungen, den Gang und die allgemeinen Resultate der proletarischen Bewegung" mußten demnach zunächst konsequent die bürgerlich-demokratische Revolutionsbewegung vorantreiben; parallel dazu waren sie aber gefordert, die Arbeiter durch Propaganda und theoretische Schulung auf das eigentliche Fernziel vorzubereiten.

Mitgliedskarte des Kölner Arbeitervereins aus dem Jahre 1848; Historisches Archiv der Stadt Köln

Der Kölner Arbeiterverein

In den Barrikadenkämpfen vom 18./19. März konnte sich das Volk von Berlin gegen das Militär durchsetzen. Und als der preußische König sich demonstrativ in die Bewegung zur Errichtung eines deutschen Nationalstaates einordnete, wurden in Köln alle Schichten der Bevölkerung von einer ungeahnten politischen Aufbruchstimmung ergriffen.
Eine militärisch organisierte Selbsthilfeorganisation, die Bürgerwehr, übernahm anstelle des verhaßten Militärs die Sicherung von Ruhe und Ordnung. Die Wahlen zu den verfassunggebenden Versammlungen für Preußen und einen zukünftigen deutschen Nationalstaat wurden für viele Menschen zum Anlaß, fast täglich in den vielbesuchten Volksversammlungen zusammenzukommen.
Aus der Oppositionsbewegung gegen die bestehenden Mächte kristallisierten sich als Vorform von Parteien Vereine mit unterschiedlichen Zielen heraus.
Das wohlhabende liberal-konservative Bürgertum fand sich im „Kölner Bürgerverein" zusammen. Angehörige des mittleren und kleineren Bürgertums gründeten die „Demokratische Gesellschaft", deren Demokratisierungsforderungen sehr viel weiter gingen als die des Bürgervereins. An dieser demokratischen Gesellschaft orientierten sich auch die Arbeiter der Stadt. Erstmals eröffnete sich in den Märztagen des Jahres 1848 den Handwerksgesellen, den Fabrik- und sonstigen Arbeitern die Möglichkeit der Vereinsbildung und der solidarischen Interessenvertretung. Auf Initiative von Andreas Gottschalk entstand am 13. April der „Kölner Arbeiterverein", der auch eine eigene Zeitung unter dem Motto „Freiheit, Brüderlichkeit, Arbeit" herausgab. Innerhalb weniger Wochen entwickelte er sich mit bis zu 8.000 Mitgliedern zum größten lokalen deutschen Arbeiterverein. Dieser sogenannte „Kölner Arbeiterverein" war anfänglich mehr eine gewerkschaftliche denn eine politische Organisation. Er war nach Berufszweigen, nach „Gewerken" aufgebaut, ermöglichte es den Mitgliedern der in ihm zusammengeschlossenen Berufszweige, sich mit ihren nächsten Nöten, Bedrückungen, Beschwerden und Bedürfnissen auseinanderzusetzen, sie zu formulieren, zu publizieren und Anträge zur Verbesserung der Verhältnisse an Behörden und Unternehmer zu richten. Und dies war auch das erste und vordringliche Anliegen der Mitglieder des Arbeitervereins. Sie ließen sich von der Hoffnung leiten, daß angesichts der veränderten politischen Verhältnisse einvernehmliche Reformprojekte zu verwirklichen seien.
Auch in zahlreichen Demonstrationen fand das neue Selbstvertrauen seinen Ausdruck. Angesichts solcher „drohender Bewegungen der arbeitenden Klassen" bemühte sich die Stadtverwaltung um Notstandsarbeiten, mahnte aber im übrigen, man möge „mit Geduld und Ausdauer der baldigen Wiederkehr eines belebten Geschäftsverkehrs entgegensehen."
Die „einseitige Orientierung auf wirtschaftliche Verbesserungen" gab Gottschalk nach und nach auf. Er entwickelte politischen Ehrgeiz und versuchte, mit dem „Kölner Arbeiterverein" „eine führende Position in der demokratisch-republikanischen Bewegung auf gesamtdeutscher Ebene und in Köln" zu erobern. Doch beide Ziele blieben unerreicht. Auf dem Frankfurter Kongreß der demokratischen Vereine im Juni, der dazu dienen sollte, diese in ganz Deutschland zu abgestimmtem Verhalten zusammenzuschließen, wurde er nicht in den Vorstand gewählt. In Köln erklärten sich die beiden anderen demokratischen Vereine, die „Demokratische Gesellschaft" und der „Verein der Arbeiter und Arbeitgeber" lediglich zu einem gemeinsamen Ausschuß bereit. Dieser sollte gleichzeitig als Kreisausschuß der rheinischen demokratischen Vereine das gemeinsame Wirken der Vereine im Rheinland für die Demokratie abstimmen und leiten.
Im Juni 1848 war der Höhepunkt der öffentlichen Wirksamkeit Gottschalks überschritten. Und am 3. Juli wurde er in aller Frühe mit der Anschuldigung,

Johann Peter Hasenclever
Arbeiter und Magistrat (1848)
Ölskizze 1849, Westfälisches Landesmuseum für Kunst- und Kulturgeschichte, Münster
(Das ausgeführte Gemälde wurde im Zweiten Weltkrieg zerstört.)

Gemalte Aktion

Robert Köhler
Der Streik, 1886
Sammlung Lee Baxandall

Conrad Felixmüller
Ruhrrevier II, 1920
Westfälisches Landesmuseum
für Kunst- und
Kulturgeschichte,
Münster

Franz Radziwill; Der Streik, 1931
Westfälisches Landesmuseum für Kunst- und Kulturgeschichte, Münster

für die Republik konspiriert zu haben, verhaftet. Erst im Dezember kam er nach gewonnenem Prozeß wieder frei. Nach fruchtlosen Streitigkeiten mit inzwischen erstarkten Rivalen aus dem Bund der Kommunisten zog er sich von politischer Betätigung zurück und starb im Oktober 1849 an der Cholera. Wie früher schon hatte er sich als Arzt ohne Rücksicht auf sich selbst um die Armen gekümmert und sich dabei angesteckt. Trotz seiner persönlichen und politischen Schwächen muß man sagen, daß ohne ihn und seine Popularität bei den Arbeitern, der Kölner Arbeiterverein nie die Stärke gewonnen hätte, die er durch seine Initiative und unter seiner Leitung erreichte.

Die „Partei der Neuen Rheinischen Zeitung“

In den ersten Tagen nach den Märzereignissen kehrten Marx und Engels aus dem Exil nach Deutschland zurück und schlugen ihr Hauptquartier in Köln auf. Entsprechend ihrem strategischen Konzept versuchten sie nun, die demokratische Bewegung, d. h. den Versuch der Errichtung einer deutschen Republik zu unterstützen, die für sie die Voraussetzung für die erfolgreiche Emanzipation der Arbeiterklasse war. Diesem Zweck diente die ab 1. Juni 1848 erscheinende überregionale „Neue Rheinische Zeitung“. Heinrich Bürgers, einer der Redakteure der Zeitung, schrieb rückblickend: „Durch die Kühnheit und Schärfe, mit welcher die ‚Neue Rheinische Zeitung‘ auftrat und an Hand der Tatsachen die Bestrebungen der Reaktion denunzierte, die Schwächen der Oppositionsparteien in Frankfurt und Berlin bloßlegte und den Mangel an revolutionärer Energie bei den Parteiführern geißelte, gewann sie alsbald einen mächtigen Einfluß in der öffentlichen Meinung.“ Um Marx als den überragenden Chefredakteur versammelte sich eine Gruppe von glänzenden Mitarbeitern, die schon im Vormärz gesellschaftskritische Abhandlungen geschrieben hatten. Es waren u. a. Friedrich Engels, Ernst Dronke und Wilhelm Wolff. Aber auch der ungemein populäre Dichter Ferdinand Freiligrath, der „Trompeter der Revolution“, und Georg Weerth, den Engels als „ersten und bedeutendsten Dichter des deutschen Proletariats“ bezeichnet hatte, gehörten zu diesem Kreis. Mit ihrem publizistischen Einfluß schufen sie eine überregionale Gesinnungsgemeinschaft, die „Partei der Neuen Rheinischen Zeitung“. Sie alle kämpften darum, gegen die erstarkenden Reaktionäre, die „Heuler“, wie sie im damaligen Sprachgebrauch der Zeit genannt wurden, doch noch eine demokratische Republik durchzusetzen. Gemeinsames Ziel war es, „alle Grundlagen des bestehenden politischen Zustandes zu unterwühlen“; und daher betrachteten sie das ursprüngliche Schimpfwort „Wühler“ auch als persönlichen Ehrentitel.

Freunde von Karl Marx, agitatorisch und organisatorisch durch die Mitgliedschaft in Auslandsvereinen geschult, besetzten nach der Verhaftung Gottschalks Schlüsselpositionen im Arbeiterverein. Die Forderungen auf die Verbesserung der wirtschaftlichen Verhältnisse zu konzentrieren, war ihnen ein Dorn im Auge. Sie sahen in den Mitgliedern des Vereins eine Massenbasis zur Durchsetzung der demokratischen Revolution. In einem Brief vom Juni 1848 beklagte sich ein führender Vertreter der Kommunisten in Köln, Friedrich Anneke, über die „Dummheit des Proletariats“, die es daran hindere, dem „Gesindel der Reaktion“ als politisch geschlossene Macht entgegenzutreten. Mit Hilfe der schon im März formulierten 17 „Forderungen der kommunistischen Partei in Deutschland“, mit Vorträgen usw. gelang es, den Arbeiterverein immer stärker auf eine politische Linie zu bringen und ihn darauf vorzubereiten, auch aktiv Widerstand gegen die erstarkenden Kräfte der Konterrevolution zu leisten.

Septemberkrise und Steuerverweigerung

Der September 1848 brachte noch einmal einen Höhepunkt der revolutionären Ereignisse. Eine der Kernforderungen der nationalen Bewegung in Deutschland richtete sich auf den Anschluß Schleswig-Holsteins an den deutschen Nationalstaat. Zur Sicherung der Herzogtümer gegen Ansprüche Dänemarks führte Preußen Krieg gegen Dänemark, mußte aber im August auf internationalen Druck hin einen Waffenstillstand schließen und Schleswig-Holstein den Dänen überlassen. Voll Empörung gingen überall in Deutschland die Menschen auf die Straßen, und in Berlin führten die Ereignisse zu einer Regierungskrise. Auch in Köln häuften sich öffentliche Versammlungen, und die Erregung erreichte einen Höhepunkt, als am 11. September Kölner Bürger durch das Militär mißhandelt wurden. Unter maßgeblicher Steuerung der Redaktion der „Neuen Rheinischen Zeitung“ und des Arbeitervereins wählte eine Volksversammlung einen Sicherheitsausschuß. Er sollte als Instrument einer Volksversammlungsdemokratie als militärisches Aktionskomitee in der Auseinandersetzung mit der Reaktion ein Gegengewicht bilden; eine Bedeutung erreichte er jedoch nie.

In dieser Atmosphäre versuchten im September die verbündeten Mitglieder der „Neuen Rheinischen Zeitung“, des „Arbeitervereins“ und der „Demokratischen Gesellschaft“, die Agitation voranzutreiben. Diesem Ziel diente u. a. der Aufruf zu einer Volksversammlung in Worringen, dem 8.000 Menschen folgten. Auf diesem Wege sollte auch die bäuerliche Bevölkerung für die Republik gewonnen werden. Für die Behörden war es aber das Signal, energisch einzuschreiten, zumal sie sich jetzt, im Gegensatz zum März, schon wieder sicher fühlten. Es folgten Haftbefehle gegen einige der Arbeiterführer, die die Landbevölkerung zur Rebellion aufgerufen haben sollten. Sie konnten nur zum Teil vollstreckt werden. Gegen das drohende Eingreifen des Militärs wur-

den daher um den Altermarkt aus Pflastersteinen, Bauholz und umgestürzten Karren Barrikaden aufgebaut. Doch das Militär schritt nicht ein, und am nächsten Morgen wurden die Barrikaden von städtischen Arbeitern abgerissen.
Obwohl die Ruhe wiederhergestellt war, rief der Militärkommandant den Belagerungszustand aus, verbot politische oppositionelle Vereine und Zeitungen und löste die Bürgerwehr auf. Doch diese Maßnahmen mußten schon bald wieder zurückgenommen werden, und es zeigte sich, daß der revolutionäre Elan in Köln noch nicht ganz gebrochen war.
Als der preußische König Anfang November das erst wenige Monate zuvor durchgesetzte Prinzip der Volkssouveränität mißachtete, das Parlament vertagte und in die Provinzstadt Brandenburg verlegte, schloß sich die Mehrheit der Kölner politischen Kräfte voll Zorn zu einer Solidaritätsaktion für die preußische Nationalversammlung zusammen. Um den König zur Zurücknahme seiner Maßnahmen zu zwingen, rief man zum Steuerboykott auf. Aber diese Aktion mißlang trotz anfänglicher Begeisterung und blieb ohne Bedeutung.

Die letzten Monate

Mit den Versuchen, im September und November 1848 breite Massenbewegungen zur Sicherung der demokratischen „März-Errungenschaften" ins Leben zu rufen und einen Damm gegen die erstarkende Reaktion zu errichten, war der Höhepunkt der revolutionären Ereignisse in Köln überschritten. Die politischen Einflußmöglichkeiten des Arbeitervereins kamen zum Erliegen.
Aber noch war der politische Kampf nicht zu Ende, noch war die Bereitschaft vorhanden, sich für demokratische Freiheiten und einen deutschen Nationalstaat öffentlich zu engagieren, noch wagten es die Arbeiter für „Arbeit und Brot" auf die Straße zu gehen.
Zwei neue Agitations- und Organisationsformen bildeten sich in den ersten Monaten des Jahres 1849 heraus: politische Bankette und „Urwählerversammlungen". Bankette, d. h. gemeinsame Essen mehrerer tausend Teilnehmer, waren ein aus Frankreich stammendes Mittel der politischen Aktion, die es nun auch in Köln aus Anlaß politischer Jahrestage gab. Musik, längere Reden und Trinksprüche wechselten einander ab. Freiligrath schrieb für das „Arbeiterfestmahl" am 19. März 1849 sein berühmtes Gedicht „Reveille", das zur Melodie der Marseilleise gesungen wurde. Trinksprüche wurden auf das souveräne Volk, die proletarische Revolution, auf die „rote Republik" ausgebracht. Alles diente der Zurschaustellung des ungebrochenen Durchhaltewillens und des Solidaritätsgefühls.
Am 28. Februar waren in Berlin die neugewählten preußischen Parlamentsgremien zusammengetreten. Um die Abgeordneten unmittelbar an die Wählerbasis anzubinden, aber auch um ihnen mit der öffentlichen Unterstützung den Rücken zu stärken, organisierten Demokraten und Kommunisten „Urwählerversammlungen". Aus ihnen wurde ein Komitee gewählt, das nun im unmittelbaren Wählerauftrag politische Agitation betreiben konnte. Diese Organisationsform war ein neuartiger Versuch, „basisdemokratische" Politik zu machen.
Karl Marx und seine politische Gruppierung machten mit dieser Politik auch eine erneute taktische Wende. Sie lösten sich von den bürgerlichen Demokraten und versuchten nun, die Arbeitervereine zentral zu organisieren und zu stärken. Im Jahr vorher hatten sie noch gedacht, daß es eine notwendige Aufgabe sei, sich der radikalen bürgerlichen Demokratie anzuschließen und nicht separate Arbeitervereine zu unterstützen, die nur der Gefahr unterlägen, sich in unzeitgemäßen wirtschafts- und sozialpolitischen Reformprojekten zu verlieren. Die Ursache für diese Sinnesänderung war die Enttäuschung über den mangelnden revolutionären Elan des radikaldemokratischen Bürgertums, dem man Verrat vorwarf. Maßgeblich war wohl auch, daß die erste große überregionale Organisation von Arbeitervereinen in Deutschland, die von dem ehemaligen Mitglied des Kommunistenbundes Stephan Born geleitete „Arbeiterverbrüderung", sich erfolgreich hatte ausdehnen und festigen können.
Ein Provinzialkongreß der Arbeitervereine am 6. Mai 1849, der erste eigene Kongreß der Arbeitervereine Rheinlands und Westfalens, vermochte nicht mehr in die Zukunft zu weisen. Wenige Tage darauf brachen die Aufstände und Kämpfe zur Rettung der in der Frankfurter Nationalverfassung erarbeiteten politischen Neuordnung Deutschlands aus. In Köln blieb alles ruhig, nicht zuletzt wegen der eindringlichen Ermahnungen durch Karl Marx. In der Festungsstadt Köln mit einer der stärksten preußischen Garnisonen wären Aufstände selbstmörderisch gewesen.
Jetzt gelang es auch den Behörden, eines der mißliebigsten Bollwerke der Demokratie, die „Neue Rheinische Zeitung", zu beseitigen. Noch im Februar war Karl Marx in einem aufsehenerregenden Presseprozeß freigesprochen worden. Mit seiner Verteidigungsrede, die er zu einer flammenden Anklage gegen das überkommene politische System ummünzte, hatte er die Geschworenen überzeugen können. Mit dem endgültigen Verbot der Zeitung aber erhielt Marx einen Ausweisungsbefehl, der ihn ins Londoner Exil brachte. Es sollte noch drei Jahre dauern, bis auch die letzten Reste des „tollen Jahres" in Köln verschwunden waren. Der Arbeiterverein lebte, wenn auch nur als Schatten seiner selbst, als Bildungsverein weiter. Aber auch darin sahen die Behörden noch ein unerträgliches Ärgernis, das schließlich im September 1850 verboten wurde. Aus dem „Bund der Kommunisten" war wie ehemals wieder eine Geheimorganisation geworden, deren Leitung jedoch von London nach Köln

übergesiedelt war. Aber im November 1851 wurde er von der Obrigkeit zerschlagen, und sieben seiner Mitglieder wurden ein Jahr darauf von einem Kölner Gericht zu langen Freiheitsstrafen verurteilt.
Auf die Dauer jedoch ließ sich das Streben der Arbeiter nach politischer Demokratie und einer gerechten sozialen Ordnung nicht mehr unterdrücken.

Dirk Blasius

„Preußische Pfiffe" und rheinischer Pfiff

Preußisches und Antipreußisches in der Geschichte der Rheinlande

Preußische Spuren

Preußische Spuren in der Geschichte des rheinisch-westfälischen Raumes aufzusuchen, ist ebenso reizvoll wie schwierig. Die Schwierigkeiten häufen sich, wenn die Geschichte des „Volkes" in den Blick genommen werden soll. Bei Preußen denkt keiner ans Volk, jeder an den Staat. Soziale Bewegung fand nur im Vorhof des preußischen Staates statt und hatte es schwer, auf diesen selbst überzugreifen.
Dennoch begegnen uns an den Wegscheiden der preußischen Geschichte Volksbewegungen, die das innere Ordnungsgefüge des preußischen Staates ankratzten. „Kehrt zum Frieden zurück, räumt die Barrikaden, die noch stehen, hinweg und entsendet an Mich Männer, voll des echten alten Berliner Geistes, mit Worten, wie sie sich Eurem Könige gegenüber geziemen", rief 1848 in seiner Revolutionsnot der preußische König Friedrich Wilhelm IV. seinen „lieben Berlinern" zu. „Mein Volk, das die Gefahr nicht scheut, wird mich nicht verlassen, und Deutschland wird sich Mir mit Vertrauen anschließen".
In Bedrängnis war die preußische Politik 1848 vor allem deshalb geraten, weil sie die Rechts-, Verfassungs- und Freiheitsforderungen des Volkes im Zeitalter der Restauration mit den wenig feinen Methoden der Polizei zurückgestaut hatte. Ein politischer Unruheherd besonderer Art waren in den Jahrzehnten vor der Revolution von 1848/49 die beiden preußischen Westprovinzen, das Rheinland und Westfalen, gewesen. Sie waren nach dem Länderschacher auf dem Wiener Kongreß (1814/15) an Preußen gelangt. Nicht nur der Umfang Preußens änderte sich mit diesen Zugewinnen, auch die Gewichte im Inneren des preußischen Staates verschoben sich.

Die Modernität der Westprovinzen

Bis zum Beginn des 19. Jahrhunderts hatte der Schwerpunkt Preußens eindeutig östlich der Oder gelegen. Der alte Hohenzollernstaat hatte eine agrarische Orientierung; die Herrschaftsstrukturen auf dem Land, die Allmacht des Gutsherren — das waren die bestimmenden Faktoren der inneren Verfassung Preußens. Nach 1815 verlor der preußische Staat zwar nicht seinen feudalen Charakter, aber die beiden Westprovinzen brachten etwas Neues in die preußische Staatswirklichkeit ein. Die vorindustriellen Ordnungen und Lebensformen der ostelbischen Provinzen bekamen insbesondere durch das Rheinland ein Gegengewicht. Die Gebiete um Kurtrier, Kurköln, Aachen, Jülich und Berg gehörten schon im 18. Jahrhundert zu den wirtschaftlich fortgeschrittensten Gewerbelandschaften Deutschlands. Hier hatte sich auch ohne die im Zeitalter des Absolutismus sonst übliche staatliche Nachhilfe eine relativ breite, im Gewerbe und Handel tätige bürgerliche Schicht gebildet. Mit den Landgewinnen von 1815 erhielt der ostelbische Agrarstaat Preußen nicht nur eine neue, für seine spätere Rolle in der deutschen Geschichte wichtige, westlich-städtische Orientierung, er handelte sich auch viel bürgerliches Selbstbewußtsein ein.
Die politisch-geographische Doppelgestalt Preußens im 19. Jahrhundert bedingte das Anwachsen eines inneren Konfliktpotentials, das sich z. B. auch in der bürgerlichen Revolution der Jahre 1848/49 entlud. Ohne die Rheinprovinz und ohne Westfalen aber wäre der Beitrag Preußens zur Herausbildung einer modernen Industriegesellschaft in Deutschland weitaus geringer anzusetzen. Rheinische Gesellschaftstraditionen und die Lagevorteile Westfalens im Industrialisierungsvorgang

haben mit dazu beigetragen, daß Preußen zum Formelement der Modernisierung Deutschlands werden konnte.
Besonders das Rheinland war nach 1815 ein Gebiet von einer bürgerlich-liberalen Renitenz, die den preußischen Obrigkeitsstaat herausforderte. Nicht nur gab es die ihre eigenen Konflikte produzierenden konfessionellen Unterschiede zwischen dem protestantischen Preußen und der überwiegend katholischen Rheinprovinz, auch in sozialer Hinsicht bestand ein Gefälle, das Mißstimmung verursachte. Das Rheinland war eine vom kultivierten Bürgertum politisch dominierte Provinz. Bürgerliches Selbstbewußtsein hing hier eng mit wirtschaftlichen Erfolgen zusammen. In die sich abzeichnende Welt der Eisenbahnen, Dampfschiffe und Aktiengesellschaften paßte kein Untertanengeist, freilich auch keine revolutionär-demokratische Attitüde. Man wollte, wie bisher, ungestört am Haus des sich mehrenden provinzialen Wohlstands zimmern. Skeptisch blickte man vom Rheinland aus der preußischen Zukunft entgegen. Der alte Kölner Bankier Abrahahm Schaafhausen rief bei der Nachricht von der Vereinigung seiner Heimat mit Preußen aus: „Da heiraten wir aber in eine arme Familie."
Der Reichtum des Rheinlands und seine damit zusammenhängende bürgerliche Gesellschaftsverfassung waren nicht zuletzt durch die französische Besatzungspolitik gefördert worden. Napoleon hatte den von ihm eroberten Gebieten die Übernahme des französischen Rechtssystems aufgezwungen. Doch von Aufzwingen konnte in den linksrheinischen Gegenden keine Rede sein. Freudig begrüßte man die Abschaffung des Feudalsystems, die Einführung der Gewerbefreiheit sowie eine moderne, den Bedürfnissen des Marktes entgegenkommende Rechts- und Verwaltungsordnung. In der nur kurzen „französischen" Zeit vom Ende des 18. bis zum Beginn des 19. Jahrhunderts florierten die linksrheinischen Gewerbegebiete; sie profitierten auch kräftig von der Öffnung des großen französischen Marktes. Das sollte jetzt alles mit dem Eintreten Preußens in die rheinische Geschichte sein Ende haben?

Der Kampf des Rheinländers um sein Recht

Man mußte auch im Rheinland Kompromisse machen, doch auf einem Gebiet zeigte man sich in jeder Hinsicht kompromißlos. Das war das Gebiet des rheinischen Rechts. In der Verteidigung der von Napoleon eingeführten Rechtsinstitute hatte das rheinische Bürgertum auch breite Schichten der übrigen rheinischen Bevölkerung hinter sich. Es waren nicht nur antipreußische Ressentiments, die den Kampf gegen oktroyiertes altpreußisches Recht anheizten. Eine Mischung aus Interesse und Überzeugung ließ das „bürgerliche" Rheinland entschieden und energisch für den Erhalt französischen Rechts eintreten.
Es ging um viel, sowohl politisch wie sozial. Unter napoleonischer Herrschaft waren fünf Gesetzbücher in engere Anlehnung an die französischen Gesetzgebungswerke in den linksrheinischen Gebieten eingeführt worden: Das bürgerliche Gesetzbuch (Code civil), die bürgerliche Prozeßordnung, das Handelsgesetzbuch, das Strafgesetzbuch (Code pénal) und die Kriminalprozeßordnung. Rechtsverhältnisse und Lebensverhältnisse bildeten im Rheinland eine Einheit. Sie wiesen in die Zukunft der erst entstehenden industriellen Welt. Demgegenüber haftete dem altpreußischen Rechtssystem etwas Veraltetes, Rückwärtsgewandtes an. Vertragsfreiheit, Eigentumsfreiheit und Vererbungsfreiheit, diese drei Grundfiguren bürgerlichen Rechts, waren im Rheinland verwirklicht, auch gab es eine freiheitliche Gerichtsverfassung mit Schwurgerichten und öffentlichem und mündlichem Verfahren sowie die Gleichheit aller Bürger vor dem Gesetz.
Ihre Rechtsverfassung machte die Rheinprovinz zum Stachel im Fleisch des konservativen preußischen Staates. Sie wollte er durch Druck von oben beseitigen. Gelungen ist ihm das jedoch nicht. Im Gegenteil: Aus den Materien des rheinischen Rechts sind die Strukturen unserer heutigen Rechtsordnung erwachsen.
Die gesellschaftliche Zukunft, die in der Rechtsverfassung des Rheinlands schon im 19. Jahrhundert durchscheint, mußte freilich politisch erkämpft werden. An diesem Kampf war auch das rheinische „Volk" beteiligt, wenn auch die Vordenker und unmittelbaren Akteure der Schicht des gehobenen Wirtschaftsbürgertums angehörten — wie David Hansemann, Ludolf Camphausen, Hermann von Beckerath, Gustav Mevissen und August von der Heydt.
Immer wieder hat Preußen im Verlauf der ersten Hälfte des 19. Jahrhunderts den Versuch unternommen, das fortschrittliche rheinische Recht zu kippen. 1843 war das Strafrecht der Einstieg. Man legte einen für den gesamten preußischen Staat verbindlichen Entwurf eines Strafgesetzbuchs vor. Die Einführung dieses Strafrechts hätte die Abschaffung des rheinischen Code pénal zur Folge gehabt. Eine Welle der Empörung breitete sich im Rheinland aus. Petitionen, denen lange Unterschriftenlisten beigegeben waren, wurden von fast allen Städten und Gemeinden verfaßt und an den in Düsseldorf tagenden Rheinischen Provinziallandtag geschickt. Er hatte das neue Strafrecht zu beraten.
Die „Adresse" der Bürger Düsseldorfs vom 11. Mai 1843 zeigt, wie sehr zur damaligen Zeit sich rheinische Identität aus den Formen und Materien des rheinischen Rechts herleitete. „Der Rheinländer liebt sein Recht wegen des Geistes, der in demselben lebt, und wegen der Form, unter welcher es gehandhabt wird. Die Freiheit des Individuums in seinen religiösen, sittlichen und politischen Überzeugungen, die Gleichheit aller vor dem Gesetz und die Teilnahme des Volks an der Rechtsprechung, machen es ihm teuer, und,

wenn wir es aussprechen dürfen, er glaubt diese Rechte gefährdet. Er fürchtet den Geist der Bevormundung, der in dem Entwurfe herrschen soll, er fürchtet, daß seinen Überzeugungen Schranken entgegen gesetzt werden, deren ein mündig gewordenes Volk nicht bedarf. Er fürchtet die Einführung einer Ungleichheit vor dem Gesetz. Aber auch für die Form, unter welcher ihm Recht gesprochen wird, ist er besorgt. Öffentlichkeit und Mündlichkeit nicht allein, welche er gesichert glaubt, auch das Institut der Geschworenen wünscht er in seinem ganzen Umfange erhalten. Er hält das Geschworenengericht für den unbestechlichsten, allein von dem Interesse des Rechts geleiteten Richter. Aber er fürchtet auch überhaupt für die Einheit seines Rechtssystems; er ist besorgt, diese Einheit dürfe durch das Herausreißen eines einzelnen Teils aus dem gegliederten Ganzen zerstört werden, und diese Einheit wünscht er erhalten".

Ein über und durch das Recht mündig gewordenes „Volk" zog scharf die Grenzlinie gegenüber dem preußischen Geist der Bevormundung. Es artikulierte auch sichtbar seinen Protest. Als der Rheinische Provinziallandtag den Entwurf „kühn" abgelehnt hatte, fanden in vielen Städten große Festgelage statt. 1.000 bis 1.500 Leute unternahmen von Köln aus auf zwei Dampfschiffen eine spektakuläre Fahrt nach Düsseldorf, um der hier tagenden Ständeversammlung Dank zu sagen. Sicherlich war das Ganze, waren Petitionen und Demonstrationen ein Akt bürgerlichen Protests, doch der rheinische Liberalismus prägte die politische Kultur im Rheinland im Geist der Aufklärung fortschrittlich, so daß auch nichtbürgerliche Schichten davon profitierten. Mündigkeit war ein politischer Wert, der soziale Gräben übersprang.

Daß die rheinische Rechtsbewegung immer stärker die Züge einer Volksbewegung annahm, irritierte Preußens Administration besonders. Resigniert und hilflos berichtete der Kölner „Zensor" über die Vorgänge im Rheinland an den preußischen Innenminister. Die durch den Strafgesetzentwurf hervorgerufene Stimmung könne nicht im entferntesten überraschen; sie gebe nur einen „neuen Beleg für die Gesinnungsscheide, welche die Rheinlande von den alten Provinzen zur Zeit noch trennt. . . . In allem, was von Berlin ausgeht, wittert er (der Rheinländer, D. B.) nach dem hier klassischen Ausdrucke ‚preußische Pfiffe'! Ist man hier auch überwiegend monarchisch gesinnt, so möchte man doch dem Gouvernement gegenüber den ganzen Apparat konstitutioneller Staaten, organisierte Opposition, freie Presse, usw. Der Gedanke der Sicherung, der Gesichtspunkt der Garantien ist hier überall leitend. Wie der Landtag dem Rheinländer lediglich als Vertreter der Volksrechte gegen Anmaßung und Willkür der Regierung gilt und nur als Oppositionsorgan seinen eigentlichen Wert für ihn hat, so gelten ihm seine Rechtsinstitutionen vorzugweise als Garantie seiner provinziellen Eigentümlichkeit und als Schutz gegen die politischen Prinzipien der alten Provinzen".

Die steifen preußischen Bürokraten stießen sich auch an der Gewitztheit des rheinischen Volkes, an seiner Fähigkeit, politisch Ernstes mit dem fröhlichen Arrangement einer „Fête" zu verbinden. Achselzuckend konstatierte der Kölner „Zensor" das „ungewöhnliche Talent, Demonstrationen aller Art zu arrangieren. Im Nu bildet sich ein Komitee, sind die nötigen Schritte getan. So hatte man in einem Tage in einer Bürgerversammlung die Fahrt nach Düsseldorf beschlossen, die Dankadresse entworfen, Dampfschiffe gemietet, Fackeln, Musikchöre beschafft und die Fahrt ausgeführt."

Aktivposten Preußens

Mit der Rheinprovinz hatte sich der preußische Staat 1815 ohne Frage viele Schwierigkeiten eingehandelt. Dennoch zählt diese Provinz gerade wegen ihrer Widerständigkeit zu den Aktivposten Preußens. Das Rheinland vor allem schloß Preußen an die Moderne an. Zwar konnte dieser Staat nur mit seinen beiden Westprovinzen zusammen zum dominierenden Faktor der neueren deutschen Geschichte werden, doch die Bedeutung des Rheinlands ist in dieser Hinsicht vielleicht höher einzuschätzen als die Westfalens. In den rheinischen Rechtstraditionen waren die Gestaltungs- und Ordnungsprinzipien moderner Industriegesellschaften vorformuliert; die rheinischen Gesellschaftstraditionen sorgten für ein Überleben dieser Prinzipien, an deren geschichtlichem Durchbruch sie großen Anteil hatten. Westfalen wurde für Preußen in der Hochindustrialisierungsphase wichtig, als diese Provinz sich zu einer Kernregion ökonomischer Macht entwickelte.

Im 20. Jahrhundert wurde provinzielle Eigenständigkeit oft zum Spielball machtpolitischer Kalküle (1923: Ausrufung einer Rheinischen Republik mit Unterstützung Frankreichs). Das waren Zwischenspiele, die auf einer anderen Ebene als der des „Volkes", seines gewachsenen politischen, sozialen und kulturellen Lebens lagen. Auch das Rheinland geriet Ende der 20er Jahre in den Sog nationalsozialistischer Parolen und in die Turbulenzen nationalsozialistischen Straßenterrors. Wenn hier der Prozeß fortschreitender Selbstzerstörung der deutschen Demokratie langsamer verlief als in anderen deutschen Landschaften, so hatte das sowohl mit der Verwurzelung im katholischen Glauben wie mit überkommenen Freiheitstraditionen zu tun. Die Bevölkerung des Rheinlands konnte dem ebenso primitiven wie gewaltsamen Auftrumpfen der Nazis wenig abgewinnen. Auch in der Weimarer Zeit war das Rheinland immer noch eine preußische Region, und das sozialdemokratisch regierte Preußen galt damals zu Recht als ein vom Nationalsozialismus nur schwer zu eroberndes „Bollwerk". Seit dem 19. Jahrhundert hatte nicht nur die politische Kultur des Rheinlands auf Preußen abgefärbt, auch viel

Preußisches hatte sich in den politischen Institutionen dieser Provinz festgesetzt. Es war nicht zufällig gerade die rheinische Justiz, die in der Endkrise der Weimarer Republik auch gegenüber der nationalsozialistischen Rechten wachsam war und viele große und kleine Nazis vor Gericht stellte. „Preußische Tugenden", oft und nicht ohne Grund als demokratiefeindlich geschmäht, haben in diesen wirren Jahren häufig eine demokratieverteidigende Rolle zu spielen vermocht.
Das Verhältnis Preußens zu seinen Westprovinzen war ebenso spannungsreich wie fruchtbar; Preußen ist aus den politischen und sozialökonomischen Traditionen des nordrhein-westfälischen Raumes nicht wegzudenken. Doch auch umgekehrt wuchsen rheinische Liberalität und westfälische Wirtschaftskraft in das preußische Staatswesen hinein und veränderten seine innere Symmetrie. Durch die Landgewinne von 1815 hatte sich Preußen gezwungen gesehen, die eigene Herkunftswelt zu überdenken. Es öffnete sich vorsichtig der Moderne. Doch die preußische Modernität war keine politische, auf Demokratie hin angelegte Modernität. Hier „pfiff" es das Volk immer wieder zurück, und hier fehlte auch dem bürgerlichen Rheinland der nichtbürgerliche Pfiff.

Ute Schmidt

Schwarze und rote „Reichsfeinde"

Minderheiten und soziale Bewegungen im Kaiserreich

1872 erschien Wilhelm Buschs Bildergeschichte vom schmeichlerischen Jesuiten, der einer bigotten alten Jungfer das Geld aus der Tasche ziehen will, aber von deren Neffen namens Gottlieb Michael und seinen beherzten Freunden, einem Polizisten und einem Schullehrer, säbelrasselnd aus dem Feld geschlagen wird. Das Familienstück — gemeint als Gleichnis für das Verhältnis von Staat und Kirche — wurde im kleindeutschen Reich Bismarckscher Prägung rasch zu einem Bestseller, denn der Antikatholizismus hatte Konjunktur. Im selben Jahr verabschiedete der Reichstag das „Jesuitengesetz", das alle Niederlassungen dieses Ordens im Reichsgebiet auflöste. Wilhelm Buschs Satire feiert die Selbstjustiz als letztes Mittel des deutschen Michel gegen den papistischen Eindringling und gibt damit einen Eindruck von der unterschwelligen Grundstimmung in Teilen der protestantisch-liberalen Öffentlichkeit im Kaiserreich, die den Kulturkampf erst möglich machte.

Jetzt kommt der Filuzio.
Nämlich dieser Jesuiter
Merkt schon längst mit Geldbegier
Auf den Gottlieb, sein Vermögen,
Denkend: „Ach, wo krieg' ich dir?"

Wilhelm-Busch-Album

Alte Wunden

Wenn damals in der liberalen Öffentlichkeit das Papsttum und der Jesuitenorden als Zentren der Gegenaufklärung angesehen wurden, die die historischen Modernisierungs- und Demokratisierungsprozesse wieder rückgängig machen wollten, so war dies freilich nicht allein dem Überlegenheitsdünkel strenggläubiger Protestanten oder dem rationalistischen Fortschrittsdenken der Liberalen zuzuschreiben. Auch die kirchenpolitische Strategie der Päpste Gregor XVI. und Pius IX. lieferte hierfür einige Argumente. Sie stieß selbst im innerkatholischen Lager auf Widerspruch.
Für diese Richtung, die den Katholizismus in Deutschland im 19. Jahrhundert prägte, sind drei Züge bezeichnend:
1. Die Rekonsolidierung und Zentralisierung der Kirche mit dem Blick nach Rom: Papst Gregor XVI. (1831—1846) war selbst Mitbegründer des „Ultramontanismus", d. h. einer Bewegung im Katholizismus, die nach der Zerschlagung des Heiligen Römischen Reiches (1806) und der Durchsetzung des Nationalstaatsprinzips im Europa des 19. Jahrhunderts die Unabhängigkeit und Universalität der katholischen Kirche nur unter zwei Voraussetzungen gewährleistet sah: wenn zum einen der Papst in Rom als zentrale kirchliche, quasimonarchische Autorität gestärkt und zum anderen aufklärerisch-staatskirchliche Strömungen im Katholizismus zurückgedrängt würden. Dies ist — um nur ein spektakuläres Ereignis zu nennen — der kirchenpolitische Hintergrund für die „Kölner Wirren" im Jahr 1837. Sie wurden ausgelöst durch das offensive Vorgehen des Kölner Erzbischofs Clemens-August von Droste-Vischering gegen die liberalen katholischen Theologen an der preußischen Universität in Bonn — damals Zentrum

eines selbstkritischen und diskussionsbereiten Katholizismus. Im Erzbistum Köln spitzte sich jetzt außerdem der Konflikt zwischen Kirche und preußischer Regierung um die Erziehung von Kindern aus Mischehen zu. Als die preußischen Behörden versuchten, ihre Macht mit polizeistaatlichen Methoden durchzusetzen und den Bischof unter dem falschen Verdacht politisch-revolutionärer Umtriebe verhafteten, formierte sich in der Rheinprovinz eine breite katholische Protestbewegung gegen die preußische Obrigkeit.

2. Die Mobilisierung großer Teile der katholischen Bevölkerung für kirchlich-katholische Interessen in Vereinen, Petitionsbewegungen, demonstrationsähnlichen Wallfahrten, die freilich weitgehend unter klerikaler Führung blieben. So zogen 1844 mehr als eine Million Menschen ins Suffraganbistum Trier, um den dort ausgestellten Rock Christi zu sehen; dies war zugleich eine Demonstration wieder erstarkenden katholischen Selbstbewußtseins. Nach 1848 entstanden die Pius-Vereine (und als deren Dachorganisation der „Katholische Verein Deutschlands"), die den kirchen- und kulturpolitischen Forderungen der Katholiken in der Öffentlichkeit mehr Nachdruck verleihen sollten.

Auch andere Vereine blühten auf, so z. B. die „Michaelsvereine", benannt nach dem Erzengel Michael — dem Patron der christlichen Heere, der mit dem Drachen als Sinnbild des Antichrist kämpft. Nachdem der Papst im Zuge der nationalen Einigungsbewegung in Italien seinen weltlichen Territorialbesitz weitgehend eingebüßt hatte, wurden die Gläubigen in aller Welt zu seiner Unterstützung aufgerufen. Und so entstanden auch in Münster, Paderborn, Trier und Köln um 1860 „Michaelsvereine", in denen — gegen Ablaß — für den Papst gebetet und Geld gespendet wurde. Eine erste Sammlung des „Peterspfennigs" in Köln brachte 70.000 Taler ein.

3. Das instrumentelle Verhältnis zur politischen Demokratie. In seiner — gegen demokratische Strömungen im Katholizismus gerichteten — Enzyklika „Mirari vos" (1832) hatte Gregor XVI. die Gewissens- und Pressefreiheit sowie die Trennung von Kirche und Staat noch verurteilt. Als 1848 in der Frankfurter Paulskirche der Obrigkeitsstaat infragegestellt wurde, bediente sich die katholische Kirche nun selbst der liberalen Zeitströmung und arbeitete mit den Mitteln der Demokratie. Zur Sicherung ihrer Privilegien gegenüber dem preußischen Staat forderte sie jetzt die Freiheiten von 1789: Presse-, Versammlungs-, Rede- und Meinungsfreiheit.

Die Frankfurter Verfassung trat nicht in Kraft. Doch ließ der — reduzierte — Grundrechtskatalog der preußischen Verfassung von 1850 der evangelischen wie der römisch-katholischen Kirche genügend Spielraum für die Verwaltung ihrer Angelegenheiten. So wurde das Verhältnis zwischen Kirche und Staat in Preußen bis 1864 im Vergleich zu anderen deutschen Staaten bald von beiden Seiten als relativ spannungsfrei bezeichnet. Allerdings schränkten die „Raumerschen Erlasse" (1852) die Aktionsmöglichkeiten der katholischen Vereine und die Volksmissionen der Jesuiten zeitweise wieder erheblich ein.

Schmerzlich für die katholische Minderheit in Preußen (sie machte etwa 1/3 der Bevölkerung aus) blieb indessen nicht nur der Machtverlust ihrer Kirche, sondern auch ihre soziale Diskriminierung. Insbesondere das katholische Bürgertum in den Westprovinzen litt unter der ungelösten Paritätsfrage, d. h. der ständigen Benachteiligung bei der Besetzung von Stellen in Regierung und Verwaltung. Aber auch die nationale Frage war für die Katholiken ein Problem. Die katholischen Kirchenvertreter hatten die „Freiheit der Kirche" zur Vorbedingung für die Einheit Deutschlands gemacht und sahen diese am ehesten in einem stärker katholisch geprägten, großdeutschen Reich unter Einschluß von Österreich verwirklicht. Deshalb markierte die Neuordnung Deutschlands nach dem Sieg Preußens über Österreich (1866) und die Annexionen der norddeutschen Staaten, die an der Seite Österreichs gekämpft hatten (Hannover u. a.) das vorläufige Ende ihrer Hoffnungen. Freiherr Wilhelm Emmanuel v. Ketteler gehörte in den folgenden Jahren zu den ersten Vertretern des politischen Katholizismus, die sich auf die neue Situation einstellten und die kleindeutsche Lösung als Rahmen für ihre organisatorisch-politische Arbeit in der Zentrumspartei akzeptierten.

Kulturkampf und passiver Widerstand

1864 gab Pius IX. im Zuge seiner ideologischen Offensive gegen den Liberalismus eine knapp gefaßte Stellungnahme zu den „Irrtümern der Zeit" heraus („Syllabus errorum"), die sowohl den weiter bestehenden Anspruch auf weltliche Herrschaft der Kirche als auch deren vollständige Unfähigkeit zur selbstkritischen Einschätzung ihrer eigenen Geschichte demonstrierte. Die Liberalen faßten den „Syllabus" als eine Kampfansage an die Grundlagen der modernen Zivilisation auf und beschworen bereits die Scheiterhaufen des Mittelalters. Aber auch viele Katholiken waren bestürzt über das Ausmaß der Intoleranz in Glaubens- und Gewissensfragen, mit der der Papst sein Ideal der Glaubenseinheit und des christlichen Staates verteidigen zu müssen glaubte. Einen weiteren Schock versetzte Pius IX. der liberalen Öffentlichkeit mit dem Dogma der Unfehlbarkeit des Papstes in Fragen der Glaubens- und Sittenlehre, das auf dem vatikanischen Konzil im Juli 1870 beschlossen wurde. Die meisten deutschen Bischöfe hielten das Dogma für „inopportun", gingen einem Konflikt mit dem Papst aber aus dem Wege und reisten vor der Abstimmung ab. Nach und nach unterwarfen sie sich jedoch der päpstlichen Zentralgewalt und setzten das Dogma auch in ihren Diözesen unerbittlich gegen andere Auffassungen durch. Dieser Konflikt um die Anerkennung des Unfehlbarkeitsdogmas führte zur Abspaltung der „Altkatholiken" und löste 1871/72 in der Rheinprovinz, in Schlesien und vor allem im Ermland heftige Auseinandersetzungen zwischen Klerus und Schulbehörden aus. Hier forderten die Bischöfe staatliche Eingriffe gegen Religionslehrer und Professoren, die das Dogma nicht vor ihren Schülern vertreten wollten.

Wie kam es nun zum Kulturkampf? Warum spielten die Liberalen dieses „historische Satyrspiel" (Franz Mehring) mit, in dessen Verlauf sie die freiheitlichen Prinzipien, für die der Liberalismus einst gestanden hatte, so offensichtlich preisgaben? Die vieldiskutierte Frage nach den Motiven der Handelnden, nach der Verschränkung der außen- und innenpolitischen Kalküle Bismarcks kann hier nicht beantwortet werden. Sicher ist, daß Bismarck sich nach dem vatikanischen Konzil auf eine Veränderung des Verhältnisses von Kirche und Staat einstellte. Die Zentrumspartei betrachtete er nach ihren ersten Auftritten im Reichstag (1871) als eine klerikale Interessenvertretung, auch wenn sie von der römischen Kurie nicht immer volle Rückendeckung erhielt. Wegen ihrer „ultramontanen" Loyalität, ihrer großdeutschen Sympathien und nicht zuletzt wegen ihres parlamentarischen Zusammenspiels mit den katholischen Polen und Elsässern sowie mit den Hannoveraner Welfen sah er in der Zentrumspartei einen möglichen Störfaktor für die Konsolidierung des Reiches, den er isolieren wollte. Im übrigen ging Bismarck davon aus, daß es Berührungspunkte zwischen einem starken linken Zentrumsflügel und sozialrevolutionären Strömungen, insbesondere in Polen und im Ruhrgebiet, gebe. Bismarck fürchtete außerdem preußenfeindliche und nationalistische Tendenzen im polnischen Adel und Klerus der Ostprovinzen des Reiches. Die zu Beginn des Kulturkampfs verfügten Maßnahmen und Gesetze sollten daher — im Zuge der Germanisierungspolitik — den Einfluß der katholischen Geistlichkeit in Westpreußen und Posen zurückdrängen. Darüber hinaus sollten sie die staatliche Schulaufsicht gegen althergebrachte kirchliche Ansprüche auf dem Gebiet der Volksbildung durchsetzen.

Der Kulturkampf erreichte einen ersten Höhepunkt mit den preußischen Maigesetzen (11.—14. Mai 1873). Sie enthielten neue Regelungen über die Vorbildung und Anstellung der Geistlichen, über die kirchliche Disziplinargewalt, über die Grenzen des Rechts zum Gebrauch kirchlicher Straf- und Zuchtmittel und erleichterten außerdem den Austritt aus der Kirche. Die Maigesetze waren Ausnahmegesetze, die erst nach einer Änderung der preußischen Verfas-

Bischof Eberhard von Trier erteilt vor Eintritt ins Gefängnis dem versammelten Volk den Segen, 6. März 1874

sung beschlossen werden konnten. Mit diesem Gesetzeskomplex war beabsichtigt, den niederen Klerus von der kirchlichen Hierarchie unabhängiger zu machen, indem er nationalen Bildungseinrichtungen und Disziplinarinstanzen unterstellt wurde. Die Bischöfe protestierten sogleich gegen die neuen kirchenpolitischen Gesetze, deren Ziel ihrer Ansicht nach die Auflösung der kirchlichen Organisation selbst war. Sie akzeptierten die Staatsgesetze nicht als Quelle allen Rechts, sondern beanspruchten für die Kirche ein von menschlicher Willkür unabhängiges, göttlich vorgegebenes Recht und verfuhren bei der Anstellung von Geistlichen weiter nach kanonischem Recht. Damit erhielt die Konfrontation zwischen Staat und Kirche eine neue Qualität: Bischöfe, die die Maigesetze nicht befolgten, wurden zu schweren Geld- oder Gefängnisstrafen verurteilt und anschließend für abgesetzt erklärt.
Am Ende der Kulturkampfgesetzgebung (1879) waren etwa 1.000 Pfarreien verwaist. Zwar baute die Kurie sehr schnell ein System päpstlicher Geheimdelegaten auf, das die Kontinuität wahren und eine einheitliche Abwehrfront schaffen sollte. Es reichte bis in die entlegensten Dörfer. Doch manchmal war kein Pfarrer da, der Tote beerdigen, Ehen schließen, Sakramente spenden und Gottesdienste halten konnte. Jetzt zeigte sich der Erfolg der Mobilisierung der Katholiken seit den dreißiger Jahren: Das katholische Volk stand hinter seinen Geistlichen und hinter den papstlichen Abgesandten, ja, es bildete sich ein kämpferischer Kern heraus, der Druck auf die weniger Entschlossenen ausübte und den „Staatspfarrern" das Leben unerträglich machte.
Als die Jesuiten Essen 1872 verlassen mußten, kam es zu Unruhen katholischer Arbeiter. In Münster erhielten die Patres zum Abschied Ständchen von Gesangvereinen und hohe Geldspenden. Erbittert reagierte man hier auf den Vorwurf, die Jesuiten seien national unzuverlässig, denn acht von ihnen hatten am Krieg gegen Frankreich teilgenommen; einer ihrer Schüler war sogar mit dem Eisernen Kreuz ausgezeichnet worden. Weil der Bischof von Münster 1874 seine Geldstrafe nicht bezahlen konnte, sollte sein Mobiliar versteigert werden. Militär wurde eingesetzt, um den Volksauflauf zu zerstreuen, und als es endlich zur Versteigerung kam, erstanden wohlhabende Bürger aus Münster die Möbel, um sie dem Bischof wieder zurückzugeben. Als dieser seine Gefängnisstrafe in Warendorf antreten mußte, wurde er von einer großen Menschenmenge begleitet, viele Häuser trugen Trauerflor, und man sang: „Fest soll mein Taufbund immer stehen".
Die Katholiken fühlten sich gedemütigt und als Minorität aus der nationalen Gemeinschaft ausgegrenzt. Daher beteiligten sie sich in katholischen Gegenden auch nicht an nationalen Siegesfeiern wie dem Sedanstag und weigerten sich, an Kaisers Geburtstag ihre Häuser zu beflaggen.
Die katholische Presse, die Vereine und die Wahlversammlungen der Zentrumspartei wurden in den Kulturkampfjahren ständig überwacht, Redner und Redakteure immer wieder zu Geld- und Gefängnisstrafen verurteilt. Die Vereinsaktivitäten gingen stark zurück. 1876 mußte sich der (1872 gegründete) hauptsächlich in Rheinland-Westfalen verbreitete „Verein deutscher Katholiken" selbst auflösen; sein Vorsitzender, Freiherr Felix v. Loë, kam in Festungshaft. So waren die Zentrumsvertreter im Reichstag und im Preußischen Abgeordnetenhaus bald die einzigen nicht-zensierten Sprecher der deutschen Katholiken, und ihre Anhängerschaft wuchs sprunghaft. 1873 wurde das Zentrum im Preußischen Abgeordnetenhaus zweitstärkste Fraktion. Die Partei, die 1871 noch schwach und politisch uneinheitlich aufgetreten war, erhielt bei den Reichstagswahlen 1874 einen Stimmenzuwachs von fast 50 % und gewann 28 Mandate hinzu. Hatten 1871 nur 51,7 % der deutschen Katholiken dem Zentrum ihre Stimme gegeben, so waren es 1874 bereits 77,3 %.
Mit den Maigesetzen von 1874 (u. a. Einführung der Zivilehe in Preußen; Reichsacht für abgesetzte Priester) und nach dem Attentat des katholischen Böttchergesellen Kullmann auf Bismarck im Juli 1874 verschärfte sich der Konflikt weiter. Als Pius IX. 1875 die Kernstücke der Kulturkampfgesetzgebung für nichtig erklärte und den passiven Widerstand gegen sie zur religiösen Pflicht machte, war der Siedepunkt erreicht. Katholische Beamte aus der Gemeinde- und Staatsverwaltung wurden entlassen, und nach einer weiteren Verfassungsänderung folgte eine dritte Serie von Gesetzen.
Am Ende der siebziger Jahre erkannte Bismarck, daß der Kulturkampf seinen politischen Zielen nur hinderlich war. Sein neuer Kurs in der Wirtschaftspolitik (Schutzzölle statt Freihandel) führte wieder zur Annäherung an die Konservativen und zum Bruch mit den Nationalliberalen. Nur mit Hilfe des Zentrums ließ sich im Reichstag eine konservative Mehrheit zustandebringen. Unter der Bedingung, daß die staatliche Schulaufsicht und die Zivilehe beibehalten würden, zeigte sich Bismarck nach dem Tod Pius IX. (1878) zu einem Ausgleich mit der Kirche bereit; die meisten Kulturkampfgesetze wurden nach längeren Verhandlungen bis 1891 aufgehoben.

„Für uns ist Deutschland heute nur Zuchthaus" (Bebel)

Wenn Bismarck in den siebziger Jahren „Ultramontane" und Sozialisten häufig in einem Atemzug als staatsgefährdend und national unzuverlässig bezeichnete, und damit schwarze und rote „Reichsfeinde" schuf, so verband beide Parteien politisch doch nur wenig. So beantragte z. B. die Zentrumsfraktion 1873 die Abschaffung des Drei-Klassen-Wahlrechts in Preußen, obwohl sie grundsätzlich dem ständischen Prinzip den Vorzug gab. Das allgemeine Wahlrecht war für sie nur ein taktisches Mittel, um den kirchenfeindlichen Liberalismus mit Hilfe der glaubenstreuen, konservativen Volksmassen zu Fall zu bringen. Die sozialistischen Reichstagsabgeordneten hatten die mit dem liberalen Rechtsstaat unvereinbaren Ausnahmegesetze des Kulturkampfs stets abgelehnt, auch wenn diese sich gegen ihren politischen Gegner richteten. Aber längst nicht alle Zentrumsvertreter stimmten in den achtziger Jahren gegen die Verlängerung des Sozialistengesetzes. In den westdeutschen Industrierevieren lagen die Interessen katholischer und sozialdemokratischer Arbeiter oft näher zusammen: Beide Richtungen lehnten z. B. die Schutzzollpolitik ab, die die Lebenshaltungskosten der Arbeiter ständig verteuerte. Und es kostete die Zentrumsführung einige Mühe, die katholischen Arbeiter vom Sinn dieser Politik zu überzeugen.

Die Unterdrückung der Sozialisten begann nicht erst mit dem Sozialistengesetz. Schon seit 1871, nach der Niederschlagung der Pariser Kommune, erwog die Reichsregierung gesetzliche Maßnahmen gegen die „feindliche Armee in unserer Mitte". Bebel, Liebknecht und Hepner wurden bereits im März 1872 in Leipzig wegen Hochverrats angeklagt. 1875 löste ein Berliner Gericht den Allgemeinen Deutschen Arbeiterverein auf, 1876 wurde die Sozialistische Arbeiterpartei Deutschlands verboten, weil sie angeblich gegen das preußische Vereinsgesetz verstießen. Jedoch gab es auch Stimmen, die davor warnten, die soziale Frage nur mit Organisationsverboten und Polizeimethoden lösen zu wollen, denn die Lage war explosiv. In den Jahren der Depression, die dem Gründerkrach von 1873 folgten, litten vor allem die Arbeiterfamilien unter den Auswirkungen der Wirtschaftskrise und der Umstrukturierung in der Industrie, z. B. der Konzentration in der Eisen- und Stahlindustrie des Ruhrgebiets. Willkürliche Lohnkürzungen und Massenentlassungen drückten ihre Einkünfte häufig unter das Existenzminimum; Schichtverlängerungen und eine menschenunwürdige Behandlung am Arbeitsplatz waren an der Tagesordnung.

Zwei Attentate auf Kaiser Wilhelm im Mai und im Juni 1878 hysterisierten dann die Öffentlichkeit. Die Unternehmerverbände in Rheinland/Westfalen einigten sich jetzt auf ein gemeinsames Vorgehen im Kampf gegen die „rote Gefahr". Viele als Sozialdemokraten bekannte oder verdächtige Arbeiter wurden entlassen. Der erste noch im Mai vorgelegte Entwurf eines Gesetzes „zur Abwehr sozialdemokratischer Ausschreitungen" wurde von den Liberalen und vom Zentrum abgelehnt. Auch konnte Bismarck seine weitergehenden Vorstellungen (Entzug des aktiven und passiven Wahlrechts sowie des Abgeordnetenstatus) nicht durchsetzen. Die bürgerliche Opposition verlangte noch gesetzliche Garantien gegen schrankenlose polizeiliche Vollmachten. Am 21. Oktober beschloß dann der neugewählte Reichstag das „Gesetz gegen die gemeingefährlichen Bestrebungen der Sozialdemokratie". Die Geltungsdauer dieses Ausnahmegesetzes war zunächst bis 1881 befristet; inzwischen sollte eine Rechtsgrundlage ausgearbeitet werden, die die Bekämpfung des Sozialismus auf dem Weg des allgemeinen Rechts ermöglichte. Bismarcks Sozialpolitik, eingeleitet mit der „Kaiserlichen Botschaft" (1881), war ein Versuch, der Kriminalisierung der Sozialisten „positive" Maßnahmen an die Seite zu stellen. Doch das Kranken- und Unfallversicherungsgesetz wurde von vielen Arbeitern nur als Reform der Armenpflege angesehen. Dagegen stellten die Sozialdemokraten ihre Forderungen nach einem wirksamen Arbeiterschutz (Normalbeitrag, Beschränkung der Frauen- und Kinderarbeit, Sonntagsruhe u. a. m.).

Erfolgserlebnis oder Trauma?

Bismarcks Strategie, Minderheiten und soziale Bewegungen aus der nationalen Gemeinschaft auszugrenzen, indem er ihnen die staatsbürgerliche Gleichberechtigung absprach und damit die Nation in staatstragende Kräfte einerseits und reichsfeindliche Elemente andererseits spaltete, war auf lange Sicht nicht erfolgreich. Wie im Kulturkampf, so zeigte sich dies auch am Sozialistengesetz. Bei den ersten Reichstagswahlen nach seiner Aufhebung gewann die Sozialdemokratie fast doppelt so viele Stimmen wie 1877 (1890: 1.427.323 = 19,7 % der Stimmen) und wurde zur stärksten Partei im Reichstag. Als die Gewerkschaften 1890 wieder frei auftreten konnten, standen viermal mehr Mitglieder hinter ihnen als 1878 (1890: 200.000). Nach der Niederschlagung des großen Bergarbeiterstreiks im Ruhrgebiet 1889 strömten jetzt auch hier, wo die Sozialdemokratie bisher nur schwach gewesen war, die Arbeiter in die Freien Gewerkschaften. Die Organisationsbereitschaft der Arbeiter war ohnehin durch die Praxis der Unternehmer während des Sozialistengesetzes befördert worden: Sie hatten die Ausschaltung der Gewerkschaften benutzt, um die Löhne auf dem niedrigen Niveau der Krisenjahre einzufrieren.

Kulturkampf und Sozialistengesetz markieren zwei wichtige Bruchstellen in der Entwicklung des Deutschen Reiches zur Industriemacht. Im Kulturkampf trafen einander widerstrebende Gesellschaftsentwürfe aufeinander. Bismarck versäumte es in der kurzen Aufschwungphase nach der Reichsgründung, die noch feudalen und ständischen Ordnungsbildern nachhängenden katholischen Konservativen auf seine Seite zu ziehen, obwohl sie seine Politik nicht grundsätzlich ablehnten. Statt dessen stilisierte er sie zum politischen Gegner. Und es war zwar im Sinne der Liberalen, wenn im Kulturkampf Reformen wie die staatliche Schulaufsicht und die Zivilehe gegen überlieferte Ansprüche der Kirche im Bildungswesen und als alleinige moralische Instanz durchgesetzt wurden. Doch geschah dies mit Zwangsmaßnahmen und nicht auf dem Wege einer wirklich fortschrittlichen Gesetzgebung.

Sozialgeschichtlich gesehen, war der Kulturkampf ein letztes Aufbäumen der mit der katholischen Kirche verbundenen Anhänger einer vorbürgerlichen und vorindustriellen Gesellschaftsordnung. Doch nicht nur die Privilegien der alten politischen Eliten waren durch die mit der Entwicklung der kapitalistischen Industriegesellschaft entstehenden neuen Führungsgruppen und Wertvorstellungen in Frage gestellt. Katholischer Adel und Klerus konnten den massenhaften Protest katholischer Bauern, Handwerker, Arbeiter und Kleinbürger nur mobilisieren, weil auch diese Schichten sich von den Auswirkungen der liberalen Gewerbepolitik in ihrer gesamten Existenz bedroht fühlten. Ein wichtiges Motiv für die Kirchenbindung war außerdem, daß die katholische Kirche mit ihren sozialen Einrichtungen (Armen- und Waisenhäuser, Hospitäler und Stiftungen) bis dahin meist die einzige gesellschaftliche Institution war, die die sozial Entwurzelten auffing und den ländlichen und städtischen Unterschichten Bildungsmöglichkeiten eröffnete. In der Endphase des Kulturkampfs veränderte sich das Verhältnis des Katholizismus zum Liberalismus: Die kapitalistische Wirtschafts- und Gesellschaftsordnung wurde jetzt von den Wortführern des sozialen Katholizismus in ihren Grundzügen anerkannt. Sie boten sich sogar an, mit der Staatsführung zusammenzuarbeiten, um den sozialen Frieden zu erhalten und republikanischen sowie sozialistischen Strömungen Einhalt zu gebieten. Schon in den achtziger Jahren polten katholische Interessenvertreter ihr Feindbild vom materialistischen Liberalismus auf dessen „ungeratenen Sohn“, den Sozialismus, um. Vor wenigen Jahren noch selbst der staatlichen Repression ausgesetzt, rechneten sich nun auch die Zentrumspartei und die katholische Arbeiterbewegung zu den staatserhaltenden Kräften.

Für den politischen Katholizismus wie auch die Arbeiterbewegung war die gesellschaftliche Isolierung eine traumatische Erfahrung, die zunächst ihre Integration ins Kaiserreich verzögerte, später jedoch zu einer Überidentifikation mit dem kleindeutschen Nationalstaat führte, um den Vorwurf der Reichsfeindlichkeit zu entkräften. Wie stark die politische Phantasie durch historische Erfahrungen geprägt ist, zeigte sich übrigens im Jahr 1933, als maßgebliche Vertreter des deutschen Katholizismus und des Zentrums — in der Hoffnung, die kirchen- und kulturpolitischen Interessen der Katholiken zu sichern — die Weimarer Verfassung preisgaben, weil sie fürchteten, daß die Katholiken erneut in eine dem Kulturkampf vergleichbare Konstellation gedrängt werden könnten. Auch Sozialdemokraten und Kommunisten verglichen die Verfolgung durch die Nationalsozialisten anfangs noch mit den Zeiten des Sozialistengesetzes, aus denen die Arbeiterbewegung einst gestärkt hervorgegangen war. Viele konnten sich damals nicht vorstellen, daß sich das NS-Regime in keiner Weise mehr an rechtsstaatliche Normen gebunden fühlen und seine Gegner physisch liquidieren würde. Diese Befangenheit im historischen Analogiedenken ist sicherlich auch eine Erklärung für die kampflose Aufgabe der Weimarer Republik.

Industrielle Revolution in Preußens Wildem Westen

Harkortsche Maschinenfabrik um 1885
W. Thiel/A. v. Plato;

Rolf Peter Sieferle

Alternativen der Industrialisierung?

Kann man sich Alternativen *der* Industrialisierung oder gar Alternativen *zur* Industrialisierung vorstellen? Es ist unter Historikern nicht üblich, zu fragen, wie etwas hätte sein können, sondern die normale Frage lautet, wie und vielleicht auch weshalb es so gekommen ist, wie es kam. Spekulationen darüber, was gewesen wäre, wenn . . ., gelten unter Wissenschaftlern gewöhnlich als unseriös, sie stehen unter dem Verdacht, daß jemand seine privaten Wunschvorstellungen in die Geschichte hineinphantasiert.
Ist es also müßig, der Frage nach historischen Alternativen nachzugehen? Beim politischen Handeln in der Gegenwart unterstellen wir ja, daß es tatsächlich verschiedene Möglichkeiten gibt, wie die Zukunft gestaltet werden kann. Warum soll es in der Vergangenheit anders gewesen sein? Wenn wir etwa annehmen, daß ein Faktor „wichtig" gewesen ist, so meinen wir doch damit, daß vieles ganz anders ausgesehen hätte, wäre an seine Stelle ein anderes Ereignis getreten. Im Rückblick erweckt die Geschichte immer den Eindruck einer zwingenden Notwendigkeit, während in der Gegenwart die Meinung vorherrscht, es bestünden große Handlungsspielräume. Vermutlich unterschätzen wir die Freiheitsgrade in dem einen Fall ebenso, wie wir sie in dem anderen überschätzen.
Selbstverständlich gibt es Alternativen *zur* Industrialisierung, das lehrt schon ein Blick auf außereuropäische Gesellschaften oder auch auf die ältere Geschichte Europas. Heute erscheinen der technische Fortschritt und der Ausbau des Industriesystems als etwas ganz Selbstverständliches; erklärungsbedürftig soll dagegen die Hemmung des Fortschritts, die „Unterentwicklung", sein.
Betrachten wir jedoch aus einer universalgeschichtlichen Perspektive die europäischen Industriegesellschaften (und ihre Ableger in Übersee) als eine Gesellschaftsform unter vielen anderen, so wird deutlich, daß Industrialisierung etwas sehr Ungewöhnliches ist. Normalerweise betreiben Hochkulturen Ackerbau und daneben etwas Gewerbe. Die Entwicklung Europas ist die große Ausnahme; die Industrialisierung ist ein merkwürdiger Sonderweg, der allerdings eine solche Macht entfaltete, daß alle übrigen Kulturen mitgerissen wurden.
Die Frage, ob es Alternativen *zur* Industrialisierung gegeben habe, ist also leicht und eindeutig mit ja zu beantworten, weil viele solcher Alternativen existieren. Schwieriger ist es mit der Frage nach Alternativen *der* Industrialisierung, also danach, ob der Industrialisierungstyp, der in Europa und dann tendenziell in der ganzen Welt zur modernen kapitalistischen (oder realsozialistischen) Industriegesellschaft führte, der einzig mögliche war.
Auch hier könnten wir uns natürlich viele unterschiedliche Verläufe vorstellen. Der Phantasie sind keine Grenzen gesetzt, wenn wir mit dem Material der Geschichte experimentieren wollen. Um der Gefahr der Beliebigkeit zu entgehen, möchte ich hier nur einen einzigen Faktor verändern, der tatsächlich historisch ganz zufällig ist, d. h. dessen Abwesenheit wir leicht unterstellen können, ohne daß dazu allzu viele Annahmen gemacht werden müssen: Ich meine die Existenz von fossiler Energie oder genauer: von Kohle.
Es ist bekannt, daß die Schwerindustrie die Grundlage der Industrialisierung im 19. Jahrhundert ist. Sie beruht auf der Nutzung von Eisenerz und Kohle, das heißt auf verfügbaren Rohstoffvorkommen, die es aufgrund geologischer Vorgänge in ferner Vergangenheit gibt. Es finden sich durchaus Gebiete auf der Erde, in denen keine fossile Energie vorkommt, oder wo sie nur sehr schwer zugänglich ist, so daß Agrargesellschaften nur schwerlich zu ihnen vorstoßen können.
England war das erste europäische Land, das in nennenswertem Umfang zur Nutzung von Kohle überging. Grund dafür war zunächst einmal schlicht die Tatsache, daß die Flöze in manchen Gegenden dicht unter der Erdoberfläche lagen und in Flußtälern oder am Meeresufer zutage traten. War erst einmal die Brennbarkeit von Kohle erkannt, sammelte man sie ein oder grub sie wenige Meter tief aus, um sie in unmittelbarer Nachbarschaft der Fundstelle zu verbrennen. In ähnlicher Weise verfuhr man noch im 18. Jahrhundert im Ruhrgebiet oder im Saarland. Im Unterschied zu den deutschen Lagerstätten war es jedoch in England möglich, Kohle ohne allzu großen Aufwand an andere Orte zu transportieren. So wurde bereits im 13. Jahrhundert in London mit Kohle aus Nordengland gehandelt, denn sie war leicht auf dem Seeweg zu befördern. In britischen Bevölkerungs- und Gewerbezentren begann daher die neuzeitliche Kohlewirtschaft.
Bevor man die Bedeutung von Kohle erkannte, waren pflanzliche Stoffe, besonders Holz, die einzige Quelle von Wärmeenergie. Solange das Land noch nicht sehr dicht besiedelt war, bot die Versorgung mit Brennstoff kein allzu großes Problem. Das änderte sich jedoch mit wachsender Bevölkerungsdichte. Nicht nur stieg jetzt der Bedarf an Holz — natürlich nicht nur zur Wärmeerzeugung, sondern für eine Vielzahl anderer gewerblicher und hauswirtschaftlicher Zwecke —, sondern der Boden, auf dem das Holz wuchs, war zunehmend auch als Acker- oder Weideland begehrt. Die Nachfrage nach Holz nahm also zu, während die Waldflächen abnahmen. In dieser Situation war Kohle als Ersatzmaterial willkommen.
Die Anwendung von Kohle warf zunächst große technische Probleme auf, die jedoch im Lauf der Zeit überwun-

den wurden. Am längsten dauerte dies bei der Eisenverhüttung, weil es hier nicht nur um das Ausschmelzen von Eisen aus den Erzen ging, sondern um eine chemische Reduktion der Eisenoxide. Während des gesamten 17. Jahrhunderts arbeiteten Hüttenleute und Alchimisten daran, diesen komplizierten metallurgischen Prozeß zu meistern. Eine großtechnisch handhabbare und gegenüber der Verhüttung mit Holzkohle konkurrenzfähige Methode wurde jedoch erst Ende des 18. Jahrhunderts entwickelt. Vom Durchbruch des Puddle-Verfahrens datiert die sprunghafte Ausweitung der Eisenproduktion; es wurde jetzt die schwerindustrielle Grundlage der industriellen Revolution geschaffen.
Betrachten wir näher, welche Weiche mit der Anwendung von Kohle gestellt wurde. Eine Agrargesellschaft beruht energetisch auf der Nutzung von Sonnenenergie, die in Pflanzen gespeichert, von Tieren umgewandelt oder in Gestalt von Wind und Wasser genutzt wird. Die mögliche Bevölkerungsdichte hängt daher letztlich von der Landfläche ab, die gebraucht wird, um Sonnenenergie einzufangen. Transport von Energieträgern ist hier nur in beschränktem Umfang möglich, da angesichts der relativ geringen Energiedichte von Holz der Transportaufwand sehr groß ist. Erst muß es auf dem Areal, auf dem es wächst, eingesammelt, d. h. an einem bestimmten Punkt konzentriert werden, dann ist ein weiterer Transport möglich, sofern ein Wasserweg verfügbar ist.
Bei Kohle ist dagegen der Ausgangspunkt von vornherein der Schachtausgang, zu dem sie von der Lagerstätte befördert wird. Der Weg bleibt über eine längere Zeit und für eine größere Menge gleich, so daß es sich lohnt, relativ aufwendige Anlagen (wie Schienenwege) zu bauen. Hinzu kommt, daß der Energiegehalt von Kohle pro Raum- und Gewichtseinheit wesentlich höher ist als der von Holz, so daß sich ein Transport über längere Entfernungen lohnt. Der Abnehmer ist nicht darauf angewiesen, sie in der Nähe der Lagerstätte zu verbrauchen; es genügt, daß er an einem Transportweg liegt. Daher ist es von Vorteil, wenn mehrere Verbraucher an einem Ort konzentriert sind, weil sich dann der Bau größerer Anlagen (Kanäle, Häfen, Eisenbahnen) rentiert. Es läßt sich also sagen, daß die Kohle die Standortkonzentration von Gewerbe und Industrie begünstigt, während es bei Holz genau umgekehrt ist.
Die Tendenz zur Dezentralität bei Abwesenheit fossiler Energieträger gilt nicht nur regional, sondern auch für größere Wirtschaftsräume. Bis ins 19. Jahrhundert hinein gab es überall dort, wo Erze gefunden wurden, auch eine lokale Verhüttungsindustrie. Viele dieser Standorte verloren ihre Bedeutung, als sich die Kohle durchsetzte — denken wir etwa an das Siegerland, die Oberpfalz, Kärnten oder das Erzgebirge. Hier war die Menge des jährlich produzierbaren Eisens letztlich von der beschränkten Energieversorgung abhängig. Dabei ist zu berücksichtigen, daß zur Herstellung von 1 t Schmiedeeisen so viel Holz benötigt wurde, wie nachhaltig von einer Waldfläche von 10 ha gewonnen werden konnte. Gleichzeitig gilt, daß Holzkohle nicht über eine Entfernung von mehr als 7 km transportiert werden konnte, sollte sie für den Gebrauch in einem Hochofen noch tauglich sein. Die Obergrenze für die Eisenproduktion an einem Standort lag damit bei etwa 2.000 t im Jahr.
Hinzu kam die Versorgung mit mechanischer Energie. Man brauchte Wasserkraft zum Antrieb der Blasebälge und der Schmiedehämmer, weshalb ein Eisenwerk direkt an einem fließenden Gewässer liegen mußte. Auch diese Anforderung beschränkte die Anzahl der möglichen Standorte und bedingte zugleich, daß an einem einzelnen Standort keine wesentliche Konzentration möglich war. Unabhängig von allen ökonomischen Organisationsformen begünstigte daher die Nutzung von Holz eine starke gewerbliche Dezentralität und setzte eine Obergrenze, die insgesamt nicht überschritten werden konnte.
Für Großbritannien gilt, daß die Eisenproduktion bereits um 1700 auf der Basis von Holzkohle kaum hätte gesteigert werden können. Die gesamte britische Eisenproduktion lag um 1850 bei 2 Millionen Tonnen. Um sie mit Holz zu erzeugen, hätte man eine Waldfläche von 20 Millionen Hektar gebraucht — das ist ein Drittel mehr als die gesamte Fläche von England und Wales! Noch deutlicher ist das Bild in Westfalen. Hier wurden 1877 rund 625.000 t Eisen erzeugt, wofür man auf der Basis von Holzkohle eine Fläche von 62.500 km^2 benötigt hätte. Ganz Westfalen umfaßt aber nur 20.199 km^2. Aus diesen Zahlen wird deutlich, daß ein Aufschwung der Eisenindustrie, wie er im 19. Jahrhundert stattfand, ohne Kohle nicht denkbar war.
Hätte das bedeutet, daß die Menschen in Europa in der „Steinzeit" gelebt hätten? Sicherlich nicht, doch hätte die gesamte Entwicklung einen anderen Verlauf genommen. So hätte es wohl keine Eisenbahnen gegeben, dieses Symbol des technischen und industriellen Fortschritts im 19. Jahrhundert. Ausgangspunkt der Dampfmaschine wie auch der Lokomotive war nämlich die Dampfpumpe des späten 17. und frühen 18. Jahrhunderts, die zur Entwässerung von Kohlegruben entwickelt worden war. Diese Pumpen hatten anfangs einen Wirkungsgrad von nur 1 %, d. h. 99 % der Energie, die zu ihrem Betrieb aufgewandt wurde, verflogen ungenutzt. Das spielte in Kohlebergwerken zunächst keine Rolle, da sie dort mit unverkäuflichen Stäuben und Abfällen beheizt wurden. Aus den schwerfälligen Pumpen entwickelte sich über einen langen Zeitraum hinweg die Dampfmaschine, die schließlich so sparsam arbeitete, daß sie durchaus auch mit Holz betrieben werden konnte. Ob die Anfangshürde aber überwunden worden wäre, hätte es keine billige Kohle gegeben, kann stark bezweifelt werden.

Vor großen Energieproblemen hätte auch die chemische Industrie gestanden, so bei der Produktion von Soda, Zucker, Schwefelsäure und Branntwein. Besonders die großen Durchbrüche der Agrarchemie in der zweiten Hälfte des 19. Jahrhunderts hätten kaum großindustriell durchgesetzt werden können. Wenn das Bevölkerungswachstum auch ohne industrielle Revolution den tatsächlichen Verlauf genommen hätte, so wäre man gezwungen gewesen, immer größere Energiemengen (auch in Form von Eisen!) der Landwirtschaft zuzuführen, so daß für gewerbliche Zwecke weniger übrig geblieben wäre.
Ein weiterer Effekt hätte darin bestanden, daß die technische Beschleunigung vieler Produktionsprozesse unterblieben wäre. Bei der Verarbeitung von Roheisen zu Schmiedeeisen brauchte man z. B. mit der vorindustriellen Methode des Herdfrischens auf der Basis von Holzkohle etwa 3 Wochen, bis der Prozeß beendet war. Das Puddleverfahren mit Koks Ende des 18. Jahrhunderts dauerte immerhin nur noch 2 1/2 Tage; der Bessemerprozeß war bereits nach 20 Minuten abgeschlossen. Allein von daher wäre auch bei einer quantitativen Ausdehnung von Produktionsanlagen die Entwicklungsgeschwindigkeit der Gewerbe deutlich verlangsamt worden, wenn in einem solchen Schlüsselbereich die Produktionszeit nicht wesentlich hätte verkürzt werden können.
Verallgemeinernd läßt sich sagen, daß die Tendenz der sozial-ökonomischen Entwicklung im 18. Jahrhundert eher in Richtung auf Dezentralität und schließlich einen stationären Zustand mit Nullwachstum gegangen wäre. Vergessen wir aber nicht, daß Motor der industriellen Entwicklung, die sich schließlich der fossilen Energie bediente, die kapitalistische Produktionsweise war, die eine Dynamik in Richtung auf Wirtschaftswachstum unabhängig davon entfaltete, daß in den fossilen Lagerstätten eine gewaltige Energiereserve ruhte, die eine solche Expansion erlaubte.
Diese Dynamik hätte sicher auch ohne Kohle auf weitere Naturbeherrschung und Umgestaltung der Gesellschaft im Sinne des Kapitalismus gedrängt. Die gesellschaftliche und ökonomische Entwicklung wäre daher keineswegs abrupt auf dem Stand des 18. Jahrhunderts stehengeblieben, sondern es hätte wohl eine gewerbliche Evolution anstatt einer industriellen Revolution gegeben, d. h. eine Entwicklung, die nur langsam und widerstrebend auf einen stationären Zustand zugesteuert wäre.
So hätten wohl in der Textilindustrie dennoch die wichtigen Innovationen stattgefunden, die gewöhnlich als Ausgangspunkt der Industrialisierung gelten. Die Energiebasis der Textilindustrie blieb lange Zeit solar. Ihr Rohstoff, Wolle und Baumwolle, bestand aus Biomasse, der Transport wurde vorwiegend mit Hilfe von Wind bewältigt (Segelschiffe), die Textilmaschinen selbst waren aus Holz gefertigt, erforderten also kaum stark energiehaltiges Eisen. Die mechanische Energie schließlich wurde bis weit ins 19. Jahrhundert hinein vor allem mit Wasserrädern gewonnen. Die großen Produktivitätsfortschritte und die Fabrikorganisation wären hier daher auch ohne Kohle denkbar gewesen.
Allerdings hätte über einen längeren Zeitraum hinweg doch eine Tendenz zum stationären Zustand bestanden. Ab einer bestimmten Größe mußten die Textilmaschinen aus Eisen gefertigt werden, weil hölzerne Maschinen mit zu geringer Präzision arbeiten. Der Betrag der insgesamt verfügbaren Wasserenergie war ebenso begrenzt wie die Menge des Eisens.
Möglicherweise hätte diese Wirtschaft Formen „qualitativen Wachstums" hervorgebracht, die nicht auf steigendem Material- und Energieumsatz beruht hätten. Das Entwicklungstempo wäre deutlich verlangsamt worden, so daß es leichter gefallen wäre, rechtzeitig Korrekturen vorzunehmen. Der Industrialisierungsschock und die Formen seiner ideologischen Bewältigung wären dadurch vermieden worden. Darüber hinaus waren ja wissenschaftliche Prozesse im Gang, deren Resultate auch bei nur beschränkter Verfügung über Energie hätten nutzbar gemacht werden können. So spricht nichts dagegen, daß Elektrizität, Telegraphie oder Photographie verfügbar geworden wären, auch bei verzögerter großindustrieller Anwendung. Dagegen wäre es extrem unwahrscheinlich, daß etwa der moderne Individualverkehr oder gar komplexe Verfahren wie die Kernspaltung sich durchgesetzt hätten.
Die Elektrizitätswirtschaft wäre ganz auf Wasserkraft angewiesen geblieben; das hätte ihr bald Grenzen gesetzt und wohl zu einer völlig anderen Standortstruktur der gewerblichen Wirtschaft geführt. Länder mit einem großen Potential an Wasserkraft wie Österreich oder die Schweiz wären begünstigt gewesen; Nord- und Mitteldeutschland, vor allem aber England hätten keine so guten Aussichten gehabt.
Zum Schluß wollen wir noch der Frage nachgehen, welche die im engeren Sinne sozialen Auswirkungen einer gewerblichen Evolution auf nichtfossiler Grundlage gewesen wären. Der gesellschaftliche Grundkompromiß der entwickelten kapitalistischen Gesellschaft beruht darauf, daß die industrielle Wirtschaft ein langfristig kontinuierliches Wachstum garantiert, dessen Früchte zwischen den sozialen Klassen verteilt werden. Da dies nur funktioniert, wenn die Verteilungskämpfe in einer Form stattfinden, die die Produktion nicht gravierend stört, stehen Wirtschaftswachstum und soziale Stabilität in einem unauflöslichen Zusammenhang. Jede Störung des Wachstums beschwört sofort die Gefahr sozialer Konflikte herauf, die ihrerseits den Wachstumsprozeß hemmen und sich damit verstärken. War eine ähnliche soziale Entwicklung auch vor dem Beginn der industriellen Revolution zu erwarten gewesen, d. h. hätte bei gewerblicher Evolution statt industrieller Revolution ein Verteilungskonflikt großen Umfangs auf der Tagesordnung gestanden?

Die modernen industriellen Erwartungshaltungen, vor allem die Bereitschaft, sich industrieller Arbeitsdisziplin und den damit verbundenen Verhaltenszumutungen zu unterwerfen, wenn als Entschädigung mit wachsendem Einkommen zu rechnen ist, haben sich erst als Antwort auf die neuartigen Konflikte im Laufe der Industrialisierung gebildet. Sofern in der altständischen Gesellschaft soziale Ungleichheiten hingenommen wurden, so geschah dies nicht, weil man sie als Preis für wachsenden allgemeinen Wohlstand ansah, sondern weil sie traditionell gerechtfertigt, d. h. „von Natur aus" gegeben zu sein schienen. Bei einer Wachstumskrise aufgrund von Energiemangel wäre daher nicht mit einem Aufflackern von Konflikten nach dem modernen Muster zu rechnen gewesen. Im Gegenteil, die Konflikte, die aus den sozialen Umwälzungen im Gefolge der industriellen Revolution rührten, wären nicht aufgetreten. Wieweit allerdings Aufklärung und Erklärung der Menschenrechte unabhängig von der Industrialisierung dazu geführt hätten, daß die ständische Gliederung und die sozialen und materiellen Privilegien in Frage gestellt worden wären, kann nur vermutet werden. In diesem Fall wäre jedenfalls die Etablierung eines sozialen Kompromisses „auf Kosten der Natur" wie wir sie erlebt haben, nicht als Ausweg möglich gewesen.

Gottfried Korff

„Frauenhände und Pferdezähne dürfen nicht stillstehen"

Die Arbeit der Kleinbäuerin in der Eifel des 19. Jahrhunderts

„Auf den Äckerchen an den Hängen schimmerten weiße Kopftücher wie helle Flecken auf blaßgelblichem Grund — da schafften jetzt die Weiber. Aber keine Sense blitzte und legte in langen Schwaden das Korn nieder; die Weiber rutschten auf den Knien und schnitten den Roggen mit der Sichel, wie man Gras schneidet: sie arbeiteten hart, der Schweiß rann in Strömen, das Hemd klebte, naß zum Auswinden, am Leib, die braunen Beine, von den Stoppeln zerkratzt und zerstochen, steckten nackt unterm kurzen Rock." Das ist eine der zahlreichen Schilderungen von dörflicher Frauenarbeit in dem Roman „Das Weiberdorf", mit dem die um die Jahrhundertwende weit bekannte und viel gelesene Eifeldichterin Clara Viebig das literarische Deutschland schockiert hatte. Was der Titel andeutet, ist Thema des Romans: Alltag und Arbeit der Frauen in einem kleinen Eifeldorf, aus dem die Männer abgewandert sind, weil die örtlichen Erwerbsmöglichkeiten dem Leben keine sichere Grundlage mehr boten. Lediglich zweimal im Jahr — zur Kirmes und zu Weihnachten — kommen die „Mannsleut" aus dem Ruhrgebiet, wo sie in Zechen und Hütten tätig sind, zurück in ihr Heimatdorf, eben in das „Weiberdorf", wo die Arbeit „op dr Buerschaft" allein von den Frauen besorgt wurde.

Pointiert und eindrucksvoll schilderte Clara Viebig in ihrem „Weiberdorf" die Auswirkungen des beginnenden gesellschaftlichen Strukturwandels in einer der armen und rückständigen Landregionen der preußischen Rheinprovinz. Die Abwanderung der Männer in die Industrie — die in manchen kleinbäuerlichen Gebieten schon sehr früh begann — bedeutete für die daheimgebliebenen Frauen und Kinder ein erhebliches Mehr an Arbeit im Stall, im Haus und auf dem Feld. Von einer geschlechtstypischen Arbeitsteilung konnte im „Weiberdorf" eigentlich nicht mehr die Rede sein, weil die Last der gesamten Landwirtschaft an den Frauen hing.

Das über Generationen in einem stabilen Gleichgewicht ausgebildete Nebeneinander von bäuerlicher Frauen- und Männerarbeit hatte sich gegen Ende des 19. Jahrhunderts, zumal in kleinbäuerlichen Gebieten, stark verändert. Die Arbeitsteilung wurde nicht mehr innerfamiliär organisiert, sondern die Tätigkeitsbereiche der Männer und Frauen traten weit auseinander, indem die Männer „berufstätig" wurden. Die Frauen bewirtschafteten Haus und Hof allein — allenfalls unterstützt durch die Kinder und die Alten. Die Herausbildung der Nebenerwerbslandwirtschaft, deren Anfänge Clara Viebig vor Augen hatte und die schließlich länger als ein Jahrhundert typisch für die kleinbäuerlichen Regionen war, war ohne den „Einsatz" der Landfrauen nicht denkbar: Sie standen ihren Mann.

Was Clara Viebig im „Weiberdorf" beschrieb, hatte also durchaus einen realen Kern; nicht umsonst wurde ihrer Schilderung der regionalen Lebens- und Arbeitsverhältnisse von den Eifelexperten Lob und Anerkennung gezollt. Das „Weiberdorf" war aufgrund der exakten Darstellung von Orts- und Soziallage sogar identifizierbar: als Ort Eisenschmitt (Kreis Wittlich), wo eine über Jahrhunderte hinweg betriebene Eisenverhüttung wegen der schlechten Standortbedingungen in den Jahren 1850/60 zum Erliegen gekommen war und wo deshalb die Bevölkerung durch Abwanderung in die rheinischen und westfälischen Industriegebiete um etwa die Hälfte geschrumpft war.

Die Momentaufnahme Clara Viebigs, die eine Dorfsituation in der Zeit nach dem deutsch-französischen Krieg 1870/71 zeigt, gibt bessere Einblicke in die Wandlungen und Verschiebungen der

Frauenarbeit im kleinbäuerlichen Bereich als die vielen volkskundlichen Bestandsaufnahmen und Heimatchroniken, die um die gleiche Zeit erschienen sind. Der Roman beschönigt nichts: Da wird die Arbeit der Frauen als schweißtreibende Plackerei bis hin zur physischen Erschöpfung und körperlichen Deformationen beschrieben; da wird auf den von äußerster Armut erzwungenen mühevollen Gebrauch von altertümlichen Erntegeräten hingewiesen (die Sichel als Frauengerät); da wird die Besitzzersplitterung und die Ungunst der natürlichen Verhältnisse als Grund für die Not und Rückständigkeit der Eifel genannt. Das harte Los der Eifelbäuerin wird drastisch und plastisch dargestellt — jenseits aller Idylle und Exotik.

Was die durch mangelnde Erwerbsmöglichkeiten gekennzeichnete Situation der Landwirtschaft insgesamt entlastete, die Abwanderung von Arbeitsuchenden in die Städte, ging also zu allererst auf Kosten der Frauen — und zwar hier wie dort. Durch Franz Brüggemeiers Untersuchungen zum Ruhrbergbau wissen wir, daß auch in den Zuwanderungsgebieten den Frauen zusätzliche Aufgaben aufgebürdet wurden. Zumal durch das weitverbreitete Schlaf- und Kostgängerwesen waren die Frauen in starkem Ausmaß in die Pflicht genommen: Sie waren es, die wirkungsvoll für eine stillschweigende und reibungslose Eingliederung der Zuwanderer sorgten. In den Zuwanderungsgebieten entstand den Frauen ein Mehr an Arbeit eben durch jene Männer, die durch ihre Abwanderung aus dem Dorf die Bauernarbeit den Landfrauen übertragen hatten. Nicht immer freilich war die Abwesenheit der Männer so total wie im „Weiberdorf", aber eine Trennung während der ganzen Woche war keineswegs selten. Die Dauer des Aufenthalts in den Industriezentren richtete sich nach der Entfernung vom Herkunftsort: die Südeifel war mehr als 200 km vom Kohlenpott entfernt und ließ deshalb ein „Wochenpendeln" nicht zu — im Vergleich etwa zu den industrienahen Gegenden des Niederrheins oder des Bergischen Landes, wo durchaus das Tagespendeln möglich war (mit oftmals jedoch zeit- und energieaufwendigen An- und Rückmarschzeiten). Aus dem Bergbauort Mechernich am Rande der Nordeifel, und deshalb für den Eifler Landmann günstig zu erreichen, heißt es in einem Medizinalbericht des Jahres 1881: „Die Bevölkerungszunahme hat dazu geführt, daß Eigentümer und Mieter des Verdienstes halber verheiratete und unverheiratete Arbeiter, welche alle 14 Tage ihre Heimat besuchen, in Kost und Wohnung nehmen, es wird hierbei . . . die Aufnahme einer ganz unverhältnismäßigen Zahl von Quartiergängern dadurch ermöglicht, daß die Tag- und Nachtschichtarbeiter abwechselnd Zimmer und Betten benutzen."

Die Abwanderung der Männer machte in der Eifel wie auch anderswo die kleinbäuerlichen Betriebe zu Frauenbetrieben. Die Kleinbäuerinnen leiteten de facto die Wirtschaft, was nicht nur Umsicht und Routine, sondern auch eine enorme Arbeitskraft und Verlängerung des Arbeitstages voraussetzte. Der Arbeitstag der Frauen, so wissen wir aus sozialpolitischen Untersuchungen der Zeit und aus Erzählungen der Enkel und Großenkel Betroffener, war nie kürzer als 12—14 Stunden und erstreckte sich in der Erntezeit sogar auf 16—18 Stunden, wobei allerdings Zeiten mit starker Anspannung mit Zeiten relativer Ruhe abwechseln konnten. Wilhelm Heinrich Riehl, der als wandernder Volkskundler und Kulturhistoriker die westdeutschen Mittelgebirge erkundete, sprach denn auch von der Kleinbäuerin als „Arbeitsmännin". Und noch in der Zeit vor dem Ersten Weltkrieg war aufgrund einer Fragebogenaktion die Feststellung getroffen worden: „Am längsten und schärfsten arbeitet die Kleinbäuerin, dann die Magd, dann die Wanderarbeiterin, dann erst die kontraktlich gebundene Arbeiterin und zuletzt die freie Tagelöhnerin."

Die „arme" Eifel; Archiv des Eifelvereins

Die Dorfflucht der Kleinbauern war einer der wichtigsten Gründe für die steigende Arbeitsbelastung der Frauen — aber nicht der einzige. Auch die Intensivierung der landwirtschaftlichen Produktion in Form der Stallfütterung und des Hackfruchtanbaus hatte zu einer zusätzlichen Beanspruchung der Frau geführt. Der Anbau der Kartoffel war Ende des 18. Jahrhunderts in den Mittelgebirgen eingeführt worden; er war zwar vielfach lebensrettend, brachte aber auch für die Frau einen Mehraufwand an schwerer Arbeit: die Kartoffeln mußten gelegt, gehäufelt und gehackt werden. Das waren Pflege- und Hilfsarbeiten, die fast ausschließlich von Frauen und Kindern erledigt wurden.

Daneben bestanden die alten Arbeitsverpflichtungen fort: Die Erntezeit war weiterhin die Zeit der größten Belastung, denn auch wenn die Männer das Getreide und das Heu mit der Sense mähten, waren die Frauen (und auch die Kinder) mit Binde- und Einfuhrarbeiten beschäftigt. Weiterhin war auch der Stall ein traditioneller Arbeitsplatz der Frauen, das Vieh mußte gefüttert und gemolken werden, und das Jungvieh

„Fetten Donnerstag" Pfannkuchenverzehr; N. Pfefferkorn

beanspruchte eine besondere Pflege. Neben all diesen Stall- und Feldarbeiten durfte selbstverständlich auch der Haushalt nicht zu kurz kommen. Es mußte gekocht werden (für Mensch und Vieh), es mußte genäht, gewaschen und geflickt werden — Tätigkeiten, bei denen zuweilen auch die Kinder mithalfen. Diese Arbeiten mußten in Wohn- und Wirtschaftsräumen verrichtet werden, die eng, stickig und notdürftig eingerichtet waren. Die Geräte, die für die Haus- und Feldarbeit zur Verfügung standen, waren primitiv und klobig; der Umgang mit ihnen erforderte Kraft und machte schwielige Hände — Hände, die ohnehin von den Arbeiten im Stall und im Garten schrundig und hart waren. Zwar war in der zweiten Hälfte des 19. Jahrhunderts die bisher im Rahmen der bäuerlichen Selbstversorgung übliche selbstgesponnene und selbstgewebte Kleidung durch den Kauf von Textilien ersetzt worden, aber die Gewinnung von Butter und Weichkäse (Klatschkies) war weiterhin Frauenarbeit, wie auch das Brotbacken und die Vorratshaltung — das Pökeln, Räuchern und Einmachen.
Wenn auch der Eifler Hackfruchtbau in den letzten Jahrzehnten des 19. Jahrhunderts erheblich an Umfang zugenommen hatte (wobei der Zuwachs beim Kartoffelbau höher als beim Rübenbau war), wurde vor allem in den Höhengebieten auch weiterhin die arbeitsintensive Schiffelwirtschaft betrieben, die in der Regel den Einsatz der ganzen Familie verlangte. Beim Schiffeln, welches sich in Gegenden mit Hanglagen, die mit dem Pflug nicht bearbeitet werden konnten, mitunter bis in die Zeit vor dem Ersten Weltkrieg gehalten hat, wurde eine mit Ginster und Heidekraut bewachsene Ödfläche im Turnus von 18 bis 20 Jahren per Handarbeit mit der Hacke freigeschlagen und abgeschält. Das abgeschlagene Gestrüpp und die aufgehäuften Rasenplaggen wurde nach dem Trocknen verbrannt und als Dünger ausgeteilt — in das so vorbereitete Feld wurde zunächst Roggen eingesät, anschließend Hafer und Buchweizen, und manchmal wurden auch Kartoffeln eingepflanzt. Es gibt Schilderungen von dieser Schiffelkultur, übrigens einer für die Eifel eigentümlichen Art der Ackerwirtschaft, die das Arbeitsprogramm der gesamten Familie deutlich hervorheben: Das Zusammentragen des Reisigs und das Anhäufeln der Plaggen fiel traditionsgemäß den Frauen und Kindern zu. Die Nutzung der Hanglagen für den Getreideanbau und die Wiesenwirtschaft waren schließlich auch der Grund für den rückständigen Gerätegebrauch, welcher vor allem zu Lasten der Frauen ging, weil noch bis weit in das 20. Jahrhundert hinein die Arbeitsteilung von den Erntegeräten diktiert wurde: Die Handsichel galt als Fraueninstrument, die Sense, weil mehr Kraftaufwand erfordernd, war den Männern vorbehalten. Der Wechsel der Arbeitstechniken und Arbeitsgeräte im Rahmen der landwirtschaftlichen Modernisierung bewirkte zwar eine Erleichterung der Feldarbeiten, aber er ging wegen des Kapital- und Bargeldmangels in den kleinbäuerlichen Gebieten nur zögernd vonstatten — und er begünstigte außerdem keineswegs in jedem Fall die Frauen, denn die Säuberungs- und Pflegearbeiten beim Anbau und die Hilfsarbeiten bei der Ernte mußten weiterhin mit der Hand, und das bedeutete: von der Frau, ausgeführt werden.
Bei dieser starken Beanspruchung der Kleinbäuerin durch das Nebeneinander neuer intensiver Anbauverfahren und herkömmlicher Arbeits- und Wirtschaftsformen kann es nicht verwundern, wenn die Arbeit im Hause vernachlässigt wurde. Immer wieder weisen Medizinalberichte auf den verwahrlosten Zustand von Einrichtung und Kleidung in den kleinbäuerlichen Anwesen hin. 1897 wurde in einer Heidelberger Doktorarbeit heftige Klage über die verkommenen Wohnungen der Kleinbauern in der Eifel geführt: „Oft aber zeigt ein ganzes Dorf sowohl im Äußeren als im Inneren der Wohnungen einen Schmutz und eine Unsauberkeit, die fast nicht zu begreifen ist. Die Stallungen und Wirtschaftsgebäude sind lange nicht mit der Sorgfalt behandelt, wie Zeit und Muße es wohl zuließ und wie die Not und das Klima es erforderten." Klagen über Schmutz und Unsauberkeit werden auch in einer Reihe von Redensarten und Sprichwörtern geäußert, die im Rheinischen Wörterbuch notiert sind. Mit bitterem Zynismus wird dort den Landfrauen eine mangelnde Sicherheit in Sachen Hausarbeit zum Vorwurf gemacht und voller Ironie ein Bild zivilisatorischer Rückständigkeit entworfen: „Man muß sich zu helfen wissen, sagt die Frau, und hat die Milch durchs Hemd geseit" oder „Es geht nichts über die Propertät, sagt die Frau, und hat den Tisch mit dem Besen gekehrt" oder „Es geht nichts über die Reinlichkeit, sagte die Frau, und schwenkte den Kessel im Mistpohl".
Das sind Redensarten, die aus der Eifel und dem Westerwald belegt sind, und die Schwächen in der ländlichen Haushaltsführung anprangern, Schwächen, für die voller Hohn die Frauen verantwortlich gemacht werden. Der Spott folgte dem Schaden, dessen Ursachen in

der Belastung der Landfrauen lag, die unter dem Druck neuer Lebens- und Arbeitsbedingungen in der zweiten Hälfte des 19. Jahrhunderts noch zugenommen hatte. Ein System wie die kleinbäuerliche Wirtschaft, die alle Familienangehörigen voll in die Arbeitspflicht nahm und zumal der Bäuerin das Letzte abverlangte, mußte den Schmutz, die Unsauberkeit und das Durcheinander als notwendige Folge der Daueranforderung einer „Ökonomie des Notbehelfs" produzieren.
Es sind freilich auch andere Redensarten überliefert, die die Sorge der Eifler Landfrau um Haus und Hof positiver charakterisieren. „Frauenhände und Pferdezähne dürfen nicht stillstehen" („Fraulühshängk en Peardszängh derfe net stell stohn"), so lautet ein Merkspruch, der aus dem Gebiet um Aachen und Monschau belegt ist. Frauenhände, die nicht stillstehen — das ist eine Beobachtung und eine Aufforderung zugleich.
Das Westeifler Sprichwort kennzeichnet eine Verhaltensweise, die in Untersuchungen zur Lebens- und Arbeitssituation der Landfrauen auch in kleinbäuerlichen Gebieten anderswo konstatiert wurden. Der amerikanische Historiker David Sabean hat, ausgehend von seinen Beobachtungen in württembergischen Dörfern, auf die *Eile* aufmerksam gemacht, die den gesamten Tageslauf der Kleinbäuerinnen bestimmt habe. *Eile* ist das Kennzeichen aller Tätigkeiten und überdies der Einstellungen allen Tätigkeiten gegenüber. Die doppelte Belastung durch die Haus- und Feldarbeit führte zu einem Zeitmangel, der sich deutlich auch im „Gefühlshaushalt" der Frauen niederschlug. „Die notwendigen Bedingungen und Formen ihrer Arbeit führten zu internen Konflikten zwischen den verschiedenen Rollen der Frau", so stellt David Sabean für Württemberg fest und weist insbesondere auf Probleme der Kinderaufzucht hin: „Die Frauen glaubten, selten genug Zeit zu haben, um ihren Kindern die richtige Sorge angedeihen zu lassen."
Tatsächlich gibt es auch in der Eifel zahlreiche Indizien dafür, daß sich die starke Arbeitsbelastung der Frau nur schwer mit einer Zuwendung den Kindern gegenüber vereinbaren ließ. Schon das Stillen der Säuglinge wurde als zusätzliche Last empfunden: Anstatt mit Muttermilch wurden die Kinder mit Kuhmilch oder anderen Ersatzstoffen ernährt, was oftmals die Ursache für Magen- und Darmkrankheiten war, die schließlich zu der relativ hohen Kindersterblichkeit führten.
Der Medizinalbeamte des Kreises Schleiden hatte diesen Zusammenhang bemerkt, die Kindersterblichkeit habe ihren Grund in „unzweckmäßiger Ernährung, mangelhafter Pflege, gesundheitsschädlichen Wohnungen und den hiermit zusammenhängenden häufigen Kinderkrankheiten", so schrieb er im öffentlichen Gesundheitsbericht von 1881 und erläuterte: „Was die Ernährung bei Neugeborenen überhaupt betrifft, so geschieht diese leider öfter, als es notwendig ist, nicht durch Muttermilch, sondern durch Surrogate, Kuh- oder Ziegenmilch oder Kindermehl, daher Saugflaschen fast in jedem Hause zu finden sind." Die Kleinkinder, sofern sie nicht bei den größeren Geschwistern zu Hause blieben, wurden mit aufs Feld genommen. Als gewissermaßen binnenexotisches Kuriosum konnte 1901 auf einer Trierer Ausstellung zur Kultur- und Lebensweise des Mosellandes eine Wiege bewundert werden, die laut Katalog, so „leicht gebaut" war, daß „die Mutter sie beim Gang mit auf's Feld mit dem Kind auf ihre Hotte setzen konnte". Unter dem Druck der Arbeit und der ökonomischen Verhältnisse konnte sich nur wenig Zuneigung zu den Kindern entwickeln. Was als Gleichgültigkeit und Lieblosigkeit erscheint und manchmal in den Medizinalberichten auch heftig angeprangert wird, war der Ausdruck einer „Ökonomie des Gefühls", die sich so und nicht anders als Selbstschutz im Rahmen der harten Arbeitsbedingungen herausbilden mußte.
Ein Milieu, in dem das Zuviel an Frauenarbeit die Entstehung von innerfamiliären Gefühlsbindungen verhindert, war freilich in der Lage, mobile Arbeitskräfte zu produzieren. Noch halbe Kinder, verdingten sich die Söhne und Töchter der Kleinbauern als Knechte und Mägde bei den bessergestellten Bauern im Bitburger Gutland oder in den Bördelandschaften, die der Eifel vorgelagert waren. In der Regel gingen die Kinder sofort nach ihrer Schulentlassung in einen bäuerlichen Betrieb, wo sie für ihre Arbeit wenigstens Essen, Kleidung, Schuhwerk und etwas Geld erhielten und so ihre Eltern entlasteten. Eine volkskundliche Befragung aus einem Dorf im Kreis Bitburg hält für die Zeit vor dem Ersten Weltkrieg fest: „Im Frühjahr, wenige Tage nach der Schulentlassung, nahmen Jungen und Mädchen, also im Alter von 14 Jahren, den Dienst in Bauernbetrieben auf. Vornehmlich wurden sie in der Viehpflege, bei Stall- und Feldarbeit und allen anfallenden leichteren Arbeiten beschäftigt. Das Gros dieser Hilfskräfte stellen die Kleinst- und Kleinbauernfamilien . . .". Wegen des Überangebots an Arbeitskräften waren die „Barlöhne" in der Eifel niedrig. In den Jahren zwischen 1890 und 1900 betrug der durchschnittliche Jahresverdienst einer Magd etwa 155 Mark (250 Mark verdiente ein Knecht). Im Jahrzehnt vor der Reichsgründung hatte der Jahresverdienst noch nicht einmal die Hälfte betragen.
Es verwundert deshalb nicht, wenn im letzten Jahrhundertdrittel viele der aus kleinbäuerlichem Milieu stammenden Mägde in rheinische Städte abgewandert sind und als Dienstbotinnen oder — seltener — als Fabrikarbeiterinnen einer neuen Tätigkeit nachgingen. Dienstmädchen verdienten in den größeren Städten des Rheinlandes, in Köln oder Düsseldorf, immerhin 100 Mark mehr, zudem konnten sie am zivilisatorischen Fortschritt teilehmen, sie kamen von der Eifel in die „Welt" — wie in einem Kölner Sprichwort die Rückständigkeit der Eifel persifliert wurde.

Belegschaften

Belegschaft der Zeche Helene Nachtigall, ca. 1885;
Märkisches Museum Witten

Bahnausbesserungswerk Witten, um 1900; Märkisches Museum Witten

„Ersatzbelegschaft" im Streik Zeche Trappe, um 1905; W. Thiel, Wetter

Gießerei Carl Bönnhoff;
W. Thiel, Wetter

Phönixhütte Berge-Borbeck ca. 1912:
Mit dem „Jumbo“
wurde Eisenschrott-Gußeisen zerschlagen.
Die Mannschaft hieß „Dreispänner“;
K. Wohlgemuth, Essen

Straßenbau im Raum Köln vor 1914;
Rheinisches Bildarchiv Köln, Platten-Nr. 93820

Straßenbahndepot Bommern, ca. 1921;
Märkisches Museum Witten

Belegschaft einer Gußputzerei, ca. 1926; Archiv Ernst Schmidt, Essen

Um 1926; Stadtarchiv Wetter

Bau eines Schutzstollens in eine Zinkhüttenhalde 1944; K. Wohlgemuth, Essen

Kaisers Kaffee-Geschäft 1949; Elisabeth Knaup, Witten

Alf Lüdtke

„Egal und rein“?

Schmieden und Walzen von Gußstahlradreifen bei Krupp (1853–89)

„Von jedem Ring, der nicht so egal und rein geliefert wird, daß er beim Vorwalzen egal herauskommt, erhalten die Hammerschmiede kein Gewichtsgeld, und wenn es bewiesen wird, daß er verbrannt ist, so wird der ganze Schaden am Gewichtsgelde abgezogen.
Was in der Tyres-Walze (Radreifenwalze) verdorben wird, soll ebenfalls in Abrechnung vom Überverdienst gebracht werden. Dagegen bin ich damit einverstanden, verhältnismäßig das Gewichtsgeld zu erhöhen, damit von guter und aufmerksamer Arbeit den Leuten ein angemessener Lohn gesichert ist“.
Alfred Krupp, 6. März 1856

Im November 1890 brachte die — seinerzeit weit verbreitete — „Leipziger Illustrirte Zeitung“ einen ausführlichen Bericht über die „Friedrich Krupp Gußstahlfabrik zu Essen an der Ruhr“. Seitenlang beschrieb ein Reporter die Herstellung und den Guß von Tiegel-, Bessemer- und Martin-Stahl, berichtete über die Dampfhämmer und Schmieden, die Schienen- und Plattenwalzwerke, nicht zuletzt die „mechanischen und Kanonenwerkstätten“. Behandelt wurden aber auch die „Wohlfahrtseinrichtungen“ und „Statistisches“.
Das Interesse des Autors galt dabei unverkennbar der Herstellung von „Kriegsmaterialien“. Unter diesem Aspekt schilderte er das dramatisch-spektakuläre Stahlschmelzen. Er befaßte sich aber auch ausführlich mit den weiteren Etappen der Herstellung: dem Schmieden, Bohren, Drehen und Schmirgeln der Rohre und Verschlüsse von Feld-, Gebirgs-, Schiffs- und Küstenkanonen sehr verschiedener Kaliber. Das „Friedensmaterial“ rangierte in diesem Bericht ziemlich am Rand. Zwar wurde die Produktion von Eisenbahnschienen und von Eisenbahnwaggonfedern genannt, aber nur in einem Dutzend Zeilen erwähnte der unbekannte Schreiber die „Bandagen“, die nahtlosen Radreifen für Eisenbahnwaggons und -lokomotiven. Für den Reporter war es offenbar uninteressant, daß erst deren Absatz den rapiden Aufschwung der Kruppschen „Gußstahlfabrik“ in den 1860er Jahren wesentlich ermöglicht hatte. Eine farbige Lithographie von 1857 ist noch anders gewichtet: Von dem Dutzend kleiner Bildtafeln, die das zentrale Fabrikpanorama auf der Darstellung einrahmen, zeigt immerhin je eines das Hämmern bzw. Schmieden sowie das Walzen der Gußstahlradreifen für Waggon- und Lokräder. Die Umsatzzahlen belegen, daß die Selbstdarstellung der 1850er Jahre die

Eigenhändige Zeichnung und Erläuterung Alfred Krupps zur Bandagenherstellung um 1850; Historisches Archiv Fried. Krupp GmbH

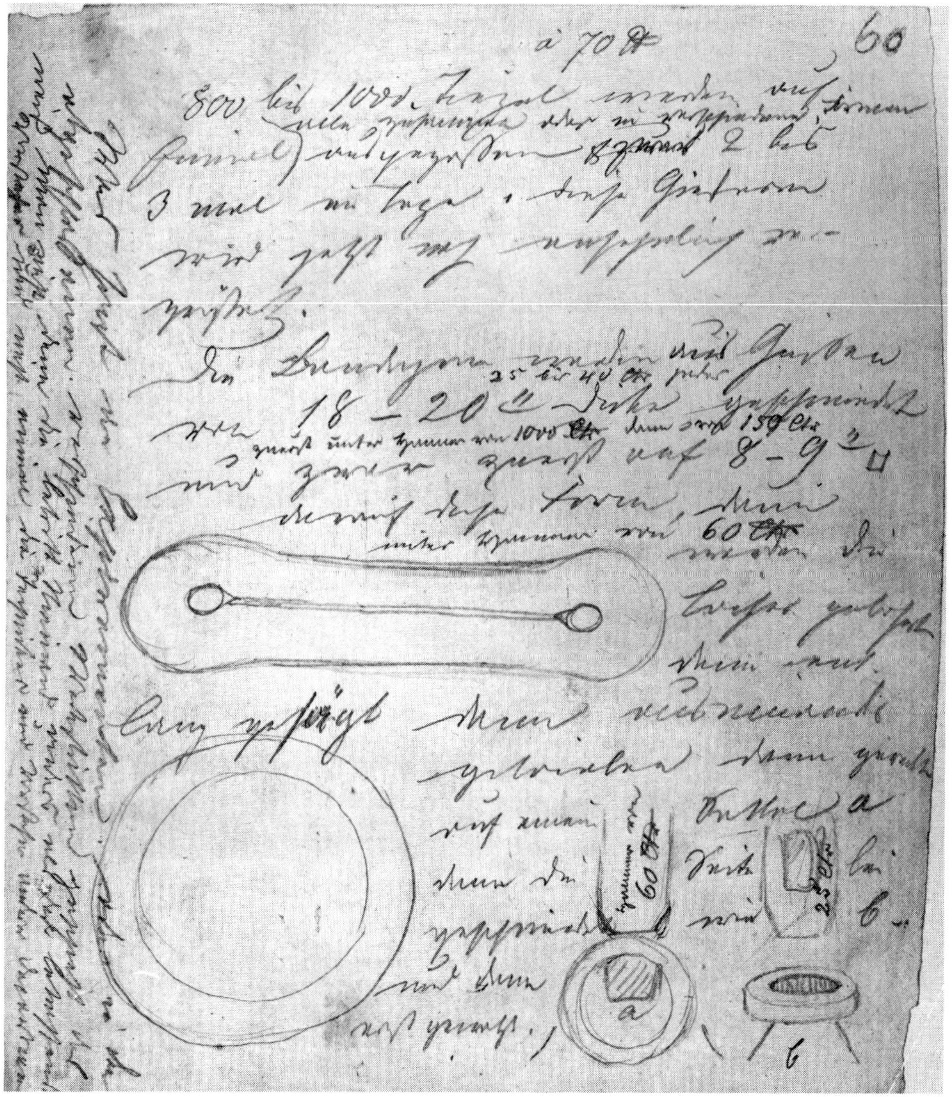

Gewinnträchtigkeit der Radreifenproduktion angemessen wiedergibt — und das gilt bis in die 1890er Jahre. Es gab z. T. erhebliche konjunkturbedingte Schwankungen, aber bis etwa 1890 erbrachte die Produktion des „Friedensmaterials“, nicht zuletzt die der „Bandagen“, mehr als die Hälfte der jährlichen Umsätze.

Bandagenherstellung

Zwischen 1858 und 1864 war Philipp Hausmann einer der etwa 125 Arbeiter im Bandagenwalzwerk. Mehr als 40 Jahre später wurde er zum Arbeitsvorgang befragt:
„Die Bandagen wurden zuerst rauh ab- und auf Länge geschmiedet, dann nachgesehen. Hierauf kamen sie zum Klapperhammer zum Abschlagen der Köpfe und von da aus zur Werkstatt zum Bohren von Löchern. Nach dem Bohren wurde die Bandage unter der Kreissäge aufgeschnitten.
Nachdem dies geschehen war, wurden sie zum Hammer Nr. 3 geschickt, wo man zuerst einen Dorn in eines der beiden Löcher hineintrieb; dann wurden sie unter dem Hammer gestaucht, um den Schnitt auseinanderzutreiben.
Nach dieser Prozedur wurde — während die Bandagen noch einmal in den Ofen kamen — der Hammer umgebaut und dann die Bandagen rundgeschmiedet. Hierauf kamen sie wieder zum Klapperhammer, um beigehalten zu werden. Nach dem Beihalten wurden sie von Verputzern nachgesehen. Nachdem dies geschehen war, brachte man sie zum Bandagenwalzwerk zum Vorwalzen. Nach dem Vorwalzen kamen die Bandagen in den Ofen, wurden halb vorgestaucht, kamen hierauf nochmals in den Ofen und wurden fertig vorgestaucht; dann wurde der Kranz gebildet und darauf die Bandagen fertig gewalzt und nachgesehen. Wo sich Sandrisse vorfanden, wurden dieselben ausgehauen; waren die Risse nicht zu tief, so wurden sie zugeballt [gestopft]. Nach dem Zuballen wurden die Bandagen wieder nachgesehen und dann auf die (Zentrier-)Presse gebracht. Nach dem Pressen wurden die Bandagen, nachdem sie zuvor noch einmal nachgesehen worden waren, verschickt.“
Das klingt zugleich trocken und kompliziert, ist gespickt mit Fachausdrücken. Aber gerade darin spiegelt sich auch einiges von der Eigentümlichkeit dieser Arbeit und vom Bewußtsein der hier Arbeitenden wider.
Was aber war das Ziel dieses mehrfachen Schmiedens und zweimaligen Walzens? Herkömmliche Reifen bestanden aus Eisen und hatten eine Schweißnaht. Die Gußstahlbandagen ließen sich dünner herstellen und wurden damit leichter (sie brachten eine Gewichtsersparnis von bis zu 30 %). Vor allem aber ließ sich mit dieser Kombination von Schmieden, Bohren, Sägen und Walzen ein nahtloser Reifen herstellen. Die Gefahr des Brechens oder Reißens der Schweißnaht war damit ausgeschlossen. Werksinterne Fallversuche, aber auch die Reklamationen der Abnehmer zeigten, daß die Schäden, die dennoch vorkamen, in hohem Maße auf Gießfehler zurückzuführen waren, also auf eingeschlossene Luftbläschen.
Alfred Krupp hatte im März 1853 für acht Jahre ein preußisches Patent auf diese nahtlosen Radreifen erhalten, das schließlich bis 1868 verlängert wurde. 1856 nahm das erste speziell für diese Bandagen konstruierte Walzwerk den Betrieb auf. Es verfügte über zwei Walzstraßen mit jeweils einer Vor- und einer Fertigwalze. Das Walzwerk lag in einer Seitenhalle des Hammerwerks, gehörte damit zum räumlichen Zentrum der Fabrikanlagen um 1860. Die Erweiterung der Kapazität durch ein zweites Bandagenwalzwerk gleicher Konstruktion (1865) führte zu einer Verlagerung; das neue Walzwerk wurde am westlichen Rand des Fabrikgeländes errichtet.

Arbeitsraum und Arbeitsprozeß: Das „Fahren“ der Maschinerie

Freilich — räumliche Nähe oder relative Ferne zu anderen Betriebsteilen fällt den Beobachtern von außen auf. Die zunehmende Ausdehnung des Fabrikgeländes, die Erweiterung und der Neubau von Fabrikgebäuden blieben stets gleichsam „gezähmt“ vom Gitter einer vielgliedrigen Organisation. So waren 1873, bei 9.722 Arbeitern im Jahresdurchschnitt, im Organisationsplan 33 Einzelbetriebe ausgewiesen. Diese organisatorischen Abgrenzungen verdoppelten und verschärften die Wahrnehmungs- und Orientierungsgrenzen der einzelnen Arbeitsbereiche.
Im Falle des Bandagenwalzwerks hieß das: Die ca. 125 Arbeiter dieses Betriebs (zu denen ab 1865 etwa die gleiche Anzahl an den beiden neuen Walzstraßen hinzukam) organisierten ihren Arbeitsraum um die beiden Walzstraßen herum. Einbezogen waren Pressen (zum abschließenden Zentrieren der Radreifen), die Gußhauerei (zum Prüfen der angelieferten Werkstücke und abschließenden Fertigmachen), die Wärmeöfen sowie Kräne und Transportwagen. Das Hammerwerk für die Bandagen bildete jedoch bereits einen anderen Betrieb.
Häufiger und direkter Austausch waren jedoch unerläßlich: Wieviele Bandagen mit welchem Durchmesser mußten wann zum Vorwalzen übernommen werden? Wann konnten die Hämmer mit der Weiterbearbeitung beginnen? Wann stand das Fertigwalzen an? Fraglos war es die Aufgabe der Meister, ihre eigene Arbeit und die der ihnen zugeordneten Arbeitskolonnen zu koordinieren.
Für die Arbeiter war in der Regel die Arbeitskolonne von bis acht Mann die unmittelbare Bezugsgruppe. Mit diesen Kollegen mußte man sich abstimmen; die Über- und Unterordnungen, die sich nicht zuletzt in den Lohndifferenzen zwischen z. B. erstem Mann und Helfern spiegelten, setzten sich hier stets neu durch — wenn sie nicht (gelegentlich) verändert wurden.

Zugleich mußte man sich aber auch mit dem Meister arrangieren. Er bestimmte über Annahme und Entlassung; vor allem aber setzte er den Schichtlohn und die „Benefiz"-Eingruppierung fest, d. h. den Berechnungsfaktor für das Gewichts- oder Stückgeld. Dieser Leistungslohnanteil war ein wesentliches Element des Lohns, betrug 50 % oder mehr der 14täglich gezahlten Löhne. Die für die einzelnen von Mal zu Mal sehr unterschiedlichen Lohnbeträge wurden vor allem durch die schwankende Höhe dieses „Benefizes" bestimmt; es war direkt abhängig von dem Gewicht oder der Stückzahl, das bzw. die in einer Schicht von der jeweiligen Kolonne abgeliefert worden war; dieses System galt bis in die 1890er Jahre.
Der Meister mußte ständig im Auge behalten werden — gearbeitet wurde aber in den Arbeitskolonnen. Im Bandagenhammerwerk standen im Mittelpunkt die Schmiedekolonnen: der Hammerführer und seine 4—6 Helfer. Die Helfer hatten das Werkstück mit Stangen auf dem Schmiedesattel in Position zu bringen und zu halten. Zügige und zugleich genaue Arbeit wurde nicht nur vom Betriebsführer und den Meistern eingefordert. Das Team der Helfer bildete mit dem Hammerführer zusammen ein „Gefüge": Der Hammerführer dirigierte und bestimmte den Fortgang der Arbeit, die Helfer konnten aber sehr wohl Geschwindigkeit und Präzision des Schmiedens beeinflussen. In jedem Fall ging es für sie alle um den Erhalt, vielleicht sogar die Vermehrung oder — wenn es schlimm kam — den Wegfall des „Benefizes", d. h. „Gewichtsgeldes" (nach dem Gewicht der Schmiedestücke).
Bandagen, die nicht verbrannt waren oder die „egal" aus dem Hammer herauskamen, sicherten oder steigerten nicht nur den Lohn der Hammerkolonne. Denn damit ließ sich für Vorgesetzte, aber auch für die Kollegen im Walzwerk demonstrieren, wer „seine" Maschine mit Geschick und Schnelligkeit zu führen verstand. Freilich — Versuche, den Ablauf der Herstellung zu beschleunigen, konnten hier direkt anknüpfen. So gelang es 1874 einem der Hammerführer, dem Meister Blambeck, als erstem, das mehrfach notwendige Aufwärmen des Schmiedestückes, die Zahl der „Hitzen", von fünf auf drei zu vermindern (damit verbilligte sich das Schmieden der Bandagen beinahe um die Hälfte — diese Methode wurde bis Anfang des 20. Jahrhunderts beibehalten).

Bandagenwalzwerk; Historisches Archiv Fried. Krupp GmbH

Zum Vor- und schließlich Fertigwalzen kamen die Bandagen zweimal ins Walzwerk. Das Foto „Bandagenwalzwerk" — es stammt von 1912 — zeigt offenbar jenes Walzwerk, das 1865 errichtet wurde. Gearbeitet wurde hier in einer Zwölfstundenschicht; Nachtschicht bzw. Doppelschicht von 6 Uhr morgens bis zum anderen Morgen 6 Uhr (letzteres war selten, Sonntagsarbeit gab es offenbar nie). Vier Walzwerksbesatzungen arbeiteten gleichzeitig. Ein Arbeiter, auf dem Bild ein wenig gebeugt und auf den zu walzenden Radreifen guckend, reguliert mit jeweils einer Hand die Walzengeschwindigkeit und den Anpreßdruck; er war der 1. Mann an der Walze. Ein etwas weiter von der Walze abgesetzt stehender Arbeiter (helles Hemd, stärker gebeugt) steuert in ähnlicher Weise die horizontal laufende Walze (die von links an den Radreifen drückt und den Spurkranz walzt). Ein Arbeiter (steht rechts im Bild) unterstützt den Walzenführer und beobachtet genau den Walzprozeß — der ältere Arbeiter mit Mütze, der auf der anderen Seite der Walze ebenfalls beobachtet, ist vielleicht nur des Fotografierens wegen da. In Bereitschaft steht der Kranführer und rechts seitlich ein Helfer. Beide haben nach Beendigung des Walzens sofort den Radreifen aus der Walze zu nehmen und zur Seite wegzuschwenken. Als Helfer, Schlepper oder Transporteure konnten auch mehr „Leute" aus-

gesetzt werden. Dann wurde gemeinsam gehievt, geschleppt — und geschwitzt.
Bei vollen Auftragsbüchern durfte ein Walzvorgang nicht länger als durchschnittlich 20—25 Minuten dauern — natürlich sind Abweichungen für unterschiedliche Durchmesser zu berücksichtigen. Zeitraubender war das Walzen eines Radreifens, wie er links hinten zu sehen ist; er hat ca. 2 Meter Innendurchmesser. Dieses Werkstück gehört zu den größten georderten Radreifen. Der Radreifen, der im Zentrum des Bildes gewalzt wird, dürfte hingegen einen Innendurchmesser von knapp einem Meter haben, war also wohl ein Waggonreifen.
Wegen der Geräusche der Antriebsmaschine, vor allem des ständigen Lärms der Hämmer, mußten sich die Arbeiter mit einer Zeichensprache verständigen. Ein „eingespieltes" Team konnte so Hand in Hand arbeiten, daß sein Produkt ohne Unterbrechungen und neue Anweisungen „egal und rein" wurde. Die Handgriffe waren nicht besonders kompliziert; wichtig war aber wortlosgeschmeidiges Aufeinandereingehen, die Kenntnis des Vorgangs und auch der Walzstücke, nur dann konnte auch blitzschnell reagiert werden, wenn z. B. Walzengeschwindigkeit und -druck der Temperatur des Werkstücks nicht angemessen waren und die Gefahr bestand, daß der Radreifen „wrack" würde. Die Aufmerksamkeit richtete sich auf den Radreifen, die Hebel waren Hilfsmittel. Auch wenn sich die Handgriffe und Vorgänge während des Tages 50 oder 60 mal wiederholten — sie stellten dennoch einen zyklischen Zusammenhang her, waren nicht in winzige Teilschritte zerhackt. Das „Fahren" der Walze ohne Zeit- oder Materialvergeudung erforderte fraglos einen länger dauernden Lernprozeß. In den 1860er Jahren gab es aber dann einen Stamm angelernter Arbeiter — in der Erinnerung Beteiligter meistens „Älterer" —, die die Walze, aber auch die Eigenschaft der Stähle und die Besonderheiten der jeweiligen Größen der zu walzenden Reifen kannten.
Zu diesem Einspielen gehörte ganz sicher, daß die Ideallinie des Arbeitsprozesses, der rastlose Lauf der Maschinerie, keineswegs die Regel war. Die Maschinerie selbst zeigte sich vielfach anfällig: Walzen waren nachzudrehen, Lager zu ersetzen — aber auch die Zufuhr der geschmiedeten und nun zu walzenden Radreifen stockte immer wieder. Hier war es dann notwendig, daß die Arbeiter neben dem zyklischen „Fahren" der Walze auch anderes verstanden: das Umbauen der Walze, das rasche Erkennen möglicher Fehlerquellen. Nur wenn auch das klappte, waren die Benefize, d. h. an der Walze die

Auflegen der fertigen Radreifen; aus der „Leipziger Illustrirten Zeitung" vom 8. November 1890

Stückgelder ungeschmälert. Und auch nur dann hatte man sich und den Kollegen gezeigt, wie professionelle Arbeit an guten „tyres" aussah, an Radreifen, die selbst von englischen Eisenbahnen geordert wurden.

„Willkür der Arbeiter" und Widerständigkeit

Ob und wie es in der Schicht „lief", war immer unsicher. Deshalb konnten technische oder organisatorische Pannen von den Arbeitern auch genutzt oder sogar selbst herbeigeführt werden. Die Vorgesetzten hatten sich darüber hinaus mit Unregelmäßigkeiten auseinanderzusetzen, die offenkundig nicht technischer Natur waren oder sein konnten. Verspätungen bei Schichtbeginn oder nach den Frühstücks-, Mittags- oder Kaffeepausen (also 8.15 Uhr, 13.00 Uhr, 16.15 Uhr, dies zumindest die vorgesehenen Zeiten), zu frühes Abschalten der Maschinen — Hinweise geben die Notizbücher des langjährigen Ressortchefs Karl Uhlenhaut, aber auch die Strafbücher des Werks. Notorisch waren aber auch häufige und ausgedehnte „Lokus"-Sitzungen. Zumindest in den 1850er Jahren beschäftigte Krupp einen Mann ausschließlich damit, diejenigen Arbeiter vom „Abtritt zu jagen", die nach seiner Meinung diese Örtlichkeit über Gebühr nutzten. Immer wieder verboten wurde Schlafen während der Nacht- bzw. Doppelschicht — wenn sich gleich mehrere erwischen ließen, mocht es auch zu einer Fabrikstrafe kommen. In diesem Fall wurden zehn Silbergroschen als Strafe vom Lohn einbehalten; das konnte zwischen fünf und zehn Prozent des Schichtlohns für 14 Tage ausmachen.
Am 4. Mai 1865 notierte der Ressortchef, daß „anfänglich 41 Leute" bestraft werden sollten. Offenbar waren sie „unentschuldigt" nicht zur Arbeit erschienen. Was war hier zu tun, wenn beinahe 30 % der Walzwerksbelegschaft nicht zur Arbeit erschien? War es ein Streik? Ging es um Arbeitsbedingungen oder den Lohn? In diesem Fall lag es an der Kirmes. Die Arbeiter hatten ihr „traditionelles" Recht wahrgenommen und hatten gefeiert. Deshalb schien es offenbar geboten, weniger drastisch vorzugehen. Die zur Arbeit gekommen waren, sollten eine halben Tag „extra Honorar" erhalten, die nicht Erschienenen durch die Auszeichnung der Arbeitenden indirekt bestraft werden.
Rigorose Disziplinierung mochte in dieser Lage fragwürdig sein. War es nicht wirkungsvoller, die Differenz zwischen den Vorschriften und dem Verhalten der Arbeiter, ihrem Nichtgehorchen, wie ihren Eigen-Sinn, zu übersehen oder zu dulden? Machten nicht erst Strafen aus verbotenem Bierholen oder

dem Anbandeln mit den Hausmädchen des Kruppschen Privathaushaltes (vor dem Umzug auf den „Hügel“) die befürchteten Widersetzlichkeiten?
Es scheint, als seien sich die Aufseher, Meister, die Betriebsführer, Ressortleiter dessen vielfach sehr wohl bewußt gewesen. Die Zahl der Strafen, die „offiziell“ verhängt und im Strafbuch vermerkt wurden, war jedenfalls vergleichsweise gering. Sieben, elf oder auch 25 Fälle bei ca. 240 Arbeitern und 300 Schichten pro Jahr im Bandagenwalzwerk sind überraschend wenig. Dies gilt um so mehr, wenn man die allgemeinen Klagen von Alfred Krupp, aber auch anderen Vorgesetzten dagegenhält.
Etwas anderes als das Aneignen von „Zeit für sich“ durch die Arbeiter am Arbeitsplatz war offenbar der Versuch, unmittelbar die Lohnverteilung in eigene Hände zu nehmen. Dazu zählte die individuell praktizierte, durch ihre Regelmäßigkeit dennoch kollektive Form der Wiederaneignung von Zeit- und auch Lohnanteilen, indem gekündigte Arbeiter bis zum Zeitpunkt der Entlassung krank feierten. Ein Beschluß der Firmenleitung vom 4. 5. 1865 ordnete deshalb an, der Arzt sei über alle Entlassungen zu „notifizieren“, er sollte also die Namen der Entlassenen mitgeteilt bekommen, um sie als „Simulanten“ entlarven zu können.
Die Vorgesetzten witterten offenbar allenthalben „Willkür der Arbeiter“ (Uhlenhaut). Dennoch, oder gerade deswegen: Fragen nach kollektiven Aktionen, nach Arbeitsniederlegungen oder -verweigerungen lassen sich nur mit „Fehlanzeige“ beantworten. Im Oktober 1878, wenige Wochen vor Verabschiedung des Sozialistengesetzes, wurde mit Hilfe der Polizei versucht, die ungeachtet genauer Kontrollen womöglich dennoch bei Krupp beschäftigten Sozialdemokraten oder auch „Christlich-Sozialen“ zu enttarnen und zu entlassen. Bei den allermeisten der rund zwei Dutzend Namen bestätigten jedoch die direkten Vorgesetzten, daß die Arbeiter „fleißig“ seien und am Arbeitsplatz nie über Politik sprächen oder sich nicht viel um die Außenwelt kümmerten. Entlassung und nicht die Weiterbeschäftigung hätte also offenbar die Gleichmäßigkeit der Produktion gestört.
An Protestmöglichkeiten blieb dann nur eine anonyme Denunziation, etwa aus dem Jahre 1889. Arbeiter wandten sich damals an den Düsseldorfer Gewerberat mit einer Klage über zu lange Arbeitszeit und Doppelschichten an den Wochenenden: Die Zugpferde würden bei Krupp besser als die Menschen behandelt; deren Tag- und Nachtschicht betrage je 8 Stunden, bei ihnen, den Arbeitern, hingegen jeweils 12 Stunden. Dieses anonyme Schreiben war zwar kein unmittelbares Widerstehen; es war aber auch keine Petition, mit der die geneigte Obrigkeit oder gar ein „guter König“ hätte erreicht werden können. Dieses Blatt ging direkt „zu den Akten“ der Behörden — aber auch der Fabrik (Recherchen nach den Verfassern blieben ergebnislos).
Für die „Ruhe“ bei Krupp gibt es Gründe: Es ist nicht zu übersehen, daß dort die Arbeiter in einem der Großbetriebe arbeiteten, die im Unterschied zu Klein- und Handwerksbetrieben, mehr noch zu hausindustriellem oder landwirtschaftlichem Erwerb, die relativ höchsten Geldlöhne zahlten. Und bei Krupp lagen diese zeitweilig sogar an der Spitze im rheinisch-westfalischem Industriegebiet, z. B. im Vergleich zum „Bochumer Verein“. Betriebe dieser Größenordnung, und Krupp zumal, sorgten sich aber auch um die Erhaltung der Arbeitskraft vor und nach der Arbeit. Die Risiken des Lebens konnten manchmal durch die (pflichtmäßige) Kranken- und Sterbekasse gemildert werden. Im Alltag junger Unverheirateter waren vielleicht wichtiger die „Menagen“, d. h. Schlafhäuser mit Eßmöglichkeiten (bei Krupp seit 1856). Sie verbanden freilich ihr Angebot mit dem Anspruch ständiger Kontrolle. Die Autorität des Fabrikherrn galt bei den Menageinsassen, aber auch bei den Bewohnern der Kruppschen Siedlungen nicht mehr nur am Arbeitsplatz, sondern auch am Eß-, Spiel- und Schlafplatz. Die Maßstäbe für Reinlichkeit, Lautstärke und „gesittetes Betragen“ unterlagen genauso dem betrieblichen Kontrollanspruch wie etwa die Zeitungslektüre. Und wurden Wohlverhaltenserwartungen enttäuscht, konnte hier wie dort der Rausschmiß auf dem Fuße folgen.
Die Suche nach massenhaften Aktionen, sei es 1872 oder 1889, d. h. im Zusammenhang der Bergarbeiterstreiks, oder auch bei Abschaffung der katholischen Feiertage und der Kirmestage (Januar 1876) — sie verfehlt vor allem die Realität der Arbeitsprozesse und -erfahrungen der Betroffenen. Ihre tägliche Praxis enthielt neben Versagungen und Zumutungen stets auch Momente der Befriedigung: gelungenes „Fahren“ der Walze oder des Hammers, kollegiale Kooperation, ein funktionierendes „Gefüge“, untereinander wie gegenüber anderen Kolonnen und Betrieben im Werk. In unterschiedlichen und z. T. widersprüchlichen Formen konnte Eigen-Sinn der Betroffenen deutlich werden.

Überlebenssicherung und Eigen-Sinn

Kontrollierte Fürsorge und fürsorgliche Kontrolle — das war die eine Seite des Alltags in der Fabrik. Für die Arbeiter buchstabierte sich das als: Sicherung des Überlebens bei stetem Risiko von Unfällen, drastischen Lohnschwankungen oder drohender Entlassung (zumindest von Strafen oder lohnmindernder Versetzung innerhalb des Werks). In der alltäglichen Praxis am Arbeitsplatz zeigte sich jedoch noch eine andere Seite. Die Bedingungen des „Fabrikherren“ ließen sich vielfach auf Distanz bringen, wenn sie nicht zu nutzen oder gleichsam umzudrehen waren. Es konnte gelingen, Arbeitszeit und -platz, aber auch Material („Abfälle“) wieder „anzueignen“, zumindest für Momente. Vor allem aber war in der Sicherung des Überlebens, des Unterhalts von Frauen und Kindern „Männlichkeit“ zu demonstrieren. In diesem „Männlichkeits“-Ideal verknüpfte sich zweierlei. Zum

einen erforderte es das routinierte „Fahren“ der Maschinerie, das Überbrücken von Hemmnissen am Gerät und in der Kooperation mit Kollegen; schloß auch stumme Unterordnung ein. Gleichzeitig verlangte „Männlichkeit“ aber auch das gelegentliche Zeigen und Ausleben von Bedürfnissen nach Gemeinsamkeit und Sich-Durchsetzen — die eigene Kraft und Körperlichkeit mußten sichtbar und fühlbar werden, jenseits der unmittelbaren Arbeitszumutungen. Allerdings gab es dabei stets auch Opfer und Leidende. Die Rollenverteilung konnte wechseln, dennoch gehörte die Hackordnung zur Hierarchie am Arbeitsplatz. Brutalität und Unterdrückung bzw. Unterdrückt-werden waren Teil des Alltags in diesem reinen Männerbetrieb.
Routiniert-geschicktes „Fahren“ der Maschinerie *und* Zeigen von Eigen-Sinn bezeichneten eine Situation, die zumindest als erträglich, vielfach auch als befriedigend erfahren wurde. Spektakuläre Massenaktionen erschienen dann schwer vorstellbar, waren vor allem auch nicht besonders attraktiv oder lohnend. Kalkuliertes Abwägen, gleichzeitig Versuche von einzelnen wie Gruppen, Zeit „für sich“, Raum „für sich“ anzueignen — das war alltägliche Politik und alltäglicher Kampf der Arbeiter der Kruppschen Bandagenproduktion.

Maifeier 1910!

Das Fest des werktätigen, internationalen Proletariats, der 1. Mai, der diesseits und jenseits des Rheins, im Norden und Süden unsere Arbeitsbrüder vereint, in der Gewißheit auf Befreiung aus der geistigen und körperlichen Knechtschaft, wird von der Kölner Arbeiterschaft eingeleitet durch eine

große Volks-Versammlung unter freiem Himmel

am **Sonntag den 1. Mai, nachm. um 3 Uhr,** in den **Lokalitäten des Herrn Martin Maifarth in Deutz, Restauration zur Torburg, Kalker Straße 1.**

Festrednerin ist:

Frau Rosa Luxemburg

Schriftstellerin aus Berlin.

Daran anschließend in den oben genannten Lokalitäten

Konzert.

Am Abend sind in Köln und den Vororten **Festlichkeiten.** Der Beginn ist überall auf 8 Uhr festgesetzt. Mitwirkende sind unter anderen namhaften Künstlern die Arbeiter-Turnvereine, die Arbeiter-Gesangvereine, die Freie Volksbühne Köln und das Flora-Orchester.

Teilnehmerkarten zu allen Veranstaltungen 30 Pfennig.

Festlokale:
Köln: sämtliche Säle des „Volkshauses“ sowie im „Roten Löwen“, Severinstraße 45
Braunsfeld: im „Braunsfelder Hof“, Aachener Straße 555|557
Brühl: im Lokale des Herrn Becker, Cölnstraße 22
Deutz: im Lokale des Herrn M. Maifarth, „Mülheimer Torburg“, Kalker Straße 1
Ehrenfeld: in der „Harmonie“, Platenstraße 32
Humboldt-Kolonie: im Lokale des Herrn Oerfgen, Wattstraße 13
Kalk: im Lokale des Herrn Rieck, Viktoriastraße 70
Lindenthal: im Lokale Riepe, Dürener Straße 111
Nippes: im Lokale des Herrn Zinn, Florastraße 80
Riehl: im Lokale des Herrn Meier, Riehler Straße 207
Vingst: im Lokale „Zum Heßhof“, Strundener Straße 45.

Maikarten sind zu haben bei allen Funktionären der Gewerkschaften und der Partei, in den Gewerkschaftsbureaus, in der „Rheinischen Zeitung“ und in den sonstigen Debitstellen.

Zahlreiche Beteiligung erwartet

Der Arbeiter-Bildungsausschuß.

Archiv der sozialen Demokratie (AdsD)

Sozialdemokratische Wahlkundgebung 1910 in der Radrennbahn Köln-Riehl; AdsD

Dieter Dowe

Politische Traditionen der rheinischen und westfälischen Arbeiterbewegung vor dem Ersten Weltkrieg

„Der Bahn, der kühnen, folgen wir, die uns geführt Lassall'", so lautete der Refrain der „Arbeiter-Marseillaise", eines der beliebtesten Arbeiterlieder vor dem Ersten Weltkrieg. Und Ferdinand Lassalles Todestag wurde noch lange als trotziger proletarischer Feiertag dem Wilhelminischen Sedanstag entgegengesetzt, gerade auch am Rhein, wo der Begründer der ersten deutschen Arbeiterpartei, des Allgemeinen Deutschen Arbeitervereins (ADAV), 1863 die meiste Unterstützung erhielt. Hier, in der 1815 gebildeten preußischen Rheinprovinz, die mit dem Königreich Sachsen zu den Vorreitern der Industrialisierung in Deutschland (bereits in der ersten Hälfte des 19. Jahrhunderts) zählte, erzielte er seine größten Erfolge, hier hatte der ADAV anfänglich seinen Schwerpunkt: Bei Lassalles frühem Tod lebten hier fast 60 % der ADAV-Mitglieder, davon gut 40 % im Bergischen Land. Zu fragen ist, ob diese anfängliche Prägung der rheinischen und etwas später auch westfälischen Arbeiterbewegung durch Lassalle und den Lassalleanismus in der weiteren Entwicklung erhalten geblieben ist oder ob sie nicht verändert, abgeschwächt oder gar durch andere organisatorische und politisch-ideologische Faktoren ersetzt worden ist.

Auch die frühe rheinische und westfälische Arbeiterbewegung war keine Fabrikarbeiterbewegung, sondern stützte sich bis ins letzte Drittel des 19. Jahrhunderts vorwiegend auf Handwerker oder handwerklich geprägte Arbeitskräfte, deren Rolle die Facharbeiter übernahmen, während die Hilfsarbeiter erst sehr spat integriert werden konnten. Für deutsche Verhältnisse setzte sich

Flugblatt zum 1. Mai 1896; AdsD

aber in den textilindustriellen Zentren des Bergischen Landes (Elberfeld/Barmen/Lennep) und des linken Niederrheins (Aachen/Monschau und Mönchengladbach/Krefeld), zum Teil danach auch in der Kleineisenindustrie des Bergischen Landes (Remscheid, weniger Solingen) der Fabrikbetrieb recht früh durch. Dieser Vorgang ist, mit unterschiedlicher Ausprägung in einzelnen Branchen und Regionen, insgesamt schon seit den 1850er Jahren festzustellen, ohne daß allerdings die Hausindustrie ganz verdrängt worden wäre, die in etwa die Funktion einer „industriellen Reservearmee" einnahm und in Krisenzeiten die ganze Last von Arbeitslosigkeit und Unterbeschäftigung tragen mußte. Gerade durch die Gemengelage von Hausindustrie und bereits stark entwickelter Fabrikindustrie konnte bei den betroffenen Arbeitskräften das Bewußtsein, direkt von den Fabrikanten abhängig zu sein, ja, von ihnen ausgebeutet zu werden, leicht aufkommen und für sie handlungsorientierend werden. Das galt sowohl für die Fabrikarbeiter wie auch für die Heimgewerbetreibenden und ebenso für die kleinen Handwerker mit ihrer Angst vor dem Verlust ihrer wirtschaftlichen und sozialen Stellung und ihrer Sorge vor der Entwertung der eigenen Arbeitskraft.
Eine Ausnahme bildeten hier im rheinischen und westfälischen Teil des Ruhrgebiets die knappschaftsfähigen Bergleute, die auf Grund ständischer Traditionen, spezifischer Arbeitsgesellung und höherer sozialer Absicherung eine privilegierte Position innerhalb der insgesamt doch recht vielgestaltigen Arbeiterschaft einnahmen und wegen ihrer überwiegenden Bindung an die katholische Kirche eine zusätzliche Neigung zu konservativem Verhalten aufwiesen. Bei den alteingesessenen Bergleuten kam noch die Bodenständigkeit mit Haus, Garten und Kleinviehzucht hinzu, bei den aus östlichen Gebieten Zugewanderten die neugewonnene höhere soziale Perspektive sowie die Gewöhnung an bedingungslose Unterordnung. In diesem Bereich traten erst im letzten Jahrhundertdrittel mit der zunehmenden Maschinisierung, mit steigenden Betriebsgrößen, Änderungen in der betrieblichen Sozialordnung und sozialen Nivellierungstendenzen Wandlungsprozesse auf, die in der Erfahrung täglicher Deklassierung ein Konfliktpotential schufen, das sich in aufsehenerregenden Massenstreiks der Ruhrkumpel entlud (1872, 1889, 1905, 1912). Demgegenüber standen die Hüttenarbeiter und die Maschinenbauarbeiter der Großbetriebe so sehr unter dem Einfluß ihrer Werksleitungen, daß es bei ihnen bis 1914 kaum nennenswerte Streiks gab und sie sich, wenn überhaupt, vorwiegend in konfessionellen Arbeitervereinen oder in wirtschaftsfriedlichen Werkvereinen organisierten.
Im Ruhrrevier, erst recht in den nicht hierzu zählenden stockkatholischen Teilen Westfalens, entwickelte sich erst relativ spät eine selbständige Arbeiterbewegung, ganz im Gegensatz zur Rheinprovinz, wo sich der Übergang von der Volksbewegung zur Klassenbewegung für deutsche Verhältnisse sehr früh vollzog. Dies galt nicht nur für den *ökonomischen* Bereich, wo außer nichtklassengebundenen Protestbewegungen (Maschinenstürme, Hungerunruhen) seit den 1820er Jahren wiederholt Lohnunruhen und Lohnstreiks ausbrachen, eine Kampfform, die verstärkt in der Reaktionszeit nach der 48er Revolution und dann mit enormer Ausweitung seit dem letzten Drittel der 60er Jahre unter Einbeziehung der Arbeitszeit und der Arbeitsbedingungen offensiv angewandt wurde. Buchdrucker und Zigarrenarbeiter gründeten an Rhein und Ruhr schon 1848/49 Gewerkschaften, die bereits einen nationalen Zusammenschluß schafften. Nach ihrer Unterdrückung war dann seit Ende der 60er Jahre auch hier die Gewerkschaftsbewegung nicht mehr aufzuhalten.
Die *politische* Arbeiterbewegung begann auch in den preußischen Westprovinzen während der 48er Revolution, als an zahlreichen Orten „Arbeitervereine" wie Pilze aus dem Boden schossen, deren Mitgliedschaft entsprechend der Sozialstruktur des jeweiligen Ortes neben eigentlichen Fabrikarbeitern aus Handwerksgesellen und -meistern, aber auch bürgerlichen Intellektuellen bestand. Bis zum Herbst 1848 arbeitete der demokratisch ausgerichtete Teil der Handwerker- und Arbeiterschaft mit den bürgerlichen Demokraten Hand in Hand. Erst die Enttäuschung über deren fehlende revolutionäre Konsequenz und deren Bereitschaft, sich mehr oder minder mit den wieder erstarkten alten reaktionären Gewalten zu arrangieren, führte zum Ende dieser Kooperation. Dabei spielte eine große Rolle eine der wichtigsten demokratischen Zeitungen der Revolutionszeit, die „Neue Rheinische Zeitung" unter ihrem Chefredakteur Karl Marx, der zu dieser Zeit den Kölner Arbeiterverein, den größten in ganz Deutschland, mit seinen Anhängern stark beeinflußte. Darunter war eine Reihe Mitglieder des Bundes der Kommunisten, eines ursprünglich im Ausland gegründeten Geheimbundes von Handwerksgesellen und Linksintellektuellen im Exil, dessen Programmschrift, das Kommunistische Manifest, Marx und Engels verfaßt hatten. Ursprünglich für ein Zusammengehen von Arbeiter- und (bürgerlicher) demokratischer Bewegung, bemühten sich Marx und seine Freunde seit der Jahreswende 1848/49, eine selbständige rheinische Arbeiterorganisation zu schaffen. Mit deren Hilfe wollte man Einfluß auf eine Umgestaltung des ersten Massenverbandes der deutschen Arbeiterklasse, der „Arbeiterverbrüderung", nehmen, die am Rhein nur wenig Mitgliedsvereine zählte. Dazu kam es aber wegen des Sieges der reaktionären Kräfte unter preußischer Führung nicht mehr, eines Sieges, der die Verbitterung eines Teils der rheinischen Arbeiter gegenüber dem Bürgertum noch vertiefte, da dieses sich an

dem Elberfelder Aufstand im Mai 1849 kaum mehr als halbherzig beteiligte. Diese Erfahrung ließ eine kleine Gruppe im Kommunistenbund organisierter rheinischer und vor allem bergischer Arbeiter die Notwendigkeit einer vom Bürgertum unabhängigen — unter den gegebenen Umständen geheimen — Arbeiterorganisation erkennen und daran unbeirrt über die Reaktionszeit hinweg festhalten.

Zu diesen Arbeitern in Düsseldorf und im Bergischen Land hielt Lassalle, der sich an der Düsseldorfer Revolutionsbewegung beteiligt hatte und Marx und dem Kommunistenbund nahestand, enge Kontakte. Er bildete sie in kleineren Diskussionszirkeln „zu Vertrauensmännern und geistigen Mittelpunkten für künftige Bewegungen" (Lassalle) heran und konnte sich auf sie stützen, als er sich 1863 anschickte, den Allgemeinen Deutschen Arbeiterverein zu gründen, der, wie gesagt, zur ersten deutschen Arbeiterpartei wurde. Die Entscheidung des politisch aktiven Teiles der rheinischen Arbeiter zugunsten Lassalles bedeutete für die Rheinprovinz bereits 1863 die Trennung der proletarischen von der bürgerlichen Demokratie, ein Prozeß, der in den meisten anderen deutschen Regionen erst Jahre später abgeschlossen war.

Der von bürgerlichen Liberalen geprägte und anfänglich auch abhängige, föderalistisch aufgebaute Vereinstag der deutschen Arbeitervereine konnte an Rhein und Ruhr ebensowenig Erfolge erringen wie die 1869 aus ihm hervorgegangene Eisenacher Partei August Bebels und Wilhelm Liebknechts, die Sozialdemokratische Arbeiterpartei Deutschlands, die im Gegensatz zum ADAV demokratisch von unten nach oben aufgebaut war und eine stärkere Frontstellung gegen den preußisch-deutschen Staat aufwies, ohne allerdings marxistisch ausgerichtet zu sein.

Die industrialisierten evangelischen Regionen der Rheinprovinz waren in den ersten Jahren des ADAV so etwas wie das Kernland der Lassalleaner. Lassalle hatte besondere Erfolge in den Städten und vor allem in den pietistischen Landgemeinden des Bergischen Landes gehabt, wo der ADAV auch seine ersten Reichstagssitze errang (1867 in Barmen-Elberfeld und Lennep-Mettmann). Hier sprach, abgesehen von den Traditionen des Kommunistenbundes, Lassalles soziale Hauptforderung nach Produktivassoziationen mit Krediten seitens des (demokratisch umgestalteten) Staates die von erheblichen technischen Neuerungen und Veränderungen der Arbeitsvorgänge verunsicherten oder entmutigten Arbeiter erheblich stärker an als die Ratschläge der Liberalen vom Schlage eines Schulze-Delitzsch, die den Arbeitern genossenschaftliche Selbsthilfe anpriesen. Wenn auch im Rheinland wesentlich mehr Fabrikarbeiter vom ADAV erfaßt wurden als im übrigen Deutschland, so ist doch nicht zu verkennen, daß seine Agitation relativ stark von handwerklichem Denken geprägt war und auf Handwerker zielte, die ebenso wie die handwerklich ausgebildeten Facharbeiter allerdings auch auf Grund ihrer formalen Sozialisation, ihrer gemeinsamen Wertvorstellungen, ihres Berufsstolzes und ihrer Stellung auf dem Arbeitsmarkt bedeutend leichter zu organisieren waren als die un- oder weniger qualifizierten Fabrikarbeiter. Diese Tatsache erschwerte auch zusammen mit der religiösen Komponente lange Jahre eine stärkere Ausbreitung des ADAV zwar nicht ins zu Westfalen gehörende märkische Industriegebiet, aber doch ins Ruhrgebiet, wo die katholische Kirche ebenso wie in den industriellen Gebieten des linken Niederrheins mit Hilfe eines breit gefächerten katholischen Vereinsnetzes das Feld behaupten konnte. Neben den auch andernorts bestehenden Meister- und Gesellen-(Kolping-)Vereinen sowie Bauernvereinen gruben im Ruhrgebiet vor allem die katholischen Knappenvereine und die christlich-sozialen Arbeitervereine in den 70er Jahren (und zum Teil auch später noch) der jungen Sozialdemokratie das Wasser ab, insbesondere in Essen, aber auch in Aachen. In diesen Städten hatten sich die Klassengegensätze so zugespitzt, daß sich die katholische Arbeiterbewegung trotz des Kulturkampfes bei Reichstagswahlen bis zu ihrer Unterdrückung durch den höheren Klerus gegen die katholische Zentrumspartei richtete und in Essen 1877 sogar ihren Kandidaten in den Reichstag brachte. In ausgeprägt katholischen Gegenden hatte die Sozialdemokratie so gut wie keine Chancen, sich durchzusetzen.

Vieles spricht dafür, daß sich auch nach der Vereinigung der Lassalleaner und der Eisenacher 1875 in Gotha die besondere lassalleanische Ausrichtung der preußischen Westprovinzen bei aller Bedeutung der Einheit noch längere Zeit erhalten hätte, wenn nicht politische, wirtschaftliche und soziale Faktoren dem entgegengewirkt hätten. Natürlich blieb die politische Grundforderung Lassalles, die Ersetzung des reaktionären Drei-Klassen-Wahlrechts durch das allgemeine, gleiche und direkte Wahlrecht, die auch die Eisenacher teilten, bis zu ihrer Einlösung in der Weimarer Verfassung eine zentrale Forderung der deutschen Arbeiterbewegung. Aber der überzogene organisatorische Zentralismus des ADAV war durch den Präsidenten v. Schweitzer bereits um 1870 in Verruf gebracht worden, wenngleich von hier aus Verbindungslinien zu dem späteren „Organisationsfetischismus" der Sozialdemokratie zu ziehen sind. Lassalles soziales Hauptpostulat nach Produktivgenossenschaften, mit deren Hilfe das „Eherne Lohngesetz" durchbrochen und der „volle Arbeitsertrag" ohne Unternehmergewinn für den Arbeiter gesichert werden sollte, wurde durch die zunehmende Entwicklung zu fabrikindustriellen Großunternehmungen ebenfalls überholt. Dies signalisierte schon die Entwicklung der Gewerkschaften, die ja nach Lassalle bei einem „ehernen", unwandelbaren Lohnniveau

eigentlich keine Existenzberechtigung hatten, aber von v. Schweitzer schließlich immerhin als Rekrutenschule für die Sozialdemokratie akzeptiert wurden. Hier deutet sich bereits der spätere Konflikt der SPD mit den Freien Gewerkschaften um Gleichberechtigung oder Unterordnung an. Lassalles Hochschätzung der Idee des Staates — wenn auch nicht in der konkreten autoritären Ausprägung dieser Zeit — wurde zunächst einmal durch die zunehmenden Repressionen der 70er Jahre und erst recht durch die Verfolgungen unter dem Sozialistengesetz von 1878 bis 1890 in ihrer Fortwirkung stark beeinträchtigt und führte manche Arbeiter sogar (wie den ehemaligen Reichstagsabgeordneten für Elberfeld-Barmen, Hasselmann) zu anarchistischen Positionen. Daß die nach 1890 auch in Rheinland-Westfalen auftretenden Tendenzen zur Integration in den Wilhelminischen Staat direkt mit einem Wiederaufleben der Lassalleschen Staatsidee zusammenhängen, erscheint mir mehr als fraglich. Viel stärker dürfte hier nach Aufhebung der Illegalität der reformistische Wunsch bestimmend gewesen sein, trotz aller prinzipiellen Ablehnung des Klassenstaates schrittweise konkrete Verbesserungen für die Arbeiter im Rahmen des Möglichen durchzusetzen. Den Reformismus als historischen Erben des Lassalleanismus zu bezeichnen, ist grob vereinfachend und unangemessen, zumal gerade die Zusammenarbeit der Reformisten mit bürgerlichen Gruppen und Parteien der lassalleanischen Verurteilung dieser Kräfte als „eine reaktionäre Masse", gegen die es rücksichtslos zu kämpfen gelte, widerspricht. Insgesamt kann also nicht von einer ungebrochenen Tradition des Lassalleanismus bis zum Vorabend des Ersten Weltkrieges die Rede sein, auch nicht in seiner einstigen Hochburg, am Rhein. Man wird zwar auch hier nur mit Einschränkungen von einer während des Sozialistengesetzes erfolgten Aufnahme des Marxismus durch die einfachen Parteimitglieder sprechen können, die wie anderswo sich auf die mittlere oder gar höhere Funktionärsschicht beschränkt haben dürfte. An der sog. Basis dürften nur die wichtigsten Kernelemente der sozialdemokratischen Ideologie gegenwärtig gewesen sein, die sich aus allgemein demokratischen, Marxschen und Lassalleschen Forderungen zusammensetzte. So schrieb selbst Wilhelm Liebknecht bereits in den 70er Jahren: „Was dem Arbeiter klar sein muß, ist 1) daß die Arbeit die Quelle des Werts ist,
2) daß das Kapital die Arbeit ausbeutet,
3) daß die Lohnarbeit durch die Assoziation ersetzt werden muß und endlich
4) daß diese Ersetzung nur möglich ist im sozialdemokratischen Staat, der folglich erkämpft werden muß."
Und in diesem Sinne waren die Feiern zum Todestag Lassalles auch an Rhein und Ruhr kein Bekenntnis zum *spezifischen* Lassalleanismus als Ideologie oder Theorie, sondern Erinnerung an einen Mann, der wie kein anderer Willen und Kraft zur Selbstorganisierung der Unterprivilegierten gegenüber den Privilegierten gerade auch in diesen Regionen symbolisierte. Die großen theoretischen Auseinandersetzungen der Vorkriegszeit etwa um den mit der Person Eduard Bernsteins verbundenen Revisionismus bestimmten nicht die Tagesarbeit der Agitationsbezirke und Ortsvereine. Ausnahmen bestätigen nur die Regel. (In diesem Zusammenhang sollte vielleicht erwähnt werden, daß der Essener Bergarbeiterführer Otto Hue einer der elf Gegner der Verurteilung der revisionistischen Bestrebungen auf dem Dresdener Parteitag 1903 war.) Die täglichen Sorgen der Basis waren auf konkrete politische und soziale Belange gerichtet, auf Wahlrechtsfragen, Arbeit in den Kommunen und in den verschiedenen Selbstverwaltungsgremien der spärlichen sozialen Sicherung. Hier waren die Praktiker bestimmend, die Arbeitersekretäre, die Gewerkschafter. Wo sie besonders einflußreich waren, wie im Ruhrgebiet die Männer des freigewerkschaftlichen Bergarbeiterverbandes, da herrschte noch stärker als andernorts der Reformismus vor, wenn er auch oft radikalere und syndikalistische Strömungen nur überdeckte, die zur Entfaltung neuer politischer und wirtschaftlich-sozialer Bedingungen bedurften. Ein Beispiel ist die Entwicklung an der Ruhr im Ersten Weltkrieg und erst recht in der Weimarer Republik. Eine durchgängig radikale Haltung hingegen nahm auf Grund besonderer regionaler Voraussetzungen und Traditionen (Führerpersönlichkeiten, Branchen- und Betriebsstruktur, Reproduktionsverhältnisse, sozialdemokratische Presse und Organisation) der siebtgrößte Agitationsbezirk der SPD ein, der Bezirk Niederrhein. Zwei Drittel seiner Delegierten stimmten etwa auf dem letzten Parteitag vor dem Ersten Weltkrieg (Jena 1913) in der Frage des politischen Massenstreiks und in der Steuerfrage gegen den Parteivorstand und die reformistische Linie und für die Parteilinke. Diese Mehrheit kam vor allem aus den starken Wahlkreisorganisationen von Remscheid-Lennep, Solingen, Düsseldorf, Essen, Duisburg-Mülheim und Hagen-Schwelm, deren Mitglieder weiterhin einen unversöhnlichen Klassenstandpunkt einnahmen. Zum größten Teil waren es dieselben Organisationen, die sich nach Ausbruch des Ersten Weltkrieges nach einer Phase kritischen Abwartens gegen die Burgfriedenspolitik von Reichstagsfraktion und Parteivorstand wandten und sich schließlich mit dem größten Teil des Agitationsbezirks Niederrhein 1917 der USPD anschlossen.

Frauenarbeit

Heuaufladen im Siegerland, um 1900;
P. Weller

Maschinenweberei, um 1912;
Bildarchiv preußischer Kulturbesitz, Berlin

„Männer im Krieg". Frauen der Kokerei bei Stinnes II, um 1916; Archiv Ernst Schmidt, Essen

Bei Tante Emma, 1930;
K. Wohlgemuth, Essen

Am Draht, um 1935;
Ruhrlandmuseum, Essen

Mutterkreuzverleihung, um 1935;
Ruhrlandmuseum, Essen

Eine Stelle frei. Arbeitslose Stenotypistinnen in der Schlange, ca. 1930;
Archiv E. Schmidt, Essen

Täuschende Idylle um 1935; Ruhrlandmuseum, Essen

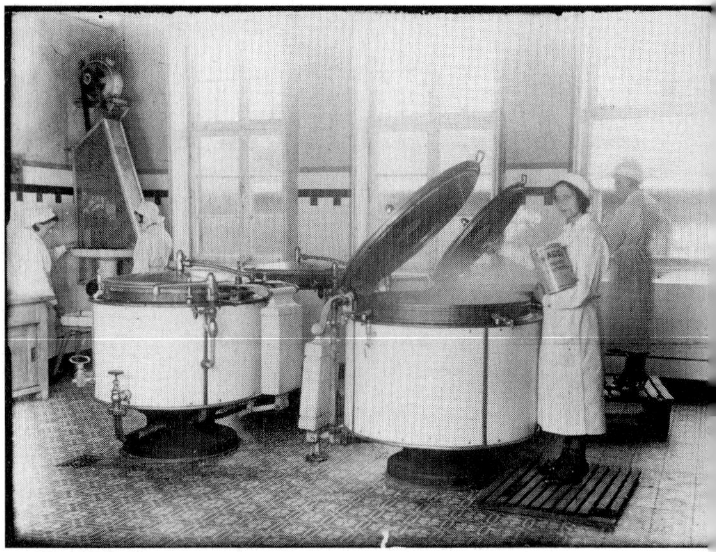

Wie zu Hause – nur größer, um 1935; Ruhrlandmuseum, Essen

Verpflichtet zum Kartoffelschälen, um 1942; Ruhrlandmuseum, Essen

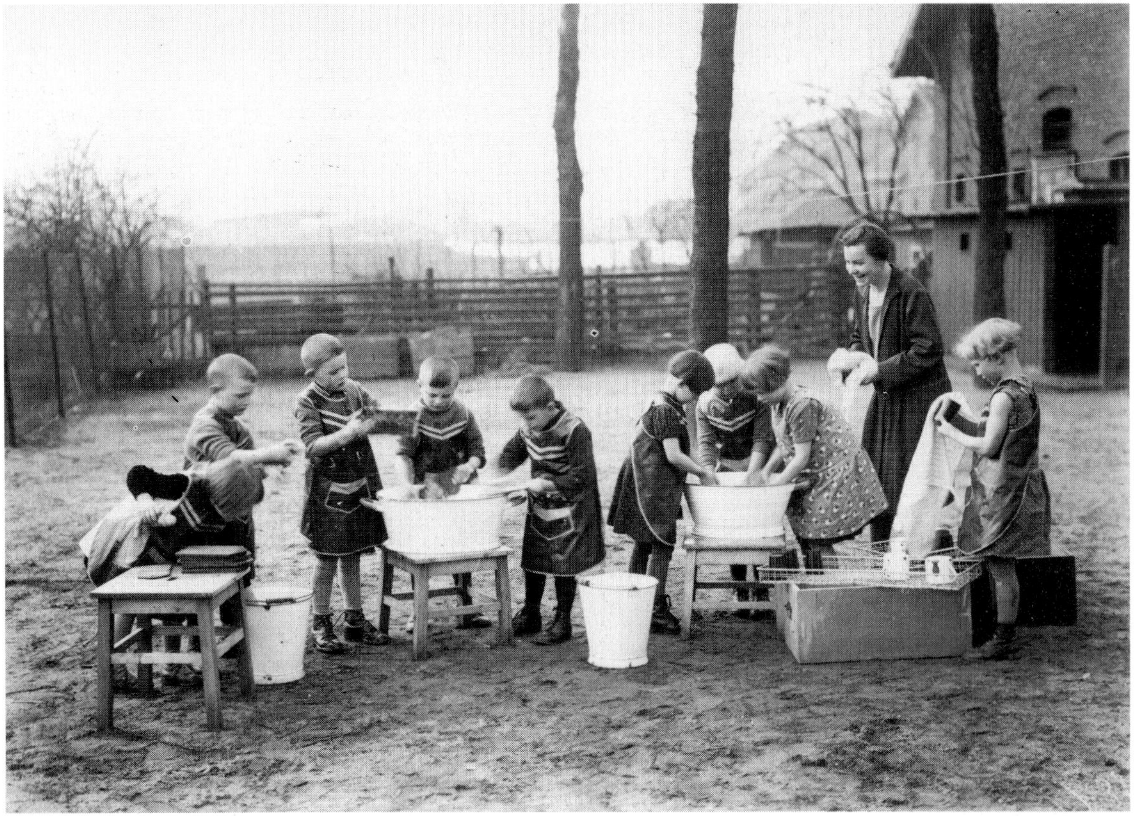

Damit sie wie die Mütter werden, ca. 1935; Ruhrlandmuseum, Essen

Im Kontor, 1951;
W. Faruss, Hattingen

Am Fließband, um 1967;
Foto: Axel Carp

Hans-Josef Steinberg

Marx blieb im Regal

Arbeiterliteratur im Kaiserreich

Was haben die sozialdemokratisch und freigewerkschaftlich organisierten Arbeiter eigentlich vor dem Ersten Weltkrieg gelesen? Eine Antwort auf diese Frage verspricht Einblick in das Bewußtsein dieser Menschen. Tatsache ist aber auch, daß es sehr schwierig ist, zu diesem Problem begründete Aussagen zu machen.

Was man kaufen konnte

Zunächst einmal haben viele Arbeiter Tageszeitungen gelesen, und zwar sehr oft sozialdemokratische. Man kann sich heute kaum noch vorstellen, wie vielfältig damals das sozialdemokratische Pressewesen war. Am Vorabend des Ersten Weltkrieges gab es im Deutschen Reich 94 sozialdemokratische Presseorgane, von denen 90 sechsmal in der Woche erschienen. Der überwiegende Teil der Mitglieder der Sozialdemokratie hatte eine Parteizeitung abonniert, in der Regel die im lokalen oder regionalen Bereich erscheinende Tageszeitung. Bürgerliche Blätter wurden nur selten gehalten. Wie Statistiken zeigen, war die Verbreitung der sozialdemokratischen Presse auch unter den parteilosen Mitgliedern der sozialistischen Gewerkschaften, der sogenannten „Freien Gewerkschaften", beachtlich. Für Westfalen und das Rheinland kann man ausrechnen, wie das Verhältnis von Wählern der Sozialdemokratie bei den Reichstagswahlen von 1912 zu den Abonnenten der sozialdemokratischen Presse war. Dabei ergibt sich, daß in Westfalen mehr als 30 % und im Rheinland sogar über 36 % der sozialdemokratischen Wähler Abonnenten der Parteipresse waren. Die beeindruckende Vielfalt der sozialdemokratischen Presse im Gebiet des heutigen Nordrhein-Westfalen wird deutlich, wenn man die Orte aufführt, in denen sozialdemokratische Tageszeitungen erschienen sind. Dabei ist allerdings zu berücksichtigen, daß es sich in einigen Fällen um sogenannte Kopfblätter, also lokale Ausgaben eines größeren Blattes, handelte. Es gab solche Zeitungen in Aachen, Bielefeld, Bochum, Dortmund, Düren, Düsseldorf, Duisburg, Essen, Hagen, Iserlohn, Köln, Krefeld, Lüdenscheid, Mönchen-Gladbach, Oberhausen, Remscheid, Solingen, Wanne-Eickel, Wattenscheid, Wuppertal.

Da die sozialdemokratischen Tageszeitungen nicht nur über das aktuelle Geschehen berichteten, sondern es auch kommentierten, theoretische Abhandlungen brachten und im Feuilleton zeitgenössische sozialkritische Romane in Fortsetzungen abdruckten, trugen sie zweifellos dazu bei, sozialdemokratisches Bewußtsein zu schaffen oder zu stärken.

Darüber hinaus ist auf die Rolle der Gewerkschaftspresse hinzuweisen. Während im Jahre 1890 die Auflage aller Gewerkschaftsorgane etwa 200.000 betrug, war sie 1914 auf weit über 2,6 Millionen angestiegen. Allein die „Deutsche Metallarbeiter-Zeitung" erschien 1913 mit einer Auflage von 585.000 Exemplaren. Es ist als sicher anzunehmen, daß mit der stürmischen Entwicklung der Gewerkschaftspresse reformistische Anschauungen weiteste Verbreitung fanden.

Die Durchdringung fast aller Lebensbereiche der sozialdemokratisch und freigewerkschaftlich organisierten Arbeiter durch sozialdemokratische Organisationen, die ihre eigenen Organe hatten, ist ein Faktor, der ebenfalls zu berücksichtigen ist. So erschien z. B. „Der Arbeiter-Radfahrer" als Organ des Arbeiter-Radfahrerbundes „Solidarität" am Vorabend des Ersten Weltkrieges mit einer Auflage von 168.000; die „Deutsche Arbeiter-Sänger Zeitung" war 1913 in 112.000 Exemplaren verbreitet, und die „Arbeiter-Turnzeitung" wurde im selben Jahr 113.000 mal vertrieben.

Geht man weiter davon aus, daß in fast jedem Haushalt sozialdemokratische Kalender, sogenannte Arbeiter- oder Volkskalender, die in aller Regel von den Zeitungsverlagen publiziert wurden, vorhanden waren und volkstümliche Erzählungen, Rätsel neben markanten Sätzen von Marx, Engels, Lassalle, Bebel, Darwin und den Frühsozialisten boten, so wird deutlich, daß das sozialdemokratische und freigewerkschaftliche Pressewesen auf vielfältige Bedürfnisse in Arbeiterfamilien einging. Es bestand keine Notwendigkeit, bürgerliche Blätter zu abonnieren, etwa die verbreitete „Generalanzeiger"-Presse.

Von besonderem Einfluß in den Arbeiterhaushalten aber war *ein* Witzblatt: die satirische Zeitschrift der deutschen Sozialdemokratie, „Der Wahre Jacob". Die Zeitschrift erschien 14täglich und verfügte zu Beginn des Ersten Weltkrieges über 366.000 Abonnenten. Wenn man damit rechnet, daß jedes Exemplar von wenigstens vier Personen gelesen wurde — eine eher zurückhaltende Schätzung —, so kann man für diese Zeit auf 1 1/2 Millionen Leser schließen. Die Auflage des „Wahren Jacob" übertraf auch ganz entschieden die der bürgerlichen Witzblätter wie des „Kladderadatsch", des „Simplicissimus" und der „Lustigen Blätter". Der „Wahre Jacob" spiegelt in sehr direkter Weise die Entwicklung der Sozialdemokratie seit den 90er Jahren wider. Nach dem Revisionismusstreit gab er auch weitgehend revisionistischen Positionen Raum, und spätestens seit der Massenstreikdebatte vertrat er Positionen des marxistischen Zentrums bzw. des reformistischen Flügels in der Partei, während die Vorstöße der radikalen Linken um Rosa Luxemburg, Anton Pannekoek, Franz Mehring etc. in dem Blatt keinen oder eher negativen Niederschlag fanden. Der Erste Weltkrieg brachte den „Wahren Jacob" in eine schwere Krise. Dies zeigt sich auch schon darin, daß die Abonnentenzahl bis 1918 auf 160.000 sank. Wie die hier abgedruckte Karikatur vom Jahre 1914 überaus deutlich macht, stellte sich der „Wahre Jacob“ nach Kriegsausbruch auf die Seite der Befürworter des Burgfriedens. Galt bis dahin die aggressive Satire dem Kapitalismus und dessen Auswüchsen, dem Junkertum, den bürgerlichen Parteien, dem preußischen Militarismus und ganz allgemein den innenpolitischen Zuständen im Deutschen Reich, so wurden nun der russische Zarismus, der englische Imperialismus und die französischen Ansprüche auf Elsaß-Lothringen zum Gegenstand satirischer Angriffe, die allerdings sehr schnell auf das Niveau des bürgerlichen Hurra-Patriotismus herabsanken. Daneben ging es gegen Schieber und Kriegsgewinnler, was sich auch wenig von der zeitgenössischen nationalistischen bzw. chauvinistischen Stimmung abhob.

Die Analyse des „Wahren Jacob“ läßt die Gründe für seine große Beliebtheit bei der Arbeiterschaft erkennen. Kapitalismus und Reaktion, so machte die Zeitschrift klar, mußte man zwar ernst nehmen, aber gleichzeitig konnte man über sie lachen, weil ihr Anspruch auf dauerhafte Herrschaft von der Geschichte schon überholt, also schlicht lächerlich war. Das gab Selbstbewußtsein und bedeutete für das Bewußtsein der Arbeiter wahrscheinlich sehr viel mehr als die hochgestochenen theoretischen Diskussionen in der „Neuen Zeit“, deren Auflage nie merklich über 10.000 stieg und die aus den Überschüssen, die der „Wahre Jacob“ abwarf, finanziert werden mußte.

Was man leihen mußte

Die Arbeiter und ihre Familien haben damals nicht nur Zeitungen und Zeitschriften gelesen, sondern auch Bücher und Broschüren. Während sie die preiswerte Agitationsbroschüre selber kaufen konnten, waren Bücher in der Regel unerschwinglich für sie. Sie mußten also in die Leihbücherei gehen. Noch in den 50er Jahren unseres Jahrhunderts gab es eine Fülle von solchen Leihbüchereien, vor allem in den Vororten der Großstädte, mit einem Bestand einfacher Unterhaltungsbücher, also dessen, was man gemeinhin als Trivialliteratur bezeichnet. Da ragten die Werke von Karl May weit über den Durchschnitt heraus.

Die Waffen der Reaktion — **Die Waffen der Arbeiterklasse**

Die Agitation der Arbeiterabstinenten machte Fortschritte

Plakat des „Arbeiter-Abstinentenbundes“, gezeichnet von Georg Wilke um 1910 *AdsD*

Sozialdemokratie und sozialistische Gewerkschaften gründeten daher schon früh Arbeiterbibliotheken, die den Arbeitern Gelegenheit gaben, kostenlos gute Bücher zu entleihen. Da wir über eine Anzahl von Berichten mit Statistiken aus der Zeit vor dem Ersten Weltkrieg über solche Bibliotheken verfügen, unter anderem sehr aufschlußreiche aus Krefeld und Wuppertal, können wir rekonstruieren, was die Benutzer dieser Bibliotheken entliehen, vielleicht auch gelesen haben und wie sich das Leseverhalten zwischen 1890 und 1914 verändert hat.

Bei der Auswertung der vorliegenden Quellen muß berücksichtigt werden, daß der weitaus größte Teil der Arbeiterbibliotheken von den örtlichen Gewerkschaftskartellen getragen wurde. Nach den Berichten aus dem Jahre 1911 besaßen von insgesamt 691 Gewerkschaftskartellen 547 Bibliotheken. Das bedeutet, daß die Angaben, soweit sie sich nicht auf die Bibliotheken sozialdemokratischer Vereine beziehen, in erster Linie über die in den Freien Gewerkschaften organisierten Arbeiter Aufschluß geben. Im allgemeinen zeigen die Berichte, daß der Anteil der Belletristik an den ausgeliehenen Büchern ständig anstieg und daß in dieser Rubrik die Zahl der ausgeliehenen Bände die der vorhandenen um ein mehrfaches überstieg. Auf der anderen Seite ging zwischen 1891 und 1911 die Nachfrage nach Literatur aus dem Bereich der Sozialwissenschaft und der Arbeiterbewegung auffällig zurück. Diese Veränderung läßt sich wohl nur durch das gewaltige Wachstum der sozialistischen Gewerkschaften und den ebenfalls bedeutenden Mitgliederzuwachs der Partei erklären. Das Gros derer, die sich in den zweieinhalb Jahrzehnten vor dem Ersten Weltkrieg der sozialistischen Arbeiterbewegung anschlossen, war an theoretischen Fragen viel weniger interessiert als die Generation, die unter dem Sozialistengesetz der Sozialdemokratie anhing.

Freilich wurden die Arbeiterbibliotheken nur von einem geringen Teil der Arbeiter, für die sie zuständig waren, in Anspruch genommen, und gar die Leser, die aus der Abteilung Sozialwissenschaft und Parteiliteratur Bücher entliehen, waren nur eine verschwindende Minderheit. Z. B. haben im Jahre 1911 von den 28.000 Mitgliedern eines Holzarbeiterverbandsbezirkes nur 228 sozialwissenschaftliche Werke aus der für sie zuständigen Bibliothek entliehen.

Das war für die Partei um so enttäuschender, als die Bibliothekare und

Verwalter der Arbeiterbibliotheken in den meisten Fällen bestrebt waren, den Lesern beratend zur Seite zu stehen, um Interesse für die wissenschaftliche Parteiliteratur zu wecken. Von ihnen haben wir Berichte über ihre Erfahrungen. Für die oben genannte Bücherei besagen sie, daß von den 228 Lesern, die 1911 320 sozialwissenschaftliche Werke entliehen haben, 178 Leser ein Buch aus dieser Rubrik verlangten, 29 zwei Bücher, 12 drei Bücher, 7 vier Bücher. Nur zwei Leser entnahmen fünf bzw. acht Bände. Dazu der Kommentar des Berichterstatters: „Wer die Arbeiterleser kennt, wird ohne weiteres wissen, daß von jenen 178 Entleihern eines einzigen Buches ein großer Teil dieses ungelesen wieder zurückgebracht haben dürfte." Das wird bestätigt durch die Aussage von Friedrich Stampfer in seinen Memoiren. Stampfer, der seine erste Bekanntschaft mit dem Marxismus durch die Lektüre der Kautskyschen Popularisierung des „Kapital" machte, hatte sich das Werk aus der Bibliothek eines Arbeiterbildungsvereins entliehen. Die ersten zwanzig Seiten dieses Exemplars wiesen starke Gebrauchsspuren auf, die restlichen präsentierten sich ihm in „jungfräulicher Reinheit".
Geht man davon aus, daß es eine Minderheit von bildungsbeflissenen Arbeitern war, die Bücher wissenschaftlichen Inhalts aus den Büchereien entliehen, so kann festgestellt werden, daß selbst diese Elite unter den Gewerkschaftern und Parteimitgliedern dem wissenschaftlichen Sozialismus, d. h. im wesentlichen dem Marxismus, fernstand oder wenig über ihn wußte. Die Musterkataloge für Arbeiterbibliotheken blieben ohne großen Einfluß auf die Ausstattung der Bibliotheken, weil diese die Arbeiter nur anziehen konnten, wenn sie deren Wünschen entsprachen.

Renner und Ladenhüter

Das Werk, das die Vorstellungen vom Sozialismus der geistig aufgeschlossenen Arbeiter in entscheidender Weise prägte, war Bebels Buch „Die Frau und der Sozialismus", das 1910 in 50. Auflage erschien. Was sich schon aus der Auflagenstärke erschließen läßt, wird durch die Ausleihstatistiken aus den Arbeiterbibliotheken bestätigt. Das entkräftet auch den Einwand, daß die Arbeiter die wichtigste sozialistische Literatur käuflich erworben hätten und die Nachfrage in den Bibliotheken deshalb so außerordentlich gering gewesen sei. Das meistgekaufte Buch war zugleich das meistentliehene! Bebel traf mit seinem „nie irrenden Klasseninstinkt" den Kern der Anschauungen der Massen: Glauben an den sozialistischen Zukunftsstaat als Ergebnis einer fortschreitenden Entwicklung auf allen Gebieten des Lebens. In diesem Zusammenhang ist auch Edward Bellamys Zukunftsvision „Im Jahre 2000" — ein fiktiver Rückblick aus einem kommunistisch gewordenen Boston — zu nennen, die sich großer Beliebtheit bei Arbeiterlesern erfreute. Das Material aus den Arbeiterbibliotheken gibt keinen richtigen Eindruck von der Wirkung dieser sozialistischen Utopie. Daß die Nachfrage nach diesem Buch nicht übermäßig groß war, erklärt sich daraus, daß in den 90er Jahren fast alle sozialdemokratischen Zeitungen oder Zeitschriften Bellamys Roman in Fortsetzungen abdruckten. Friedrich Stampfer ist durch das Werk, das bei seinem Erscheinen großes Aufsehen erregte und leidenschaftlich diskutiert wurde, erst zum Sozialismus geführt worden. Neben Bebels Buch ist aus der ernstzunehmenden Parteiliteratur nur noch Kautskys Popularisierung des ersten Bandes des Marxschen „Kapital" in nennenswertem Umfange ausgeliehen worden. Wenn auch, wie sich aus dem Bericht Stampfers ergibt, dieses Buch wahrscheinlich mehr entliehen als wirklich gelesen worden ist, so bildete es doch in jener Zeit für die interessierten Arbeiter *den* Zugang zu den ökonomischen Lehren von Karl Marx. Wer sich überhaupt dem Marxschen Werk nähern wollte, sah sich zuerst auf Kautskys Broschüre verwiesen.
Faßt man in den Berichten die Abteilungen „Parteiliteratur und Sozialwissenschaft", „Geschichte" und „Philosophie" zur Rubrik „Werke wissenschaftlichen Inhalts" zusammen, so war das meistgelesene Buch, das selbst Bebels populäres Werk übertraf, der antiklerikale Aufklärungsreißer „Der Pfaffenspiegel" des demokratischen Agitators aus der 48er Revolution, Otto von Corvin-Wiersbitzki, der im Kaiserreich über 40 Auflagen erzielte. „Wo in dieser Rubrik der Corvinsche ‚Pfaffenspiegel' sich befindet — und er fehlt kaum in einer Bibliothek —, da stellt er . . . meistens das stärkst begehrte Buch dar", lautet der Kommentar zu einem der Berichte. Die in Partei und Gewerkschaften um die Arbeiterbildung Bemühten haben zwar mit Unbehagen die Beliebtheit des „Pfaffenspiegel" und anderer Literatur dieses Genres bei der Arbeiterschaft konstatiert, andererseits aber die naturwissenschaftliche Aufklärungsliteratur in besonderer Weise zur Lektüre empfohlen. Die sozialistische Aufklärungs- und Bildungsarbeit hatte als festen Bestandteil die naturwissenschaftlich-darwinistische Aufklärung. Der Weg des Gros der Arbeiterschaft zum Sozialismus ging oft genug zusammen mit der Hinwendung zu einem naturwissenschaftlichen Materialismus.
Fast alle Kataloge sozialdemokratischer Verlagsbuchhandlungen, die zwischen den 80er Jahren und dem Ersten Weltkrieg erschienen sind, enthalten eine große Zahl populärer naturwissenschaftlicher Werke. Schon Ende der 70er Jahre wurde der Darwinismus im atheistisch-aufklärerischen Gewand durch die „Neue Welt", die als „sozialistische Gartenlaube" gekennzeichnet werden kann, in Zehntausende von Arbeiterhaushalten getragen. Die Ankündigun-

gen von Vorträgen vor Arbeitern in der sozialdemokratischen Tagespresse und die Berichte darüber geben Zeugnis von der Propagierung des naturwissenschaftlichen Materialismus durch die Sozialdemokratie. Die in den Nachlässen führender Sozialdemokraten überlieferten Vortragsmanuskripte belegen gleichfalls die These, daß die Agitation für die Sozialdemokratie in vielen Fällen zusammenging mit naturwissenschaftlich-darwinistischer Aufklärung.

Mit uns zieht die neue Zeit

Zusammenfassend ist zu sagen, daß das Gros der sozialistischen Arbeiterschaft der Theorie des Sozialismus fernstand und der wissenschaftlichen Parteiliteratur wenig Interesse entgegenbrachte. Aus den Kommentaren zu den Bibliotheksberichten klingt wiederholt die Resignation durch im Hinblick auf die Möglichkeit, die Arbeiterleser an den wissenschaftlichen Sozialismus heranzuführen. „Die große Mehrzahl der Arbeiter trottet im allgemeinen Zug mit, läßt sich von der Bewegung führen, ohne danach zu fragen, wohin wir eigentlich treiben, ohne sich im geringsten Klarheit darüber zu verschaffen, ob und weshalb wir dem Sozialismus entgegen gehen." Die Minorität, die für wissenschaftliche Probleme aufgeschlossen war, akzeptierte als Quintessenz des Sozialismus die fortschreitende notwendige Entwicklung zum Zukunftsstaat, wie ihn Bebel geschildert hatte. Die Gewißheit, sich in Einklang mit den fortschrittlichen Kräften und Ideen zu befinden, gewann die sozialistische Arbeiterschaft aus materialistischen Aufklärungsschriften, während von der marxistischen Theorie des Sozialismus nur gewisse einprägsame Formeln aufgenommen wurden. Die Verbreitung der naturwissenschaftlich-materialistischen Theorien unter der Arbeiterschaft wurde von der Partei, die sich im Einklang mit den aufklärerischen Tendenzen der Zeit sah, bewußt gefördert. Sie sah darin den entscheidenden Ansatzpunkt, von dem aus die Diskrepanz zwischen dem bestehenden Ordnungsgefüge, das, wie es die Wissenschaft bewies, auf traditionellen Vorurteilen basierte, und der modernen wissenschaftlichen Erkenntnis der Arbeiterschaft nahegebracht werden konnte. In der Vorstellung der sozialistischen Massen war die Sozialdemokratie Trägerin des Kultur- und Zivilisationsfortschritts, während die traditionellen Mächte, Kirche, Adel und das Gros des Bürgertums, als fortschrittsfeindlich angesehen wurden. So mündeten die Vorstellungen vom Sozialismus selbst der Minorität, die sich für wissenschaftliche Probleme interessierte, in einen allgemeinen Fortschrittsglauben.
Freilich bildeten sich die Vorstellungswelt der Arbeiter und vor allem ihr Klassenbewußtsein nicht vorrangig durch Lektüre, sondern durch konkrete politische und gewerkschaftliche Praxis und durch Alltagserfahrung. Deshalb ist das, was die Berichte aus den Arbeiterbibliotheken zeigen, nicht typisch für die Entstehung eines bestimmten Bewußtseins. Aber es drückt ein Bewußtsein aus, wie es in der Zeit nach der Jahrhundertwende in der deutschen Arbeiterschaft verbreitet war.

Vom „Kröhsken“ zur Silbernen Hochzeit

Verlobt: Trude Dibbel . . .
K. Wohlgemuth, Essen

. . . Walter Hoffmann 1925;
K. Wohlgemuth, Essen

Die Hochzeit 1928;
K. Wohlgemuth, Essen

Trude, Walter und Hildegard Hoffmann 1930;
K. Wohlgemuth, Essen

. . .
K. Wohlgemuth, Essen

Silberhochzeit 1953;
K. Wohlgemuth, Essen

Bernd Faulenbach

Die Herren an der Ruhr

Zum Typus des Unternehmers in der Schwerindustrie

„‚Die‘ — das waren die Unternehmer. Worte wie ‚Kapitalisten‘ und ‚Schlotbarone‘ gebrauchten die Arbeiter seltener, als sie in den Parteiblättern standen. ‚Die‘ — das genügte. Von wem sollte sonst die Rede sein?“ So heißt es an einer Stelle in Erik Regers 1931 erschienenem, im Ruhrgebiet spielenden Schlüsselroman „Union der festen Hand“. Für die Arbeiter des Reviers waren die Unternehmer und die mit ihnen verbundenen Führungsgruppen „die da oben“, von denen alles oder doch fast alles abhing. In der Tat hatten die Entscheidungen der schwerindustriellen Unternehmer für die Bevölkerung der Region von der zweiten Hälfte des 19. Jahrhunderts bis in die Nachkriegszeit hinein geradezu existentielle Bedeutung. Die Unternehmer waren die Herren an der Ruhr.
Zweifellos hat die dominierende Rolle der Unternehmer in Bergbau und Eisenindustrie die Entwicklung der Arbeiterbewegung des Reviers zunächst gehemmt. Andererseits aber formierte sich die Arbeiterbewegung gerade im Gegensatz zu dieser Gruppe und ihren Herrschaftsansprüchen. Die schwerindustriellen Unternehmer spielen deshalb eine entscheidende Rolle in dem gesellschaftspolitischen Beziehungsgeflecht, in dem die Arbeiterbewegung sich konstituierte und handelte.
Selbstverständlich waren es ökonomische Interessen, die das Unternehmerhandeln leiteten. Aber die Unternehmer waren doch nicht bloße „Charaktermasken“ des wirtschaftlichen Prozesses. Sie nahmen ihre Interessen in bestimmten überkommenen gesellschaftlichen und politischen Formen wahr und neigten dazu, ihre ökonomische Macht in umfassende Herrschaft, mit der Konsequenz weitgehender sozialer Kontrolle der Belegschaften, und in gesamtgesellschaftlichen Einfluß umzusetzen. Sprichwörtlich war bis 1945 der „Herr-im-Hause-Standpunkt“ in den Ruhr-Unternehmen. Auch gelang es dieser Gruppe, ihre sozialpolitischen Grundsätze über das von ihr bis in die Weimarer Zeit wenn nicht kontrollierte, so doch stark beeinflußte industrielle Verbandssystem dem gesamten Unternehmerlager aufzuprägen. So hat sie im Kaiserreich und in der Weimarer Republik ganz wesentlich zur Verschärfung der sozialpolitischen Konflikte an der Ruhr und darüber hinaus in der deutschen Gesellschaft beigetragen.
Wer waren diese Unternehmer, und warum verhielten sie sich so, wie sie sich verhielten?

Gründer, Erben und Manager

Franz Haniel, Mathias Stinnes, Alfred Krupp, Gustav Mevissen, Friedrich Grillo — das sind Namen bedeutender Unternehmerpersönlichkeiten der Gründungsepoche der Ruhrindustrie, die noch heute im Revier gegenwärtig sind, nicht nur als Konzern- und Firmen-, sondern auch als Straßen- und Schulnamen. Auf diese Pionierunternehmer scheint die Definition des Soziologen Schumpeter der Unternehmer als „großer Neuerer“ zu passen: Ihre Risikobereitschaft, ihre rastlose Tätigkeit und ihre unbestreitbaren Leistungen für die Industrialisierung des Ruhrgebiets mag manchen an jene Passagen des Kommunistischen Manifests erinnern, in denen die historischen Leistungen der Bourgeoisie geradezu hymnisch gefeiert werden.
Die meisten Gründerunternehmer in der Ruhrindustrie stammten, zumal im Rheinland, aus angestammten Kaufmanns- und Unternehmerfamilien, zu denen die Stinnes, Grillos, Haniels, Schoellers, Waldthausens u. a. zu rechnen sind. Einige wanderten aus den umgebenden teilweise gewerblich-industriell früher entwickelten Regionen zu, so die Hoeschs aus dem Dürener und die Thyssens aus dem Aachener Raum. Alle diese Gründerunternehmer begannen keineswegs mittellos, sondern besaßen ein beachtliches Startkapital. Unter den Gewerken des Bergbaus der Gründungsperiode waren neben Kaufleuten und Bankiers auch bürgerliche Gutsbesitzer und sonstige Honoratioren, wie z. B. der Arzt und Sanitätsrat Friedrich Müser, der sonntags mit seinen Kindern auf den Feldern bei Harpen, einem Dorf zwischen Dortmund und Langendreer, die (Kohle-) Fundstellen inspizierte, in die er und seine Freunde Kapital investiert hatten, und der dann allmählich in die Rolle eines Unternehmers hineinwuchs, in der ihm später sein Sohn Robert folgte. Aufgrund des vielfach schon in der Gründergeneration angehäuften Kapitalbesitzes, der sich in der Folgezeit noch mehrte, konnte ein Teil der Gründerfamilien bis weit in das 20. Jahrhundert hinein eine herausragende Stellung bewahren, auch wenn sie die Unternehmen nicht mehr selbst führten und sich auf und in die Aufsichtsräte zurückzogen.
Hatte im Bergbau fast von Anfang an, nach der Ablösung des staatlichen Direktionsprinzips, der angestellte Direktor als Unternehmer eine Rolle gespielt, so gab es doch auch in der Eisenindustrie schon früh angestellte Direktoren, von denen einige eine herausragende Stellung erlangen konnten. Schon Ende der 70er Jahre übertrug Alfred Krupp die Leitung seines Direktoriums dem sächsischen Finanzrat Jencke. Und für die Haniels wurde der ehemalige Hauslehrer und spätere Prokurist Wilhelm Lueg — und nach dessen Tod sein an der Hochschule ausgebildeter Sohn Carl — zu dem Vertrauensmann, der das Unternehmen leitete, gleichsam die Stellung eines Hausmeiers innehatte. Beim Bochumer Verein spielten die Baares, bei Hoesch die Springorums, obgleich nur angestellte Direktoren, dominierende Rollen. Die angestellten Direktoren

Alfred Rethel
Die Harkortsche Fabrik auf Burg Wetter, um 1834; Duisburg, Mannesmann DEMAG

Bilder der Arbeit

J. Marx
Löhner Zigarrenmacher, 1889
Bünde, Deutsches Tabakmuseum

Otto Bollhagen
Grobblechwalzwerk (Blockstraße), um 1905
Gutehoffnungshütte Aktienverein: Historisches Archiv, Bodo Herzog; Foto: Alexander von Plato

Ludwig Heupel
Die Birlenbacher Hütte, 1906;
Westfälisches Landesmuseum für Kunst- und Kulturgeschichte, Münster

Franz W. Seiwert
Die Arbeitsmänner, 1925
Kunstmuseum Düsseldorf

Max Valerias
Des Kumpels Sorgen
Städtische Kunsthalle Recklinghausen

bildeten ihrerseits wieder — mit „ihrem" Unternehmen verknüpfte — Dynastien und gelangten dabei ebenfalls zu ansehnlichem Besitz. Angesichts der großen Rolle einflußreicher Familien an der Ruhr ist es verständlich, daß man gemeint hat, nirgendwo sei in dem Maße wie im Ruhrgebiet die Industrialisierung das Werk von Familien und Familienverbänden gewesen.
Seit dem ausgehenden 19. Jahrhundert gelangten immer mehr an Bergakademien und Hochschulen ausgebildete Bergassessoren und Ingenieure in leitende Stellungen von Schwerindustrie und Bergbau. Schon in den 50er und 60er Jahren waren Bergbaubeamte in den nun „privaten" Bergbau übergetreten; seit Ende der 60er und verstärkt seit den 80er Jahren übernahmen akademisch ausgebildete Bergräte und Bergassessoren die Leitung der Zechen, so daß der Titel „Bergassessor" fast zu einem Synonym mit Bergwerksdirektor werden konnte. Die durch gemeinsame Ausbildung, durch die Zugehörigkeit zu bergmännischen Korporationen und durch berufliche Interessen verbundenen Bergassessoren bildeten eine besondere Gruppe in der Ruhrindustrie mit einem spezifischen Eigenbewußtsein und Habitus, in dem sich das Selbstbewußtsein fachlich-technischer Kompetenz und ein besonders autoritäres herrisches Wesen vermischten. Die Bergassessoren regierten auf „ihren" Zechen nahezu unumschränkt und suchten eisern ihre konservativen sozialpolitischen Leitbilder, „ohne auf den Beifall der Welt zu schielen", gegen alle Widerstände durchzusetzen. Die Erfahrung der Arbeiterbewegung mit dieser Gruppe fand nach dem Zweiten Weltkrieg in der Feststellung Hans Böcklers ihren Niederschlag, diese Gruppe sei „hochmütiger, eingebildeter und machtbewußter als selbst unsere Offizierskaste" gewesen.

In der Ruhrindustrie gab es fast stets ein Nebeneinander verschiedener Unternehmertypen, auch von Unternehmer-Generationen. Dennoch lassen sich bestimmte Entwicklungslinien erkennen. Die seit den 80er Jahren des 19. Jahrhunderts einsetzende Kartellierung, der weitere Ausbau des industriellen Verbandssystems wie auch das Einströmen von akademisch ausgebildeten „Technikern" wirkten sich dahingehend aus, daß Unternehmerhandeln anonym wurde. Die Unternehmer handelten nun stärker als Gruppe, in der der einzelne zurücktrat; auch der wachsende Einfluß der Banken wirkte sich in diese Richtung aus. Allerdings gab es doch auch nach wie vor herausragende Gestalten wie den kantigen Emil Kirdorf, den Generaldirektor der Gelsenkirchener Bergwerksgesellschaft, oder den alten August Thyssen, Peter Klöckner und Hugo Stinnes, die über Beteiligungen, Aktienmehrheiten usw. gewaltige Konzerne schufen. Als Stinnes 1924 starb, war er Herr über ein riesiges Imperium; man hat nachträglich 4.554 Beteiligungen an Unternehmen errechnet.

„Eine Welt für sich"

Erik Reger, der die Ruhrindustrie gut kannte, charakterisiert die Ruhrindustriellen der Weimarer Zeit u. a. mit folgenden Worten: „So sehr diese Industriellen sich voneinander unterschieden, so verfügte doch jeder von ihnen nur über dasjenige Maß von Individualität, welches ihm die Gattung innerhalb des Stadiums der bestehenden Wirtschaftsordnung gestattete . . . Alle standen den Bedürfnissen des öffentlichen Lebens fremd gegenüber, alle waren bewundert, aber unbeliebt, mit keiner anderen Schicht waren sie innerlich verbunden. Es war eine Welt für sich, nach außen abgeriegelt durch überkommene Formen und gravitätische Strenge, starrköpfig, eigensinnig und allein in sich selbst lebendig und elastisch." In der Tat waren die Unternehmer der Ruhrindustrie, von Bergbau und Schwerindustrie, eine — in sich freilich differenzierte und geschichtete — abgegrenzte Gruppe mit einem spezifischen Eigenbewußtsein.
Die an der Spitze dieser Gruppe stehenden absolut führenden Persönlichkeiten trafen sich seit 1928 regelmäßig in der sogenannten „Ruhrlade" — die man als „geheimes Kabinett der Schwerindustrie" bezeichnet hat —, um sich in allen wichtigen Fragen abzustimmen; zu ihr gehörten Karl Haniel und Paul Reusch von der Gutehoffnungshütte, Fritz Thyssen, Albert Vögler und Ernst Poensgen von den Vereinigten Stahlwerken, Friedrich Springorum und Fritz Winkhaus von Hoesch, Gustav Krupp, Peter Klöckner und der Braunkohlenindustrielle Paul Silverberg und Erich Fickler von der Harpener Bergbau AG, d. h. selbständige Unternehmer, Erben und Bewahrer großer Vermögen ebenso wie die verantwortlichen Leiter der großen Konzerne.
Spätestens seit Beginn des Jahrhunderts waren nicht nur die führenden Repräsentanten der Ruhrindustrie, sondern auch ein großer Teil der Direktoren von Bergbau und Eisenindustrie durch ein engmaschiges Verbandsnetz, zu dem u. a. der Bergbauverein, das Rheinisch-Westfälische Kohlensyndikat, der Zechenverband, die Kohlenwertstoffverbände gehörten — um nur einige Beispiele aus dem Bergbau zu nennen —, in ständigem Kontakt zueinander. Verbindend wirkte auch ein durchaus reger gesellschaftlicher Verkehr. Zahlreiche Familien waren untereinander verwandt, eine Tatsache, die bei der Besetzung der Führungspositionen eine erhebliche Rolle spielte. So konnte die Ruhrunternehmerschaft als eine zum Teil schon durch ihre Herkunft besondere, exklusive Gesellschaftsschicht erscheinen.
War schon in der Gründungsperiode der Ruhrindustrien keiner der führenden Unternehmer aus der untersten Schicht aufgestiegen, so war in der Folgezeit der Aufstieg vom Handarbeiter

zum Generaldirektor an der Ruhr noch nicht einmal ein Mythos. Gewiß gab es Söhne „kleiner Leute", die es zu etwas brachten. Albert Vögler, der Generaldirektor der Deutsch-Luxemburgischen Bergwerks-AG und spätere Vorstandsvorsitzende der gewaltigen Vereinigten Stahlwerke war der Sohn eines Bergmanns und Betriebsführers. Und vereinzelt kam auch der Aufstieg vom Steiger über den Betriebsführer zum Bergwerksdirektor vor; August Knepper, der die Bergwerke der Vereinigten Stahlwerke leitete, ist ein Beispiel. Aber die große Mehrheit — auch der angestellten Unternehmer — rekrutierte sich aus dem Besitz- und Bildungsbürgertum; ein beträchtlicher Teil entstammte selbst wieder Unternehmerfamilien.

Bis in das 20. Jahrhundert waren die leitenden Direktoren der „bürgerlichen Gesellschaft" zuzurechnen, wie etwa die Zugehörigkeit zu den Bürgergesellschaften der Hellweg-Städte beweist, den Gesellschaften „Harmonie", „Sozietät", „Ressource" oder wie sie auch hießen, in denen die bürgerliche Oberschicht, die freien Berufe, Gymnasiallehrer, die höheren Beamten, auch die höheren Bergbeamten und die Grubendirektoren, sich traf. Doch schon vor dem Ersten Weltkrieg hob sich die Ruhrunternehmerschaft — nicht nur in ihren Spitzen — aus dieser bürgerlichen Schicht heraus.

Häufig sind die Schwerindustriellen des Kaiserreichs als das charakteristische Beispiel für die „Feudalisierung" des deutschen Bürgertums genannt worden. Dies scheint zutreffend, wenn man an die Paläste und Schlösser der Ruhrindustriellen, etwa die Villa Hügel der Krupps in Essen oder das von August Thyssen erworbene und umgebaute Schloß Landsberg bei Kettwig denkt, die noch heute Zeugnis ablegen von dem Wunsch der Ruhrmagnaten, zu repräsentieren und zu residieren und sich mit dem Adel gleichsam auf eine Stufe zu stellen. Bei der Gründergeneration spielte dabei durchaus das Motiv der Konkurrenz mit dem Adel eine Rolle, dem man es in dessen Formen gleichzutun versuchte. Immerhin lehnten Alfred Krupp und August Thyssen für sich noch die Erhebung in den Adelsstand ab; auch war Alfred Krupp ein Vorbild für die zeitgenössische bürgerliche „Gartenlaube". Es entstand eine eigenartige Mischform des Lebensstils, die man als „eigenständiges, wohl aristokratische Lebensformen nachvollziehendes, aber noch halb bürgerliches Grandseigneurtum" bezeichnet hat. Zu diesem Lebensstil gehörten Reiten, Jagd usw. hinzu. Pflegten die Gründer persönlich häufig einen anspruchslosen Stil — sprichwörtlich war ihr puritanisches Arbeitsethos, ihre Sparsamkeit, die zuweilen kleinlich wirkte — so bewahrten die Erben nicht unbedingt diese Grundsätze; einige versuchten, sich völlig aristokratischen Lebensformen anzupassen.

War dies — in seinen krassen Formen — nur für einen Teil der Ruhrunternehmer typisch, so übernahm doch auch die Mehrheit der Gruppe mehr und mehr das traditionelle Wertesystem des preußischen Staates — die Söhne pflegten nun häufig in vornehmen Regimentern zu dienen — und lehnte sich auch politisch an die alten Gewalten und die sie tragenden gesellschaftlichen Kräfte an.

So überrascht es nicht, daß die Ruhrunternehmer nach dem Ersten Weltkrieg als „Schlotbarone" attackiert und mit dem alten politisch-gesellschaftlichen System — die engen Beziehungen Kaiser Wilhelms II. zum Hause Krupp waren für jeden sichtbar gewesen — identifiziert wurden. Von der Arbeiterschaft, auch vom Kleinbürgertum, trennten die Ruhr-Unternehmerschaft in dieser Zeit tatsächlich Welten.

Der Herr-im-Hause-Standpunkt

Als hervorstechender Zug der Ruhr-Unternehmerschaft bis zum Zweiten Weltkrieg läßt sich die kompromißlose Durchsetzung eines patriarchalisch verbrämten Herr-im-Hause-Standpunktes betrachten. Die Schwierigkeiten beim Übergang zum Großbetrieb, bei der Disziplinierung industrieungewohnter Arbeitergruppen, die seit den 70er Jahren des 19. Jahrhunderts verstärkt in das Revier einströmten, suchte man einerseits durch die Verfolgung autoritärer Leitbilder, andererseits durch eine patriarchalische Sozialpolitik zu bewältigen.

Im Bergbau wurde gleichsam die traditionelle Disziplinar- und Strafgewalt der vorkapitalistischen Epoche von den Unternehmern und ihren „Beamten" in Anspruch genommen; auch war in den Führungsgruppen, in denen zunehmend eine militärfreundliche Haltung vorherrschend wurde, die Meinung verbreitet, daß angesichts der Gefahren des Bergbaus quasi-militärische Befehls-Gehorsamsstrukturen angemessen seien. Auch in der Eisenindustrie sahen die Unternehmensleitungen die Arbeiter als Untergebene, betrachteten sie bis in den Ersten Weltkrieg hinein und faktisch noch darüber hinaus, als Untertanen. Andererseits versuchte man teilweise, keineswegs überall innerhalb bestimmter Grenzen für die Arbeiter zu sorgen, Unterstützungskassen zu fördern, Kindergärten und Haushaltsschulen einzurichten usw. Berühmt ist das Beispiel der Kruppschen Sozialpolitik, die die Stammbelegschaft von der Wiege bis zum Grabe begleitete. Die Sorge Alfred Krupps für „seine" Arbeiter ging indes außerordentlich weit, versuchte er doch, sie zu „reiner Sitte, Mäßigkeit in Genuß und Kleidung und Sparsamkeit" zu erziehen; sein Generalregulativ bestimmte penibel und restriktiv die Pflichten der Werksangehörigen, von denen vor allem Disziplin und Unterordnung verlangt wurden. Zum Teil überlagerte die — freiwillige, deshalb auch wieder rücknehmbare — Sozialpolitik den vorindustriellen Patriarchalismus mit sehr bewußten quasi-patriarchalischen Motiven. So sollte der Wohnungsbau — und gleiches gilt für andere Maßnahmen betrieblicher Sozialpolitik — die Leistungsbereitschaft der Arbeiter

und die Bindung an „ihren" Betrieb fördern. Die Arbeiter sollten auf diese Weise seßhaft gemacht, pazifiziert und gegenüber der Sozialdemokratie immunisiert werden.
Die Ruhr-Unternehmer des Kaiserreichs sahen sich gleichermaßen als Träger der gesellschaftlichen Ordnung wie des ökonomisch-technischen und damit auch nationalen Fortschritts. Die Identifikation mit ihren Werken und ihre quasi-obrigkeitliche Stellung verdrängten in ihrem Bewußtsein die Tatsache, daß die eigene Tätigkeit vorrangig ökonomischen Interessen diente. Man glaubte, die Autorität des Staates und die eigene Autorität bedingten sich gegenseitig. Bismarck wurde in dieser Gruppe verehrt, weil er den „Schutz der nationalen Arbeit" sichergestellt, sich gegen eine überzogene Sozialpolitik gewandt, sich mit der Sache des Staates rückhaltlos identifiziert und diesen gegen die Sozialdemokratie — wie man glaubte — „verteidigt" hatte.

Alfried Krupp nach seiner Verhaftung am 11. April 1945 in einem US-Jeep vor der Villa Hügel (Pressefoto)

Die Unternehmer von Bergbau und Eisenindustrie haben bis in den Ersten Weltkrieg hinein die Arbeiterbewegung mit Härte und Entschiedenheit, teilweise mit einer aggressiven Politik bekämpft, die in der öffentlichen Meinung auf Kritik stieß. In der Sozialdemokratie sah man die Partei des Umsturzes schlechthin. Aber auch die Christlichen Gewerkschaften galten hier als ungemein gefährlich, zumal sich diese am großen Bergarbeiterstreik 1905 beteiligten und sich schon während des Kulturkampfes konfessionelle und sozialpolitische Gegensätze überlagert hatten. Kompromißlos lehnte man es ab, mit den Gewerkschaften zu verhandeln. 1905 erklärte Kirdorf vor dem „Verein für Socialpolitik": Das Verhandeln mit Arbeiterorganisationen sei prinzipiell abwegig, denn „der Zweck der Arbeiterorganisationen ist nach meiner festen Überzeugung . . . der Kampf um die Herrschaft . . . bzw. die Vernichtung des ganzen wirtschaftlichen Blühens unserer Industrie . . . Es dienen also [aus der Sicht der Arbeiterbewegung] die Verhandlungen und Abmachungen nur zur Schwächung des Gegners . . ." Kirdorf verlangte von den Arbeitern unbedingte Unterordnung und Pflichterfüllung; jeder Versuch der Arbeiterschaft, auf die Arbeitsbedingungen und ihre Gestaltung Einfluß zu gewinnen, war für ihn Revolution. Eduard Kleine, der Nachfolger Kirdorfs als Vorsitzender des Bergbauvereins, sah in den Bestrebungen der Gewerkschaften eine Bedrohung des Eigentums der Zechenbesitzer. Hatte man schon in den 90er Jahren eine Ausstandsversicherung gegen Streiks ins Leben gerufen, die die Zechenleitungen bei lokalen Streiks in ihrer kompromißlosen Haltung stärken sollte, so gründete man 1908, zusätzlich zum Bergbauverein und Kohlensyndikat, den Zechenverband als „Schutzorganisation" der Arbeitgeber gegen die Arbeiterbewegung, wobei man den Krupp-Direktor und späteren Vorsitzenden der Deutschnationalen, Alfred Hugenberg, zum ersten Vorsitzenden wählte. Gründung und Politik dieses Verbandes haben den Gegensatz zwischen Unternehmern und Arbeiterbewegung unüberbrückbar gemacht.
Hatten die Gewerkschaften während des Ersten Weltkrieges im Kriegshilfsdienstgesetz gleichsam ihre staatliche Anerkennung erfahren, so waren die Ruhrunternehmer erst kurz vor dem Zusammenbruch zu einer Verständigung bereit, in einer Situation, deren Bewältigung ohne die Gewerkschaften nicht möglich zu sein schien.
Der Zusammenbruch des Kaiserreiches war für die Ruhr-Unternehmer eine tiefgreifende Zäsur. Trotz mancher Spannungen zur Berliner Politik — man denke etwa an den Konflikt um die Verstaatlichung der Hibernia — hatte man sich in prinzipieller Übereinstimmung mit der bestehenden Ordnung gesehen und innerhalb dieser über eine Fülle von Einfluß verfügt — bis hin zum kommunalen Bereich, wo das Dreiklassenwahlrecht, nach dem in Westfalen sogar juristische Personen, also die Bergwerks- und Hüttengesellschaften, wählen konnten, den Einfluß der Ruhr-Unternehmer sichergestellt hatte. Gewiß besaß man auch in der Weimarer Republik, die die revolutionäre Situation überwunden hatte, ohne daß die Machtposition der Unternehmer entscheidend gemindert worden wäre, große Einflußmöglichkeiten.
Dennoch haben sich wichtige Kreise der Ruhrunternehmerschaft niemals mit der Weimarer Republik wirklich abgefunden. War man 1918 unter dem Eindruck von Zusammenbruch und Revolution mit den Gewerkschaften die Zentralarbeitsgemeinschaft eingegangen und hatte diese als Tarifvertragspartner anerkannt, so neigte man bald dazu, die in der Tat vorhandenen wirtschaftlichen Schwierigkeiten der Schwerindustrie nicht auf konjunkturelle und strukturelle Ursachen, sondern vornehmlich auf die sozialpolitischen Errungenschaften der Arbeiterbewegung seit dem November 1918 zurückzuführen, und

attackierte deshalb die Weimarer Republik als „Gewerkschaftsstaat". Zwar gab es auch Mitte der 20er Jahre noch Ansätze einer Verständigungsbereitschaft, etwa bei Paul Silverberg. Doch je weniger es gelang, die eigenen sozialpolitischen Vorstellungen über das Parlament, in dem die Schwerindustrie mehr durch den rechten Flügel der Deutschen Volkspartei als durch die Deutschnationalen vertreten wurde, zur Geltung zu bringen, um so mehr attackierten die Ruhrunternehmer die sozialpolitischen Grundlagen der Weimarer Republik, wie etwa der Ruhreisenstreit zeigt.
Unter den Bedingungen der Weltwirtschaftskrise gelang es der Ruhrunternehmerschaft, wichtige Teile ihres reaktionären sozialpolitischen „Programms" durchzusetzen.
Die Verantwortung der Ruhrindustrie in der Phase der Auflösung der Weimarer Republik und der NS-Machtübernahme liegt mehr in der Zerstörung der sozialpolitischen Basis und Destabilisierung der Weimarer Republik als in der unmittelbaren Förderung der Nazis, die nicht selten überschätzt wird. Allerdings plädierte man überwiegend für konservativ-autoritäre Lösungen, wie sie etwa Papens „Neuer Staat" anzielte; auch traten 1932 wichtige Repräsentanten der Ruhr für ein Kabinett unter Beteiligung von Hitler ein, den man, wie andere bürgerliche Kreise, zu zähmen hoffte. Das Kabinett der „nationalen Konzentration" wurde dann 1933 von der Ruhrindustrie fast einmütig begrüßt, ging dieses doch rasch daran, die organisierte Arbeiterbewegung zu zerschlagen und den nationalen „Wiederaufstieg" vorzubereiten. Die autoritären Verhältnisse, zu denen man zurückstrebte, schienen wiederhergestellt zu werden.
Die rückwärtsgewandten Einstellungen und Leitbilder der Ruhrunternehmerschaft, in denen vorindustrielle Orientierungen nachwirkten, haben ihre Geltung in Bergbau und Stahlindustrie der Ruhr erst durch die Einführung der Montanmitbestimmung nach dem Zweiten Weltkrieg verloren.

Von der großen Expansion zum Ersten Weltkrieg

In der Fabrik von Gottfried Steinsloff
Witten 1914/18

Annieten der Knöpfe
u. Handnähen der Patronentaschen

Heinz Reif

„Kind der Eisenbahn"

Die Emscherstadt Oberhausen vor 1914

Mit amerikanischer Schnelligkeit

Für Wilhelm Brepohl, der 1948 in seinem Buch „Der Aufbau des Ruhrvolks im Zuge der Ost-West-Wanderung" eine auch heute noch weitgehend akzeptierte Gliederung des Ruhrgebiets in fünf Zonen (Ruhr-, Hellweg-, Emscher-, Vestische und Lippe-Zone) vorschlug, war die Emscherzone mit Städten wie Oberhausen, Gelsenkirchen, Wanne, Herne und Castrop-Rauxel „der eigentlich problematische Raum des Reviers". Keineswegs zufällig trafen in diesem nur dünn besiedelten, von Sumpf und Heide geprägten Gebiet die sogenannte Nordwanderung des Bergbaus und das neue, zukunftweisende Transportmittel, die Eisenbahn, aufeinander. Eine schon früh integrierte Eisen- und Kohleindustrie, getragen von zugewanderten Unternehmern, die ihr Geschäft rigoros kapitalistisch und in ganz neuen Dimensionen betrieben, zog hier innerhalb kürzester Zeit „die absolut und prozentual stärkste Zuwanderung im ganzen Ruhrgebiet" zusammen. Der Großteil der zuwandernden Arbeiter kam aus agrarischen — seit den 80er Jahren ganz überwiegend aus ostelbischen — Gebieten und stand industriellen wie städtischen Lebensformen innerlich zunächst völlig fremd gegenüber. Die ortsansässige Bevölkerung, zumal diejenige mit Besitz und Vermögen, war zahlenmäßig unbedeutend und gewann auf die Gemeindeentwicklung nur wenig Einfluß. Für mittelständische Zuwanderer wiederum blieben diese Arbeiterstädte unattraktiv, weil hier, bei notorisch hohen Steuern, mit Handel und Gewerbe nur schwer etwas zu verdienen war. Ein mittleres, an die Stadt gebundenes Bürgertum entwickelte sich nur langsam; und damit fehlte lange Zeit gerade diejenige Gruppe, die am ehesten ein Gegengewicht zu den Raumnutzungsinteressen der Großindustrie hätte ausbilden und einen „organischen" Prozeß der Stadtentwicklung in Gang bringen können. So wurde das Emschergebiet zum „Raum der einseitigsten Industriewirkungen." Die künstliche, verzerrte Städtebildung in diesem Gebiet läßt sich nach Brepohl noch in seiner Zeit an der Siedlungsstruktur der Emscherstadt erkennen, „die wie keine andere wenig landschaftsgebunden und als rein industriebedingt anzusehen ist. Gewiß gibt es auch dort Städte, aber wie sehen sie aus? Alle zeigen sie gleichsam einen *Widerwillen* gegen eine echte Stadtgründung."

Forscht man am Beispiel Oberhausens nach den Ursachen und konkreten Folgen dieses „Widerwillens gegen eine echte Stadtgründung", so führt diese Suche sehr schnell auf das Hauptcharakteristikum der Stadt, den großen zeitlichen Vorsprung der Eisenbahn und der Industriewerke vor allen anderen Formen städtischer Bodennutzung (Wohnung, Einkauf, Straßenverkehr, Erholung usw.). Oberhausen entstand als Folge einer Bahnhofsgründung (1846/47) der Köln-Mindener-Eisenbahngesellschaft in einer weiten, kaum bewohnten Heidelandschaft, gleichsam im Vorfeld des großen Eisenbahnknotenpunkts Duisburg. Nach langen Planungen wurde 1856 die neue Bahnlinie nach Holland, einem Hauptabsatzgebiet der damaligen Ruhrindustrie, an den Bahnhof Oberhausen angebunden, und damit war dessen primäre Aufgabe vollends sichtbar: Umschlagbahnhof für den ständig wachsenden Güterverkehr des neuen Industriegebietes zu sein. Damit war eine explosive Entwicklung dieses Orts zur Industriegroßstadt vorprogrammiert — das haben hellsichtige Zeitgenossen schon früh gesehen. Levin Schücking, Schriftsteller und Freund der Dichterin Annette von Droste-Hülshoff, prognostizierte schon 1856, daß an diesem „Knoten der Bahnlinie, . . . ehe viel Zeit verfließt, . . . mit amerikanischer Schnelligkeit eine Stadt aus den Sandhügeln aufwachsen" werde. Auch den Unternehmern, die ihre Betriebe an diesem günstigen Industriestandort ansiedelten — der Boden war billig, der Rhein und Holland waren leicht zu erreichen, die Kohle verursachte kaum Transportkosten —, fehlte das Wissen um die künftige Entwicklung nicht. Wohl aber fiel es ihnen und ihren leitenden Angestellten sehr schwer, sich eine andere Einsicht zu eigen zu machen: Wenn hier eine lebensfähige Stadt entstehen sollte, mußten die industriellen Raumnutzungsinteressen mit den Bedürfnissen der Bevölkerung und der Stadtplanung vermittelt werden, möglicherweise sogar hinter diesen zurückstehen.

„Überall Schienen!", der Bahnhof Oberhausen (1983); Foto: Alexander von Plato

Überall Schienen

Als sich die Eisenbahngesellschaften und Industriewerke in diesem Gebiet niederließen, wurden sie von den hier existierenden Gemeinden faktisch nicht zur Kenntnis genommen. Für die Standortwahl der Betriebsgebäude und die Ansiedlung der Arbeiter hatten die Gemeindegrenzen keine nennenswerte Bedeutung. So lag z. B. das Hauptgebäude des Bahnhofs Oberhausen im Gebiet der Bürgermeisterei Borbeck, ein Teil

der Nebengebäude aber in dem der Bürgermeisterei Mülheim. Ein Schacht der Concordia-Bergbau-AG stand auf Mülheimer, dessen Nachbarschacht auf Borbecker Boden. Das große Fabrikgebäude der 1857 entstandenen Styrumer AG für Eisenindustrie befand sich in Mülheim, das einige Schritte entfernte Wohngebäude des Direktors der Gesellschaft aber in Borbeck. Anfang der 60er Jahre hatten diese Betriebe schon über 6.000 Menschen angezogen. Die Verwaltung und Versorgung der Bevölkerung durch die jeweils zuständigen Bürgermeistereien, insgesamt waren es fünf, gestaltete sich zunehmend schwieriger; die Gründung einer eigenständigen Industriegemeinde wurde unabweisbar.
Doch noch bevor die politische Gemeinde Oberhausen 1862 überhaupt gegründet war, hatten Eisenbahn und Industriebetriebe ihren zeitlichen Vorsprung genutzt und die Fragen des Bodenbesitzes und der Bodennutzung durch Industrieanlagen — grundlegende Vorbedingungen einer geordneten, geplanten Städtebildung — zu ihren Gunsten entschieden. Eine schmale Stadtkasse und die lange Zeit eindeutige Dominanz der Industrievertreter in den politischen Gremien von Gemeinde und Stadt (1874), beschränkten Bürgermeister und Gemeindebeamte, was die Stadtplanung betraf, zunächst auf die industriell noch nicht genutzten Räume. Aber auch in diesen Bereichen hielt die schnell expandierende Industrie noch lange, zu lange, an einer gleichsam selbstverständlichen Priorität ihrer Raumnutzungsinteressen fest; kontinuierliche Stadtentwicklung kam nicht auf den Weg.
Eine besonders mißliche Rolle kam in dieser Hinsicht den Eisenbahnen zu. Auf der einen Seite war Oberhausen, für alle Einwohner unverkennbar, „sozusagen ein Kind der Eisenbahn", wie es der Direktor der Gutehoffnungshütte (GHH), Lueg, treffend ausgedrückt hatte. Die Eisenbahn verlieh der jungen traditionslosen Industriegemeinde Prestige und Identität; denn Oberhausen besaß die Eisenbahn und damit die Spitzenleistung des technischen und wirtschaftlichen Fortschritts, fünf Jahre vor wirtschaftlich und politisch bedeutenderen Hellwegstädten wie Essen und Mülheim. Daß noch in den 60er Jahren der mächtige „Kanonenkönig" Krupp mit dem Reitpferd nach Oberhausen kam, es dort einstellte, um dann mit dem Zug nach Berlin zu fahren, war ein Ereignis, das Eingang in die Stadtchronik fand und das Selbstbewußtsein der Gemeinde außerordentlich stärkte. Und auch als Arbeitgeber hatte die Bahn ihren festen Stellenwert auf dem städtischen Arbeitsmarkt. Im Bahnhofsgebäude kristallisierte sich dieses Wissen um die positive Bedeutung der Eisenbahn für die Stadt; wohl selten sind in Deutschland Fragen der Bahnhofsgestaltung mit ähnlicher Sensibilität und Emotionalität diskutiert worden wie in Oberhausen. Der Bahnhof war in dieser Stadt wichtigstes Symbol städtischer Leistungskraft und Gewähr einer auch künftig selbständigen, expansiven Entwicklung.
Weniger diskutiert, erst recht aber nicht gefeiert, wurde die andere, dunklere Seite dieser Entwicklung: Die ständig wachsenden Anlagen der Eisenbahn durchschnitten mit ihren langezogenen Trassen die Stadt, ihr Betriebslärm und ihre Gefährlichkeit belasteten die Stadtbevölkerung besonders schwer und behinderten die Stadtentwicklung. Dem Schriftsteller Wilhelm Schaefer, der in den 80er Jahren Oberhausen besuchte, fielen an dieser „Höllengegend" vor allem die Eisenbahnschienen auf: „Hier ist der Mensch und seine Wohnung dem Wahn des Mehrverdienstes geopfert. In trauriger Öde, zwischen Fabriken und Zechen eingeengt, ziehen die schwarzen Straßen zwischen schwarzen Häusern dahin. Der elende Ziegelbau mit rußig angelaufenem Zement scheint hier die einzige Bauart. Überall Schienen! Man kann es nicht begreifen, was all die Bahnen sollen."

Gemengelage von Wohnhäusern und Industrieanlagen – Oberhausen, Essener Straße, um 1900. Archiv H. Reif

Eigene Wege

Das unmittelbare Nebeneinander von industriellen Anlagen und Wohnstraßen, ihre Gemengelage im städtischen Raum, vor allem aber die Vielzahl der Bahnlinien, die den Ort zerschnitten, erschienen diesem Beobachter als Inbegriff der Störung und Zerstörung städtischen Lebens. Versucht man, die Entstehung des Netzes von Schienen und Bahnhöfen, das sich über das Oberhausener Stadtgebiet gelegt hatte, zu rekonstruieren, so lassen sich drei Wirkungsfaktoren isolieren: Die Konkurrenz der privaten Eisenbahngesellschaften, die Entwicklung des Güterverkehrs und die Werksbahnen.
Bis 1879/82 wurde die Eisenbahn von privaten Gesellschaften betrieben, und diese standen untereinander, insbesondere im Ruhrgebiet, in scharfer Konkurrenz. Oberhausen wurde aufgrund seiner Nord-Süd-Verbindungen, die im Ruhrgebiet, im Unterschied zur dominanten

Ost-West-Linienführung, relativ selten waren, bald ein besonders wichtiger Eisenbahnknotenpunkt. Die Stadt wurde von vier Eisenbahngesellschaften, der Köln-Mindener, der Bergisch-Märkischen, der Rheinischen und der Westfälischen Eisenbahn angefahren, besser: durchfahren. Entsprechend groß war die Zahl der Bahnhöfe; erst nach 1882, nach der Verstaatlichung der Bahn, erhielt die Stadt einen Zentralbahnhof. Die weit überwiegende Zahl aller Bahnlinien (85 %) wurde zwei- oder mehrspurig angelegt. Zum Teil verliefen die Trassen der verschiedenen Bahngesellschaften nebeneinander, zum Teil bahnten sie sich aber auch ihre eigenen Wege durch das Stadtgebiet.
Wichtiger als der Personenverkehr war für die Prägung des städtischen Raums aber der Güterverkehr. In dem Maße, in dem die Produktionskapazität des Ruhrgebiets wuchs, erwies sich eine räumliche Trennung von Personen- und Güterverkehr als langfristig unverzichtbar. Der extrem ansteigende Güterverkehr konnte auf Dauer nicht mitten durch die Stadt geführt werden; und die inzwischen links und rechts der Bahnlinien fortgeschrittene Wohnbebauung ließ zudem auch keinen ausreichenden Raum mehr für neue Bahnspuren und aufwendige Spezialanlagen. Der Versuch, dem Zentralbahnhof einen umfassenden Rangierbahnhof vorzuschalten, stieß bald an städtische und industrielle Barrieren: auf die Wohnbebauung und auf den riesigen Schlackenberg der Gutehoffnungshütte. Schon 1879 wurde eine Umgehungslinie für den Güterverkehr durch das wenig besiedelte nördliche Stadtgebiet nahe der Emscher geführt. In diesem nördlichen Randstreifen, der mit der Zeit — gefördert auch durch die Anlage des Rhein-Herne-Kanals (1914) — zur eigentlichen Industriezone der Stadt wurde, entstanden in dichter Folge mehrere Güterbahnhöfe. Wichtigster Anlaufpunkt des Güterverkehrs, der zentral gelenkt wurde und zu seiner reibungslosen Steuerung immer kompliziertere Anlagen forderte, wurde 1893 der Verschiebe- und Sammelbahnhof Osterfeld-Süd, der den nahegelegenen Güterbahnhof Frintrop ergänzen und entlasten sollte. Der Bahnhof Frintrop schloß die südlich und westlich an Oberhausen grenzenden Industriegemeinden des Essener Gebiets an die ehemalige Köln-Mindener Hauptlinie an und verband sie mit Duisburg/Ruhrort bzw. — ab Ende der 90er Jahre — auch mit Dortmund und den Emshäfen. Bald wurde der Güterbahnhof Osterfeld-Süd eingerichtet und stetig ausgebaut, um die Verbindung mit den Industriegemeinden nordöstlich der Emscher und der Vestischen Zone (Wanne, Herne) herzustellen. Schon 1903 war aber eine weitere Aufstockung der Kapazität an Güterwagen unumgänglich, so daß im Nordwesten der Stadt, an der alten Umgehungsbahn für den Güterverkehr, der Güter- und Sammelbahnhof Oberhausen-West errichtet wurde. Dieser nahm vor allem die ständig wachsende Zahl von Güterwagen aus dem Meidericher und Hamborner Industriegebiet auf. Von diesen drei Güterbahnhöfen des Oberhausener Raums — wohl keine andere Stadt kannte eine derartige Häufung bedeutender Güterbahnhöfe — führten Verbindungen vor allem zum Ruhrorter Hafen und zu den rechts- bzw. linksrheinischen Außen-Rangier-Bahnhöfen Duisburg-Wedau und Hohenbudberg.
Die Industriebetriebe, keineswegs nur die großen Werke wie die Gutehoffnungshütte und die Concordia-Bergbau AG, suchten alle durch Werksbahnen den Anschluß an die Durchgangslinien der privaten bzw. staatlichen Eisenbahn. Ursprünglich machten sich dabei die Werksbahnen der südlich gelegenen kleineren Zechen im städtischen Raum stärker bemerkbar als diejenigen der größeren Werke, die sich nahe am Bahnhof oder an der Köln-Mindener Bahnlinie angesiedelt hatten. Mit der Wanderung des Güterverkehrs, der Expansion der GHH-Eisenbetriebe und der Gründung neuer GHH- und Concordia-Zechen im Norden der Stadt, wurde aber Schritt für Schritt dieser städtische Raum auch zum Schwerpunkt der Werksbahnen. Die Konzerne verbanden nämlich ihre zerstreut liegenden Betriebsabteilungen nicht nur mit den verschiedenen Bahnhöfen des Oberhausener Raums, sondern auch untereinander, und auf diese Weise entwickelten sich riesige Werksbahnnetze. Die Wohnnutzungen des nordöstlichen Stadtteils gerieten durch diese Entwicklung hoffnungslos in die Defensive, zumal die städtische Führung diesen Raum faktisch für Industrieanlagen freigab und sich darauf konzentrierte, die Wohnbereiche südlich und östlich des Zentralbahnhofs zu schützen und zu verbessern.

„Möglichste Wahrung der städtischen Interessen“

Eine Darstellung des städtischen Raums kurz vor dem Ersten Weltkrieg zeigt das extreme Ausmaß der Eisenbahnnutzungen in Oberhausen, und die Statistik macht den Sachverhalt noch klarer: Nimmt man den Rhein-Herne-Kanal hinzu, so waren 1914 gut 10 % des gesamten Stadtgrundes von industriellen Verkehrsanlagen besetzt. Diese Zahl gewinnt aber erst ihr wahres Gewicht, wenn man sie ins Verhältnis setzt zum Umfang der Wohnbebauung, die 28 % des Stadtgebiets in Anspruch nahm. Eisenbahnanlagen, Schienen und riesige Bahnhöfe, daneben die großen Fabrik- und Zechenkomplexe, prägten das Bild der Emscherstadt. Neben Hütten und Zechen, die nicht nur mit Halden, Schlackenbergen und Bodensenkungen, sondern auch mit Abwässern, Gas- und Staubemissionen und Lärm den städtischen Wohnraum belasteten, trugen deshalb auch die Eisenbahnen in ganz erheblichem Umfang dazu bei, das Wohnen und Leben in diesen Städten beschwerlich zu machen.
Der Preis dafür, daß hier nicht — wie andernorts — die Eisenbahn auf kontrollierten und eng begrenzten Wegen in die Stadt hineingelassen wurde, sondern selbst die Stadt begründete, war

für Oberhausen, das „Kind der Eisenbahn“, extrem hoch: Riesige Bahndämme durchzogen die Stadt in ihren Randbereichen wie im Zentrum. Ein weit ausgefächertes Bahnliniennetz durchschnitt hundertfach das rasterförmige Straßengefüge und führte zu einer extremen Häufung und Verdichtung von Brücken, Bahnunterführungen, vor allem aber — wegen der niedrigeren Kosten — von Bahnübergängen zu ebener Erde. Gerade diese aber wurden, da sie oft geschlossen oder zum Teil auch nur für Fußgänger, nicht aber für Fuhrwerke eingerichtet waren — von der Unfallgefahr einmal ganz abgesehen —, zu einem permanenten Ärgernis für die Stadtbevölkerung. Für die Stadtentwicklung und Stadtplanung wurden sie zu einem ernsthaften Hemmnis, da sie den Verkehr zwischen den Stadtteilen erheblich behinderten, zum Teil sogar einfach abschnitten.
An manchen Übergängen waren — die Werksbahnen mit eingeschlossen — bis zu zwei Dutzend Bahngleise zu überqueren. Da diese bis zur Errichtung der Güter- und Rangierbahnhöfe häufig auch noch zum Rangieren genutzt wurden, war es an Hauptüberführungen eine Seltenheit, wenn einmal die Schranke geöffnet wurde, um den Fuhrwerks- und Personenverkehr hindurchzulassen. Die Eisenbahngesellschaften, aber auch die staatliche Eisenbahn, zeigten wenig Einsicht in die Notwendigkeit eines geregelten innerstädtischen Verkehrs. Als die städtische Führung 1865 ein Zentrum mit Markt, Rathaus, Kirche und Schule unmittelbar nördlich des Bahnhofes vorsah, hoben die Bahngesellschaften diese Planung einfach auf, indem sie den dazu notwendigen Bahnübergang, der die Verbindung zum südlichen und östlichen Stadtteil herstellen sollte, kurzerhand schlossen. Und als eine neue Planung das Zentrum nach Süden verlegte, schnürten sie den Personen- und Geschäftsverkehr zwischen dem nordwestlichen und südöstlichen Stadtgebiet durch eine äußerst restriktive Handhabung der Öffnungszeiten und die Aufhebung einer ganzen Reihe wichtiger Bahnübergänge faktisch ab, obwohl sie zur Anlage einer ausreichenden Zahl von Bahnübergängen vertraglich verpflichtet waren.
Erst nach der Verstaatlichung der Eisenbahn ließen diese fatalen innerstädtischen Verkehrsverhältnisse sich schrittweise verbessern. Die „den öffentlichen Verkehr in unerträglicher Weise hemmenden und störenden Sperrungen der Übergänge der die Stadt durchschneidenden Bahnstrecken“, berichtete 1888 der Bürgermeister mit sichtlicher Erleichterung, erfahre „gegenwärtig eine dem öffentlichen Verkehr entsprechende Umgestaltung.“ Was er darunter genauer verstand, wird im Verwaltungsbericht für die Jahre 1896 bis 1906 erkennbar. Nachdem er die „Einziehung“ bzw. Verlegung von fünf Straßen des nördlichen Stadtgebietes erläutert hatte, die der Expansion von Eisenbahn-, Werksbahn- und Industrieanlagen im Wege standen, kommentierte der Bürgermeister: „Das Bestreben der Verwaltung war hierbei stets auf möglichste Wahrung der städtischen Interessen gerichtet, indem namentlich auf eine den Verkehrserfordernissen gerecht werdende Weite und Höhe der herzustellenden *Unterführungen* hingewirkt wurde.“ Der Planungselan des ersten Jahrzehnts nach der Gemeindegründung hatte sich in zahllosen Auseinandersetzungen mit den konkurrierenden Bodennutzungsinteressen der Eisenbahn und der großen Werke weitgehend abgenutzt. Diese setzten ihren zeitlichen Vorsprung vor der Gemeindegründung und ihre politische Macht in der Gemeinde in „Tatsachen“ um, die einer geordneten Stadtentwicklung entgegenstanden. So war es um die Jahrhundertwende schon ein Erfolg, wenn die weitere Belastung der Wohngebiete im Nordwesten der Stadt durch neue Industrieanlagen nicht auch noch dazu führte, daß die dortige Wohnbevölkerung durch (zumeist geschlossene) Bahnübergänge von den anderen Teilen der Stadt und vom Stadtzentrum abgeschnitten wurde.
Nicht überall war das Bemühen der städtischen Führung, wenigstens innerhalb des industriell schon vorgegebenen Rahmens, also gleichsam nachträglich, einen geordneten Städtebildungsprozeß in Gang zu bringen, derart reich an Mißerfolgen und Rückschlägen wie im Falle der Eisenbahnanlagen. Auf anderen Gebieten, z. B. in der Bau- und Grünflächenplanung, in der Ver- und Entsorgung der Wohngebiete und im Bereich des innerstädtischen Straßenbahnverkehrs waren seit den 80er Jahren neue Planungsansätze unverkennbar. Die politische Führung der Stadt löste sich von der Strategie des kleinen Fortschritts auf krummen Wegen, die in den 70er und 80er Jahren vorgeherrscht hatte. Gestützt auf eine günstiger werdende Haushaltslage, eine expandierende städtische Leistungsverwaltung und ein kaufmännisches und gewerbliches Mittelbürgertum im Geschäftszentrum, das an einer Steigerung städtischer Attraktivität ganz unmittelbar interessiert war, konnte der Bürgermeister den Übergang zu einem neuen „Ausbau der Stadt im Großen“ ankündigen. Bis 1914 waren die hierbei erzielten Erfolge zwar durchaus beachtlich; aber die negativen Folgen der Entwicklung in der Gründungsphase, die Zerschneidung und Zerkammerung des städtischen Wohnraums, die verzögerte Bildung eines Stadtzentrums, die mangelnde Anbindung der verschiedenen Wohnbereiche an das Zentrum und die hohe Belastung der von Industriewerken und Eisenbahnen umklammerten Wohnviertel ließen sich nur äußerst mühsam, und auch stets nur in Grenzen, wieder beseitigen.

Nachbarschaft im Revier

Hausgemeinschaft in der Schulstraße, Borbeck 1909; Privatfoto K. Wohlgemuth

Nachbarn in der Buchstraße beim Schacht Carolus Magnus, um 1930; K. Wohlgemuth, Essen

Die Martenstraße im Krieg; K. Wohlgemuth, Essen

Arbeitslose in Bochold 1934;
K. Wohlgemuth, Essen

Straßenliga;
Foto: Chargesheimer

Familie Finkenflügels Karneval 1935;
K. Wohlgemuth, Essen

Baden im Emscher-Kanal;
K. Wohlgemuth, Essen

Nachbarschaftsfest in den 50ern;
Ruhrlandmuseum, Essen

„Zu Hause" in den 50er Jahren;
Foto: Fritz Fenzl

Musikverein aus den 30er Jahren;
K. Wohlgemuth, Essen

Nachbarschaftsfest
in den frühen 50ern;
K. Wohlgemuth, Essen

Franz-Josef Brüggemeier

Neues Land und neue Hoffnung

Ruhrbergleute und Ruhrbergbau um die Jahrhundertwende

Zu den unangenehmen Erfahrungen der Schulzeit gehört es, daß viele Lehrer davon überzeugt sind, allein ihr Fach sei interessant und wichtig. Historiker, die sich oft jahrelang mit ein und demselben Gebiet beschäftigen, neigen dazu, in bezug auf ihr Thema die gleiche Meinung zu vertreten. Derartigen Angaben gegenüber ist also Vorsicht geboten. Dennoch soll hier behauptet werden, daß die Geschichte der Ruhrbergleute und des Ruhrbergbaus um die Jahrhundertwende tatsächlich einer „der spannendsten Stoffe (ist), die die Kunst hat". So die Formulierung von B. Brecht, der fortfuhr, „die Geschichte der Menschheit (hat) wenig Imposanteres als diese Geschichte der ständigen Umgestaltung der Erdoberfläche."
In der Tat, allein schon ein oberflächlicher Blick auf die Entwicklung in den Jahren 1880—1920 unterstützt diese Einschätzung. Eine landwirtschaftlich geprägte Gegend mit einigen verschlafenen Städtchen und Dörfern wurde innerhalb weniger Jahrzehnte zum bedeutendsten Industriegebiet Europas. Mehrere hunderttausende Zuwanderer zogen hierhin, überwiegend aus den preußischen Ostgebieten, aber auch aus Holland, Österreich, Rußland usw. Die Kohleförderung sowie die Stahlproduktion erreichten zuvor nicht gekannte Ausmaße, und gewaltige Industriekonzerne entstanden.
Im Ruhrgebiet angekommen, blieben die Arbeiter und deren Familien in einem heute kaum vorstellbaren Maße mobil; nahezu alle zwei Jahre wechselten sie im Durchschnitt ihre Wohnungen, viele noch häufiger die Arbeitsstelle. Addiert man beispielsweise die Zu- und Abwanderungen sowie die Umzüge innerhalb Essens für 1910, so ergibt sich, daß innerhalb dieses Jahres 82 % der Essener Bevölkerung ihren Wohnsitz gewechselt haben. Bei einer Gesamtzahl von 350.000 Bergleuten registrierten die Zechen in demselben Jahr 345.000 Wechsel. Die Hoffnungen auf ein besseres Los erfüllten sich nur zögerlich, die Sicherstellung des täglichen Lebensunterhaltes bereitete vielfältige Probleme, und auch die Behandlung am Arbeitsplatz war mehr als unbefriedigend. Gleichzeitig gab es bei den Bergleuten eine ungewöhnlich ausgeprägte Radikalität, die sich vor allem an den großen Streiks ablesen läßt: 1889 legten 100.000 in einem Streik die Arbeit nieder, der als bis dahin größter der europäischen Industrialisierungsgeschichte gilt. 1905 und 1912 waren es jeweils über zweihunderttausend und in der Sozialisierungsbewegung 1919 mehr als vierhunderttausend.
Vor dem Hintergrund dieser Zahlen stellte sich natürlich die Frage, wie all die genannten Daten und Ereignisse in einen Zusammenhang gebracht und erklärt werden können. Die nächstliegende Möglichkeit besteht darin, sich die Äußerungen von Zeitgenossen näher anzuschauen. Diese entwerfen das Bild einer weitgehend entwurzelten Arbeiterschaft, die den vielfachen Veränderungen hilflos gegenüberstand. Aus den vertrauten Zusammenhängen ihrer jeweiligen Heimat herausgerissen, konnten sie augenscheinlich in der neuen, fremdartigen Umgebung des Ruhrgebiets keine Orientierung oder Perspektive entwickeln. Sie waren überfordert und gleichzeitig unterdrückt, so daß die Arbeitskämpfe zwangsläufig erscheinen: Jemand, der so oft getreten wird, wie es bei den Bergleuten der Fall war, muß sich einfach irgendwann einmal zur Wehr setzen.

Störende Elemente

Die Streiks mit ihrer massenhaften Beteiligung wurden von diesen Beobachtern als politische Bedrohung gesehen; darüber hinaus ging in ihren Augen von den Bergleuten (und anderen Arbeitern) jedoch noch eine andere Bedrohung aus, die wie ein roter Faden die zeitgenössischen Urteile durchzieht: die Angst vor der geamten Lebensweise der Bergleute, ihrer Art zu arbeiten, zu wohnen, miteinander umzugehen usw.. Die hohe Mobilität beschwor das Bild von städtischen Nomaden, die nicht in Wohnungen, sondern gleichsam in steinernen Zelten lebten und darüber hinaus noch mit Fremden zusammenwohnten. Mehr als 20 % der Arbeiterwohnungen beherbergten Schlaf- bzw. Kostgänger. Hierbei handelte es sich um junge, meist ledige Arbeiter (seltener Arbeiterinnen), die angesichts der Wohnungsknappheit und der niedrigen Löhne auf diese Art der Unterbringung angewiesen waren. Diese Kombination von hoher Mobilität, enormen Veränderungen und einem Zusammenleben einander vielfach fremder Menschen erinnerte zeitgenössische Beobachter an Zustände, die „vor aller Kultur und Zivilisation lagen". Weithin herrschte die Meinung vor, „daß die schlechten Wohnverhältnisse die unteren Schichten des großstädtischen Fabrikproletariats zum Zurücksinken auf das Niveau der Barbarei und Bestialität, der Rohheit und des Rowdytums genötigt habe". Das Ruhrgebiet erschien ihnen als Deutschlands Wilder Westen, und sie benutzten diesen Begriff auch zur Beschreibung dieser Region.
Derartige Einschätzungen verstärkten das Gefühl, bedroht zu sein, und sie stützten die Auffassung, die Streiks seien in erster Linie ein verzweifelter, allerdings unzulänglicher Versuch, sich gegen übermächtige Zumutungen zur Wehr zu setzen. In diesem Urteil wie auch in der hier skizzierten Beschreibung der Lebensverhältnisse herrschte weitgehende Einmütigkeit unter den Zeitgenossen. Als Vergleich wurden vielfach die Jahre bis 1850/60 herangezogen; bis dahin war der Bergbau staatlich kontrolliert worden, und die Bergleute waren als sogenannte Knappen in ein ständisches System eingebunden, an dessen Spitze der preußische König

stand. Nach der Jahrhundertmitte jedoch setzte sich der kapitalistisch betriebene Bergbau durch, der zu einer enormen Produktionssteigerung und einem massenhaften Zuzug von Arbeitskräften führte. Die einstmals standesstolzen Knappen wurden von Proletariern abgelöst, ein Prozeß, der von O. Hue und H. Imbusch ausführlich beschrieben wurde, zwei führenden Vertretern der sozialdemokratischen (Alter Verein) und der christlichen Gewerkschaft (Gewerkverein). Ihre Untersuchungen setzten bei aller Parteinahme Maßstäbe, die bis heute Gültigkeit haben, und ihre Interpretationen wurden von nachfolgenden Historikern weitgehend übernommen.
Die Gewerkschaften sahen sich mit einer Flut fremdartiger, neu zuwandernder Bergleute konfrontiert, die zudem beständig ihre Arbeitsstellen und ihre Wohnungen wechselten und teilweise nicht einmal Deutsch sprachen. Sie hatten das Gefühl, von einer Flut der Rückständigkeit überrollt zu werden, und sie versuchten, sich Gehör und Einfluß zu schaffen. Das gelang jedoch nur beschränkt; die großen Streiks von 1889 und 1905 sowie die Sozialisierungsbewegung von 1919 kamen gegen ihren Willen zustande. Auch sie sahen hierin in erster Linie ein verzweifeltes Aufbäumen geknechteter, disziplinloser Arbeiter, die durch ihr unkontrolliertes Verhalten eine planvolle gewerkschaftliche Arbeit unmoglich machten.
Hinzu kam, daß die Unternehmer nicht bereit waren, Gewerkschaften als Vertreter der Bergleute anzuerkennen oder auch nur mit ihnen zu sprechen; diese Anerkennung konnten sie erst während der Revolution 1918/19 durchsetzen, um dann jedoch vor allen in den späteren Jahren der Weimarer Republik erneut von den Unternehmern heftig bekämpft zu werden, bis sie dann unter dem Faschismus verboten wurden.
Erst die 1951 im Bergbau eingeführte Mitbestimmung brachte den Gewerkschaften die langersehnte und erkämpfte Gleichstellung mit den Zechenbesitzern. Jetzt wurden die Gewerkschaften auch als ein wichtiger Bestandteil der demokratischen Tradition in der deutschen Geschichte angesehen, weniger jedoch die Bergleute selbst, die weiterhin „draußen vor" blieben. Immer noch wurden sie gelegentlich als störende Elemente angesehen, sie galten als nicht angepaßt und undiszipliniert, und weiterhin herrschte die Meinung vor, sie hätten durch ihr unbesonnenes Verhalten die Gewerkschaften geschwächt, wobei der Kampf zwischen Unternehmern und Gewerkschaften als das zentrale Element in der Geschichte der Ruhrbergleute angesehen wird. Dessen Bedeutung steht außer Frage, doch die einseitige Fixierung darauf birgt Gefahren, denn sie hat die (ungewollte) Konsequenz, daß die Bergleute selbst Gefahr laufen, über den Kampf dieser beiden Titanen vergessen zu werden, als selbständig handelnde Personen aus der Geschichte herauszufallen und lediglich zu einer Art sozialer Staffage zu werden. Wie wenig berechtigt eine derartige Auffassung ist, soll im folgenden kurz dargestellt werden.

Kost- und Schlafgänger

Die bisher referierten Beschreibungen ergeben ein einseitiges, ein diffamierendes Bild der Bergleute. In einem Punkt jedoch sind sie zutreffend: Die Lebens- und Arbeitsbedingungen waren von zahlreichen Mängeln, von Zumutungen und von stetig wechselnden Herausforderungen gekennzeichnet. Die Bergleute erwiesen sich im Umgang damit jedoch nicht als wehrlose, überforderte Opfer. Sie zeigten vielmehr eine Eigenständigkeit und Handlungsfähigkeit, ohne die die rasche Industrialisierung des Ruhrgebietes nicht möglich gewesen wäre. Die enormen Produktionssteigerungen und auch üppigen Profite der Unternehmer beruhten zum großen Teil auf Leistungen der Bergleute, die allerdings weder entlohnt noch in der Regel überhaupt wahrgenommen wurden.
Die Zuwanderung ins Ruhrgebiet und die Arbeit im Bergbau bedeuteten für die meisten eine materielle Verbesserung gegenüber den Bedingungen in ihren Herkunftsgebieten. Aufgrund der raschen Expansion gab es eine nahezu beständige Nachfrage nach Arbeitskräften, und der Lohn reichte zur Existenzsicherung aus, sofern keine zusätzlichen Belastungen auftraten, sei es durch Krankheit, durch Unfälle oder auch durch — Kinder. Unfälle ereigneten sich gerade im Ruhrbergbau häufig, und die finanzielle Unterstützung während dieser Zeit oder gar bei Invalidität war mehr als unzureichend. Ähnlich schwierig war die Lage, wenn Kinder ernährt werden mußten. Diese bedeuteten zusätzlichen Kosten, denen keine entsprechenden Einnahmen gegenüberstanden: Es gab kein Kindergeld oder andere Formen staatlicher oder kommunaler Unterstützung. Im Gegenteil, die Verdienste der Frauen entfielen, so daß andere Einnahmequellen erschlossen werden mußten. Der Ausweg, die Ausgaben durch einen Umzug in kleinere und billigere Wohnungen zu senken, war angesichts der beengten Wohnverhältnisse nicht gegeben. Die Wohnungen waren, wie ein Arbeiter in seinen Erinnerungen schreibt, „nicht zu groß zum Wohnen, wohl aber zum Bezahlen."
Die wichtigste und am weitesten verbreitete Möglichkeit bestand darin, Kost- bzw. Schlafgänger in die eigene Wohnung aufzunehmen und einen Teil der Mietkosten auf diese abzuwälzen. Sie erhielten ein Bett zugeteilt, in der Regel im Zimmer der Kinder, nahmen meist an den Mahlzeiten teil und konnten auch sonst mit vielerlei Vergünstigungen rechnen: sei es, daß ihre Wäsche gewaschen, die Knöpfe angenäht oder sonstige Dinge des täglichen Lebens für sie erledigt wurden.
Gleichzeitig — und das war im Einzelfall sicherlich wichtiger — wurde ihnen ein Zuhause geboten, das eine Zuflucht und Sicherheit in einer fremdartigen, vielfach feindlich anmutenden Umwelt bot. Sicherlich kam es bei der Enge der Wohnungen auch zu Konflikten und

Auseinandersetzungen; mancher Schlafgänger wird in Unzufriedenheit geschieden sein, um dann doch an anderer Stelle ebenfalls wieder als Schlafgänger zu wohnen, denn es gab keine Alternative. Hilfen von seiten der Unternehmer, des Staates oder der Kommunen waren bestenfalls spärlich, sofern sie überhaupt existierten. Hier bestanden für unsere Begriffe große Mängel, die jedoch nicht lediglich als Defizite gesehen werden dürfen. Sie waren auch Freiraum sowie die Chance, eigenständig etwas zu entwickeln, und das haben die Bergleute und ihre Familien bei aller Unzulänglichkeit ihrer Bemühungen auch vermocht.

Besonders deutlich wird dies am Beispiel der jugendlichen Bergleute. Diese waren ausgeprägt mobil, sie wohnten zu einem großen Teil als Schlafgänger, und sie erwiesen sich als überaus streikfreudig. Doch gerade bei ihnen konstruiert der Hinweis auf chaotische Lebensbedingungen, kulturelle Minderwertigkeit, Unreife und Radikalität einen Zusammenhang, der nicht zutrifft und der mehr verdeckt als erklärt.

Sie waren ins Ruhrgebiet gekommen in der Hoffnung auf bessere Lebensverhältnisse und höheren Lohn. Hier angekommen, fühlte sich indes keiner recht zuständig für sie: Die Gemeinden verwiesen auf leere Kassen, die Unternehmer waren in erster Linie an ihrer Arbeitskraft interessiert, und ein staatliches soziales Sicherungssystem existierte für sie nicht. So waren sie auf private, familiale Möglichkeiten wie z. B. die Schlafgängerei angewiesen, und fast ausschließlich auf diese Weise wurden Hilfestellungen geboten, die tatsächliche Erleichterung schufen. Hier gab es Unterkunft, hier fanden sie Anschluß sowie Kontakte, und hier konnten sie ihre Freizeit verbringen.

Ihre materielle Situation war gesichert, zumal wenn sie Junggesellen waren. Jung und unbekümmert steckten sie zum Teil voller Hoffnungen auf eine bessere Zukunft, waren noch nicht durch die Anstrengungen jahrelanger Arbeit unter Tage ausgezehrt, sondern befanden sich im Vollbesitz ihrer Kräfte und erzielten einen ausreichenden Lohn. Dies alles konnte ihnen ein Gefühl der Stärke sowie eine Risikobereitschaft geben, so daß sie besser in der Lage waren, sich zu wehren und auseinanderzusetzen als ihre älteren Kollegen.

Maßregelungen griffen bei ihnen kaum durch. Zum einen gab es einen Mangel an Arbeitskräften, zumal solange diese jung und noch unverbraucht waren. Zudem mußten sie bei einem Wechsel nur für sich sorgen und fanden als Schlafgänger leicht wieder eine Unterkunft. Die informellen Strukturen waren für sie wie geschaffen, und sie bewegten sich darin wie Fische im Wasser. Die Polizei befürchtete, „daß bei der Bewegung in der Bevölkerung und gerade dem häufigen Wechsel der unverheirateten Arbeiter (. . .) unruhige und unliebsame Elemente (. . .) sich verborgen halten können“. Im Streik von 1889 hatten gerade jugendliche Arbeiter eine wichtige Rolle gespielt, so daß die Regierung vorschlug, Berufsschulen einzuführen, um dadurch eine Kontroll- und Disziplinierungsmöglichkeit zu schaffen: „Der Vorteil einer derartigen Einrichtung würde nicht bloß darin liegen, daß der Unterricht zur Vermehrung und Erweiterung der Kenntnisse beiträgt und damit zugleich auch heilsamen Einfluß auf das gesamte sittliche Verhalten der Arbeiter ausübt. In hohem Maße erscheint daneben die — erforderlichenfalls zwangsweise einzuführende — Verpflichtung der Arbeiter unter 18 Jahren, an mehreren Tagen der Woche mehrere Stunden sich zum Unterricht einzufinden und während derselben einem Zwange sowohl hinsichtlich der Tätigkeit als auch des äußeren Benehmens unterworfen zu sein, zur Wiederherstellung von Zucht und Botmäßigkeit dienlich, deren Schwinden während der Aufstände und seither übereinstimmend von den beteiligten Kreisen beklagt worden ist.“

Das Bürgertum, dessen Befürchtungen ausführlich zitiert wurden, war im Ruhrgebiet nur spärlich vertreten; hier stellten die Arbeiter bis zu 90 % der Bevölkerung, woraus sich zahlreiche Konsequenzen ergaben. Die wichtigste betraf die Finanzkraft der Gemeinden. Diese waren für den Bau und den Unterhalt von Schulen, Kindergärten, Straßen und anderen öffentlichen Einrichtungen zuständig, wobei die anfallenden Kosten von den Einwohnern selbst getragen werden mußten. Da nun die Arbeiter, die bei weitem größte Bevölkerungsgruppe stellten und nur wenig verdienten, fielen auch die Steuern sehr niedrig aus, so daß die Gemeinden die erforderlichen Investitionen nicht bezahlen konnten. Diese unterblieben folglich oder geschahen in derart beschränktem Umfange, daß sich hieraus Defizite ergaben, die teilweise bis heute fortbestehen.

Kameradschaftsgedinge

Ein weiterer, für das Verständnis der Bergleute zentraler Bereich waren die Arbeitsverhältnisse. Gerade hier sind die gängigen Vorstellungen bis heute von diesem Bild des erfolgreichen, selbstbewußten Unternehmers einerseits und schlecht entlohnten, abgearbeiteten Arbeiters andererseits bestimmt. Die Industriebarone erscheinen als Herren im Hause, ausgestattet mit einer nahezu unangreifbaren Machtfülle, und als Motoren einer beeindruckenden technischen sowie wirtschaftlichen Entwicklung, die sie mit viel Geschick und Sachverstand über alle Klippen hinweg steuerten.

Doch auch diese Darstellung bleibt an der Oberfläche.

Die enormen technischen Veränderungen in diesem Zeitraum stehen außer Frage: Die Schächte reichten immer tiefer hinab, neue leistungsstarke Dampfmaschinen wurden eingeführt, zusätzliche Produkte aus Kohle hergestellt, Loks unter Tage eingesetzt usw. Doch all diese Veränderungen beeinflußten die eigentliche Arbeit der Bergleute unter Tage kaum: Die Gewinnung der

Gruppenfoto im Revier um 1890; Preußisches Bildarchiv

Kohle, ihr Abtransport von den einzelnen Arbeitsstellen wie auch der Ausbau der Strecken blieben von der technischen Entwicklung unberührt. Maschinen spielten in diesem Bereich nahezu keine Rolle. Entscheidend waren und blieben die körperliche Kraft, die technische bzw. handwerkliche Geschicklichkeit und die Erfahrung der Bergleute. Die Arbeitsabläufe selbst bzw. deren Organisation waren sehr komplex und erforderten immer wieder genaue Abstimmungen, die jedoch nahezu ausschließlich von den einzelnen Arbeitsgruppen selbst vorgenommen werden mußten. Die Aufsichtspersonen der Unternehmer, die Steiger, gaben in der Regel lediglich allgemein gehaltene Anweisungen, deren Überwachung sich zudem schwierig gestaltete. Der Aufgabenbereich der Steiger war so umfassend, daß sie nur für wenige Minuten an den einzelnen Arbeitsorten verbleiben konnten. Die Einarbeitung neuer Bergleute, die Organisation des alltäglichen Arbeitsablaufes und schließlich auch die Ausbildung selbst mußten von den einzelnen Kameradschaften geleistet werden. Die Unternehmer sahen sich nicht zuständig, und die Steiger waren überfordert, so daß auch hier ein Defizit bestand, das wiederum als Freiraum, als Chance genutzt wurde. Gerade die Arbeit unter Tage erforderte Selbständigkeit und Handlungsfähigkeit, und gerade hier stellte sich die Solidarität her, die in den großen Streiks so offensichtlich zutage trat.

Die Arbeitskämpfe sind fraglos auch eine Folge von unzureichender Entlohnung und schlechter Behandlung; angesichts der Unübersichtlichkeit des Untertagebetriebes und als Ausgleich für die nur mangelnden Kontrollmöglichkeiten hatte sich ein überaus rigides hierarchisches Betriebssystem mit umfassenden Straf- und Disziplinarmaßnahmen herausgebildet. Da den Bergleuten gleichzeitig jedoch ein großer Bereich selbständigen Arbeitens eingeräumt war, mußte dieses System immer wieder als willkürlich und ungerechtfertigt erscheinen. Bezahlt wurden die Bergleute bzw. ihre Arbeitsgruppe nach der Anzahl der geförderten Kohlewagen. Den wichtigsten Konfliktpunkt bildete das sogenannte „Wagennullen". Über Tage wurden die gefüllten Wagen von den Beamten der Zeche daraufhin untersucht, ob sie ausreichend mit Kohle beladen waren. War das ihrer Meinung nach nicht der Fall oder waren zuviel Steine („Berge") dabei, so wurde der ganze Wagen gestrichen bzw. „gemeldet" und den Bergleuten nicht vergütet, nicht einmal der darin enthaltene Kohleanteil. Erst der Streik von 1905 brachte eine Änderung, das Nullen wurde abgeschafft, stattdessen wurden Geldstrafen verhängt. Das Nullen bzw. die Verhängung von Strafen geschah über Tage, und die Bergleute erfuhren erst nach der Schicht, ob und wie viele Wagen als unrein angesehen wurden. Dann war es zu spät, sich zu beschweren — wie überhaupt das Vorgehen insgesamt als willkürlich angesehen wurde. Die Bergleute arbeiteten die ganze Schicht über fast ohne jede Aufsicht, mußten ihre Arbeit selbst einteilen, ihr Vorgehen selbst organisieren. Hier griffen die Zechenleitungen kaum ein. War jedoch die Schicht beendet, dann konnte es passieren, daß ihre Arbeit nicht bezahlt wurde, ohne daß glaubhaft argumentiert werden konnte, ein derartiges Disziplinarsystem sei zur Sicherstellung des Betriebes erforderlich. So bildete sich ein Spannungsverhältnis von Selbständigkeit und Kontrolle, Autonomie und Strafe heraus, das die eigentliche Grundlage der Streiks bildete. Diese waren nur der offenkundigste Ausdruck ohnehin bestehender Konflikte, und sie waren gleichzeitig ein eindrucksvoller Beweis dafür, daß Bergleute auch auf sich allein gestellt handlungsfähig waren.

So läßt sich auch erklären, weshalb die Arbeitsniederlegungen auch ohne gewerkschaftliche Organisationen und zum Teil sogar gegen deren Widerstand zustandekommen konnten. 1889 gab es noch keine Gewerkschaft; 1904 existierten zwar gleich vier (je eine sozialdemokratische, christliche, polnische und liberale Gewerkschaft), die sich jedoch gegen einen Streik aussprachen und ihn erst unterstützten, als er nicht mehr aufzuhalten war. Der Streik von 1912 war gewerkschaftlich organisiert, allerdings gegen den Widerstand der christlichen Organisation, so daß er bald zusammenbrach, und die Sozialisierungsbewegung vom Frühjahr 1919 schließlich kam gegen den Willen von Gewerkschaften und Parteien zustande. Die Forderung, die Zechen durch ein Rätesystem in die Selbstverwaltung der Belegschaften zu überführen, fand dennoch die nahezu einmütige Unterstützung der Bergleute, propagierte sie doch Zielvorstellungen, die sich quasi naturwüchsig im Alltag ohnehin hergestellt hatten.

Keine Inseln einer sozialistischen Zukunft

Die Unternehmer waren auf die Lohnarbeit der Bergleute angewiesen und wollten die vertrauten Klassenverhältnisse beibehalten. Die Bergleute jedoch zogen aus ihren Erfahrungen, aus dem ihnen eingeräumten Freiraum und ihrer Handlungsfähigkeit einen anderen Schluß: Sie brauchten die Unternehmer nicht, sie wollten diese abschaffen und an deren Stelle ein selbstorganisiertes Rätesystem setzen. Sie fühlten sich — so ein zeitgenössisches Urteil — an einem Wendepunkt der Geschichte: „Sie haben das große Bewußtsein, in einem heiligen Kampf zu stehen. Und dieser Kampf charakterisiert sich in ihrem Gefühl eben so, daß es gelte, das den Menschen völlig mißachtende, über Menschenleben und Menschsein kalt hinwegschreitende, ausbeuterische Unternehmertum ein für allemal zu vernichten."

Die hier skizzierten Elemente des Alltags der Bergleute lassen sich mit Begriffen wie informelle Strukturen, informeller Bereich oder als ein Verbund kleiner Netze beschreiben; doch sie waren konfliktträchtiger als die bisherigen Ausführungen anklingen ließen. Das Netz bezahlter und unbezahlter gegenseitiger Inanspruchnahme, Verweisungen und Hilfeleistungen bot kein Refugium sozialer Harmonie. Die sozialen Subsysteme hatten unterschiedliche landsmannschaftliche, religiöse oder auch politische Färbungen, die ihren Niederschlag in verschiedenen geografischen Ballungen, unterschiedlichen Vereinen sowie auch Alltagserfahrungen fanden. So wohnten Masuren vor allem in Gelsenkirchen, Oberschlesier aus Rybnik und Ratibor in Bottrop und bildeten eigene, nach außen vielfach abgeschottete Gruppierungen. Die katholische Religion und Kirche behielten einen prägenden Einfluß, der sich in eigenen Vereinen und politischen sowie gewerkschaftlichen Organisationen äußerte, aber auch den Alltag durchzog: Meßbesuch, regelmäßiges Beten, Empfang der Sakramente etc. Derartige Organisationen sowie Verhaltensweisen ermöglichten es, an vertrauten Gewohnheiten festzuhalten, so daß die Gewöhnung an die fremde Umwelt leichter fiel. Neue Orientierungen und Organisationsformen hatten es demgegenüber schwer, sich durchzusetzen. Das trifft vor allem auf die SPD zu, die nur allmählich an Einfluß gewinnen konnte.

Derartige Abgrenzungen ließen Auseinandersetzungen untereinander fortbestehen. Aber auch die Binnenstruktur der einzelnen Gruppierungen selbst beinhaltete Hierarchien und Abhängigkeiten, Rivalitäten und Konflikte. Die informellen Solidarstrukturen waren keine Vorwegnahme einer heilen Welt und keine Inseln einer sozialistischen Zukunft in einem Meer kapitalistischer Mühsal und Widersprüche. Sie spiegelten vielmehr diese Widersprüche, versuchten jedoch gleichzeitig, damit umzugehen und sich den alltäglichen Problemen und Belastungen zu stellen. Sie boten den Rahmen, innerhalb dessen sich die Bergleute bewegten und der bei allen Spannungen die hohe Mobilität ermöglichte, das Zurechtfinden erleichterte und praktische Hilfe bot.

Das Wissen darum ist jedoch weitgehend verlorengegangen; nicht einmal die spektakulären Streiks oder die Rätebewegung sind den heutigen Bewohnern dieser Gegend noch geläufig. Ganz besonders gilt dies für die hier skizzierten informellen Strukturen. Diese wurden am Beispiel der Ruhrbergleute entwickelt, wo sie fraglos einige Eigentümlichkeiten aufwiesen. Doch ebenso fraglos gab es vergleichbare Strukturen auch bei anderen Bevölkerungsgruppen. Diese gilt es wiederzuentdecken, nicht um historische Relikte freizulegen. Die gegenwärtige Diskussion um informelle Strukturen und kleine Netzte zeigt vielmehr, wie aktuell diese Themen sind und wie wichtig für uns vieles von dem ist, was Zeitgenossen im Wilden Westen verorteten.

Polnischer Verein (Privatfoto)

In den 30er Jahren aus Posen zugewandert; Sammlung Brepohl

Familie Golomb in Bottrop (Privatfoto)

Christoph Kleßmann

Kaiser Wilhelms Gastarbeiter

Polen als Bergarbeiter im Ruhrgebiet

Die Beschäftigung mit der Geschichte nationaler Minderheiten kann zwar keine „Anweisungen" für die Gegenwart liefern, sie kann aber doch das Problembewußtsein schärfen und für konkrete Situationen im Umgang mit Minderheiten in der Gegenwart sensibilisieren. In diesem Sinne sollen im folgenden einige Aspekte der Geschichte der polnischen Bergarbeiter im Ruhrgebiet aus der Zeit des Kaiserreiches dargestellt werden.
Drei Fragen soll hier nachgegangen werden: 1. Aus welchen Regionen, Lebens- und Arbeitsverhältnissen kamen die polnischen Arbeiter, und wie wurde ihr Verhalten in der neuen Umgebung dadurch geprägt? 2. Welche Orientierungs- und Anpassungsprobleme hatten sie im Ruhrgebiet? 3. Wie reagierte die deutsche Arbeiterbewegung, welche Stellung nahmen insbesondere Gewerkschaften und SPD ein?

1. Herkunft

Am 11. März 1869 schrieb eine jung verheiratete deutsche Frau namens Franziska Powilke aus einem kleinen Ort in Westpreußen in ihr Tagebuch: „Es ist mir eine Beruhigung, daß unsere Ziege Klärchen und die vier Legehühner jetzt mit in das ferne Gelsenkirchen fahren, wo mein Robert schon seine Arbeit auf der Kohlenzeche zugesprochen bekommen hat. Ich weiß ja nicht, was uns in dem Kohlengebiet erwartet, von dem man manches Gute hört vom Geldverdienen, aber auch manches, was einem Angst macht. Und ich werde ja auch ganze Tage alleine sein, wenn Robert zur Zeche muß. Auf den Feldern vom Baron haben wir meistens zusammen gearbeitet. Aber Frauen nehmen sie auf der Kohlenzeche ja nicht an. Da habe ich wenigstens Klärchen und die Hühner und ein bißchen Zuhause."
Diese Tagebuchnotiz, die vor dem Beginn der großen Polenwanderung entstand, verweist bereits auf wichtige, generelle Probleme. Die Frau trägt einen slawisch klingenden Namen, ist aber Deutsche. Das zeigt die Schwierigkeiten einer klaren nationalen Zuordnung. Schon im Kaiserreich bürgerte sich daher für alle Zuwanderer aus dem Osten der Schimpfname „Pollacken" ein, der sich noch bis in die Zeit nach dem Zweiten Weltkrieg für Flüchtlinge aus den Ostgebieten gehalten hat. Bei den Einwanderern handelte es sich wie bei dieser Tagebuchschreiberin meist um Landbewohner, die die ärmlichen Lebensbedingungen und die lockenden Löhne im Ruhrgebiet zur Abwanderung veranlaßten. Die ländliche Existenzweise und der agrarische Arbeitsrhythmus prägten aber auch nach der Einwanderung noch lange ihr Verhalten. Immerhin wurden Umstellungsschwierigkeiten abgemildert durch die besondere Wohnform in der Kolonie, die Gartenbau und Kleinviehhaltung ermöglichte und so zudem eine gewisse zusätzliche Existenzsicherung für Krisensituationen bot.
Die Einwanderung aus den Ostgebieten des Reiches vollzog sich in mehreren Schüben. Sie begann parallel zur raschen Entwicklung der Schwerindustrie im Westen Deutschlands und erreichte ihren Höhepunkt mit dem in den 90er Jahren beginnenden Konjunkturaufschwung. Erst in dieser Phase kam neben deutschen auch ein großer und bis 1914 nicht abreißender Strom polnischer Arbeiter ins Revier.
Insgesamt gab es vor Ausbruch des Ersten Weltkrieges etwa 350.000 bis 500.000 Polen im Ruhrgebiet. Die Ungenauigkeit dieser Angabe ist darauf zurückzuführen, daß sich Polen, Masuren und Deutsche statistisch nicht exakt erfassen lassen und daß vor allem fraglich ist, wieweit man die rund 150.000 Personen umfassenden Masuren (aus dem südlichen Ostpreußen) zu den Polen rechnen darf, wie es etwa heutige polnische Historiker tun. Denn die Masuren sprachen zwar einen altpolnischen Dialekt, waren jedoch anders als die meisten Polen evangelisch und vor allem ganz und gar monarchistisch und preußisch gesinnt.
Besonders wichtig ist allerdings der Hinweis, daß es sich bei den Polen im Ruhrgebiet um deutsche Staatsbürger handelte, somit nicht um Ausländer, sondern um polnische Preußen. Hier liegt der gravierendste Unterschied in der Rechtsstellung gegenüber den heutigen ausländischen Arbeitskräften. Das hatte zwei Konsequenzen: 1. Die Ruhrpolen hatten trotz aller Schikanen und Diskriminierungen, denen sie ausgesetzt waren, eine bessere Rechtsstellung als die Ausländer. Man konnte sie nicht einfach abschieben, wenn sie unbequem wurden. Sie hatten bessere Möglichkeiten zur

Organisation und zur Interessenwahrnehmung in Vereinen und Verbänden und verfügten über eine eigene Presse.
2. Sie wurden jedoch besonders intensiv von der Polizei überwacht, da die Polen, die sich mit der Teilung ihres Landes nicht abfinden wollten, im preußischen Staat als „Reichsfeinde" galten. Sie setzten sich gegen Germanisierungsbestrebungen zum Teil heftig und erfolgreich zur Wehr und gaben das Ziel der Wiederherstellung eines eigenen polnischen Staates keineswegs auf.
Auf die Frage, warum polnische Landarbeiter und Kleinbauern ins Revier kamen, lassen sich hauptsächlich zwei Antworten geben: Durch die schlechten Existenzbedingungen war der ökonomisch-soziale Druck auf die Landbevölkerung gewachsen, nach einem Ausweg zu suchen, und es war der Sog der Schwerindustrie, die einen hohen Arbeitskräftebedarf hatte. Die ländliche Überbevölkerung in den ostelbischen Provinzen konnte nicht aufgefangen werden, da es, abgesehen von Oberschlesien, keine in der Nähe gelegene Großindustrie gab. Die westdeutsche Industrie zahlte Löhne, die für ostelbische Landarbeiter hoch erschienen, auch wenn sie im Verhältnis zu den Lebenshaltungskosten alles andere als ein luxuriöses Leben garantierten. Die Zechen nutzten diese Erwartungen und betrieben systematische Aktionen zur Anwerbung von Arbeitskräften. Ein besonders eindrucksvolles Beispiel eines Aufrufs der Zeche Viktor bei Rauxel aus dem Jahre 1908, der eine geradezu idyllisches Bild malt, ist erhalten geblieben:
„Masuren! In rheinländischer Gegend, umgeben von Feldern, Wiesen und Wäldern, den Vorbedingungen guter Luft, liegt ganz wie ein masurisches Dorf, abseits vom großen Getriebe des westfälischen Industriebezirkes, eine reizende, ganz neu erbaute Kolonie der Zeche ‚Viktor' bei Rauxel. Diese Kolonie besteht vorläufig aus über 40 Häusern und wird später auf etwa 65 Häuser erweitert werden. In jedem Hause sind nur vier Wohnungen, zwei oben, zwei unten. In jede Wohnung gehören etwa drei bis vier Zimmer. Die Decken sind 3 m hoch, die Länge bzw. die Breite des Fußbodens beträgt über 3 m. Jedes Zimmer, sowohl oben als auch unten, ist so schön groß, hoch und luftig, wie man sie in den Städten des Industriebezirkes kaum findet. Zu jeder Wohnung gehört ein sehr guter und trockener Keller, so daß sich die eingelagerten Früchte, Kartoffeln usw. dort sehr gut erhalten werden. Ferner gehört dazu ein geräumiger Stall, wo sich jeder sein Schwein, seine Ziege oder seine Hühner halten kann. So braucht der Arbeiter nicht das Pfund Fleisch oder seinen Liter Milch zu kaufen. Endlich gehört zu jeder Wohnung auch ein Garten von etwa 23—24 Quadratruten. So kann sich jeder sein Gemüse, sein Kumpst und seine Kartoffeln, die er für den Sommer braucht, selbst ziehen . . . Die ganze Kolonie ist von schönen breiten Straßen durchzogen, Wasserleitung und Kanalisation sind vorhanden. Abends werden die Straßen elektrisch beleuchtet. Vor jedem zweiten Hause liegt auch ein Vorgärtchen, in dem man Blumen oder noch Gemüse ziehen kann.
Wer es am schönsten hält, bekommt eine Prämie . . ."

2. Eingliederungsprobleme

Die ersten polnischen Einwanderer hatten kaum Integrationsprobleme. In Bottrop beispielsweise, einem Zentrum der frühen polnischen Einwanderung in den 70er Jahren des 19. Jahrhunderts, handelte es sich zumeist noch um Fachkräfte aus dem oberschlesischen Bergbau. Die wirklichen Probleme traten sowohl bei den Polen selber wie bei der deutschen Bevölkerung erst mit der Masseneinwanderung seit den 90er Jahren zu Tage. Sie zeigten sich auf vielen Gebieten, von denen hier einige als Beispiele genannt werden sollen.

Ein großer Teil der Polen wohnte in *Werkskolonien.* Die Wohnungen in diesen Kolonien hatten nicht nur den Vorteil, daß man dort auch Kleinvieh halten konnte, sondern sie waren obendrein im Vergleich zum freien Wohnungsmarkt relativ billig. Freilich waren die Bewohner eng an die Zeche gebunden, und wenn sie sich an Streiks beteiligten, drohte ihnen die fristlose Kündigung. Deshalb waren Zechenwohnungen als „Wohlfahrtsfessel" keineswegs überall beliebt. Für gerade eingewanderte Polen dürfte dieser Nachteil jedoch kaum ausschlaggebend gewesen sein. Die starke Konzentration polnischer Arbeiter in Kolonien hatte jedoch zwei gravierende Folgen. Zum einen förderte sie die ethnische Abkapselung und erschwerte somit das Erlernen der deutschen Sprache und den Abbau von Vorurteilen. Auch die deutsche Arbeiterbewegung hatte es auf diese Weise schwer, an die Polen heranzukommen, sie mit Informationen zu versorgen oder gar sie zu organisieren. Im scheinbaren Widerspruch dazu stärkte aber eben jene Konzentration auch den nationalen Zusammenhalt und förderte den Ausbau eines rein polnischen Organisationsnetzes. Und dieses wiederum erleichterte den Fremden langfristig die Integration in die neue Umgebung.
Schwieriger ist es, über die konkrete *Arbeitssituation* der Ruhrpolen genaue Aussagen zu machen. Aufgrund der Auslese bei der Anwerbung und der Altersstruktur läßt sich in jedem Falle feststellen, daß der Anteil der unter Tage Arbeitenden außerordentlich hoch war. Zudem läßt sich nachweisen, daß die Polen überdurchschnittlich stark auf besonders schweren Arbeitsplätzen wie in Kokereien zu finden waren. Daß die ethnische Mischung der Belegschaften zu Spannungen führte, war unvermeidlich. Dennoch bildete sich auch hier schnell ein natürliches Solidaritätsgefühl aus, so daß Otto Hue, einer der führenden Männer der freien Bergarbeiter-Gewerkschaft, des „Alten Verbandes", feststellen konnte: „Daß sich besonders die nicht deutsch sprechenden

Arbeiter durch unkollegiales Verhalten in der Kameradschaft hervortäten, haben wir noch nicht gehört."
Daß es dennoch angesichts der Herkunft, der Altersstruktur und der skizzierten Wohnsituation in den neuen Arbeitsverhältnissen leicht zu Unruhen kommen konnte, zeigten beispielhaft die *„Herner Krawalle"* von 1899. Hierbei handelte es sich weniger um einen Streik im engeren Sinne, als vielmehr um Formen eines sozialen Protests, um eine spontane Auflehnung gegen neue Ausbeutungs- und Herrschaftserfahrungen in der industriellen Umwelt. Die vorwiegend von jugendlichen polnischen Arbeitern (Pferdejungen und Schleppern) getragenen Unruhen brachen im Juni 1899 in verschiedenen Zechen des Bergreviers Herne aus. Sie blieben zwar zahlenmäßig und lokal eng begrenzt, bekamen aber durch die brutalen Formen der Auseinandersetzung zwischen den Streikenden und der Polizei, die schließlich durch Militär verstärkt worden war, eine überregionale grundsätzliche Bedeutung. Der Anlaß des Streiks war eine Änderung der Knappschaftsstatuten, die eine Erhöhung der Versicherungsbeiträge zur Folge hatte. Den Auslöser für die Gewalttätigkeiten bildete dann die Auflösung einer öffentlichen Bergarbeiterversammlung durch die Polizei. Die Verhaftung angeblicher Rädelsführer und das generelle Verbot weiterer Versammlungen brachten eine weitere Verschärfung des Konflikts, bis schließlich Militär in Herne einrückte und die gewünschte „Ruhe und Ordnung" wieder herstellte. Die Bilanz der blutigen Auseinandersetzung lautete: 2 Tote, 20 Schwerverletzte, Verurteilung von 23 meist polnischen Arbeitern zu Zuchthaus, Entlassung von 190 weiteren Arbeitern.
Fragt man nach den Ursachen der „Krawalle", so ist auffällig, wie schnell von interessierter Seite gängige Sündenbockthesen bemüht wurden, um von den tieferen Gründen abzulenken. Der Beauftragte des Arnsberger Regierungspräsidenten glaubte, daß die Aufwiegelung der „polnischen Radaumacher" offensichtlich „auf die Thätigkeit der Sozialdemokratie zurückzuführen" sei, und der „Verein für bergbauliche Interessen" sprach von einer „Demonstration unruhiger polnischer Elemente, die einmal ihre Bedeutung fühlen lassen wollten". Dagegen sah der „Alte Verband" in der hartnäckigen Bekämpfung der Gewerkschaften eine wesentliche Voraussetzung dafür, daß es zu solchen Exzessen kommen konnte, weil auf diese Weise Organisation und Aufklärung der Arbeiter weitgehend unmöglich gemacht wurden. „Es ist aber wieder die alte Geschichte", schrieb dazu die Dortmunder Arbeiterzeitung, „solange es Zeit ist, denken die Leute nicht an eine Organisation. Wenn ihnen aber dann das Fell ganz und gar über die Ohren gezogen wird, dann geraten sie außer Rand und Band."
Die Richtigkeit der Diagnose erwies sich in den großen Bergarbeiterstreiks von 1905 und 1912, die von deutschen Gewerkschaften gemeinsam mit der inzwischen gegründeten polnischen Bergarbeitergewerkschaft getragen wurden. Unter den vielfältigen Möglichkeiten der *Diskriminierung*, denen eine Minderheit ausgesetzt sein kann, traf die Ruhrpolen in erster Linie die politisch motivierte, die sich gegen die Polen als nationale oder nationalbewußte Minderheit richtete. Ein Beispiel dafür war die Bergpolizeiverordnung von 1899. Diese machte wegen der Unfallgefahr die Beschäftigung im Bergbau von Deutschkenntnissen abhängig. So berechtigt diese Verordnung auch war — sie wurde deshalb auch von den deutschen Gewerkschaften begrüßt —, soviel böses Blut schuf sie doch gleichzeitig. Denn sowohl vorher wie nachher lehnten es die deutschen Verwaltungsbehörden und die Zechenleitungen nachdrücklich ab, irgendwelche Sicherheitsbestimmungen für den Bergbau auch in polnischer Sprache zu veröffentlichen. Es gab keine gezielten Hilfen für das Erlernen der deutschen Sprache, sondern jeder wurde gewissermaßen sich selbst überlassen, und überdies wurde die Einhaltung dieser Verordnung nicht einmal konsequent überwacht. Die Absicht der Verminderung von Unfallgefahren war damit wiederum in Frage gestellt.

3. Die deutsche Arbeiterbewegung und die Ruhrpolen

Nach verschiedenen Anläufen wurde 1902 in Bochum eine eigene polnische Gewerkschaft mit dem Namen „Polnische Berufsvereinigung" (in der polnischen Abkürzung ZZP) gegründet. Sie entwickelte sich, insbesondere nach dem Bergarbeiterstreik von 1905, schnell zur drittstärksten Bergarbeitergewerkschaft und zählte 1912 im Ruhrgebiet ca. 30.000 Mitglieder. Sie entstand nicht nur, weil die deutschen Verbände die polnischen Arbeiter stiefmütterlich behandelten. Denn obwohl die Notwendigkeit der gewerkschaftlichen Organisation offenkundig war — und die Herner Ereignisse hatten die Dringlichkeit unterstrichen —, waren die deutschen Gewerkschaften mit einer solchen Aufgabe offensichtlich überfordert. Weder der „Alte Verband" noch der „Christliche Gewerkverein" konnten die notwendige Auffangfunktion für die Polen erfüllen, ohne die eigenen nationalen bzw. sozialistischen Prinzipien in Frage zu stellen. Exemplarisch läßt sich das an der Erklärung zeigen, die der SPD-Parteitag des Bezirks Westliches Westfalen 1901 verabschiedete, in der es hieß, „daß die sozialdemokratische Partei des Ruhrreviers die weitgehendste Toleranz gegenüber den hier lebenden polnischen Arbeitern zu üben hat, evtl. polnische Lokalorganisationen zu unterstützen sind, sofern sie auf dem Boden des Programms der sozialdemokratischen Partei stehen und ihre Besonderheit sich auf den Gebrauch der polnischen Sprache beschränkt."
Auf einer solchen programmatischen Basis war eine wirksame Agitation nicht möglich. Die SPD erkannte nicht, daß sich das Verhältnis zur polnischen Minderheit angesichts der starken katholi-

schen Religiosität und der nationalen Unterdrückung der Polen nicht ausschließlich auf ein Sprachproblem zurückführen ließ. Die Einsicht, die Friedrich Engels 1882 formuliert hatte, konnte eine Sozialdemokratie, die sich zwar als internationalistisch verstand, tatsächlich aber längst ihr Herz für das deutsche Vaterland entdeckt hatte, kaum noch ernsthaft beherzigen: „Die Polen müssen national sein, bevor sie international werden.“

Als die polnische Berufsvereinigung dann trotz ihrer ideologischen Distanz zur SPD zusammen mit dem sozialdemokratisch bestimmten „Alten Verband“ 1912 am Bergarbeiterstreik teilnahm, der vom Christlichen Gewerkverein boykottiert wurde, gerieten die Polen in die entgegengesetzte Schußlinie. Ursprünglich standen sich Polen und Gewerkverein auf der Basis der gemeinsamen katholischen Religion relativ nahe. Nun aber sah der Gewerkverein die Polen am Scheidewege: „Entweder sie kehren um, oder sie gehen im Ruhrgebiet unter in der roten Flut.“

Tatsächlich gingen sie nicht unter, schon gar nicht in der roten Flut. Mit dem Ende des Ersten Weltkriegs begann jedoch ein komplizierter Auflösungsprozeß der polnischen Minderheit im Ruhrgebiet, der hier nicht mehr dargestellt werden kann. Ein Teil der polnischen Einwanderer kehrte zurück in den 1918 neu gegründeten polnischen Staat, ein größerer Teil blieb im Revier und wurde dort endgültig ansässig, und ein weiterer Teil wanderte in die Kohlereviere Nordfrankreichs, aus denen sie z. T. während des Krieges von Göring erneut — und diesmal mit Gewalt — zur Arbeit im Ruhrbergbau geholt wurden.

Eine kleine polnische Minderheit existiert im Ruhrgebiet bis heute, und ihre in zwei konkurrierende Organisationen aufgespaltene Verbandsvertretung zählt noch einige Tausend Mitglieder. Ein nationales, soziales oder politisches Problem stellt diese voll integrierte Minorität, die in ihrer Vergangenheit viele Parallelen zu heutigen ausländischen Arbeitern aufwies, nicht mehr dar.

Herrschende Geselligkeit

Krieger- und Landwehrverein Esborn 1896; W. Thiel, Wetter (F. Schmitt)

„Unser Kronprinz in Herdecke“ 1902; Stadtarchiv Wetter

Sieben Söhne in Folge: der Kaiser wird Pate; Stadtarchiv Wetter

Kaisers Besuch in Oberhausen; Ruhrlandmuseum, Essen

Jugendwehr um 1914;
Archiv E. Schmidt, Essen

Der Sohn des Kaisers beim Kriegerverein 1934;
W. Thiel, Wetter

Kriegerverein: Kindergruppe „Hoffnung“ 1924; W. Thiel, Wetter

Kostümierung im Kriegerverein 1924: der Alte Fritz und seine langen Kerls; W. Thiel, Wetter

Ruhrlandmuseum, Essen

Gelsenkirchen 1905; Ruhrlandmuseum, Essen

Generalversammlung des Festordnenden Komitees des Karnevalvereins zu Köln 1844; F. Schlitte

Karnevalsverein in Westfalen; Ruhrlandmuseum, Essen

Schützenfest in Bochold 1925;
K. Wohlgemuth, Essen

Kinderschützenfest in Bochold um 1935;
K. Wohlgemuth, Essen

Bundespräsident Theodor Heuss und das persische Kaiserpaar in Bonn; Foto: Hanns Hubmann, Kröning

Ernst Schmidt

Schulchronik im Weltkrieg

„In der großen Zeit des geschichtlichen Werdens schreibe ich diesen Abschnitt. Der Schlag der Weltuhr kündet Stunden von unermeßlicher Bedeutung für das Schicksal der Völker, Stunden, die über das künftige Weltbild entscheiden. Noch wissen wir nicht, was uns die Zukunft bringen wird, aber das fühlen wir bereits, daß in unserer Welt Gottes Absichten zur Ausführung kommen. Was gestern noch unmöglich schien, ist heute schon Wirklichkeit. Verschwinden wird, was nach dem Willen Gottes reif ist, erstehen wird zu neuem dauernden Leben, was Gott zum Leben erwecken und erhalten will. O, möchten wir Deutsche doch wert sein, Gottes ewige Gedanken bei dieser Umwälzung der Welt in die Tat umzusetzen. Der Grundsatz der Pflichterfüllung gilt für einen Deutschen zwar immer und überall, doch wenn unser Haus in Gefahr ist, wird mit Recht von jedem Hausbewohner doppelte Aufmerksamkeit und Pflichterfüllung verlangt. Darum dringt in dieser Zeit harter Bedrängnis lauter als je Gottes Stimme an jedes Deutsche Ohr: Sei getreu bis in den Tod!" Diese Sätze schreibt Hauptlehrer Wilhelm G. im Jahre 1914 in die Chronik der evangelischen Schule Borbeck I. Borbeck ist damals noch eine große industrielle Landgemeinde, die 1915 durch Eingemeindung ein Stadtteil von Essen wird.

Hauptlehrer Wilhelm G. ist Leiter der Schule. 354 Schüler besuchen sie. Seine politischen, gesellschaftlichen und religiösen Auffassungen bestimmen maßgeblich ihren Unterricht. Deutschland, Preußen, Ehre, Treue, Gott, Kaiser und Reich sind die obersten Lernziele seiner schulischen Erziehungsarbeit.

So wie er unterrichten 1914 allerorts Lehrer an den Schulen des Reiches. Und die meisten nähren jenen verhängnisvollen preußisch-deutschen Nationalismus, der die deutsche Geschichte so negativ beeinflussen sollte.

Juli '14

Die Ereignisse an der Schule am 31. Juli und 1. August 1914 sind in der Chronik festgehalten:

„Freitag nachmittags stürmten die Kollegen F. und Sch. in die hiesige Schule. Schon auf der Treppe rief F. mir zu: ‚Es geht los! Kriegszustand ist gleichbedeutend mit Mobilmachung.' Die Augen glänzten, die Wangen glühten ihm vor Aufregung. Mußten doch er und unser Kollege G. am 2. Mobilmachungstage ins Feld. Vom Unterrichten war keine Rede mehr. Die Kinder wurden bis auf morgen (Samstag) entlassen, und das Kollegium und die Überbringer der Botschaft nahm ich in meine Wohnung. Die Gespräche waren hastig, aufgeregt. Paar Worte, die ich an die nunmehrigen jungen Krieger beim Glas Wein richtete, das Hoch auf Kaiser und unser geliebtes Vaterland erstickten fast in Tränen. Nach einer Stunde *letzten* Zusammenseins begleiten wir sie zum Tore hinaus ... Am Samstag, dem 1. August, war an ein Unterrichten nicht mehr zu denken ... Die Klassen wurden entlassen, doch wichen sie nicht vom Spielplatz, sangen patriotische Lieder und weinten die ersten Kriegstränen. Der Abschied ging allen sehr zu Herzen."

Weitere Erlebnisse an jenem Tag hat Hauptlehrer G. in anschaulicher Weise festgehalten. Seine abschließend niedergeschriebenen Gedankengänge dürften auch seinen Unterricht in jener Zeit geprägt haben:

„In Borbeck marschierte abends ein unendlicher Menschenzug durch die Straßen zum Kriegerdenkmal. Reden wurden gehalten, Lieder gesungen, Glocken geläutet. Alle wollen mit. Rechtsanwalt W. und Dr. E. an der Spitze ... Die Tageseindrücke waren zu mächtig; die Nervenkraft gab nach. Ich verließ das Ortszentrum und ging langsam heim. Die frische Abendluft vom Schloßpark her tat den aufgeregten Nerven wohl. An den drei uralten Parklinden im Schloßgarten blieb ich stehen. Wie war es hier so friedlich still! Wie offenbarte die Natur ihre Herrlichkeit in der stillen Sommernacht. Die Sterne funkelten, im Laube des Schloßparkes kaum ein leiser Hauch. Hinauf schaute ich empor zu dem endlosen Raume, wo Welten ihre Bahnen ziehen in ewiger Ordnung, Stetigkeit und Ruhe. Und nun war Krieg, und was für ein Krieg. Was wird er bringen? Du mächtiger Gott! Wenn es sein muß, daß Tausende ihr Leben lassen müssen, dann nimm sie hin, nimm auch meines hin, wenn es Dein Wille ist. Aber für unser Deutschland bitt ich Dich, für seine Rettung, für seine Freiheit, für seinen Sieg. Und Du wirst ihn geben; denn Du bist die Wahrheit und die Gerechtigkeit, und Dein ist die Kraft und die Herrlichkeit in Ewigkeit ... Gedämpft aber mutvoll klang vom Orte her ‚Deutschland, Deutschland über alles' an mein Ohr. Mit guter Zuversicht im Herzen schritt ich vorwärts."

Die Schlacht auf dem Dorfe

Bereits wenige Tage später wird Hauptlehrer Wilhelm G. mit Verhaltensweisen seiner Mitbürger konfrontiert, die so gar nicht seinen Auffassungen von Patriotismus und Deutschtum entsprechen. Er sieht den Deutschen „wie aus Erz gegossen, trotzig und kühn, bereit, Gut und Blut für die Freiheit und Größe des Vaterlandes hinzugeben". Empört darüber, daß nicht alle so denken, schreibt er in die Schulchronik: „Gleich nach der Mobilmachung gab es eine Anzahl Bauernschlaue, die Gold- und Metallgeld zurückbehielten und ihr Papiergeld los zu werden suchten. Das böse Beispiel dieser Schlauen erweckte in ängstlichen und unwissenden Gemütern Nacheiferung." Die ersten Siegesmeldungen von der Front lassen bald aber sein deutsches Herz wieder höher schlagen.

„Als ich am Tage darauf (21.) nachmittags nach Borbeck ging, kam Bauführer L. mir freundlich aufgeregt entgegen: ‚Hurra, wir haben eine große Schlacht in Lothringen gewonnen. 10.000 Gefangene, 50 Geschütze haben wir genommen.' Schon läuten die Glocken aller Kirchen, und in Borbeck flattern, zum erstenmal sehe ich sie als freudige Zeichen des Sieges, an jedem Hause, hurtig die Fahnen. Ein scharfer Wind wirbelte den Straßenstaub haushoch, und dicke Regentropfen prasselten gegen das laut wallende Fahnentuch. Überall fröhliche Gesichter. Eine eigenartige Stimmung bemächtigte sich meiner: Die erste große gewonnene Schlacht!"
Fein säuberlich trägt Hauptlehrer G. alle seine Kriegserfahrungen in die Schulchronik ein. Der Leser erlebt ihn als Organisator einer Liebesgabenaktion zu Weihnachten 1914. Fünf Zentner Liebesgaben sammeln die Schüler. „Wer deutschen Kriegern eine Stunde erhellt, feiert dieses Jahr deutsche Kriegsweihnacht in richtigem Sinne", kommentiert er. Bald betätigt er sich mit seinen Schülern in der Woll-, Gummi-, Metall- und Ledersammlung. Als mit anhaltender Lebensmittelknappheit alles im Bereich der Stadt gelegene Brach-, Bau- und Ödland von der Stadt an die Einwohner zur unentgeltlichen Nutzung übergeben wird, überträgt man ihm das Amt eines „Bezirksvorstehers für Kleingärten". Dann wird die Schule Ausgabestelle für Lebensmittelkarten, und die Lehrer müssen bei der Kartenausgabe helfen. „Zuerst taten sie die Arbeit unentgeltlich, später wurde sie ihnen mit 55 Mark vergütet", hält er in der Chronik fest und fügt begründend hinzu: „Zu der Brotkarte kamen bald Fleisch-, Milch-, Petroleum-, Seifen-, Graupen-, Nudeln- und Kartoffelkarten."

Steckrübenwinter 1916/17

Mit Bitternis im Herzen nimmt er Stellung zu der sich ständig verschlechternden Ernährungslage. Gedanken über ihre Ursachen macht er sich so gut wie gar nicht; und wenn, dann macht er

Englands Ärger. — Deutschlands Kraft.

Archiv E. Schmidt

„Hamsterer und Wucherer" dafür verantwortlich. Die Situation in Essen beschreibt er so:
„Wir Städter mußten den Winter über anstatt Kartoffeln Steckrüben essen. Um das Volk mit der Verwertung dieses neuen Kartoffel- und Gemüseersatzes bekannt zu machen, wurden Koch- und Dörrkurse abgehalten. Lehrerinnen mußten Zubereitung der Steckrüben in einem Kursus in Essen lernen, dann in der Schule Kinder und Mütter mit dem Gelernten vertraut machen."
Murren im Volk und deutliche Proteste nimmt Hauptlehrer G. zwar wahr, versucht sie aber zu diffamieren und abzuwerten. So als könne nicht sein, was nicht sein darf, schreibt er später rückblickend: „Doch war die Moral des Volkes noch gesund. Ausländische und innere sozialdemokratische Hetze wagte sich noch nicht heran. Die Haltung des Volkes blieb darum mustergültig. Kleinere Ausschreitungen kamen wohl vor, sie richteten sich aber hauptsächlich gegen die Hamsterer und Wucherer."
Die Not der Menschen in der Heimat wird von Kriegsmonat zu Kriegsmonat schlimmer und unerträglicher. In der Schulchronik heißt es dazu:
„Petroleum und Brennspiritus wurden in unzulänglichen Mengen, später überhaupt nicht mehr geliefert, so daß den Schülern keine häuslichen Schularbeiten aufgegeben werden durften. Dazu trat Kohlenmangel ein, und die Schulen mußten wochenlang geschlossen werden. Seife stieg enorm im Preise, war überhaupt nicht zu bekommen . . . Die von der Stadt gelieferte Kriegsseife aus Ton gab einen ekelerregenden Geruch. Die Kinder, die sich mit ihr wuschen, verbreiteten besonders im Winter in den warmen Klassen einen unausstehlichen Geruch."
Schließlich macht dann auch die Schule Bekanntschaft mit der Erfassung aller Messing- und Kupfergegenstände:
„Die Beschlagnahme der Messing- und Kupfergegenstände wird verschärft. Unsere Schule verliert Briefkastenschilder, Türklinken, Türhalter und ein kupfernes Pumpenrohr. Mit großer Wehmut und ernsten kirchlichen Feiern vollzieht sich auch in unserer Gemeinde die Abnahme der Kirchenglocken."

„Der Keil der Zwietracht"

Das Sterben an der Front und den Hunger in der Heimat hält Hauptlehrer G. zwar in vielen Eintragungen fest, versucht ihren Eindruck aber immer wieder durch nationalistische Beschwörungen abzuwehren. In diesem Zwiespalt erlebt er das Jahr 1918. „Der Zusammenbruch", schreibt er über die fol-

Archiv E. Schmidt

genden Sätze in der Schulchronik: „Lange schon hat das freudige Flaggen anläßlich der Siege unserer Truppen aufgehört. Das Kriegsjahr 1916 brachte uns die Niederwerfung Rumäniens, das als Schwäche ausgelegte Friedensangebot unseres Kaisers, das Jahr 1917 den verstärkten U-Bootkrieg, die Kriegserklärung Amerikas und seiner Trabanten, die russische Revolution, schwere Kämpfe an der Westfront und leider beginnende Zwietracht im Innern des Landes. Während das Volk schweigend und mutig die Entbehrungen geradezu vorbildlich erduldet, wird der Keil der Zwietracht von den sogenannten Volksvertretern ins deutsche Volk getrieben. Die Not des Vaterlandes nutzen sie aus, um ihre Rechte zu erweitern, und werden politische Erpresser. Arbeitslöhne steigen, die Preise der Lebensmittel dementsprechend. Höchstpreise werden festgesetzt, um nicht gehalten zu werden. Fast jede Familie hat ihren bestimmten Schleichhändler, von dem sie alles Erreichbare zu enormen Preisen bezieht . . . Der Zwist im Reichstage geht trotz allen Entgegenkommens der schwachen Regierung zum Unheil des Vaterlandes weiter. Die feindliche Propaganda in Heimat und Heer, die Wühlarbeit der Sozialdemokraten findet bei dem entnervten Volke und dem ermüdeten Heere fruchtbaren Boden. Kriegsgewinnler, Wucherer und Drückeberger vor dem Heeresdienst tragen das Übrige zur Zersetzung des Volkes und Heeres bei.“

Die Revolution ist für Hauptlehrer Wilhelm G. „das Chaos“. Er propagiert in der Chronik die Legende vom Dolchstoß in den Rücken der kämpfenden Front, nährt damit die Lüge von den „Novemberverbrechern“ und verteufelt die erste junge deutsche Republik.

„Der wunde deutsche Aar“

Am 27. Januar 1919, dem Geburtstag Wilhelms II., schreibt er in die Schulchronik die Überschrift „Zum ersten Male ohne Schulfeier!“ und darunter: „In Amerongen sitzt heute ein stiller Mann. Von den Höhen der Menschheit stürzte ihn der Unglückstag des 9. November, nahm ihm nicht nur Krone und Reich, nahm ihm auch das Vaterland. Im Elend der Mann, der einst, umjubelt von Millionen, hinauszog ins Feld, Deutschlands Grenzen zu schützen, nachdem er länger als ein Vierteljahrhundert ängstlich den Frieden gehütet, so daß eine englische Zeitung von ihm schrieb, er habe eine Leidenschaft für den Frieden. Nichts ist verlogener als das Bestreben unserer Feinde, gerade diesen Mann als Attila hinzustellen . . . Wir wissen heute noch nicht, wie Deutschlands Geschick sich gestaltet, wissen nicht, ob wieder auf dem stolzen Thron eines Friedrich des Großen, eines Wilhelm I. noch einmal ein Hohenzoller sitzen wird. Unsere Dankbarkeit aber diesem Geschlecht gegenüber ist trotz mancher Bitternisse unauslöschlich. Und darum, wenn auch in der Schule heute nicht mehr des Geburtstages unseres früheren Kaisers gedacht werden darf, in der Chronik seiner zu gedenken, verbietet kein Gesetz. Darum: Heil Deutsche Kaiserzeit.“

In der Kaiserzeit war Wilhelm G. Hauptlehrer. Die Republik ernennt ihn im ersten Jahr ihres Bestehens zum Rektor. Ostern 1921 verläßt er die evangelische Schule Borbeck I. Er übernimmt die Rektorstelle an der evangelischen Schule Essen-Altenessen III. Vor seinem Weggang aus Borbeck schreibt er noch einmal in die Schulchronik. Zu der Zeit, da er die folgenden Sätze schrieb, betrauerten in Essen viele Tausende den „Heldentod“ ihrer Angehörigen, deren Zahl die Statistik später mit 14.990 festhielt:

„Die Uhr am stolzen deutschen Haus hat ausgeholt zum zwölften Schlag. Der Tag ist zur Neige gegangen, nun ist es Nacht. Der deutsche Tag ist zu Ende. Der Stolz unserer Väter, die Sehnsucht unserer Ahnen, der Glaube unseres Geschlechts und die Hoffnungen unserer todtrotzenden deutschen Jugend bei Langemarck, das alles ist zu Grabe getragen. Es geht ein Weinen durch die deutsche Welt. Dieses gottverlassene Pack in der sogenannten Reichshauptstadt und in den anderen Großstädten, das keinen anderen Gott kennt als seinen Bauch, merkt nichts von der weltgeschichtlichen Stunde, ahnt nicht, daß vor seiner Türe das Grab geschaufelt wird, in das es versinken soll. Möge es versinken und nie wieder aufstehen. Ich weiß wohl, Worte können heute nichts mehr sagen, sie sind Schall und Rauch, ich weiß wohl, alle Leidenschaft und alle Liebe, die in unseren Herzen glüht

Archiv E. Schmidt

und die bereit ist, ihr Letztes, ihr Heiligstes hinzugeben, steht heute vor der nicht auszudenkenden Tatsache, daß in Trümmern liegt alles, woran wir geglaubt. Wer aber Gelegenheit hat, etwas tiefer den Puls des Volkes zu fühlen, der weiß, wie an tausend Orten es sich regt. Tausend Gedanken, tausend Taten drängen zum Licht, oft noch verworren, oft unklar, aber überall getragen von einem großen Grundgedanken, dem Glauben an unsere Zukunft. Es ist eine merkwürdige Stimmung im Kreise der Treuen. Jammer und Hungersnot in unerreichbarem Maße, aber fast nie nackte Verzweiflung. Noch leise Stimmen künden von deutschem Tun, künden von dem unbeugsamen Willen, zu arbeiten und zu wachen, daß die Stunde der Vergeltung ein wackeres Geschlecht finde . . . Nur der Glaube an die Zukunft kann auch heute die Rettung bringen. Darum verliert den Glauben nicht! Tag und Stunde nennen, an dem der wunde deutsche Aar die Flügel wieder heben wird, kann man nicht. Aber kommen wird sie.“

„Lieb Vaterland, magst ruhig sein . . .“

Nachfolger von Wilhelm G. in Borbeck wurde Rektor Emanuel G., der auch die Chronik der Schule fortsetzte — ein wahrer Nachfolger und auch er kein Sonderfall. Unter seinen ersten Eintragungen ist auch der Wortlaut einer Rede zu finden, die er am 13. April 1921 bei seiner Amtseinführung gehalten hat. In ihr hatte er an den anwesenden Schulrat die folgenden Worte gerichtet:
„Ihnen möchte ich an dieser Stelle sagen, daß in mir noch der alte preußische Beamtengeist lebendig ist, der mich meiner Behörde gegenüber verpflichtet zur treuesten Pflichterfüllung eingedenk des Wortes: ‚Pflicht geht vor Recht.‘ So werde ich mich des Vertrauens würdig erweisen.“
Zwölf Jahre später schreibt dann Rektor Emanuel G. in die Chronik der evangelischen Schule Borbeck I:
„Das große geschichtliche Geschehen: Adolf Hitler wurde am 30. Januar 1933 Reichskanzler! Es läßt sich nicht in Worte kleiden, was das bedeutet. Auch kann an dieser Stelle nicht aufgeführt werden, welche Umwälzung in der Regierung des Reiches und der Länder nun folgte. Damit werden die Kinder im Geschichtsunterricht vertraut gemacht. Als aber wieder Schwarz-weiß-rot, dazu die Hakenkreuzfahne gehißt wurde, da ging ein freudiges Aufatmen durch die Reihen der wahren Deutschen, die Jugend kannte wieder aufrichtige Begeisterung. Als bei der ersten Kundgebung das Deutschlandlied und das Horst-Wessel-Lied gesungen wurden, da klangs in den Herzen nach: Lieb Vaterland, magst ruhig sein!“

Jutta Stehling

Räte im Westen

Demokratisches Potential contra kapitalistische Potenz

Es ist noch gar nicht so lange her, da konnte man in fast allen Schulbüchern lesen, was einer der wichtigsten konservativen Historiker der Nachkriegszeit, Karl Dietrich Erdmann, auf die einprägsame Formel gebracht hat: 1918/19 habe es nur „die Wahl zwischen einem konkreten Entweder — Oder (gegeben), die soziale Revolution im Bund mit den auf eine proletarische Diktatur hindrängenden Kräften oder die parlamentarische Republik im Bund mit konservativen Elementen wie dem alten Offizierskorps". Alle Wege des Sozialismus führen nach Moskau; wer wollte da noch zaudern, in der Restauration das wahre Heil der Demokratie zu suchen. Dieses Geschichtsbild des „Kalten Krieges" beschrieb jedoch nicht die Schwächen der Rätebewegung der ersten Monate nach dem Ersten Weltkrieg, sondern es verteufelte einen der wenigen Ansätze zu demokratischer Selbsthilfe in der deutschen Geschichte als drohende Diktatur, wogegen die Bürgerkriegsarmeen der Freikorps als respektable Konservative erscheinen. Was Wunder, wenn eine neue Generation von Historikern Zweifel an diesem Geschichtsbild anmeldete, sie die Weimarer Republik von ihrem Ende im Faschismus her zu analysieren versuchte, um nach einem „sicheren Fundament" der ersten deutschen Republik Ausschau zu halten. Nicht die herablassenden Einschätzungen bürgerlicher Salons wollte man nachbeten, sondern im einzelnen untersuchen, wer die Räte eigentlich gewesen waren und was sie Ort für Ort in einer unendlichen Fülle von Variationen eigentlich gemacht hatten. Verdrängungen haben auch in der Geschichte ihren Preis, denn der Realitätsverlust kann leicht aus dem Verdrängten von gestern den Fetisch von morgen machen. Die neue Forschungsrichtung war mit den Pionierstudien von Peter von Oertzen und Eberhard Kolb gerade erst eröffnet und die Einzelerschließung der örtlichen Überlieferungen der Räte war noch zu leisten, da skandierten in Berlin die Studenten auf den Straßen: „Brecht dem Schütz die Gräten, alle Macht den Räten!" Das ist selbst schon wieder Geschichte geworden, während die Forschung weiterging, um dieses Potential einer grundlegenden Demokratisierung der deutschen Gesellschaft am Ende des Ersten Weltkriegs auf seine Tragfähigkeit hin zu überprüfen. Heute liegt umfangreiches Material vor, das diese Forschung erhoben hat. Das wird hier nicht auf wenigen Seiten ausgebreitet werden können. Aber aus dieser Forschung sind auch abgewogenere Maßstäbe erwachsen, die es erlauben, an einem einzelnen Beispiel, das freilich hier im Westen von besonderer Bedeutung war, Hauptperspektiven und Grundprobleme aufzuzeigen.

Wichtigster Auslöser für das Engagement zugunsten einer umfassenden Demokratisierung war bei den meisten die unmittelbare Erfahrung eines Weltkriegs. Von der anfänglichen Allmachtsgebärde der militärischen und staatlichen Führung, dem vorweggenommenen Siegestaumel blieb am Ende nur eine klägliche Bankrotterklärung. Kriegsmüdigkeit, wirtschaftliche Not, Verdrossenheit uber einen autoritaren und ineffizienten Staat, Verlust der Hoffnung auf einen die Klassengegensätze überwindenden Burgfrieden und vor allem die alltägliche Erfahrung, daß Hunger und Schützengraben um so eher drohten, je linker das Parteibuch und je geringer das Steueraufkommen: Hier war der Nährboden für ein gewaltiges Protestpotential, das nur des zündenden Funkens bedurfte.

Dieser Funke kam von außen, und dies gilt für die Gebiete des heutigen Nordrhein-Westfalen ebenso wie für alle anderen des Deutschen Reichs. Seit dem 28. Oktober 1918 weigerten sich Matrosen der Nordseeflotte, einem militärischen Befehl zu folgen, der sie zu einer letzten selbstmörderischen Schlacht zwingen wollte. Was zunächst kaum mehr war als ein Akt der Solidarisierung mit verhafteten Kameraden, wuchs binnen kürzester Frist zu einer machtvollen Protestbewegung gegen die abgewirtschaftete Autorität der alten Gewalten heran. Am Abend des 4. November 1918 kapitulierten die Kieler Militärmachthaber vor den aufständischen Matrosen und Soldaten. Ein Arbeiter- und Soldatenrat übernahm die Macht.

Revolution auf der „SMS Zehringen" in Kiel; (Postkarte an Essener Ehefrau) Archiv E. Schmidt

Die Nachrichten aus Kiel verbreiteten sich wie ein Lauffeuer im ganzen Reich. Die Zeitungen berichteten seit dem 5. November ausführlich über die Vorgänge; heimkehrende Matrosen und Marinesoldaten trugen den Funken der Revolution von Stadt zu Stadt. In Köln z. B. übernahm eine kleine Gruppe von Matrosen, die mit der Eisenbahn aus Kiel gekommen war, am 8. November das Kommando bei der Erstürmung der dortigen Gefängnisse. Gewaltige Mengen von Demonstranten schlossen sich den Soldaten an. Wenig später einigten sich die Führer der ört-

lichen sozialdemokratischen Parteien mit den Matrosen auf die Bildung eines Arbeiter- und Soldatenrats. Damit war das erste Räteorgan der Region entstanden.
Ähnliches geschah dann auch in den meisten anderen Städten, am Niederrhein und im Bergischen Land ebenso wie in Westfalen und im Ruhrgebiet. Fast überall waren es Marinesoldaten, die die Initiative zum Widerstand gegen die örtliche Militär- und Staatsgewalt und zur Bildung von Rätegremien ergriffen. Absprachen zwischen Vertretern der sozialdemokratischen Parteien und der Gewerkschaften führten dann zur Bildung von meist paritätisch besetzten Arbeiter- und Soldatenräten, die anschließend von einer Massenversammlung aus Betriebsdelegierten und Soldaten per Akklamation als Revolutionsorgane legitimiert wurden. Nennenswerten Widerstand gegen die Bildung von Räten gab es fast nirgendwo, auch nicht gegen deren Anspruch auf Ausübung der politischen Macht. Vielmehr stand die Mehrheit der Bevölkerung zunächst voll hinter den Räten. In der Regel beanspruchten diese aber gar nicht die ganze Macht, sondern lediglich eine Art von politischer Kontrolle über die staatlichen und kommunalen Verwaltungsorgane, die weiter ihren Dienst versahen.
Eine Fülle bedrückender Probleme wartete auf das vom Krieg zerrüttete Land: Demobilmachung, Massenarbeitslosigkeit, Probleme der Versorgung, vor allem mit Lebensmitteln und Brennmaterial, der öffentlichen Sicherheit, der Reichseinheit und der Beendigung des Krieges. Selbst radikalsozialistische Rätevertreter mochten daher zunächst nicht an eine vollständige Entmachtung des kaiserlichen Beamtenapparats denken. Das Dilemma dieser Tage lag in einer kaum lösbaren Doppelaufgabe, die darin bestand, die von der Mehrheit der Bevölkerung dringend erwartete grundlegende Demokratisierung voranzutreiben und gleichzeitig die akute Krisensituation zu bewältigen.

Revolution in Essen, Volkswehr 1918; Archiv E. Schmidt

Keine der in der Revolution an die Macht gelangten politischen Gruppierungen hatte hierfür eine tragfähige Lösung anzubieten. Keine war auf den Umsturz vorbereitet, hatte eine „bereits langfristig ausgearbeitete, situationsadäquate Strategie“ (Eberhard Kolb) entwickeln können. Außerdem dachten die Mitglieder der Räte sehr unterschiedlich und fanden weder in tagespolitischen Fragen noch in einem längerfristigen Programm für die künftige politische und gesellschaftliche Ordnung konsensfähige Kompromisse. Die meisten waren zwar voller Engagement und Einsatzbereitschaft, besaßen aber keine politische Erfahrung und keine konkrete Zielvorstellung. Zwischen den Fraktionen wurden die folgenden alternativen Perspektiven diskutiert: Die Mehrheitssozialdemokraten wollten die Einberufung einer verfassunggebenden Nationalversammlung, und zwar zum frühestmöglichen Zeitpunkt. Die Arbeiter- und Soldatenräte wurden hier nur als „Notbrücken“ betrachtet, die „in der Stunde des Kampfes geschlagen werden mußten“ (so formuliert in einem Ende November von der SPD verteilten Flugblatt). Die Unabhängige Sozialdemokratie, die sich während des Krieges von der SPD abgespalten hatte, war noch uneins in ihrer Zielsetzung. Ein kleinerer Teil sympathisierte mit den Forderungen des Spartakusbundes um Karl Liebknecht und Rosa Luxemburg, der in den Räteorganen selbst nur eine verschwindend geringe Anhängerschaft besaß. Diese Unabhängigen sprachen sich grundsätzlich zugunsten eines rätedemokratischen und damit gegen ein parlamentarisches System aus, sie lehnten jedoch das taktische Kalkül Liebknechts und Luxemburgs ab, die revolutionäre Stimmung durch Straßendemonstrationen und wilde Versammlungsagitation voranzutreiben.
Die Mehrheit der USPD wollte dagegen die Einberufung der Nationalversammlung nicht verhindern, hoffte jedoch, die Räteorgane länger erhalten zu können. Auf diese Weise glaubte man, die revo-

lutionären Energien des Proletariats als schlagkräftiges Instrument bei der Aufhebung der „infamen Abhängigkeitsverhältnisse" des kapitalistischen Systems nutzen zu können — so formulierte es Rudolf Breitscheid, einer ihrer profiliertesten Sprecher.

Für welche dieser Richtungen sich die Mehrheit der Arbeiterschaft entscheiden würde, ließ sich zunächst kaum voraussagen. Eine wichtige erste Erkenntnis darüber erwartete man von dem für den 16. Dezember 1918 nach Berlin einberufenen ersten Rätekongreß. Er sollte über die künftige Staatsform entscheiden, einen Zentralrat der Arbeiter- und Soldatenräte des ganzen Reiches wählen und die Kompetenzverteilung zwischen diesem und dem Rat der Volksbeauftragten, wie sich die Reichsregierung aus Mehrheits- und Unabhängigen Sozialdemokraten jetzt nannte, festlegen. Die Enttäuschung der Linkssozialisten war groß, als sich die überwältigende Mehrheit der rund 500 im Gebäude des Preußischen Abgeordnetenhauses in Berlin versammelten Delegierten für die Parlamentarische Demokratie und für Wahlen zur Nationalversammlung am 19. Januar 1919 entschied. Damit waren die wichtigsten Weichen für den weiteren Revolutionsverlauf gestellt; es begann die schrittweise Entmachtung der Arbeiter- und Soldatenräte.

Das katastrophale Scheitern der Weimarer Republik legt die Frage nahe, ob nicht die strukturellen Schwächen dieses ersten parlamentarisch-demokratischen Systems hätten verhindert und dem neuen Staat ein solideres demokratisches Fundament hätte gegeben werden können.

Das führt weiter zu der Frage, ob es sich bei den in der Revolution entstandenen Räteorganen um ein alternatives Demokratisierungspotential gehandelt hat. Durchweg positiv wurde diese Frage zunächst von Eberhard Kolb, später dann von Reinhard Rürup beantwortet. Dieser meint, daß es möglich gewesen wäre, „das demokratische Potential der Arbeiter- und Soldatenräte für eine konsequente sozialdemokratische Reformpolitik zu nutzen", und daß dies „zweifellos der Weimarer Demokratie ein sicheres Fundament geschaffen hätte".

Inzwischen mehren sich jedoch die skeptischen Stimmen. Bei näherer Betrachtung der auf regionaler und lokaler Ebene geleisteten Arbeit wurde nämlich offenbar, daß die Räteorgane, soweit sie ganz oder teilweise staatliche oder kommunale Aufgaben übernahmen und ihre Mitglieder Anhänger eines Rätesystems waren, keineswegs besser befähigt waren, den Interessen der Masse der Bevölkerung Geltung zu verschaffen und entschiedene Demokratisierungsmaßnahmen einzuleiten, als die später gewählten Parlamente. Gerade jenen Räten, die mehr sein wollten als nur „Notbrücken" auf dem Wege zu einem Parlament, fehlte es an politischer Konzeption und entsprechendem Gestaltungswillen. Ihre radikalsozialistische Phrase konnte dies nur vorübergehend verbergen.

Die Reichsregierung der Volksbeauftragten hatte in ihrer ambivalent und rätefeindlichen Politik maßgeblichen Anteil daran, daß der 1918/19 vorhandene Demokratisierungsspielraum nicht ausgeschöpft wurde. Zu dieser verfehlten Politik beigetragen hat aber auch eine große Zahl lokaler Räte, denen es aus verschiedensten Gründen nicht gelang, sich auf Dauer der Unterstützung einer breiten Masse der Bevölkerung zu versichern. Ein Blick auf die Vorgänge in Mülheim, das im Ruhrgebiet der Vorreiter der Revolution war, mag dies verdeutlichen. Auch hier waren es auswärtige Matrosen, die in der Nacht zum 10. November das Signal zur Befreiung von rund 1.000 in den Rüstungsbetrieben festgehaltenen Gefangenen gaben. Am folgenden Morgen war die ganze Stadt in Bewegung. Massen von demonstrierenden Arbeitern aller Betriebe forderten: „Nieder mit dem Krieg!", „Her mit dem Achtstundentag!" Ein Arbeiter- und Soldatenrat übernahm die „öffentliche Gewalt". Der USPD-Funktionär Gerhard Serforth erläuterte, was darunter verstanden werden sollte: Man „wolle nicht den Oberbürgermeister absetzen, es gelte lediglich, die Oberaufsicht über die städtische Verwaltung zu führen". Fortan sollte „keine Verfügung, keine Abhandlung mehr aus dem Rathaus (gehen), die nicht durch den Vorstand des Arbeiterrates gebilligt worden seien". Zunächst kümmerte sich der neugebildete Mülheimer Arbeiterrat, dessen 23 Mitglieder ausschließlich der USPD angehörten, um die Sicherung seiner Macht und die Aufrechterhaltung von Ruhe und Ordnung. Ein Sicherheitsdienst wurde eingesetzt, der zu gleichen Teilen aus städtischen Polizeibeamten und Wachmannschaften des Arbeiterrats bestand. Die drängendsten Übergangsprobleme waren die Versorgung der Bevölkerung mit Lebensmitteln, Wohnraum und Arbeit. Hier leistete der Mülheimer Arbeiterrat Beträchtliches, was allgemeine Anerkennung fand. Er scheute im Notfall auch nicht davor zurück, bürgerliche Tabuzonen zu überschreiten: Bereits in den ersten drei Wochen wurden in Privathaushalten Hamsterwaren im Wert von 300.000 bis 400.000 Mark beschlagnahmt und an die städtische Verwaltung weitergeleitet. Ein Wohnungsamt wurde eingerichtet, das dafür sorgen sollte, daß einem Wohnungsinhaber nicht mehr als sechs Räume zum Eigenbedarf überlassen blieben und leerstehende Gebäude von der notleidenden Bevölkerung genutzt werden konnten.

Das weitergesteckte Vorhaben einer „schrittweisen Einführung in die sozialistische Wirtschaftsweise" gelang jedoch nicht, obwohl hierfür eine besondere Massenbasis vorhanden war. Die Arbeiterschaft dieses „übervölkerten Ballungszentrums der Rüstungsindustrie" (Irmgard Steinisch) verlangte nach radikalen Sozialisierungsmaßnahmen. Daß der Mülheimer Arbeiterrat gleichwohl gerade hierin scheiterte, hat vielfältige Ursachen. Seine Weigerung, mit Vertretern des Bürgertums zusammenzuarbeiten, und sei es auch nur — wie andernorts — auf der Basis stillschweigender Duldung, verstärkte dort die Entschlossenheit der Machthaber des Kapitals zu massivem Widerstand. Mehrbödigen Formen der Auseinandersetzung ebensowenig gewachsen wie der publizistischen Vermarktung der eigenen Intentionen, verlor der Arbeiterrat zahlreiche Gefechte gegen selbstherrliche Werksleitungen, die die Durchführung des Achtstundentages verweigerten und unbezahlte Feierschichten erzwangen. Die Arbeiter, die „endlich etwas Positives von der Sozialisierung sehen" und „für die Kapitalisten keine einzige Schicht mehr" verfahren wollten, verloren zunehmend das Vertrauen in die eigenen Führer, und es kam zu wilden Protestaktionen in der Arbeiterschaft.

Ein Ereignis der ersten Dezembertage offenbarte vollends die fatale Mischung aus Unerfahrenheit und Selbstüberschätzung, wie sie viele gerade der aktivsten Arbeiterratsmitglieder kennzeichnete. Im Zusammenhang mit den separatistischen Bestrebungen um die Gründung einer Rheinisch-Westfälischen Republik schienen sich Verdachtsmomente gegen führende Industrielle der Region zu ergeben. Der Mülheimer Arbeiterrat veranlaßte daraufhin am Abend des 7. Dezember 1918 die Verhaftung von August und Fritz Thyssen, Edmund Stinnes und anderen prominenten Mülheimer Industriellen unter dem Vorwurf des Landesverrats. Man glaubte, ihnen nachweisen zu können, sie hätten zielbewußt auf einen Rückgang der Kohleförderung hingewirkt, um damit ein Eingreifen der Siegermächte zu provozieren. Die Verhafteten wurden sofort unter der Begleitung mehrerer Arbeiterratsmitglieder nach Berlin überführt, denn man vermutete, daß dort „die Fäden der Manipulation viel enger zusammenlaufen" würden als in Mülheim, wo „die Gefahr der Verschleierung viel größer war". Das Unternehmen scheiterte jedoch kläglich. Mitglieder der beiden höchsten Regierungsorgane, des Rats der Volksbeauftragten und des Vollzugsrats, hielten den Verdacht einer Konspiration zwar für keineswegs abwegig, mußten bei ihrer Untersuchung jedoch feststellen, daß der Hauptbelastungszeuge, der Dortmunder Arbeiterrat Hubert Börsch, seine Aussage erfunden hatte. Nach viertägiger Haft wurden die Großindustriellen unter dem genüßlichen Triumph der bürgerlichen Presse über die „aus den Fingern gesogenen Verleumdungen" freigelassen.

Die in den Räteorganen der Revolution 1918/19 diskutierten Demokratisierungsvorstellungen richteten sich vor allem auf drei Bereiche: 1. die Verwaltung, 2. das Heer und 3. die Wirtschaft. Im rheinisch-westfälischen Industriegebiet lag das Hauptgewicht auf der Demokratisierung der Wirtschaft, etwa durch Sozialisierung der Großindustrie und Einführung bestimmter Formen von Arbeiterselbstverwaltung oder Mitbestimmung. Das interessanteste Beispiel eines konkreten Demokratisierungsversuches in diesem Bereich findet sich in Essen. Dort gelang dem Arbeiter- und Soldatenrat, für eine gewisse Zeit die Protestenergien der Arbeiterschaft in eine solche Politik umzusetzen. Am 10. Januar veranlaßte er die Besetzung der Diensträume des Kohlensyndikats und des Bergbaulichen Vereins, am darauffolgenden Tag ernannte er den mehrheitssozialdemokratischen Landrichter Ernst Ruben zum „Volkskommissar", der zusammen mit je drei Beigeordneten der drei sozialistischen Parteien die Sozialisierung des Bergbaus vorbereiten sollte. Die vorbildliche Arbeit, die diese Essener Neunerkommission leistete, wurde jedoch von der stärksten gewerkschaftlichen Organisation der Region, dem „Alten Verband" der Bergarbeiter, und von der Reichsregierung gleichermaßen unterlaufen.

In den folgenden Wochen und Monaten eskalierte die Protestbewegung zum blutigen Bürgerkrieg. Auf die Forderungen der Ruhrarbeiterschaft nach sofortiger Durchführung der Sozialisierung antwortete die Reichsregierung mit Waffengewalt. Truppen des Reichswehrministers Noske stellten bis April 1919 äußerlich die Ruhe wieder her.

Die blutigen Auseinandersetzungen zwischen Reichswehrtruppen und revolutionären Arbeitern, die bis in das Jahr 1920 hinein andauerten, haben die Erinnerung an die Revolution im Ruhrgebiet vergiftet und die Sozialdemokratie für viele Jahre mit dem Odium jenes „Bluthundes" belastet, zu dem sich Noske aus lauter Verantwortung für das Ganze berufen fühlte. Vor allem die Aktionen der revolutionären „Roten Ruhrarmee", der es im Frühjahr 1920 gelang, das Ruhrgebiet für wenige Tage militärisch zu besetzen, die dann aber von Reichswehrtruppen und Freikorps zurückgeschlagen wurde, haben solche nachhaltigen Narben hinterlassen. Das Schicksal der „Roten Ruhrarmee" kann geradezu als Schlüsselbegriff für den Verrat an der Revolution von 1918/19 gelten.

Die Niederschlagung der Räte und ihrer verzweifelten Ausläufer im Bürgerkrieg hat den Boden der Republik geschmälert. Sie überließ den Kommunisten für eine ganze Periode die Führung der Linken im größten Industriegebiet Europas. Und sie stabilisierte jene Kräfte in ihrer Macht, die später die Abschaffung der Republik mit reichen Spenden honorierten. Es hat lange gedauert, bis die Lektion der Revolution, daß eine langfristig tragfähige soziale und politische Demokratie nicht gegen die Hoffnungen und ungelenken Selbstorganisationsversuche der arbeitenden Bevölkerung aus tagespolitischen Kompromissen mit dem sozialen Gegner herausgetrickst werden kann, in unserer Gesellschaft zu Gehör gebracht werden konnte. Durch die getreuliche Arbeit an der historischen Überlieferung, die sich von ideologischen Alternativen nicht in die Ecke stellen ließ, ist sie aber unüberhörbar geworden.

Hans Mommsen

Die Rolle der „Jungen Generation" in der deutschen Arbeiterbewegung nach 1914

In der politischen und intellektuellen Diskussion der Weimarer Zeit spielte das Schlagwort von der „Jungen Generation" eine maßgebende Rolle. Zu ihr rechneten sich alle diejenigen, die die Welt bürgerlicher Sekurität, wie sie vor dem Ersten Weltkrieg bestanden hatte, und die mit ihr verbundenen materialistischen Kulturwerte ablehnten. Das Kriegserlebnis wurde als Zeitwende begriffen, gerade weil der rauschhafte nationalistische Aufbruch vom August 1914 alsbald von bitterer Ernüchterung abgelöst worden war. Das Grauen und die Ungerechtigkeit des Kriegsgeschehens, die soziale Not, die es bei breiten Kreisen der Bevölkerung zur Folge hatte, standen in allzu krassem Gegensatz zu den hoffnungsfrohen Erwartungen und der nationalen Opferbereitschaft der ersten Kriegsmonate. Deshalb, so empfand es die Generation derer, die die Last des Krieges an der Front und in der Heimat getragen hatte, konnte nach dem Ende des Waffengangs nicht einfach zur Tagesordnung zurückgekehrt werden, mußte es zu einem grundlegenden Umbau von Staat und Gesellschaft kommen. Ihn ins Werk zu setzen, erschien als die epochale Aufgabe der „Jungen Generation".

Die unmittelbare Nachkriegsepoche war in den unterschiedlichsten politischen Lagern durch die Erwartung eines grundlegenden Neubeginns, durch eine allgemeine „Aufbruchsstimmung" geprägt, die in denkbar größtem Gegensatz zur verhängnisvollen politischen und ökonomischen Notlage stand, in die das Deutsche Reich sich durch den Ersten Weltkrieg gebracht hatte, in die sie durch die aus Hybris selbstverschuldete militärische Niederlage von 1918 gekommen war. Das „Traumland der Waffenstillstandsperiode", wie man jene Phase genannt hat, in der sich die deutsche Öffentlichkeit noch Illusionen über die Friedensbedingungen hingab, stellte einen Zeitraum dar, in dem die alten Autoritäten zerbrochen schienen, eine neue Ordnung noch nicht bestand, die Geschichte gleichsam einen Augenblick den Atem anhielt. Eine Fülle utopischer Projekte tauchte auf. Der Gedanke der Lebensreform, Projekte zur Schaffung autarker agrarisch-handwerklicher Güter- und Produktionsgemeinschaften, die „bündische Idee" der Jugendbewegung stellten die eine Seite, die völkische Militanz der Freikorpsbewegung und rechtsradikaler Geheimgesellschaften und Sekten die andere Seite dieses Prozesses dar, dessen gemeinsamer Nenner in der Abwendung vom bürgerlichen Liberalismus des 19. Jahrhunderts und in einer von den ökonomischen Bedingungen abstrahierenden Kapitalismuskritik lag. Viele dieser Bestrebungen verbanden sich mit dem „Mythos der Jungen Generation", mit der Vorstellung, daß die Kräfte der Jugend, wenn sie sich auf die „eigentlichen" Werte menschlicher Existenz besänne, die soziale und politische Zerklüftung der Gesellschaft durch eine wahrhafte „Volksgemeinschaft" zu überwinden imstande seien. Ideen dieser Art wurden von der bürgerlichen Jugendbewegung, im Verein mit neokonservativen und neoromantischen Vorstellungen, bereitwillig aufgenommen.

Der für die Weimarer politische Kultur kennzeichnende Grundzug einer Ästhetisierung oder eines Kultes der Jugend war in erster Linie eine bildungsbürgerliche Erscheinung. In ihm drückte sich der allseitig empfundene Wertrelativismus aus. Aber es gab auch objektive Ursachen, die die jüngere Generation, ungeachtet ihrer Herkunft und politischen Einstellung, in einen latenten Gegensatz zu dem politischen und gesellschaftlichen System von Weimar treten ließen. Gleich, ob es sich um die Altersgruppen handelte, die der Krieg zunächst vom Eintritt in das Berufsleben abgehalten hatte, oder um diejenigen, die unter den grauen Bedingungen der Nachkriegsjahre aufwuchsen, fühlten sie sich im politischen und gesellschaftlichen Leben übergangen. Der Novemberumsturz hatte nicht zu einem umfassenden Austausch der Eliten geführt. In dem sich wieder etablierenden Parteiensystem wie in den maßgebenden Verbänden waren die Angehörigen der jüngeren Generation unterrepräsentiert, und dies fiel um so stärker ins Gewicht, als das „Lebensgefühl" der Jüngeren zu neuen Ausdrucks- und Kommunikationsformen strebte; sie bezogen ihre Maßstäbe nicht, wie das für die herrschenden Eliten galt, aus den Erfahrungen der wilhelminischen Epoche, die für sie nichts mehr bedeuteten und durch das „Kriegserlebnis" in eine eigentümliche Ferne gerückt waren.

In gewissem Umfang war auch die proletarische Jugend von ähnlichen Einstellungen getragen, wenngleich die Probleme der Sicherung der materiellen Existenz in einer Zeit wirtschaftlichen Niedergangs Fluchtprojektionen, wie sie die bündische Jugend kennzeichneten, nicht erlaubten. Die Kriegs- und Nachkriegssituation hatte vorübergehend übersteigerte Hoffnungen genährt, grundlegende soziale Reformen durchzusetzen, insbesondere die Gleichberechtigung der Arbeitnehmer am Arbeitsplatz sicherzustellen. Dieses Motiv, nicht das Programm der sozialistischen Revolution, lag den Massenbewegungen der Industriearbeiterschaft in der Umbruchsphase nach dem November 1918 zugrunde. Von den sozialen Errungenschaften des Revolutionsjahres hatte sich jedoch nicht einmal der Achtstundentag behauptet. Die Herrschaft der Partei- und Gewerkschaftsapparate hatte sich, so schien es, wieder regeneriert, ohne daß es zu grundlegenden sozialen Veränderungen gekommen war. Fast durchweg sahen sich die jüngeren, aktivistischen Gruppen der organisierten Arbeiterschaft isoliert und von

einflußreichen Positionen ferngehalten, die von dem angestammten Funktionärskorps ausgefüllt wurden.
Der Sozialdemokrat Theodor Haubach beklagte in einem vielzitierten Artikel über „Die Generationenfrage und der Sozialismus", daß in Deutschland zwischen der Jugend und den Institutionen in Staat und Gesellschaft eine Absperrungskette gezogen sei. In der Tat blieb die nachwachsende Generation im Weimarer Parteiensystem weitgehend isoliert. Es kam zu einem unvermittelt eintretenden Bruch in der Generationenkette. Nur im katholischen Lager, dessen eng geknüpftes Vereinswesen die Periode des Ersten Weltkrieges unbeeinträchtigt überstand, machte sich die Spannung zwischen Vorkriegsgeneration einerseits und Kriegs- und Nachkriegsgeneration andererseits weniger stark bemerkbar. Bei den bürgerlichen Parteien gab es seit 1928 Bestrebungen, die jüngere Generation stärker einzubinden; doch konnten sich diese Verjüngungstendenzen angesichts des rasch voranschreitenden Zerfalls des parlamentarischen Systems politisch nicht mehr geltend machen. Die Jugend tendierte vielmehr überwiegend dazu, die radikalen Protestparteien auf der Rechten und der Linken, NSDAP und KPD, zu unterstützen oder politisch abstinent zu bleiben.
Das Problem, die jüngere Generation politisch zu integrieren, stellte sich auch der SPD und den Freien Gewerkschaften. Beide waren seit Beginn der 20er Jahre von einer schleichenden Überalterung ihrer Mitgliedschaft bedroht. Die SPD hatte bereits in den Vorkriegsjahren gewisse Schwierigkeiten gehabt, die Impulse der nach der Jahrhundertwende rasch anwachsenden sozialistischen Jugendbewegung aufzunehmen und fruchtbar zu machen. Die Parteijugend sympathisierte mit der vor allem vom linken Parteiflügel entfachten Antimilitarismuskampagne; aber auch die reformistisch orientierten Gruppen zeigten wenig Bereitschaft, sich politisch zurückzuhalten und sich auf Bildungsaufgaben zu beschränken; unter der Einwirkung des 1907 verabschiedeten Reichsvereinsgesetzes, das Jugendlichen unter 18 Jahren jede politische Betätigung verbot, gelang eine gewisse Disziplinierung. Es ist charakteristisch, daß viele der sozialdemokratischen Jugendfunktionäre während des Ersten Weltkrieges mit der USPD sympathisierten und daß eine beträchtliche Anzahl späterer KPD-Führer aus der sozialistischen Jugendarbeit kam. Der vor 1914 aufgebaute Apparat der Sozialistischen Arbeiterjugend (SAJ) sowie der Gewerkschaftsjugend war daher keineswegs frei von inneren Reibungen.
Das Problem der Integration der nachwachsenden Generation stellte sich der organisierten Arbeiterbewegung zugleich in anderer Beziehung. In den anwachsenden industriellen Ballungsräumen hatte sich bereits vor dem Kriege der Anteil jugendlicher Arbeitskräfte deutlich erhöht; dies ging teilweise auf die demographische Ausweitung der nach den frühen 70er Jahren geborenen Jahrgangsgruppen, teilweise auf die bevorzugte Abwanderung jugendlicher Arbeitskräfte aus den agrarischen in die industriellen Gebiete zurück. Die sich damit abzeichnende altersmäßige Disproportion wurde während des Krieges dadurch verschärft, daß die mittleren Jahrgänge zum Kriegsdienst eingezogen wurden und für sie in verstärktem Umfange jugendliche Arbeitskräfte herangezogen werden mußten. Eine deutliche Verjüngung vor allem der in der Rüstungsindustrie beschäftigten Belegschaften war die Folge. Anders als die älteren Arbeitnehmer hatten ihre jüngeren Kollegen wenig oder keine gewerkschaftlichen Erfahrungen. Als Jüngere ohnehin zu höheren Risiken bereit, neigten sie zu größerer Militanz. Die seit 1917 auftretenden, von den offiziellen Gewerkschaften nur noch teilweise abgeblockten Streikbewegungen waren vielfach von jüngeren Arbeitnehmern mitgetragen, obwohl dies nicht die einzige und nicht die wichtigste Ursache dafür war, daß sich relevante Teile der Industriegewerkschaften gegen die Burgfriedens- und Durchhaltepolitik der Freien Gewerkschaften einstellten.
Es spricht vieles dafür, daß die vergleichsweise hohe Zahl jüngerer Arbeitnehmer auch ein wichtiges Aktivpotential der sich seit Anfang 1919 ausbreitenden Massenstreikbewegungen abgab, die weder von den Gewerkschaftsverbänden noch von den Arbeiterparteien einschließlich der in ihrer Bedeutung vielfach überschätzten KPD wirklich kontrolliert werden konnten. Gewiß ist die Hauptverantwortung dafür, daß die Arbeitermassen der Führung der Freien Gewerkschaften und der Mehrheitssozialdemokratie zunehmend entglitten, auf deren völlig verfehlte Politik in der Sozialisierungs- und Betriebsrätefrage zurückzuführen. Aber der Generationswechsel, zusammen mit dem rapiden Organisationswachstum in den Revolutionsmonaten, hatte einen gewissen Einfluß auf diese Entwicklung, die den reaktionären, in den Freikorps repräsentierten Kräften in die Hände spielte.
Wie dies immer zu beurteilen ist — jedenfalls verloren die Gewerkschaftsverbände nach 1920 einen beträchtlichen Teil der neu eingetretenen Mitglieder, und dazu gehörte ein hoher Prozentsatz jugendlicher Arbeiter.
Die Folgen davon machten sich in einer relativen zahlenmäßigen Schwäche der gewerkschaftlichen und politischen Jugendorganisationen und einer Unterrepräsentation jüngerer Arbeiter bemerkbar. Die SAJ erreichte mit 55.000 Mitgliedern, trotz eines hohen Jugendlichenanteils an der Gesamtbevölkerung, nicht wieder den Vorkriegsstand. Am deutlichsten zeigte sich diese Entwicklung daran, daß der Anteil Jüngerer an der SPD-Mitgliedschaft zweieinhalbmal unter demjenigen an der Gesamtbevölkerung lag, was sich zugleich in einem relativ hohen Durchschnittsalter auswirkte. Besonders negativ machte sich die Überalterung des Funktionärskorps und der Parteiführung bemerkbar; das Durchschnittsalter des Vorstandes be-

trug auch nach der Vereinigung mit der USPD 50 bis 55 Jahre. Als es schließlich aufgrund der unüberhörbaren Kritik an der Überalterung 1931 zur Aufnahme einiger Vertreter der Jugend kam, waren dies altgediente Funktionäre, die gerade nicht die politischen Bestrebungen der SAJ und der Jungsozialisten repräsentierten.
Es war charakteristisch, daß die Parteijugend gegenüber der zu politischem Immobilismus neigenden Politik des Parteivorstandes in Opposition stand, unabhängig davon, ob sie dem rechten oder überwiegend dem linken Flügel angehörte. Mit Entschiedenheit wurde über den Mangel innerparteilicher Demokratie Klage geführt; in der Tat überwog die Tendenz, innerparteiliche Auseinandersetzungen mit administrativen Mitteln abzuwürgen und Minderheiten an der Artikulation zu hindern, insbesondere den sich unter Max Seydewitz herausbildenden radikal marxistischen linken Flügel. Dabei spielte eine Rolle, daß besoldete Funktionäre in den Parteigremien und auf den Parteitagen beträchtlich überrepräsentiert waren. Autonomieansprüche der jüngeren Generation wurden in der Regel mit dem Mittel der Disziplinierung bekämpft. Verstärkte Bildungsarbeit sollte die Jugend von eigenen politischen Initiativen fernhalten. So kritisierte Erik Nölting auf dem Leipziger Parteitag von 1931 die Jungsozialisten, sie seien „einer Verwechslung von Politik und soziologischer Lesestunde aus Karl Marx" erlegen; mit der Beschwörung des marxistischen Erbes würden sie „dem Kult des Gestrigen und Vorgestrigen" huldigen. Das waren groteske Vorwürfe, die jenen ähnlich waren, die auf dem Parteitag von 1908 gegen eine selbständige Jugendorganisation vorgebracht worden waren. Dabei waren die jüngeren Parteigenossen völlig im Recht, wenn sie der Parteiführung mangelnde Initiative im Kampf gegen die aufsteigende NSDAP und den verstärkten Einfluß der antiparlamentarischen Rechten vorwarfen. Angesichts des massiven Antikommunismus, der für die Spitzengremien der Weimarer SPD typisch war und der in Otto Wels, dem Parteiführer, seinen entschiedensten Exponenten besaß, verwundert es nicht, daß die Linksoppositon, die einen starken Rückhalt bei der Parteijugend besaß, nach und nach aus der Partei herausgedrängt wurde. Dies verstärkte sich, nachdem sie eine klar ablehnende Haltung zu dem in Magdeburg 1929 erzielten Kompromiß in der Wehrfrage einnahm. Der linke Flügel der Jungsozialisten, die sogenannten Hannoveraner, die Max Adler nahestanden und eine radikale marxistische Position einnahmen, sah sich beständigen Disziplinierungsversuchen ausgesetzt und wurde schließlich als Sonderorganisation aufgelöst. Viele von ihnen verließen die Partei und schlossen sich entweder den linken Splittergruppen im Umfeld der SPD, so den „Roten Kämpfern" oder dem „Internationalen Sozialistischen Kampfbund" (ISK) an, oder sie gingen zur 1931 links von der SPD gegründeten SAPD, die zwar keine Chance hatte, sich in Wahlen zu behaupten, in der sich aber viele derjenigen Kräfte zusammenfanden, die im Widerstand gegen Hitler hervortraten und nach 1945 maßgebenden Einfluß auf die Politik der Partei nehmen sollten.
Im Grunde trat ein ähnlicher Isolationseffekt auch auf dem rechten Flügel ein. August Rathmann und Nikolaus Osterroth sahen sich beträchtlichem Mißtrauen durch den Parteiapparat ausgesetzt, als sie nach 1922 darangingen, eine selbständige jungsozialistische Bewegung aufzubauen. Ihre Bemühung, eine Öffnung der Partei zur Mitte, eine Heranziehung von mit der SPD sympathisierenden Intellektuellen und ein positives Bekenntnis zur parlamentarischen Republik durchzusetzen, stieß nicht minder auf die Beharrungskraft des sozialdemokratischen Apparats, der sein eigentliches Ziel darin erblickte, in die bequeme Oppositionsrolle der Vorkriegszeit zurückzukehren. Der aus diesen Initiativen hervorgegangene Kreis der „Neuen Blätter für den Sozialismus" wurde von der Partei bestenfalls geduldet. Die Bestrebungen jüngerer Parteiintellektueller wie Carlo Mierendorff, Theodor Haubach und Julius Leber, die Parteipropaganda zu modernisieren und das Bild der SPD für die jüngere Generation attraktiver zu machen, blieben daher Randerscheinungen. Der Leipziger Parteitag von 1931, der zu einer Neubestimmung des Verhältnisses der Partei zur Jugend hatte führen sollen, wurde von Mierendorff als Eingeständnis des Scheiterns empfunden; das Referat Erich Ollenhauers, des neuen Jugendsekretärs, habe, so berichtete er, „den Vollbart bis zum Knie" getragen. Die Partei vermochte der Jugend keine Perspektive aufzuzeigen, für die es sich zu engagieren lohnte.
Es war nur verständlich, daß die jüngeren Sozialdemokraten sich in besonderem Maße im Reichsbanner und der Eisernen Front und damit im Kampf für die Erhaltung der Republik betätigten. Dies rief jedoch eine eifersüchtige Reaktion des Parteiapparats hervor. Otto Wels machte 1927 die Tätigkeit des Reichsbanners dafür verantwortlich, daß die Zahl jugendlicher Arbeiter, die der Partei beitraten, rückläufig war. Tatsächlich sprach der äußere Stil des Reichsbanners die jüngere Generation wesentlich stärker an als die erstarrte Vereinsdemokratie der SAJ und der Gewerkschaftsjugend. Gewiß gab es im Reichsbanner, dem republikanischen Wehrverband, an dem die DDP und das Zentrum formell beteiligt waren, der aber vornehmlich sozialdemokratische Anhänger mobilisierte, auch problematische Erscheinungen, darunter eine bedenkliche Überschätzung des eigenen militärischen Potentials und einen Zug zur „Soldatenspielerei". Aber die eindrucksvollen Massenkundgebungen von Reichsbanner und Eiserner Front von 1932 und 1933 dürfen nicht übersehen werden. Sie bekundeten die Entschlossenheit einer beträchtlichen Zahl von jungen Sozialdemokraten, im Notfall auch das Mittel des Bürgerkriegs

zur Abwehr der faschistischen Gefahr nicht zu scheuen. Die äußeren Bedingungen ließen einen solchen Abwehrkampf am und nach dem 20. Juli 1932, der Absetzung der sozialdemokratisch geführten preußischen Regierung durch das Kabinett von Papen, nicht zu. Parteiführung und Gewerkschaftsapparate waren jedoch auch grundsätzlich unfähig, diese Energien politisch zu nutzen. Sie verschrieben sich stattdessen einer passiven Legalitätstaktik, die sie mit verbalen Durchhalteappellen verdeckten. Höchst bezeichnend ist der Vorgang, daß der inzwischen freilich bereits dezimierte Parteivorstand noch im April 1933 die Auflösung der Berliner SAJ verfügte, die sich angeschickt hatte, einen konspirativen Widerstandsapparat aufzubauen. Das Mittel der Disziplinierung der Parteijugend erschien gleichsam als das einzige, was von der aktiven Politik der Partei übriggeblieben war.
All diese Details fügen sich zu der Schlußfolgerung zusammen, daß die SPD und gutenteils die Freien Gewerkschaften in den Weimarer Jahren in zunehmendem Maße die Verbindung zu den aktiven Kräften der nachwachsenden Generation eingebüßt hatten. Dies hing auch damit zusammen, daß die tendenziell überalterten Führungsgruppen ihren Blick zurück in die Vorkriegszeit, auf die Verhältnisse von 1913, richteten und nicht in eine politische Zukunft, die den Jüngeren, die nach 1918 politisch mündig wurden, etwas bedeutete. Die Sozialdemokratie unterschied sich hierin nicht von den klassischen Weimarer Parteien. Die Erfahrung des Ersten Weltkrieges wirkte dabei als Scheidepunkt ein, der die Mentalität der Älteren von der der Jüngeren trennte, wenngleich die dem Mentalitätswandel zugrunde liegenden sozio-ökonomischen Veränderungen bereits wesentlich früher eingesetzt hatten.
Während die Frontkämpfergeneration vielfach resignierte und sich als Altersgruppe begriff, der es versagt blieb, ihre Hoffnungen und Ziele zu verwirklichen, rebellierten signifikante Teile der Nachkriegsgeneration gegen ein gesellschaftliches und politisches System, das sie aus einer begreiflichen Perspektivenverzerrung heraus als Herrschaft der alten Generation begriffen. Namentlich die nationalsozialistische Propaganda griff diese Vorstellung auf; indem sie sich als Verkörperung des „Jungen Deutschland" stilisierte, vermochte sie auch proletarische Jugendliche in ihren Bann zu ziehen, zumal wenn diese infolge der Massenarbeitslosigkeit keinen Ausbildungs- oder Arbeitsplatz fanden und daher nicht mit der organisierten Arbeiterbewegung in unmittelbare Berührung kamen. Teilweise wandten sich jugendliche Arbeitnehmer der kommunistischen Bewegung zu, deren Propagandasprache und deren Beschwörung eines revolutionären Aktivismus ihrer zur Aktion drängenden Mentalität entgegenkam, was von der Agitation der SPD, die den Akzent vor allem auf Organisationsausbau und „revolutionäre" Geduld legte, nicht gesagt werden kann.
Die zu politischer Gestaltung drängenden Gruppen der jüngeren Arbeiterschaft fanden sich fast durchweg außerhalb der erstarrenden Parteiapparate von SPD und KPD bei den zahlreichen oppositionellen Gruppierungen wie der KPO, der „Gruppe Klassenkampf", der SAPD, den „Roten Kämpfern" und dem ISK, und sie werden es sein, die nach 1933 zu den aktivsten Trägern des Widerstands gehören. Insofern spielte der für die Weimarer Zeit bestimmende Generationenkonflikt auch für die organisierte Arbeiterbewegung eine Rolle, wenngleich sich hier nicht wie im bürgerlichen Lager die Illusion durchsetzte, als sei die jüngere Generation als solche in der Lage, das bestehende Parteiensystem in einer „Dritten" oder „Vierten Front" aufzulösen, wie neokonservative Autoren im Stile Hans Zehrers, des Herausgebers der Zeitschrift „Die Tat", träumten, ohne rechtzeitig zu erkennen, daß dieser Jugendmythos in erster Linie der nationalsozialistischen Bewegung zugute kam.

Es ist sicherlich irreführend, aus historischen Erfahrungen einfache Nutzanwendungen für die Gegenwart abzuleiten. Gleichwohl zeigt die Weimarer Entwicklung, daß für die Vitalität und die Gestaltungsfähigkeit der organisierten Arbeiterbewegung die bewußte Einbeziehung der Kräfte der jüngeren Generation unentbehrlich ist, so sehr diese dazu neigt, ihre Kräfte zu überschätzen, die Handlungsperspektive zu verkürzt wahrzunehmen und über der kritischen Distanzierung von der älteren Generation den Wert des einmal Errungenen geringer anzuschlagen. Äußere Disziplinierung erweist sich als untaugliches Mittel, um die Integration der Jüngeren sicherzustellen. Vielmehr bedarf es dazu der Bereitschaft sowohl zu mühsamer argumentativer Auseinandersetzung wie der Öffnung des Apparats für größere aktive Partizipation durch die nachwachsende Generation, der nur dann Vertrauen abgefordert werden kann, wenn ihr selbst Vertrauen in die Fähigkeit entgegengebracht wird, ihren eigenen Weg selbstkritisch zu finden.

Internationale Kinderrepublik „Solidarität" in Draveil bei Paris 1932.
Das Zelt der Gelsenkirchener Falken;
Archiv der Arbeiterjugendbewegung, Oer-Erkenschwick

„Links und frei“

Arbeiterjugend auf Wanderschaft, ca. 1913; Archiv Ernst Schmidt, Essen

Erste Turnerinnenriege aus Essen mit Vorturner, vor 1914; Archiv Ernst Schmidt, Essen

Bergarbeiterjugend Westerholt 1922;
Archiv der Arbeiterjugendbewegung

Gruppe des Kommunistischen Jugendverbandes vor 1933;
Archiv Ernst Schmidt, Essen

Bilder
des Arbeiterfotografen
Theo Gaudig

An der Drehbank 1927;
Th. Gaudig

Abgedruckt in der Arbeiter Illustrierten-Zeitung (AIZ) 1928;
AIZ, Jg. 1928; Th. Gaudig

Theo Gaudig heute
mit seiner alten
Plattenkamera
und selbstgebautem
Teleobjektiv;
A. v. Plato

Roter Frontkämpferbund, Bielefeld 1928; Archiv Ernst Schmidt, Essen

Kommunistische Jugend bei der Rast, um 1923; Archiv Ernst Schmidt, Essen

Siedlung der Baugenossenschaft „Freie Scholle“, gebaut von der Produktivgenossenschaft Bauhütte Teutoburg; Klaus Novy

Plakat für Kölner Gewerkschaftshaus; Klaus Novy

Baugenossenschaft „Freie Scholle“ Bielefeld: Genossenschaftshaus; Klaus Novy

Arbeitersamariter vor 1933;
Archiv Ernst Schmidt, Essen

Arbeiterradfahrbund Solidarität Meerbeck 1931;
Archiv Ernst Schmidt, Essen

Naturfreunde um 1929;
Archiv Ernst Schmidt, Essen

Um 1930;
Archiv Ernst Schmidt, Essen

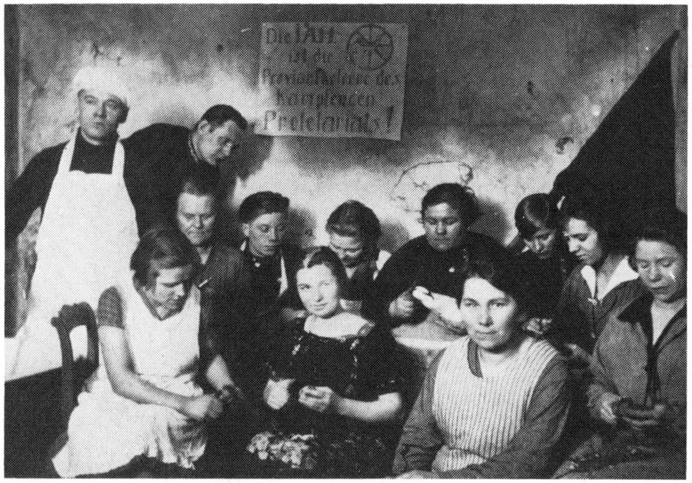

Streikküche der Internationalen Arbeiterhilfe (IAH) vor 1933;
Archiv Ernst Schmidt, Essen

Archiv Ernst Schmidt, Essen

Kinderverschickung der IAH 1932;
Archiv Ernst Schmidt, Essen

Antikriegssäule der Falken 1932. Internationale Kinderrepublik in Draveil bei Paris; Archiv der Arbeiterjugendbewegung, Oer-Erkenschwick

Reichsbanner Schwarz-Rot-Gold Düsseldorf 1932 Archiv der sozialen Demokratie, Bonn (AdsD)

Internationale Kinderrepublik „Solidarität" in Draveil bei Paris 1932. Lagerleben der Gelsenkirchener Falken; Archiv der Arbeiterjugendbewegung, Oer-Erkenschwick

Arbeiter-Esperantobund 1929; Th. Gaudig, Essen

Holger Paul

Funktionäre.

Biografische Profile

An kaum einem Stammtisch fehlt es — das abfällige Urteil über die Partei- und Gewerkschaftsbonzen. Keine Partei- oder Gewerkschaftsgliederung, in der nicht auf die Führungsclique „derer da oben" geschimpft wird, „die sowieso nur machen, was sie wollen".
Doch wie sieht er aus — der politische Funktionär des 19. und 20. Jahrhunderts — läßt sich von ihm ein Profil erstellen, oder muß jeder Versuch einer Typologie an der Individualität der Personen scheitern?
Robert Michels hat in seiner inzwischen als Klassiker angesehenen Studie zur Soziologie des Parteienwesens in der modernen Demokratie 1912 die These aufgestellt, daß die Massen, wenn sie herrschen oder bestimmen wollen, Organisation und Führung brauchen. Organisation, das bedeute nichts anderes als Aufbau eines Apparates und damit verbunden die Tendenz zur Oligarchie, d. h. die Herrschaft einer bestimmten Führungsclique. Das ursprüngliche Ziel eines demokratischen Willensbildungsprozesses der Massen sei damit umgekehrt. Die Herrschaft bleibe in der Hand der Funktionäre, das lasse sich sowohl bei der Analyse der demokratisch/sozialistischen Parteien als auch bei den Gewerkschaften feststellen.
Doch ist der auf diese Weise eingestellte Funktionär, vor allem wenn er aus dem Proletariat stammt, tatsächlich so anfällig gegenüber den Eigenschaften der bürgerlichen Elite, wie autoritärem Denken, Eitelkeit und Bestechlichkeit?
Im folgenden sollen einige Portraits rheinisch-westfälischer Funktionäre gezeichnet werden, mit dem Ziel, zu prüfen, was tatsächlich an Substanz hinter der Michelsschen These steckt. Dabei soll ein historischer Bogen gespannt werden: Von den Anfängen der Arbeiterbewegung bis zur Funktionärsschicht der Nachkriegsgeneration.

August Siegel
AdsD

Ludwig Schröder
AdsD

Fritz Bunte
AdsD

Zur ersten Generation von Gewerkschaftsfunktionären gehörte *August Siegel*. Diese Gruppe, geboren in der Zeit von 1855—1875, ist sehr stark durch die Arbeitswelt der aufkommenden Industrialisierung geprägt, leitet ihre politischen Erfahrungen sehr stark aus den Verfolgungen während des Sozialistengesetzes (1878—1890) ab und ist gezwungen, die meiste Zeit ehrenamtlich politisch oder gewerkschaftlich zu arbeiten.
Der Bergarbeiter Siegel (1856—1936) ist zusammen mit Friedrich Bunte und Ludwig Schröder Wortführer und Organisator im großen Bergarbeiterstreik im Mai 1889. Auf einer Streikversammlung wird beschlossen, die drei mit den Forderungen zu Kaiser Wilhelm II. zu schicken. In seiner erst jüngst erschienenen Autobiographie berichtet Siegel darüber: „Es war unmöglich für uns abzulehnen, obwohl wir wußten, daß die Kronhäupter und Staatsminister nur die Dienstmägde der Kapitalisten waren."
Tatsächlich wurden sie vom Kaiser empfangen: „Ich war äußerst erstaunt, so hatte ich mir den Landesvater ‚von Gottes Gnaden' nicht vorgestellt. ‚Sein schwarzgelbes, eingefallenes Gesicht mit dem finsteren gebietenden Blick war zu vergleichen mit dem Gesicht eines Mannes, der Tags zuvor dem Wein übermäßig zugesprochen hatte. Gedanken stiegen in mir auf: Wieviel Summen in seiner Umgebung für Dekoration verschwendet werden, zumal, wenn er Besuche abstattete, und welchen Kontrast bildete das zu dem Hungerschicksal der unterernährten Arbeiterkinder. Doch war nicht länger Zeit zum Vergleiche Ziehen.'"
Schröder begann: „Wir überbringen Euer Majestät die Grüße von hunderttausend Bergleuten und bitten um Eure Gnade. Sprechen Euer Majestät ein kaiserliches Wort, so wird die Ruhe wiederhergestellt und Millionen von Tränen getrocknet."
„Was ist Euer Wunsch?" hob der Kaiser an. Schröder erwiderte:
„Die von unsern Vätern ererbte achtstündige Schichtzeit und dabei so viel zu verdienen, daß wir unsere Familien ehrlich und ordentlich ernähren können."
Darauf der Kaiser: „Ihr habt den Kontrakt gebrochen und dadurch die Werksbesitzer schwer geschädigt. Ich habe bereits zwei Schritte getan, die Sache untersuchen zu lassen. Ich habe alle meine Regierungsorgane beauftragt, die Sache genau zu untersuchen, wen die Schuld

trifft. Sollte die Sache aber eine Parteiverschiebung werden, hauptsächlich zur Sozialdemokratie — ein Sozialdemokrat ist bei mir ein Reichs- und Vaterlandsfeind —, so werde Ich alle Meine Macht einsetzen, und Meine Macht ist stark. Dann werde Ich aber auch alles über den Haufen schießen lassen. Sollte das aber nicht so sein, so seid Ihr Meines Kaiserlichen Wohlwollens und Meines Schutzes sicher."

Schröder: „Wir danken Eurer Majestät für die gewährte Audienz."

Der Streik endet mit einem Prestigeerfolg der Arbeiter, Lohnzusagen werden später nicht eingehalten. Für Siegel bedeutet die Beendigung des Streiks praktisch das Ende seines Bergmannslebens in Deutschland. Er findet an keiner Zeche mehr Anstellung.

Er wird Mitbegründer des Bergarbeiterverbandes, zu dem sich im Sommer 1889 200 Delegierte aus 66 Zechen des Reiches zusammenschließen. Als Agitator des Verbandes reist er durchs Ruhrgebiet, um die Einrichtung von Zahlstellen zu beschleunigen. Er kandidiert im Kreis Mansfeld an aussichtsloser Position für die Sozialdemokraten und unterliegt. Zwei Jahre lang hauptamtlich beschäftigt beim Bergarbeiter-Verband emigriert Siegel 1892 nach England, um Gerichtsverfolgung und drohenden Freiheitsstrafen zu entgehen. Er nimmt Kontakt zu deutschen sozialistischen Emigranten auf und findet bald wieder Arbeit in einem Bergwerk in Schottland. Bis zu seiner Ausweisung 1918 arbeitet er politisch in der Unabhängigen Arbeiterpartei und im Schottischen Bergarbeiter-Verband. Nach der Flucht des Kaisers kehrt er 1918 nach Deutschland zurück und arbeitet bis zu seiner Pensionierung 1929 in der Hauptverwaltung des Bergarbeiter-Verbandes in Bochum.

Siegel verkörpert den Typ des selbstbewußten Funktionärs, der aus dem Betrieb heraus von seiner Basis getragen wird und sich zum Sprachrohr der Belegschaft macht. Er ist Autodidakt wie fast alle Gewerkschafter der Gründerphase und steht in der Tradition der frühen deutschen Sozialdemokratie, ist Gegner des kapitalistischen Wirtschaftssystems und Internationalist. Der Aufbau einer schlagkräftigen Gewerkschaftsorganisation ist für ihn aus der Erfahrung heraus logisch und notwendig zur wirksamen Interessenvertretung der Belegschaft. Er ist kein Führer, der sich gegenüber seiner Basis verselbständigt, nicht zuletzt, weil er immer körperlich gearbeitet hat. Er kennt noch keine gewerkschaftliche Ausbildung und sucht Rat bei älteren erfahrenen Kollegen. Den Apparat gibt es noch nicht. Siegels Generation bemüht sich erst um den Beginn seines Aufbaus.

Heinrich Imbusch, 1929 *AdsD*

Demgegenüber verkörpert *Heinrich Imbusch* schon einen ganz anderen Typ des Funktionärs.

Ebenfalls von Haus aus Bergarbeiter zählt Imbusch bereits zur zweiten Generation der Funktionäre, die häufig auch als Gewerkschaftsbeamte bezeichnet werden. Sie sind in dem Zeitraum von 1875—1890 geboren und sammeln erste politische Erfahrungen noch im Kaiserreich. In Oberhausen 1878 als Sohn eines Formers geboren, wächst Heinrich gemeinsam mit seinem ein Jahr älteren Bruder Hermann auf dem Lande im nachbarlichen Frintrop auf, wo der Vater neben seiner 8-Stunden-Schicht im Bergwerk noch eine kleine Landwirtschaft betreibt. Heinrich Imbusch ist intelligent, doch die finanzielle Not läßt ein Studium nicht zu. Er wird Bergarbeiter, besucht aber neben der Arbeit die Fortbildungsschule in Borbeck. Mit seinem Beruf ist er unzufrieden, ebenso mit dem Gewerkverein christlicher Bergarbeiter, dem er 1897 — nicht zuletzt wegen seiner christlichen Erziehung — beitritt. Imbusch besucht Volkswirtschaftskurse beim Volksverein für das katholische Deutschland und wird hauptamtlicher Redakteur beim Gewerkschaftsorgan „Bergknappe". Als Arbeiter-Intellektueller ist er Verfasser zahlreicher Broschüren, Aufsätze und Bücher über die Gewerkschaftsbewegung, die Lage der Arbeiter und zu Problemen ihrer Interessenwahrnehmung (Knappschaftswesen). Sein Aufstieg ist verknüpft mit der gewaltigen Expansion der Gewerkschaften vor 1914. Mit wachsender Ausprägung und Konkurrenz der Richtungsgewerkschaften bedurfte es auch an der Spitze der christlichen Gewerkschaften eines theoretischen Kopfes, der den sozialdemokratischen Gewerkschaftsführern paroli bieten konnte.

Diese Funktion erfüllte Imbusch ebenso wie die Aufgabe, organisationspolitisch auch über die Revolutionswirren hinaus trotz interner Auseinandersetzungen seine reformorientierte Politik beizubehalten. Darüber hinaus kann man Imbusch auch eine gehörige Portion Geschäftstüchtigkeit nicht absprechen, die ihm wiederholt Arbeitsangebote aus der Industrie einbrachte und dazu beitrug, daß der Gewerkverein auf eine solide finanzielle Grundlage gestellt wurde.

1913 wird Imbusch Vorstandsmitglied des Gesamtverbandes christlicher Gewerkschaften, 1919 1. Vorsitzender des Gewerkvereins. Als Mitglied des Reichstages gerät er oft in Gegensatz zur offiziellen Zentrumspolitik.

Er kämpft vergeblich gegen die Wiedergewinnung unternehmerischer Machtfülle im Bergbau in den zwanziger Jahren und plädiert für Sozialisierung. 1927 kritisiert er den Reichskanzler und Parteifreund Wilhelm Marx wegen des Eintritts in eine Rechtsregierung. Er bescheinigt ihm kurzerhand persönlichen Ehrgeiz und stellt fest, daß Marx „praktisch nicht sozial" sei.
Die Kölnische Zeitung urteilt Ende 1926, Imbusch sei „einer der sachlich Radikalsten nicht unter den christlichen, sondern unter den deutschen Gewerkschaftsmännern überhaupt. Er wirkt ungemein praktisch und scharfblickend, disponiert gern, bleibt nicht im sozialen Bereich oder gar in der Ebene fragwürdiger Ideen und magerer Idealismen haften, und vor allem, er ist eine Kämpfernatur mit der Tête carrée und dem etwas einseitigen, auch etwas langweiligen Fanatismus des Westfalen, wenn er als Massenführer auftritt. Dabei sehr ehrgeizig." Eine eigenwillige starke Persönlichkeit, dabei bereits der Mann des Apparats, der seine Stärke letztlich auch aus konsequenter Interessenvertretungspolitik der Arbeiter zieht. So erreicht Imbusch in der Phase des Sozialabbaus, und damit verbunden des Niedergangs der Gewerkschaften, das höchste Amt: er wird 1929 1. Vorsitzender des Dachverbandes der christlichen Gewerkschaften, des Deutschen Gewerkschaftsbundes.
Durch Flucht entgeht er der Verhaftung durch die Nationalsozialisten, später kehrt er trotz Gefahren und Verfolgungen unerkannt nach Essen zurück und lebt dort zurückgezogen bis zu seinem Tod 1945.
Obwohl Politiker und Gewerkschafter, ist Imbusch letztlich Mann der Gewerkschaftsorganisation, dem Einheit der Organisation und Vertretung der breiten Arbeiterschaft oberste Ziele sind. Aufbau, Ausbau und Festigung des Apparates, Schulung der Funktionäre sind wesentliche Aufgaben. Probleme mit der internen Bürokratie sind ihm noch fremd.

„Das Bild des Menschen: Bärbeißige Brummigkeit als Maske für viel Güte und auch für ein wenig Schüchternheit; funkensprühender Zorn im Kampf für das als gerecht und wahr Erkannte; versöhnender Humor für Freund und Feind auch nach heftigstem Streit".

Fritz Henssler *AdsD*

Hätte man in den 50er Jahren einem Journalisten aus Nordrhein-Westfalen diese Beschreibung vorgelegt, es wäre mit Sicherheit immer derselbe Name gefallen: *Fritz Henssler.* Im Schwarzwald 1886 geboren, Lehre als Buchdrucker, wird Henssler bereits 1911 Redakteur bei der Dortmunder Arbeiterzeitung. Mit Unterbrechung durch zwei Jahre Militärzeit während des Krieges bleibt er seinem Beruf bis 1933 treu. Daneben engagiert er sich für die Sozialdemokratie, vor allem in der Kommunalpolitik: 1924 Stadtverordneter, ein Jahr später Stadtverordnetenvorsteher in Dortmund. Hier beginnt auch seine weitere politische Karriere, die ihn über den westfälischen Provinziallandtag (1929) 1930 in den Reichstag bringt. Der drohenden Gefahr des Nationalsozialismus versucht er durch Massenkundgebungen der Eisernen Front zu begegnen: 25.000 sind es 1932, die sich in Dortmund versammeln. Mit dem Parteivorstand glaubt Henssler nur an ein kurzes Zwischenspiel der NS-Herrschaft. Schutzhaft und 8 Jahre Konzentrationslager Sachsenhausen sind das, was Henssler unter den Nazis erlebt. Körperlich am Rande der Existenz, doch geistig-seelisch ungebrochen hat er Haft und Folter überstanden.
In den Wiederaufbau stürzt sich Henssler mit aller Kraft in seiner Gemeinde, Dortmund. Er wird erster gewählter Oberbürgermeister nach dem Kriege, beteiligt sich am Wiederaufbau der Gewerkschaften im Raum Dortmund-Lünen und wird wieder Bezirksvorsitzender der SPD im westlichen Westfalen. 1947 wählt ihn die SPD-Fraktion im Düsseldorfer Landtag zum Fraktionsvorsitzenden.

Karl Arnold, März 1956 *AdsD*

Mit Karl Arnold, seinem Gegenspieler der CDU auf Landesebene, verbindet ihn ein pragmatisches, zeitweise freundschaftliches, jedoch selten ungetrübtes

Verhältnis. Allzuoft — so der Vorwurf — lasse Arnold sich von Adenauer in seiner Landespolitik gängeln.
Was Hensslers politische Zielsetzungen betrifft, ist er offen und gradlinig, z. T. auch eigenwillig, dabei eher zurückhaltend mit einer Neigung zu Detailproblemen. Er tritt mit viel Engagement für die Sozialisierung der Großindustrie, Bodenreform in NRW und die Entkonfessionalisierung der Schulen ein, erreicht wurde letztlich nur ein Bodenreformgesetz.
Henssler ist kein Freund großer Worte, eher betonter Sachlichkeit, was zu Problemen im Verhältnis zu Kurt Schumacher führt. Mit ausgeprägtem nationalen Bewußtsein wendet sich Henssler im Bundestag konsequent gegen das Ruhrstatut und den Schumanplan und tritt gleichzeitig — durchaus im Gegensatz zur Mehrheit der eigenen Parteifreunde — bereits im Dezember 1950 für einen eigenen Verteidigungsbeitrag ein.
Das bedeutet nun aber keineswegs blinde Befürwortung der Westintegration, sondern ist die Aufforderung, darüber nachzudenken, eine Neutralisierung ganz Deutschlands in die eigenen Überlegungen mit einzubeziehen. Diese Überlegungen, die er 1952 mit vielen Sozialdemokraten teilt, konnte er nicht mehr in konkrete Politik umsetzen. 1953 erliegt Henssler, dessen gradlinige, beharrliche Art auch vom politischen Gegner geschätzt wurde, einem Herzschlag.
Obwohl Henssler vom Alter her noch zur zweiten Generation der Partei- und Gewerkschaftsbeamten zählt, repräsentiert er bereits den Typ jener Funktionäre, die später ein Stück des Geheimnisses der Stärke sozialdemokratischer Bezirksvorsitzender an Rhein und Ruhr ausmachen: Verankerung im Apparat und in der Kommunalpolitik, Verknüpfung von Kommunal- und Landespolitik als Ausgangspunkt für politisches Wirken, Einbeziehung regionalpolitischer Überlegungen in die Bundespolitik.

Bemerkenswert: Hensslers Widerpart auf CDU-Seite ist auch kein gebürtiger Rheinländer und bringt es zum Ministerpräsidenten von Nordrhein-Westfalen. *Karl Arnold*, der „Asket", wie ihn die britischen Besatzungsoffiziere nennen, stammt aus Herrlishöfen bei Biberach, wo er 1901 geboren wird. Der Sohn eines Handwerkers ist zunächst Lederarbeiter, tritt früh dem Katholischen Gesellenverein bei und spricht, den Rucksack auf dem Rücken, 17jährig den Zentrumspolitiker Matthias Erzberger an: der verhilft dem Bildungshungrigen zum Studium an der Sozialen Hochschule in München. Mit 23 ist Arnold dann Kartellsekretär der Christlichen Gewerkschaften in Düsseldorf und steigt direkt in die Kommunalpolitik ein. Die NS-Herrschaft setzt seiner politischen Karriere — inzwischen war er stellvertretender Fraktionsführer des Zentrums in im Düsseldorfer Stadtrat — ein jähes Ende. 12 Jahre Berufsverbot, 1944 Verhaftung im Zusammenhang mit den Ereignissen des 20. Juli sind später das Erbe, das ihn zugleich mit seiner Zentrums- und Gewerkschaftsvergangenheit für die Alliierten nach Kriegsende nicht nur akzeptabel macht. Wie sich heute anhand der Akten der britischen Militärregierung nachweisen läßt, paßt er in ihr Konzept eines von einer breiten parteipolitischen Mehrheit getragenen Wiederaufbaus unter sozial-fortschrittlichen Vorzeichen.
Im April 1945 gründet Arnold mit Freunden die Christlich-Demokratische Union in Düsseldorf, kurz darauf im Rheinland. Im Januar 1946 ist er erster gewählter Oberbürgermeister Düsseldorfs nach dem Kriege, im Sommer 1947 Ministerpräsident von Nordrhein-Westfalen. Er führt eine Große Koalition aus CDU, Zentrum, SPD und KPD, um der vor allem im neu geschaffenen Land zusammengeballten Probleme gemeinsam Herr zu werden: Ernährungskrise, Demontagen, Ruhrkontrolle, ausländische Gebietsansprüche — aber auch Verfassungsberatungen.

Als ein Mann des christlich-sozialen Arbeitnehmerflügels versucht er später, das nordrhein-westfälische Modell auch auf die Bundespolitik zu übertragen, doch hier findet er in Konrad Adenauer seinen Meister. Zwar kann Arnold 1949 noch manche Pläne Adenauers durchkreuzen — so läßt er sich mit den Stimmen der SPD zum Vorsitzenden des Bundesrates wählen — doch 1954 zwingt Adenauer ihn, mit der ungeliebten FDP zu koalieren und die SPD aus der Regierungsverantwortung zu drängen. Mit dem wirtschaftlichen Aufschwung sank auch der Stern Arnolds innerhalb der CDU. Noch 1950 erwog er, die Sozialisierungsdebatte neu aufleben zu lassen, nachdem die Alliierten die Sozialisierungsgesetzgebung der Großen Koalition an Rhein und Ruhr blockiert hatten. Diese Position zu einer Zeit, wo die Entscheidung zugunsten der privatkapitalistischen Lösung längst gefällt war, ist bemerkenswert angesichts des ausgeprägten politischen Ehrgeizes und Machtbewußtseins Arnolds, der seine Arbeitnehmerpolitik auf Basis von Sozialpartnerschaft verfolgte und zur CDU-Spitze drängte.
Wenn Detlef Hüwel ihn in seiner interessanten Biographie als den auf sozialen Wandel drängenden Stachel in der CDU bezeichnet, trifft er den Punkt. Adenauers Versuche, Arnold zu entmachten, scheiterten: bis zu seinem Tode weigerte er sich, ein Ministeramt auf Bundesebene anzunehmen oder aber andererseits sich auf Landespolitik beschränken zu lassen. Als er im Landtagswahlkampf 1958 stirbt, hatte er gerade sein Bundestagsmandat angetreten und den Vorsitz der CDU-Sozialausschüsse übernommen. Machtbewußt und ehrgeizig, Sozialpolitiker und gleichzeitig Repräsentant der „Großen Politik", all dies vermittelt Arnold und entzieht sich damit weitgehend einer Typologisierung.

Willi Agatz *AdsD*

Da ist das bei *Willi Agatz* schon etwas anders. Er stammt aus der Arbeiterklasse und ist ihr auf seine Art bis zu seinem frühen Tod treu geblieben. Gelernter Bergarbeiter, als Funktionär Autodidakt, gerät Agatz mehrmals in Konflikt mit dem Gewerkschafts- und Parteiapparat.
1904 geboren, zählt er zu jener dritten Generation der Funktionäre (geboren in dem Zeitraum von 1890—1905), die verschiedene Gruppierungen, den bereits ausgebildeten Arbeitervertreter, den Angestellten und auch noch viele Autodidakten in ihren Reihen beherbergt.
1920 SAJ-Mitglied stimmt Agatz immer weniger mit der offiziellen SPD-Politik überein und schließt sich 1922 der Kommunistischen Jugend an. Er erlebt mehrfach Maßregelungen von Arbeitgeberseite wegen der Organisierung von Streiks unter den Bergleuten. 1930 wird er als Befürworter der die Gewerkschaft spaltenden kommunistischen Politik der Revolutionären Gewerkschaftsopposition (RGO) aus dem Verband der Bergarbeiter ausgeschlossen. Als Mitglied der Bezirksleitung Ruhrgebiet der RGO beteiligt er sich an der Organisation der Bergarbeiterstreiks 1931 und 1932. Ab 1930 ist er für die KPD Mitglied im Reichstag.
Nach der Machtübernahme von den Nazis mehrfach verhaftet, verbringt Agatz mehrere Jahre im KZ Sachsenhausen, anschließend im Strafbataillon 999.
Nach 1945 beteiligt er sich am Wiederaufbau einer einheitlichen Bergarbeitergewerkschaft. Im Dezember 1946 wählen ihn die Delegierten der 1. Generalversammlung des Industrieverbands Bergbau zu ihrem 2. Verbandsvorsitzenden. Beinahe wäre Agatz sogar zum 1. Vorsitzenden gewählt worden, denn bei den Gesamtvorstandswahlen hatte er noch 8 Stimmen mehr als der sozialdemokratische Gewerkschaftsveteran August Schmidt erhalten. Die Delegierten stimmen mit Schmidts kompromißlerischer Haltung gegenüber der Militärregierung nicht überein und verpassen ihm einen Denkzettel. Doch als es um die Wahl des 1. Vorsitzenden geht, siegt Schmidt letztlich knapp mit 168 zu 155 Stimmen gegenüber Agatz. Damit haben sich aber bereits bei Gründung zwei Lager in der Bergarbeitergewerkschaft herausgebildet.
Zunächst ziehen beide Seiten noch an einem Strang: vor allem im März 1947, als die Ernährungslage im Ruhrgebiet auf eine Katastrophe zutreibt und alle Anträge von SPD und KPD zur Sozialisierung im nordrhein-westfälischen Landtag scheitern.
Auf einer Ruhrgebietskonferenz am 2. April 1947 stimmen die Bergarbeiter dann gegen den Willen von August Schmidt einen Forderungskatalog ab, in dem eine durchgreifende Änderung der Ernährungssituation und die Vertretung des Industrieverbands Bergbau in allen Organisationen des Kohlebergbaus gefordert werden. Um ihren Forderungen Nachdruck zu verleihen, beschließen die Delegierten für den nächsten Tag einen 24stündigen Proteststreik. Am 3. April 1947 legen daraufhin über 300.000 Bergleute die Arbeit nieder. Konnte hier Agatz seine Linie noch durchsetzen, so scheitert er bereits wenige Monate später, als es um die Errichtung und Beteiligung der Gewerkschaften an der Deutschen Kohlen-Bergbau-Leitung geht.
Anstatt die deutsche Forderung nach Rückgabe der Kohlengruben zu erfüllen, schaffen Engländer und Amerikaner eine Kontrollbehörde, unter deren Aufsicht die Bergbau-Leitung stehen soll. Aber diese Deutsche Kohlen-Bergbau-Leitung ist nicht etwa paritätisch besetzt, sondern nur im Beirat (eine Art Aufsichtsrat) sitzen sechs Gewerkschafter sechs Konzernvertretern gegenüber, in der (dem Vorstand entsprechenden) Verwaltung bekommt die Arbeitnehmerseite nur zwei von sieben Direktorenposten.
Agatz lehnt die Mitgliedschaft der Gewerkschaft in dieser Institution ab, weil sie letztlich abhängig von den Alliierten ist und sich die Konzernvertreter bei Entscheidungen hinter den Alliierten verstecken können. August Schmidt sieht sie als Möglichkeit, überhaupt Mitbestimmung der Gewerkschaften durchzusetzen. Agatz wird überstimmt, die Gewerkschaften beteiligen sich, ohne allerdings Erfolge zu erzielen. Auf dem 2. Gewerkschaftstag wird die Kontroverse um den Austritt aus der Deutschen Kohlen-Bergbau-Leitung zur Schicksalsfrage für Agatz: mehr als 2/3 der Delegierten lehnen den Austritt ab, Agatz wird nicht einmal mehr in den geschäftsführenden Vorstand des Industrieverbands Bergbau gewählt.
Zwei Jahre lang bleibt Agatz noch Sekretär der Hauptverwaltung der (inzwischen umbenannten) Industriegewerkschaft Bergbau. Dann — im Anschluß an eine Rede auf der Zeche Rheinbaben — geht der Vorstand gegen ihn vor. In dieser Rede hatte Agatz dem Vorstand der IG Bergbau Arbeitsgemeinschaftspolitik vorgeworfen und

eigenmächtig die Forderung von Lohnerhöhung und Einführung der Sieben-Stunden-Schicht erhoben. Dies schließlich noch in einem Flugblatt später wiederholt.
Formal hat der Vorstand das Recht auf seiner Seite. Er schließt den unbequemen Arbeitnehmervertreter aus, nachdem eine Aussprache mit August Schmidt kein befriedigendes Ergebnis gebracht hatte. Die Rahmenbedingungen sind günstig, da zu diesem Zeitpunkt innerhalb der KPD wieder jene unselige Diskussion um eine RGO-Politik beginnt. Man schlägt den Kommunisten und trifft einen Gewerkschaftsfunktionär, der zwischen die Mühlsteine der Parteipolitik gerät.
Agatz trifft der Ausschluß schwer. Er hat Fehler gemacht, ist über das Ziel hinausgeschossen, aber kann man so mit einem Gewerkschafter umgehen, der maßgeblich am Wiederaufbau der IG Bergbau mitgewirkt hat? Zwei Jahre später kritisiert ihn auch noch die KPD-Landesleitung von Nordrhein-Westfalen wegen dieses Fehlers.
Doch Agatz bleibt seiner Partei treu. Er vertritt die KPD noch bis 1953 im Bundestag, kämpft vor allem gegen die Wiederbewaffnung in der Bundesrepublik. Bis zum KPD-Verbot 1956 bleibt er hauptamtlicher Funktionär und Mitglied des Parteivorstandes der KPD. Mit 53 Jahren stirbt er 1957 in Ostberlin.
Von ganz anderer Herkunft ist *Werner Hansen* (ursprünglich Wilhelm Heidorn). 1905 geboren, zählt auch er zu der Gruppe der Funktionäre, die entscheidend zum Wiederaufbau der Gewerkschaften in der Bundesrepublik beigetragen haben. Hansen entstammt nicht der Arbeiterklasse. Er macht eine kaufmännische Lehre und arbeitet ab 1923 als kaufmännischer Angestellter. Mitte der zwanziger Jahre wird er Mitglied der SPD und engagiert sich im Zentralverband der deutschen Angestellten (ZdA). Da die SPD-Führung in seinen Augen keine konsequente sozialistische

Werner Hansen *AdsD*

Politik macht, schließt er sich bereits 1926 dem ISK — Internationalen Sozialistischen Kampfbund — an, der versucht, als linkssozialistische Kaderorganisation innerhalb der SPD zu wirken. Nach der NS-Machtübernahme organisiert Hansen die illegale Widerstandsarbeit der starken ISK-Gruppe in Köln. Anfang 1937, nach Einsetzen einer Verhaftungswelle unter ISK-Funktionären, flieht er nach Frankreich, später nach England. Im Exil setzt Hansen zusammen mit gleichgesinnten Genossen und Gewerkschaftern den Kampf gegen das NS-Regime fort. Er betätigt sich bei der Entwicklung und Propagierung von Plänen zur Neuordnung Deutschlands. Zusammen mit Hans Gottfurcht u. a. erarbeitet er das Programm der Landesgruppe deutscher Gewerkschafter im Exil und ist Mitverfasser der Programmvorschläge für eine Einheitsgewerkschaft.
Noch während des Krieges, im März 1945, kehrt Hansen nach Köln zurück. Als Mitglied des sogenannten Siebenerausschusses ist er an leitender Stelle am Wiederaufbau der Gewerkschaften in der britischen Zone beteiligt. Er wird als Nachfolger von Böckler 1946 Leiter des britischen DGB-Zonensekretariats in Bielefeld und 1947 1. Vorsitzender des DGB-Landesbezirks NRW. Von 1956 bis zu seiner Pensionierung ist Hansen Mitglied des DGB-Bundesvorstandes, wo er u. a. für die Abteilungen Angestellte und Werbung verantwortlich ist. Nach außen konziliant, ist Hansen ein in der Sache äußerst zielstrebiger und konsequenter Gewerkschafter.
Aus dem Programmatiker und Sozialisten im Exil wird der Praktiker des Apparats, dessen Tätigkeitsfeld sich immer mehr am „Machbaren" orientiert. Ähnlich wie Böckler gegenüber Schumacher, setzt Hansen gegenüber den NRW-Landespolitikern der SPD durch, daß gewerkschaftliche Positionen 1947—1949 in der Landespolitik akzeptiert werden und Eingang in die Wirtschafts- und Sozialpolitik finden.
Wie kaum ein anderer Gewerkschaftsfunktionär kümmert er sich später um die Binnenstruktur der Organisation, wirkt sehr oft im Hintergrund.
So geht der Wiederaufbau der Büchergilde Gutenberg ebenso auf seine Initiative zurück wie die Einrichtung von Archiv und Bibliothek des DGB. In seiner eher betont sachlichen Art verkörpert Hansen den Typ des Gewerkschaftsfunktionärs, der Managereigenschaften mit der Konsequenz und Zielstrebigkeit des parteilichen Interessenvertreters verbindet. Dabei zählt Hansen eindeutig zu der Gruppe autodidaktischer Intellektueller, die sich in den Dienst der Arbeiterorganisation stellen und dabei gleichzeitig zu Repräsentanten des Apparates werden.
Was bleibt vom Michelsschen Vorwurf der Beherrschung der Massen durch die Funktionäre? Mir scheint, sehr wenig. Kaum eine der hier gezeichneten Persönlichkeiten ist nur Mann des Apparats, sie sind viel eher eingebunden in die historische Situation: Stand und Entwicklung ihrer Organisation ebenso wie sozio-ökonomische Rahmenbedingungen ihres Handelns.

Dabei reicht die Spannweite vom zupackenden Ehrenamtlichen, der die Organisation erst aufbaut (Siegel) bis zum Hauptamtlichen, der die Mobilisierung der Massen auf seine Fahnen geschrieben hat (Agatz), vom Mann des Apparates (Imbusch), der ihn aufbaut, bis zu demjenigen, der ihn fast perfekt beherrscht (Hansen). Gemeinsam ist fast allen die oft allzu starke Hingabe an die „Organisation" und sehr oft auch der Mangel an kritischer Reflexion des eigenen Handelns. Die meist genannten Ursachen, permanenter Arbeitsdruck, Streß, Terminhetze (sie sind es auch, die das Leben vieler Funktionäre vorzeitig beenden), befriedigen nicht. Erklären läßt sich das Phänomen nur begrenzt: Die Organisation ist dem einzelnen vorausgestzt, schafft den Handlungsrahmen, in dem sich der Funktionär bewegt, in den er hineinwächst und mit/in dem er aufsteigt.
Hier kritische Distanz zu bewahren, gar die Organisation in ihrer Struktur in Frage zu stellen, ist offensichtlich eine Überforderung. Vielleicht auch deshalb, weil fast alle Funktionäre ihrer Arbeit und „ihrer" Organisation treu bleiben. Bis heute nicht nur freiwillig; oft ist das Berufsfeld des einzelnen mit der Entscheidung auch festgelegt und eingeengt: einmal SPD- oder Gewerkschaftsführer, bleibt man es. Die Absprungmöglichkeit (Imbusch) ist die Ausnahme. Damit muß die Gefahr wachsen — vor allem angesichts der heutigen großen Gewerkschaftsapparate — den Eigenwert der Organisation überzubetonen. So sind auch Entfremdungen im Verhältnis von haupt- und ehrenamtlichen Funktionären erklärlich und fast unvermeidlich. Eines fällt anhand der Biographien noch deutlich auf: „Seiteneinsteiger" sind äußerst selten. Die Organisationen rekrutieren ihre Spitzenfunktionäre ausschließlich aus dem eigenen Organisationsumfeld. Hier zeichnet sich eine Problematik ab: Um den Unternehmern wenigstens einigermaßen ebenbürtig zu sein, beschäftigen Parteien und Gewerkschaften in zunehmendem Maße Akademiker. Damit wächst jedoch die Gefahr des Identitätsverlusts der eigenen Organisation. Und wer könnte da schon Michels Glauben schenken, der allen Ernstes behauptete, daß, „wo immer der Marschallstab in der schwieligen Arbeiterfaust geruht hat, die Arbeiterkorps unsicherer und ihren Zwecken weniger entsprechend geleitet worden sind als da, wo die Führung in den Händen von aus anderen Gesellschaftsklassen stammenden Männern gelegen hat"? Auf der anderen Seite haben einige der Beobachtungen von Michels — der sich allerdings dem italienischen Faschismus zuwandte, was seine Analysen ins Zwielicht rückt — doch einiges für sich, und man wird nicht sagen können, daß in den demokratischen Massenorganisationen von heute die in dem Verhältnis Funktionär — Basis fast strukturnotwendig auftretenden Probleme gelöst seien. Erst wenn die Crux, die Theodor Cassau 1925 beschrieben hat: „daß der Führer aus der Arbeiterschaft hervorgehen, daß er ihr verbunden bleiben und doch etwas Andersgeartetes werden muß" aus der Welt geschafft wäre, könnte man auch Michels getrost zu den Akten legen.

Depression, Repression, Zweiter Weltkrieg

Düsseldorf 1933

Martin Martiny

Ist das Revier konservativ? Oder ist es heimlich radikal?

Politische Traditionslinien der Arbeiterbewegung in Nordrhein-Westfalen

Krise und Identität

Das Auto Konrad Adenauers, der legendäre Mercedes 300, wurde in den nachträglich vergoldeten Jahren seiner Kanzlerschaft gern „rheinischer Volkswagen" genannt. Dabei stammte dies Fahrzeug bekanntlich keineswegs aus rheinischen Landen, und das Vorkommen großhubiger Limousinen fiel wohl eher am Sitz großer Konzerne im Ruhrgebiet, in Duisburg, Oberhausen, Essen, in Gelsenkirchen, Bochum, Herne oder Dortmund ins Auge. Am häufigsten mag er den Ruhrschnellweg passiert haben, jene segensreiche Hinterlassenschaft nicht des Autobahnbauers Adolf Hitler, sondern des Siedlungsverbandes Ruhrkohlenbezirk. Aber das Ruhrgebiet wurde von der nationalen Öffentlichkeit zum erheblichen Teil dem „Rheinland" gutgebracht. Westfalen galt trotz seiner industriellen Schwerpunkte mehr als eine Gegend von Schinken und klarem Schnaps.
Dem Ruhrgebiet wurde eine eigene Identität nicht zugebilligt, obwohl es auch nach dem Ausbruch der Kohlenkrise im Jahre 1957 das eigentliche Zentrum des nordrhein-westfälischen Wohlstandes ausmachte, obwohl gerade das Ruhrgebiet die Basis abgab für die Rolle des Landes Nordrhein-Westfalen als neupreußische Vormacht der Bundesländer, für seine Zahlungskraft im Länderfinanzausgleich, für seine stützende und korrigierende Rolle gegenüber der jeweiligen Bundesregierung.
Das Bild hat sich gewandelt. Mit der Krise des Reviers kam seine Identität.
„Wenn es an der Ruhr brennt, wird der Rhein nicht genug Wasser zum Löschen haben" — dies von Karl Arnolds Schüler Rainer Barzel stammende Wort wurde seit Bildung der Großen Koalition in Bonn und dem Regierungswechsel in Düsseldorf (1966) viel zitiert. Es überdauerte auch die großen Bergarbeiterdemonstrationen des Jahres 1967, denen sich Heinz Kühn nunmehr als Ministerpräsident zu stellen hatte. Sein Nachfolger Johannes Rau berief unter großem publizistischen Aufwand im Mai 1979 die Ruhrkonferenz nach Castrop-Rauxel ein. Der schon fast vergessene Ruhrsiedlungsverband begann unter neuem Namen als „Kommunalverband Ruhrgebiet" ein neues Leben.
Inzwischen gilt das Revier als das wohl wichtigste Sorgenkind der Nation, als überalteter Industriekoloß mit immer weniger gefragten Produkten, der in seinem katholisch-agrarisch geprägten Umfeld von ebenfalls kränkelnden Branchen wie der Textilindustrie umgeben ist. Das Augenmerk der Experten richtet sich auf Geburtenraten — sie sind niedriger als im Bundesdurchschnitt — und auf Wanderungssalden — sie sind negativ, jedenfalls bei den Erwachsenen deutscher Nationalität. Es richtet sich auf eine weit überdurchschnittliche Arbeitslosigkeit, auf Mängel in der Stadt- und Regionalentwicklung, auf Baulücken und Industriebrachen, auf wirkliche oder vermeintliche Unzulänglichkeiten bei der Verwaltungszuständigkeit, mit nicht weniger als drei Regierungspräsidenten, die fernab vom Revier residieren, sich aber doch dessen Verwaltung teilen.
Selbst die Erfolglosigkeit der „Grünen" bei der Landtagswahl im Jahre 1980 und der Bundestagswahl 1983 (wo sie im Revier unter der Fünfprozentgrenze blieben) läßt sich als Modernitätsrückstand deuten, als ein Verschlafen der Aufbruchstimmung, die vielerorts von den modernen Protestbewegungen ausgeht.
Das Zusammentreffen von Krise und Identitätsfindung im Revier hat aber auch eine teilweise modische Nostalgie zu Tage gefördert, deren unfreiwilliges Objekt nicht zuletzt die Bergleute sind. Ihre Leistungen, ihre Geschichte und ihre von den Arbeitsbedingungen geprägte besondere Solidarität wurden zum Thema seriöser Universitätshistoriker, einer aufblühenden Laien-Geschichtsschreibung, aber auch von bunten Fernsehfilmen („Rote Erde"). Es scheint in Nordrhein-Westfalen so etwas zu geben wie Stabilität ohne Wende. Ein bemerkenswertes Zeichen dafür war das Wahlergebnis vom 6. März 1983, wo die Sozialdemokratie gerade ihre Hochburgen im Ruhrgebiet erfolgreich behaupten konnte. Ihre Punktverluste lagen trotz hoher Ausgangspositionen deutlich unter dem Landesdurchschnitt. Und nur dank der Reviererergebnisse kam die nordrhein-westfälische SPD besser davon als die Partei im Bundesdurchschnitt. Strukturelle Krise und wirtschaftliche Unsicherheit, die andernorts unbestritten den glänzenden Wahlsieg der Union beflügelt hatten, änderten im Revier nichts an der sozialdemokratischen Hegemonie. Die Frage ist erlaubt, ob diese Hegemonie womöglich geradezu Ausdruck eines Revierkonservatismus sein könnte; Ausdruck einer Sorge vor Risiken und Veränderungen, die sich der im Ruhrgebiet beheimateten Sozialdemokratie anvertraut.

Politische Traditionen in Nordrhein-Westfalen

Nordrhein-Westfalen und das Ruhrgebiet sind keineswegs Erblande der Sozialdemokraten. Von den mehr als dreißig Parteitagen der SPD vor der Epoche des Faschismus fand mehr als die Hälfte in Mitteldeutschland statt, in Städten wie Gera, Gotha, Chemnitz, Dresden oder Leipzig. Hin und wieder tagte man im Norden oder Süden oder auch im fernen Breslau. Dagegen gab es es nur einen einzigen Parteitag im Rheinland, der im Oktober 1893 in

Wahlkampf 1930
AdsD

Köln stattfand, und einen weiteren Parteitag im Ruhrgebiet, zu dem im September 1907 eingeladen wurde. Während August Bebel der Stadt Köln noch unter Hinweis auf die Tätigkeit von Karl Marx als Chefredakteur der „Rheinischen Zeitung“ damit schmeicheln konnte, sie sei „die Geburtsstätte des Sozialismus“ in Deutschland, so ist im Protokoll des Essener Parteitags von den „organisatorischen Schwierigkeiten, die der Vorbereitung des Kongresses in diesem Riesenfeldlager des Kapitals entgegenstanden“ die Rede. Für den Parteivorstand sprach der Parteivorsitzende Paul Singer in seiner Begrüßungsansprache von der „großen Aufgabe, die hier für die Sozialdemokratie noch zu lösen ist“. In der Tat: Die schon damals größte Industrieregion Europas spielte für die Sozialdemokratie kaum eine Rolle. Ganze vier bis fünf Prozent ihrer Stimmen im Deutschen Reich holte sie aus den Wahlkreisen des Ruhrgebiets. In einigen Städten stand sie gar bis zum Ende der Weimarer Republik an dritter oder gar vierter Stelle der Parteien.

Auch die freien (sozialdemokratischen) Gewerkschaften hielten ihre Kongresse in anderen Regionen des Deutschen Reiches ab. Von den bedeutenden Partei- und Gewerkschaftsführern vor dem Ersten Weltkrieg kam kaum einer aus dem Westen. Sicherlich, der Heidelberger Friedrich Ebert, dessen politische Heimat noch am ehesten in Bremen zu suchen ist, hatte seit 1912 seinen Wahlkreis in Elberfeld-Barmen, und der in Kassel geborene Philipp Scheidemann ließ sich in Solingen wählen. Aber dies ändert nichts daran, daß sowohl in der Parteiführung als auch im

Reichstag wirkliche Repräsentanten des rheinisch-westfälischen Industriegebietes fehlten. Mit wenigen Ausnahmen gilt dies auch für die Zwischenkriegszeit, wo man als Ausnahme nur den Ostwestfalen Carl Severing und den in Köln aufgewachsenen und beruflich verankerten Wilhelm Sollmann den Regionen Nordrhein-Westfalens zuordnen kann.
Demgegenüber hatte die christliche Arbeiterbewegung ihre eigentlichen Wurzeln in Rheinland-Westfalen und im Revier. Der christliche Metallarbeiter-Verband wurde in Duisburg gegründet (1899). Die wichtigsten Führer der christlichen Arbeiterbewegung der Zwischenkriegszeit waren in Rheinland-Westfalen zu Hause. Franz Wieber, Adam Stegerwald, Heinrich Imbusch, Johann Giesberts, Joseph Joos und Jakob Kaiser waren nur einige der Zentrumspolitiker des Arbeitnehmerflügels mit überregionaler Bedeutung.
Sozialdemokraten und ihre Gewerkschaften stützten dagegen ihre großartigen Wachstumserfolge nicht auf das Proletariat des Reviers, sondern auf die hochqualifizierten Handwerker und Facharbeiter der Klein- und Mittelbetriebe, die zum Beispiel an dessen südlichen Rändern beheimatet sind. Der Zugang zu den Belegschaften der Schwerindustrie blieb der sozialdemokratischen Arbeiterbewegung dagegen bis nach dem Ersten Weltkrieg weitgehend verschlossen. Erst mit der Novemberrevolution sahen sich die Stahl- und Kohlebarone gezwungen, ihre Unternehmen für Tarifverträge und gewerkschaftliche Koalitionen zu öffnen. Von den rund 130 Arbeitersekretariaten, welche die sozialistischen Gewerkschaften bis zum Ersten Weltkrieg aufgebaut hatten, um in zahllosen Einzelfällen den Arbeitern Rat und Hilfestellung zu bieten, befanden sich nur zwölf im Revier, von denen sechs allein durch den „Alten Verband" der Bergarbeiter betrieben wurden.
Dabei war der industrielle Westen natürlich alles andere als ein politisches Niemandsland. Die großen Streiks der Bergleute in den Jahren 1889, 1905 und 1912 bilden markante Punkte der deutschen Sozialgeschichte. Die sozialrevolutionären Elemente des staatlichen Umbruchs nach dem Ersten Weltkrieg finden sich mehr noch als im Linksradikalismus der Berliner Metallarbeiter in den jahrelangen Nachbeben an Rhein und Ruhr, von der Roten Armee zur Abwehr des Kapp-Putsches über den tiefverwurzelten Syndikalismus in der Arbeiterschaft bis hin zu den Arbeitskämpfen vor Ausbruch der Weltwirtschaftskrise.
Nirgends in Deutschland wuchs und wucherte der Kapitalismus so schnell, so planlos und so eindrucksvoll wie im Revier. Die Bevölkerungsdichte lag hier schon in den 70er Jahren des letzten Jahrhunderts so hoch wie heute im Durchschnitt der kleinen Bundesrepublik. Bis zum Ersten Weltkrieg mußten die Menschen an der Ruhr noch erheblich enger zusammenrücken: In der Abfolge einer einzigen Generation, in 30 Jahren, hatte sich die Wohnbevölkerung auf das Drei- bis Vierfache verdichtet. Manches Industriedorf erreichte 100.000 Einwohner, ehe der preußische Staat die Stadteigenschaft durch Kreisfreiheit zubilligte (Hamborn 1910, Bottrop 1919).
Es fällt schwer, den mächtigen Kapitalisten dieser Region und dieser Zeit das politische Prädikat „bürgerlich" zu verleihen. Nicht umsonst wurden die Herren der Zechen und Stahlwerke als „Barone" bezeichnet. Und ebensowenig wie die Kapitalisten des Reviers „bürgerlich" waren, ebensowenig war ihr Klassengegner „proletarisch-sozialistisch". Der eigentliche Gegenspieler der Schlot- und Zechenbarone war ein sozialkritisch eingestellter politischer Katholizismus, der in der gegen Preußen-Deutschland opponierenden Zentrumspartei, in den christlichen Gewerkschaften und in weiten Teilen der Bergarbeiterschaft die dominierende Kraft war.
Damit fiel die sonst im Deutschen Reich unaufhaltsam wachsende Sozialdemokratie als integrierender Faktor des sozialen Protestes weitgehend aus. Es gelang den protestantisch geprägten, national getönten liberalen Parteien sogar, einen Teil auch der Arbeiterschaft für sich einzunehmen. Wer seinem sozialen Protest politischen Ausdruck verleihen wollte, mußte entweder katholisch sein oder sich zu einem außerhalb der Sozialdemokratie stehenden linken Radikalismus bekennen.

Radikale Strömungen in Nordrhein-Westfalen

Die blutigen Kämpfe zu Beginn der Weimarer Republik haben zahlreiche Geschichtslegenden hinterlassen. Mit der Waffe in der Hand rebellierende Arbeiter, wilde Streiks, Spartakus, Rote Armee — all dies löst kollektive Erinnerungen aus, die mit der Realität nur mittelbar verknüpft werden können. Rainer Barzels wohlmeinende Sorge vor einer brennenden Ruhr knüpft an diese historischen Legenden an: schwarze Fahnen, wilde Streiks, gar politisch motivierte Arbeitskämpfe, Auseinandersetzung um die Mitbestimmung. Und weiter zurück: die Weimarer Republik, Arbeiter- und Soldatenräte, kommunistisch-syndikalistische Erfolge bei Betriebsratswahlen. Und noch früher: die unruhigen Bergarbeiter mit ihren großen Streikbewegungen vor dem Ersten Weltkrieg.
Natürlich — die großen Bergarbeiterstreiks vor 1914 haben Geschichte gemacht. Sie haben Geburtshilfe bei der Entstehung einer bis heute einflußreichen Gewerkschaft geleistet (1889); sie haben durch die Einführung von Arbeiterausschüssen die ersten Ansätze betrieblicher Mitbestimmung bewirkt (1905), sie haben ein Zeichen für mehr Mitbestimmung und für Tarifautonomie gesetzt (1912).

In Wirklichkeit aber waren die Arbeiter im rheinisch-westfälischen Industriegebiet von der kleinen, aber traditionsreichen oppositionellen Linken, die spätestens seit der Massenstreikdebatte und dem Revisionismusstreit gegen die immer mächtiger werdende sozialdemokratische Parteiführung und Parteibürokratie aufmuckte, weitgehend abgeschnitten. Die sozialdemokratische Minderheit in Rheinland-Westfalen stand in Treue zu ihrem Berliner Vorstand. Nur in den älteren Industrieregionen außerhalb des Ruhrgebiets, wo qualifizierte Facharbeiter die Partei trugen, wandten sich die Parteimitglieder mit vielen anderen Metallarbeitern schon vor dem Ersten Weltkrieg von der Mehrheitslinie in der Partei ab. Die Vertreter aus dem Bergischen Land, aus Remscheid und Solingen wie aus Düsseldorf, schließlich auch aus den protestantischen Städten Wuppertal und Barmen, rückten schon auf dem Jenaer Parteitag der SPD im Jahre 1913 zur Parteilinken hinüber. Aber diese Parteilinke von 1913 war im deutschen Sinne des Wortes keineswegs radikal. Sie vertrat im Grunde die Position Bebels aus dem Jahre 1903, klassisch sozialdemokratisch-parlamentarisches Gedankengut, wie es später die kurzlebige USPD auf ihre Fahnen geschrieben hatte.

Eine ganz neue Qualität kam in die Sozialdemokratie Rheinland-Westfalens erst durch die außerhalb der sozialdemokratischen Organisation und außerhalb der Gewerkschaften entstandene Protestbewegung der Bergarbeiter am Ende des Krieges. Diese soziale Protestbewegung ging von Hamborn, Duisburg, Bottrop aus und griff dann auf den ganzen rheinischen Teil des Ruhrgebietes über, bis hin nach Essen. Diese neue Linke brachte kaum überregional bekannte Führer hervor. Als scheinbar kopflose Massenbewegung war sie den Bürgern im Reich mehr als unheimlich. Führungslos, wie es nach außen den Anschein hatte, war sie auch deswegen, weil ihre Themen — Arbeitszeitverkürzung im Bergbau, Lohn- und Arbeitsbedingungen — typisch gewerkschaftliche Themen waren, die aber von der in Sozialdemokraten, Christen und Polen gespaltenen Bergarbeiterbewegung nicht glaubwürdig vertreten, nicht einmal wirksam aufgegriffen wurden.

Selbst in der Phase des kritischen Umbruchs, als sich nach der Spaltung der Sozialdemokratie im Jahre 1917 die Protestbewegungen im rheinischen Ruhrgebiet mit den Altlinken im Bergischen Land zu einer für die SPD-führung gefährlichen Opposition zusammenfanden, blieben aber das östliche Westfalen und auch das westfälische Ruhrgebiet fest in der Hand der Parteiführung.

Nur die Wähler spielten nicht mit. Sie brachten der Sozialdemokratie schon 1920 eine Wahlniederlage bei, von der sie sich in der Weimarer Republik nicht wieder erholte, auch wenn es ihr gelang, im Verlauf einiger Jahre die traditionellen sozialdemokratischen Gebiete im Bergischen Land zurückzuholen und in den evangelischen Städten ihre Position zu festigen. Die rheinischen Großstädte, gerade auch des Reviers, aber blieben beim Zentrum und den liberal-konservativen Parteien. Die Linke wurde dort nicht von den Sozialdemokraten, sondern von der KPD angeführt.

Die an der Ruhr wichtigste Gewerkschaft der sozialdemokratischen Bergarbeiter war durch das rücksichtslose Eingreifen der sozialdemokratisch geführten Reichsregierung in die Kämpfe an der Ruhr am stärksten kompromittiert und litt mehr noch als andere Gewerkschaften unter der Spaltung in politische und nationale Richtungen. Der sozialdemokratische „Alte Verband" vermochte aus der Anerkennung des Tarifgegners im Jahre 1918 bei weitem nicht die Vorteile zu ziehen, wie es zum Beispiel der Metallarbeitergewerkschaft gelang, die aber auch schon Ende 1919 eine entscheidende politische Linkswendung vollzogen hatte, während der „Alte Verband" reglos an der Seite der mehrheitssozialdemokratischen Regierung verharrte.

Die Stammwählerschaft des „Alten Verbandes" bei den Betriebsrätewahlen in der Weimarer Republik ging sicher nicht über 50 % hinaus. Jeder vierte Wähler in den Bergbaubetrieben neigte zu den christlichen Gewerkschaften, und fast jeder dritte gab seine Stimme syndikalistischen und anarchistischen Gruppen, die erst gegen Ende der Republik von den Kommunisten aufgesogen wurden.

Um so erstaunlicher ist die Entwicklung nach 1945, als es der Einheitsgewerkschaft der Bergleute gelang, die Bergbaubelegschaften ohne nennenswerten internen Protest allgemein zu repräsentieren. Dabei wurden in den ersten Jahren erbitterte innergewerkschaftliche Auseinandersetzungen besonders mit den Kommunisten in Kauf genommen, deren Niederlage angesichts des beginnenden Kalten Krieges in einem gespaltenen Land freilich eine ausgemachte Sache war.

Industrielle Kraft und demokratisches Potential des Reviers

In einer Hinsicht ist das Ruhrgebiet noch immer das, was es schon im Deutschen Kaiserreich gewesen ist: Die größte Industrielandschaft des Kontinents. Seine Einwohnerzahl und Wirtschaftskraft haben sich seither noch deutlich gesteigert und fallen nun in einem auf weniger als die Hälfte verkleinerten Staat mit annähernd gleicher Bevölkerungszahl viel deutlicher ins Gewicht. Man sollte meinen, daß sich die politische Bedeutung des Landes Nordrhein-Westfalen in diesem Staat entsprechend vergrößert hätte, daß auch die traditionellen Arbeitnehmergruppierungen entsprechenden Einfluß in ihren Bundesorganisationen erlangt hätten. Davon kann jedoch kaum die Rede sein. Am ehesten noch bei der CDU, die bis heute bei ihren rheinischen und westfälischen Gliederungen, in den Sozialausschüssen und im Verbandskatholizismus auf überraschende Schlagzeilen gefaßt sein muß. Nach dem Zerbröseln ihrer Wählerbasis in Nordrhein-Westfalen Mitte der 60er Jahre mußte sie sich zum schrittweisen Machtwechsel in Bonn bequemen.

Ein vergleichbarer Einfluß der nordrhein-westfälischen SPD-Parteiorganisation auf die Bundespolitik ihrer Partei ist kaum festzustellen. Die Parteiorganisation in Nordrhein-Westfalen war überwiegend zuverlässige Stütze der jeweiligen Bonner Parteispitze. Schlagzeilenträchtige Auseinandersetzungen wie in der Münchener Partei unter Hans Jochen Vogel oder Widerstandsnester wie im Bezirk Hessen-Süd Ende der 50er Jahre, gar Grabenkämpfe um Posten und Positionen wie in Berlin hat es in Nordrhein-Westfalen nicht gegeben. Weist dies auf einen unpolitischen Konservatismus der nordrhein-westfälischen Sozialdemokraten hin? In Wirklichkeit hat sich noch zu Zeiten von Konrad Adenauers Kanzlerdemokratie ein tiefgreifender Wandel in Nordrhein-Westfalen vollzogen: Die Sozialdemokraten eroberten das Revier. Sie eroberten es nicht im Handstreich, nicht mit Themen der „großen Politik", sondern aus den Betrieben heraus über die Gewerkschaften.

In den Großbetrieben an Rhein und Ruhr, ausgehend von den damals noch zahlreichen Zechen, hatten sich schon in den ersten Wochen und Monaten nach dem Einmarsch der alliierten Sieger Betriebsausschüsse gebildet, in denen die politischen Richtungen hinter dem gemeinsamen Willen zur Gestaltung des betrieblichen Alltags zurücktraten.

Lange bevor die neue Einheitsgewerkschaft die Duldung der Besatzungsmacht erreichte, erst recht vor der Neuformierung der Parteien und der parlamentarischen Fronten, bildete sich so ein Netz von betrieblichen Entscheidungsträgern, die das Vertrauen der Belegschaften besaßen. Die betrieblichen Funktionäre nach 1945 griffen zwar viele Themen aus der Zeit nach dem Ersten Weltkrieg wieder auf — Arbeitszeitverkürzung im Bergbau, Ernährung und allgemeine sozialpolitische Belange der Belegschaften — aber sie betrieben eine Politik, die am Ende doch prinzipielle Unterschiede im Vergleich zur Rätebewegung nach 1918 aufwies.

Die „großen Themen", vor allem die Frage der Sozialisierung, wurden anderen Instanzen zugewiesen. Die Vorläufer der Montanmitbestimmung — ausgehend vom Klöckner-Bereich — und die Einheitsgewerkschaft begünstigten eine Betriebspolitik im Windschatten der nationalen Entscheidungen. Die mit der Währungsreform einsetzende Haltung in der Arbeitnehmerschaft, dem individuellen Aufstieg Priorität einzuräumen und das einstmals blühende Vereinsleben des Reviers weitgehend in die Gewerkschaftsarbeit einzubringen, begünstigte den stillen Vormarsch der Sozialdemokraten, der von den Betrieben über die Gewerkschaften zur Stimmabgabe für die Partei führte. In der „Ära Adenauer" entstand jenes Netzwerk betrieblich-gewerkschaftlicher Positionen im Revier, das Kurt Biedenkopf 1972 in einer schlauen und erfolglosen Kampagne unter dem Motto „Filz im Revier" anzuprangern suchte.

Die Theoretiker der Politikwissenschaft haben noch nicht ausreichend untersucht, welchen Wert dieses System für die Dauerhaftigkeit der Demokratie in Deutschland ausmacht. Tatsache ist, daß es basisnah, auf Abstimmung und Legitimation bedacht, vor allem aber effektiv ist. Dieses System mit seinen ungezählten Funktionären ist jedenfalls näher an den arbeitenden Bürgern als die bloße Parteiendemokratie. Die Frage ist, ob dieses System, das in einer Phase großer Wachstumserwartungen entstanden und mit der Mehrung individuellen Wohlstands verbunden war, sich auch über längere Krisenphasen behaupten kann. Bis heute sieht es so aus. Schließlich ist die Krise des Steinkohlenbergbaus mittlerweile 25 Jahre alt. Sie dauert schon weit länger, als Deutschlands erster Republik an Lebenszeit bemessen war. Und die Krise des Stahlsektors hat das Alter der Weimarer Republik schon bald erreicht.

Richtig ist aber auch: Das Revier als Herzstück Nordrhein-Westfalens ist ein schlafender Riese. Verkehrsdichte, Wasserwege, Entsorgungseinrichtungen, seit 15 Jahren auch in zunehmendem Maße neue Dienstleistungsbranchen und die Entfaltung von Forschung und Lehre — alles zusammen macht ein Potential aus, das in der Bundesrepublik Deutschland und darüber hinaus ohnegleichen ist. Vor diesem Hintergrund sind die Integrationsleistungen zwischen Arbeitern und Angestellten, Ausländern und Deutschen, Betriebsräten und Gewerkschaften, Christen und Sozialisten, beachtlich.

Ob sie vor den Aufgaben der Zukunft Bestand haben, ist eine Frage an die Innovationsfähigkeit der Politik.

Dieter Friedrichs

Wege und Abwege

Der Ruhrschnellweg und der Ruhrsiedlungsverband

Wahrzeichen

Namen von Wegen und Straßen weisen in der Regel auf deren Ursprung hin. Sie legen sich somit selbst aus, indem sie Erbauer oder Benutzer oder deren Zwecke kennzeichnen — über Generationen und Zeitalter hinweg. Die Bezeichnungen moderner Autobahnen hingegen weisen den nach historischen Ursprüngen Fragenden ab, sie deuten nur noch auf ein ungeschichtlich technisches Planwerk mit Ziffernfolgen und Bindestrichen hin. Wer, der nicht mit Straßenbau und Raumplanung im Ruhrgebiet beschäftigt ist, weiß schon etwas mit der Kennzeichnung A-430 anzufangen? Den Weg allerdings, den die Autobahn Nr. 430 von Westen nach Osten quer durch das Ruhrgebiet nimmt, kennt fast jedes Kind.
Je nachdem, welchen historischen Zeitraum man wählt, finden sich seine verschiedenen Namen. Der erste, berühmte, ist der Hellweg, auf dem Karl der Große seine Krieger im Grenzraum von Sachsen und Franken führte und auf dem ihm Missionare und Kaufleute folgten. Aber schon die Römer benutzten diese Ost-West-Verbindung, die sie in ihre Aachen-Neusser-Straße einbezogen — jedenfalls für kürzere Zeit, wohl bis zum Debakel des Herrn Varus, kurz nach der Zeitenwende. Es war und blieb sicher die Handelsstraße Nr. 1 des Mittelalters, die Ost- und Westeuropa verband, und sie wurde schließlich, lange Zeit danach, auch so genannt: die „Reichsstraße 1" erstreckte sich über 1.000 Kilometer von Aachen bis Königsberg.

Das alles ist vergangen, unterbrochen, zerstückelt und in Teilen umbenannt. Für die Historie dieses Kulturdenkmals gibt es abschnittsweise Gewähr und Beleg. Einen Ursprung durch Verordnung oder Plan findet man jedoch nicht. „So sind früher Trampelpfade entstanden", sagt Gerhard Zwerenz in seinem „Gedicht" über die älteste Straße des Ruhrgebiets. Und in dieser Region erhielt sie schließlich ihren neuen, ihren eigentlichen Namen, zu einer Zeit, als man daranging, die wildgewachsene Ansammlung von Städten und Straßen, Fabriken und Zechen im ältesten und größten deutschen Industriegebiet zu ordnen und zu gestalten. Als die moderne Zeit des Ruhrgebiets mit der Entstehung der deutschen Raumplanung durch den Siedlungsverband Ruhrkohlenbezirk (SVR) begann, begann auch der moderne Straßenbau mit der ersten, für die damalige Zeit verkehrsgerechten Fernstraße. Der „Ruhrschnellweg" folgte der Streckenführung jenes uralten West-Ost-Verbindungsweges. Er ist seit seiner Errichtung, genauer seit seinem Ausbau durch den SVR in der zweiten Hälfte der zwanziger Jahre dieses Jahrhunderts, so etwas wie ein Wahrzeichen des Ruhrgebiets geworden und geblieben. Zugegeben, ein etwas ungewöhnliches Symbol, vergleicht man es mit denen anderer Städte, alter urbaner Zentren, wo ehrwürdige Kathedralen, prächtige Herrscherpaläste oder auch bürgerliche Baukultur Tradition und Selbstverständnis bestimmen. Kennzeichen des Ruhrgebiets ist der „Schnellweg", wie er bescheiden genannt wird, aber allemal, ein typisches Produkt der Nützlichkeit des auf Massenverkehr von Menschen, Gütern und Kommunikation angewiesenen Ballungsraumes.

Frühzeit

Die Geschichte des Reviers beginnt mit der industriellen Ausbeutung und Verwertung der Steinkohle in der zweiten Hälfte des 19. Jahrhunderts. Seit dieser Zeit wurde aus dem ländlichen Gebiet zwischen Ruhr und Lippe, mit seinen dörflichen und kleinstädtischen Siedlungsformen, innerhalb weniger Jahrzehnte eine Großstadtlandschaft. Von einer geordneten oder gar planmäßigen Entwicklung konnte allerdings nicht die Rede sein, denn die schwerindustriellen Unternehmen wie Krupp, Stinnes, Thyssen, Haniel und zahlreiche andere Zechen- und Stahlbetriebe bauten ihre Anlagen dort, wo deren Standort am günstigsten erschien, und errichteten eben dort auch ihre Werkswohnsiedlungen und die für den Transport der Güter erforderlichen Verkehrsverbindungen. Das waren in der ersten Phase der Hochindustrialisierung noch die Eisenbahnlinien und die Kanäle. Autostraßen hatten dagegen bis in das 20. Jahrhundert hinein untergeordnete Bedeutung. Allmählich verschwand das Idyllische der bäuerlichen Lebensweise zwischen Ruhr und Emscher bis auf geringe Reste. Wälder wurden abgeholzt und Grünflächen betoniert. Was man später als Zersiedelung bezeichnet hat, steht nicht am Ende einer gewissermaßen überlaufenden Entwicklung, sondern am Beginn der modernen Geschichte des Ruhrgebiets. Der großkapitalistischen Expansion, die wie ein Magnet auf Arbeitskräfte — vor allem aus dem Osten — wirkte, vermochte sich keine Stadt oder Gemeinde entgegenzustellen und wollte es sicher auch nicht, denn der Konkurrenz der Unternehmer entsprach ein zusammenhangloses Nebeneinander und Gegeneinander der Städte und sogenannten „Industriedörfer". Das waren Gemeinden wie Borbeck, Sterkrade, Hamborn und andere, z. T. einwohnerstarke Ortschaften, die lange Zeit um ihre Stadtrechte kämpften — letzten Endes erfolglos. Problemverstärkend wirkte sich immer mehr auch der ungünstige Verwaltungsaufbau des Industriegebiets aus. Zwei preußische Provinzen, die Provinz Westfalen und die Rheinprovinz, sowie drei Regierungsbezirke, Düsseldorf, Münster und

Arnsberg, zerteilten das Revier und wachten, nicht nur in der ersten stürmischen Industrialisierungsphase, eifersüchtig über ihren jeweiligen „Anteil". Städtebaulicher Wildwuchs hier, Behördenvielfalt dort, Industrieboom ohnegleichen und Schildbürgermentalität, was die Gemeinde- und Verwaltungsgrenzen anging. Kein Wunder, daß die Probleme des Reviers, dessen Bevölkerungszahl in den frühen Jahren des Kaiserreichs bei knapp 90.000 lag und sich in wenigen Jahrzehnten vervierfacht hatte, überhand nahmen.

Etwa seit der Jahrhundertwende entstand eine Reihe von städtebaulichen Ideen, wie dem Chaos beizukommen wäre. Soweit es sich hierbei um Gartenstadtplanung oder um die Gestaltung des Raumes einer Stadt — wie etwa der Gemeinde Groß-Berlin — handelte, konnten sie hinsichtlich der fortgeschrittenen Verwilderung des Industriereviers kaum mehr als Denkanstöße bieten. Aber das geschah offenbar. Immerhin einigten sich die Städte Düsseldorf, Duisburg, Essen, Mülheim, Oberhausen, Elberfeld und Barmen, sowie die Landkreise Düsseldorf, Essen, Mettmann und Dinslaken im Jahr 1910 darauf, eine „Grünflächenkommission" zur Erhaltung noch verbliebener Wald- und Grüngürtel einzusetzen. Der mit der Ausarbeitung einer Materialsammlung beauftragte Essener Beigeordnete Robert Schmidt weitete diesen Auftrag aus zu einem großangelegten Landesplanungsentwurf, den er „Generalsiedelungsplan" nannte; und er schlug vor, die Ausführung des Plans einem Zweckverband zu übertragen, der die freiwillige Zusammenarbeit von beteiligten Kommunen und ansässigen Industrieunternehmen anleiten und koordinieren sollte. Grünflächenerhaltung, Bebauungsregelung, Straßenführung und Verkehrsplanung wollte Schmidt im Zusammenhang sehen und durch den Zweckverband in geordnete Bahnen lenken. Das blieb zunächst ein frommer Wunsch. Denn die beiden preußischen Provinzialregierungen und die Regierungspräsidenten von Düsseldorf, Münster und Arnsberg befürchteten als Folge eines solchen Gesamtplans die Entstehung einer eigenständigen, selbstverwalteten Ruhrprovinz, und dies hätte ihre eigenen Verwaltungszentren, die alle außerhalb des Reviers lagen, unweigerlich verkümmern lassen.

Ruhrsiedlungsverband

Schließlich kam es aber doch zur Errichtung eines Zweckverbandes im Ruhrgebiet. Das hatte Gründe, die in keinem Stadtbauplan vorgesehen waren. Aufgrund der Reparationsforderungen nach dem Ersten Weltkrieg war das Deutsche Reich verpflichtet, große Mengen Steinkohle an die Siegermächte zu liefern. Das ließ sich nur bewerkstelligen, wenn erheblich mehr Bergleute im Revier angesiedelt werden konnten. Man rechnete mit etwa 150.000 Arbeitskräften, einschließlich der Familien also mit ungefähr 600.000 Menschen. Daß ein solches Vorhaben die Aufnahme- und Verwaltungskapazitäten einzelner Kommunen weit überstieg, war klar. Erforderlich schien nun auch, daß neben der Siedlungsfrage die gesamte Gestaltung des Ruhrgebiets endlich in Angriff genommen wurde. Alles weitere ging überraschend schnell: Bereits am 5. Mai 1920 wurde im preußischen Abgeordnetenhaus das Gesetz zur Errichtung des Siedlungsverbandes Ruhrkohlenbezirk verabschiedet. Der SVR, auch Ruhrsiedlungsverband genannt, erhielt weitreichende Planungskompetenzen für den gesamten Industriebezirk, und er besaß eine bis heute einzigartige Organisationsform. In seiner Verbandsversammlung waren paritätisch Vertreter der Mitgliedskommunen und der ansässigen Industrien beteiligt, letztere durch Arbeitgeber *und* Arbeitnehmer. Das war eine geradezu sensationelle Idee — die immerhin gut zehn Jahre lang Realität blieb — und eine erfolgreiche dazu. Die Provinzen hingegen blieben „außen vor". Ihnen wurde lediglich beratende Mitwirkung eingeräumt. Das belastete natürlich ein weiteres Mal die Beziehungen zwischen dem Industrierevier und den Provinzialverwaltungen.

Es war der Straßenbau, eine der wichtigsten neuen Aufgaben des SVR, der für dauernden Streit sorgte. Vor 1920 war der Autoverkehr nahezu unbedeutend. In der Kernzone des Reviers gab es eigentlich nur den Hellweg als Verbindungsstraße, und dessen holpriges Pflaster und die vielen Engpässe in den Stadtkernen machten den Weg für den Kraftwagenverkehr unbrauchbar. Nun sollte der SVR für den Straßenbau im Verbandsgebiet zuständig sein. Erstes Ziel des neuen Straßenbauprogramms war die Gestaltung einer modernen, durchgehenden Ost-West-Verbindung. Die Provinzialverwaltungen fürchteten indessen, daß der Verband ihnen die Mittel für den Straßenbau mehr und mehr entziehen würde. Daher unternahmen sie alles mögliche, um die Verbandsarbeit lahmzulegen. Sie schlugen vor, den SVR in eine Gemeinschaftsstelle der beiden Provinzen umzuwandeln — das mißlang jedoch. Der Verband wurde allerdings fortan auf sich selbst gestellt, und seine finanziellen Mittel flossen nur spärlich aus der „Verbandsumlage"; das waren Beiträge, die von den Mitgliedskommunen häufig verzögert oder nur unvollständig gezahlt wurden. Dennoch nahm der SVR die Ausbauarbeiten an der OW IV (Ost-West-Straße 4), dem „Ruhrschnellweg", 1925 in Angriff. Wären nicht zusätzlich erhebliche Mittel aus der „werteschaffenden Arbeitslosenfürsorge" vom Reich und vom Staat Preußen bereitgestellt worden, hätte das aufwendige Ausbauprogramm der dreispurigen Straße zwischen Hamm und Geldern nicht durchgeführt werden können.

Bis 1933 war das Vorhaben nahezu abgeschlossen, einige weitere Verbindungsstrecken, Brücken und Überführungswege waren ebenfalls fertiggestellt. Insgesamt wurden in diesen acht Jahren ca. 150 km Straßen, meist Neubauten, vom SVR errichtet. Da der Verband selbst als Bauträger fungierte, hatte er für alle Finanzierungsprobleme einzustehen, und das brachte ihn schon bald an den Rand des Ruins. In der 1929 beginnenden Wirtschaftskrise wurde seine finanzielle Situation bald derart schwierig, daß fast alle Einnahmen zur Verzinsung und Tilgung älterer und neuer Kredite benötigt wurden. Es schien, als habe das Bauwerk Ruhrschnellweg, die erste nur dem Autoverkehr vorbehaltene mehrspurige Straße der Welt, den Baumeister um seine Existenz gebracht.
Mit der Machtübernahme der Nazis änderten sich nicht nur im Ruhrgebiet die Verhältnisse. Die Provinzen traten wieder auf den Plan, wollten die Gunst der Stunde nutzen. Bereits wenige Wochen nach dem 30. Januar war aus der Rheinprovinz zu hören, daß die Auflösung des SVR „entweder jetzt oder nie“ gelingen müsse. Die Schwierigkeiten und Belastungen aus dem Straßenbau boten hierzu geeignete Angriffspunkte. Im Juli 1933 erklärten die beiden Landeshauptleute der Provinzen, der SVR habe die ihm gestellten Aufgaben nicht ordnungsgemäß erfüllt und könne auch nicht der geeignete Träger überkommunaler Arbeit sein. Mißwirtschaft und Korruption hätten ein übriges getan, und deshalb müsse der Verband nun den Provinzialverwaltungen vollständig unterstellt werden. Solche Angriffe schienen auch deshalb erfolgversprechend, weil die Arbeitsgemeinschaftspolitik der demokratisch geführten Verbandsversammlung mit dem „Führerprinzip“ wohl kaum vereinbar war. Es kam wiederum anders als erwartet: NS-Staatskommissar Just Dillgardt, der spätere Essener Oberbürgermeister, untersuchte die angebliche Mißwirtschaft des Verbandes und schlug schließlich nicht dessen Auflösung, sondern die Weiterführung seiner Tätigkeit vor. Den Vertretern der Provinzen Rheinland und Westfalen mochte er hingegen „gewisse Vorwürfe nicht ersparen“. Man könne bei ihnen, so Dillgardt, „ein wohlwollendes Verständnis für die besondere Lage des Industriegebietes . . . in dieser Hinsicht leider nur schwer feststellen“.
Den Gedanken einer Großstadt Ruhr oder gar einer Ruhrprovinz mit dem SVR als Zentralbehörde griffen die Nazis natürlich nicht auf; und selbstverständlich wurden alle demokratischen Organisationselemente des Verbands beseitigt. So war der SVR offensichtlich nun auch mit dem „Führerprinzip“ vereinbar; in seiner Existenz als Landesplanungsverband kam er jedenfalls noch einmal — wieder einmal — davon. 1934 erzielten die Provinzen dann doch noch einen gewissen Erfolg, als das „Gesetz zur Neuregelung des Straßenwesens und der Straßenverwaltung“ erlassen wurde. Reichsstraßen wie der Ruhrschnellweg und Landstraßen erster Ordnung wurden in Bau und Unterhalt den Provinzen übertragen. Seitdem beschränkte sich der SVR auf die Planung und rechtliche Handhabung des Fluchtlinienwesens (Straßenrichtungsführung); aus dem Straßenbau selbst zog er sich zurück. Der 1938 veröffentlichte erste Teil eines Gesamtverkehrsplans unter Einbeziehung des Straßen- und Kleinbahnnetzes sowie der Streckenführung der Reichsbahn konnte bis zum Kriegsausbruch nicht mehr in Angriff genommen werden. Und im Krieg hatte nicht nur der Siedlungsverband andere Sorgen als die Verfolgung eines Verkehrsplans.
Obgleich nach 1945 die alten Widersacher des SVR, beide preußische Provinzen, nicht mehr existierten, war die Gefahr der Auflösung des Verbandes noch immer nicht beseitigt. Sie resultierte nun aus der Konkurrenz der Landesregierung von NRW mit den größeren Revierstädten. Der SVR hatte in seiner reduzierten Organisationsform zwar das „Dritte Reich“ überstanden und war bereits 1945 wieder in seine Aufgaben als Landesplanungsgemeinschaft eingesetzt worden. 1949 erhielt der NRW-Innenminister Walter Menzel jedoch den Auftrag zur Verbandsauflösung — aber wiederum kam nicht zur Ausführung, was dem SVR seit seiner Gründung drohte. Er blieb bestehen und erhielt im „Landesplanungsgesetz“ von 1950 die endgültige Bestätigung seiner gesetzlichen Zuständigkeiten. Bald darauf tauchte auch das alte „Gespenst“ vom selbstverwalteten Ruhrbezirk wieder auf, doch auch damit wurde es nichts.
Fragt man nun nach eindeutigen Befürwortern oder Gegnern der Idee einer Ruhrstadt oder eines Regierungsbezirks Ruhrgebiet und nach den Gründen ihres Scheiterns, so stößt man auf ähnliche Schwierigkeiten wie bei der Frage nach der Entstehung der berühmten Straße, die den bescheidenen Namen „Weg“, wenn auch „Schnell-Weg“, trägt. War es hier die Naturwüchsigkeit eines „Trampelpfades“, der nur unter größten Anstrengungen zu einem modernen Bauwerk gemacht werden konnte, so reichten dort alle Anstrengungen der — gelegentlich auch wechselnden — Befürworter inmitten politischer und wirtschaftlicher Konkurrenz der Kommunen und Mittelbehörden nicht aus. Und der Staat, ob in Berlin oder in Düsseldorf, verspürte offenbar keine Neigung, die Ängste der Provinzialverwaltungen, Regierungspräsidenten und vermutlich auch seine eigenen vor dem Industriegiganten Ruhrgebiet zu schüren.

Ausbau und Abbau

Die „Hauptschlagader des Reviers“, nun abermals umbenannt in „Bundesstraße 1“, blieb im Bewußtsein der Ruhrgebietsbewohner der „Ruhrschnellweg“. Aber das rasch ansteigende Verkehrsaufkommen und der Volksmund machten ihn bald zum „Ruhrschleichweg“. Seine 9 Meter breite Fahrbahn konnte der zunehmenden Verkehrsdichte nicht mehr genügen. Staus und Unfälle erinnerten den einen oder anderen Kundigen an frühere Zeiten, als die Benutzung des alten Hellwegs ein abenteuerliches Unternehmen gewesen sein mußte. Der abermalige Ausbau und Weiterbau der Straße begann 1953 und dauerte bis weit in die sechziger Jahre hinein. Im September 1970 wurde der 1.020 m lange Ruhrschnellwegtunnel in Essen dem Verkehr übergeben — damals die längste und kostspieligste Straßenunterführung der Republik. Generalverkehrspläne und Verbundsysteme, kreuzungsfreie Autobahnen mit großzügigen Überbrückungen im Bereich der Ortsdurchfahrten und nahezu lückenlose Anbindungen der Schnellstraßen des Reviers, daneben erhaltene und vielfach erneuerte Grün- und Erholungsflächen, kulturelle Einrichtungen, Hochschulen haben das Gesicht des Reviers inzwischen verändert, aber ebenso auch Zechenstillegungen, Stahlkrise und Massenarbeitslosigkeit. Die aus all dem resultierenden Möglichkeiten und Probleme kann der SVR nicht mehr regulieren und gestalten — so wie er es fast sechzig Jahre lang gemacht hatte. Es gibt ihn nicht mehr.

Zu einem Zeitpunkt, als der Verband die entscheidenden raumplanerischen Instrumentarien voll entwickelt hatte — freilich nicht deswegen —, löste ihn die Landesregierung NRW 1979 auf; das heißt, sie wandelte ihn um in einen seiner wesentlichen Planungskompetenzen beraubten Kommunalverband. Er ist nun zentral zuständig für zwei Abfallprodukte der Industriegesellschaft an der Ruhr: Müll und Freizeit. Wege und Abwege.

Michael Schneider

„In voller Erkenntnis der Tragweite des jetzigen Konflikts"

Der Ruhreisenstreit 1928/29

Immer wieder ist in den Arbeitskämpfen im rheinisch-westfälischen Industriegebiet schlaglichtartig das wahre Verhältnis von Arbeitgebern, Gewerkschaften und Staat erhellt worden; das gilt nicht nur für die Streiks der Ruhrbergleute im Kaiserreich und zu Anfang der Weimarer Republik, sondern auch für den Ruhreisenstreit 1928/29.

Zur Ausgangsposition der Unternehmer

Bereits in der Denkschrift der Deutschen Arbeitgeberverbände (VDA) zur Lohnbewegung vom Februar 1928 war die Befürchtung ausgesprochen worden, daß die „Wirtschaft [. . .] in größtem Umfange mit dem Abschluß neuer Tarifverträge zu rechnen" habe, ohne daß von den Gewerkschaften „Rücksicht auf die Wirtschaftslage und die bisherige Lohnentwicklung" genommen werde. Zur Abwehr der Lohnforderungen wurde insbesondere auf die Schwierigkeiten der Kapitalbildung angesichts ständig steigender Belastungen hingewiesen, für die exemplarisch die Steuern, die Sozialversicherung, die Kosten der von den Gewerkschaften angestrebten Arbeitszeitverkürzung und nicht zuletzt die Lohnhöhe genannt wurden. Gerade letztere habe nachteilige Auswirkungen auf die Preisgestaltung und damit auf die Konkurrenzfähigkeit der deutschen Wirtschaft auf dem Weltmarkt, deren fortschreitende Beeinträchtigung in der negativen Handelsbilanz Deutschlands deutlich werde, überdies aber die Gefahr vermehrter Arbeitslosigkeit mit sich bringe.

Und im Rundschreiben des Zweckverbandes nordwestdeutscher Wirtschaftsvertretungen an die Mitglieder vom 8. Oktober 1928 wurde die Vermutung geäußert, nach dem Wahlerfolg der SPD vom Mai 1928 fühlten sich die Gewerkschaften nunmehr „politisch kräftig genug [. . .], um den Versuch zu wagen, die aus dem Unternehmerlager herrührenden Widerstände zu überrennen". Die Befürchtung, daß die führende Beteiligung der SPD an der Regierung der großen Koalition die Gewerkschaften zu „außerordentlich weitgehenden Forderungen" ermutigen könnte, war Ausdruck einer Überschätzung der politischen Durchsetzungskraft der SPD gegenüber Unternehmerschaft und bürgerlichen Koalitionsparteien, die freilich auch viele Sozialdemokraten teilten. Diese Anschauung regte die Unternehmer aber an — wie Paul Reusch auf der Mitgliederversammlung des von ihm geführten „Vereins zur Wahrung der gemeinsamen wirtschaftlichen Interessen in Rheinland und Westfalen" (Langnam-Verein) im Juni 1928 ausführte — die Frage zu prüfen, „ob nicht das Unternehmertum durch die Entwicklung der Verhältnisse gezwungen sein wird, aus der seit Kriegsende beobachteten Defensive herauszutreten". Gewissermaßen im voraus wurde damit das unternehmerische Vorgehen im Ruhreisenstreit daraus begründet, zu einer Strategie der „Vorwärtsverteidigung" überzugehen.

Der Verlauf des Arbeitskampfes

Anlaß des Ruhreisenstreits war die Kündigung des durch Schiedsspruch vom 15. Dezember 1927 zustandegekommenen Tarifvertrags in der rheinisch-westfälischen Eisenindustrie durch den Deutschen Metallarbeiter-Verband (DMV) (7. Bezirk), den Christlichen Metallarbeiterverband (1.—3. Bezirk) und den Hirsch-Dunckerschen Gewerkverein Deutscher Metallarbeiter (Bezirk Rheinland-Westfalen) zum 31. Oktober 1928, mit der die Forderung nach einer Lohnerhöhung um 15 Pfennige pro Stunde für alle Arbeitergruppen über 21 Jahre

aus: „Volk und Zeit", 1928 AdsD

Die Lohnbureaus sind geschlossen
Hier zahlen sonst die Hamborner Thyssenwerke aus

Hütten- und Metallarbeiter!
Ein Aufruf der Gewerkschaft

Hier darf nicht gearbeitet werden
Ein verschlossenes Tor in den Essener Kruppwerken

Links:
Ausgesperrte Arbeiter
vor dem Volkshause

Rechts:
Die tägliche Kontrolle
Jedes Verbandsmitglied muß den Unterstützungsausweis im Kontroll-lokal abstempeln lassen

Rechts:
Das Essener Gewerkschaftshaus

Links:
Was wird werden?
Diskutierende Ausgesperrte vor einem Versammlungslokal

Der Gewaltstreich der Ruhrmagnaten

verbunden war. Wie gesagt, schien der Arbeitgeberschaft jedoch das Lohnniveau — ein Facharbeiter verdiente etwa 80, ein Hilfsarbeiter etwa 60 Pfennige pro Stunde — bereits eine Höhe erreicht zu haben, die angesichts des Abbröckelns der Konjunktur jede weitere Steigerung verbiete; vor allem der Rückgang des Inlandsverbrauchs an Stahl habe zu fallenden Durchschnittserlösen geführt, was ein Nachgeben der Arbeitgeber in der Lohnfrage nicht gestatte.
Demgemäß lehnte der Arbeitgeberverband der Nordwestlichen Gruppe des Vereins Deutscher Eisen- und Stahlindustrieller (Arbeit-Nordwest), der den genannten Gewerkschaften im Tarifbezirk des rheinisch-westfälischen Industriegebiets gegenüberstand, jede Lohnerhöhung ab; überdies kündigten am 13. Oktober 1928 die betroffenen Arbeitgeber allen Arbeitnehmern zum 1. November 1928.
Daraufhin regten die Gewerkschaften die Einleitung eines Schlichtungsverfahrens an. Da die Düsseldorfer Schlichterkammer jedoch keine Einigung erzielen konnte, entschied am 27. Oktober 1928 der vom Reichsarbeitsministerium bestellte Sonderschlichter Dr. Wilhelm Joetten. Dieser setzte als Kompromiß — die Gewerkschaften hatten ihre Forderung inzwischen auf 12 Pfennig pro Stunde reduziert — eine Erhöhung der Stundenlöhne um 6 Pfennig fest. Während sich die Gewerkschaften diesem Spruch beugten, wurde er von der Arbeitgeberseite zurückgewiesen, bedeute doch auch diese Erhöhung eine gefährliche Beeinträchtigung der sowieso problematischen Ertragslage der Industrie, die zu einer Einschränkung der Arbeitsmöglichkeiten führen müsse. Unterstützung fand der unternehmerische Standpunkt innerhalb der Regierung bei Reichswirtschaftsminister Julius Curtius von der Deutschen Volkspartei (DVP), der sich mit einer Denkschrift vom 30. Oktober 1928 gegen den Antrag der Gewerkschaften aussprach, den Joetten'schen Schiedsspruch für verbindlich zu erklären. Nach kontroverser Diskussion im Kabinett sprach einen Tag später Rudolf Wissell, der sozialdemokratische Arbeitsminister, die Verbindlichkeitserklärung aus, was von Arbeit-Nordwest scharf abgelehnt wurde.
Durch die Anwendung der 1923 gesetzlich verankerten politischen „Zwangsschlichtung" ließ sich also die Regierung in die Tarifauseinandersetzung mit hineinziehen, ohne jedoch über Mittel zu verfügen, ihren Standpunkt wirklich durchzusetzen. Die Arbeitgeber an der Ruhr, ansonsten durchaus Anhänger eines „starken Staates", nutzten diese Chance, die Autorität des von ihnen zumeist wenig geschätzten Weimarer States in Frage zu stellen: Trotz der Verbindlichkeitserklärung Wissells setzten sie am 1. November 1928 die Gesamtaussperrung in Kraft, von der etwa 240.000 Arbeitnehmer betroffen waren. Das Duisburger Arbeitsgericht billigte am 12. November die Maßnahme der Arbeitgeber, das Landesarbeitsgericht in Düsseldorf verurteilte sie indessen am 24. November 1928.
Während um die Rechtmäßigkeit der Aussperrung gestritten wurde, stellte sich die Frage nach der sozialen Lage der Ausgesperrten mit zunehmender Dringlichkeit. Da es sich bei der Aussperrung um eine Arbeitskampfmaßnahme handelte, war die Zahlung von Arbeitslosenunterstützung nach § 94 des Gesetzes für Arbeitsvermittlung und Arbeitslosenversicherung ausgeschlossen. Nicht zuletzt aus diesem Grunde glaubten die Arbeitgeber, davon ausgehen zu können, daß die soziale Bedrängnis der Arbeiter, von denen nur ca. 50 % der Ausgesperrten Anspruch auf gewerkschaftliche Unterstützung hatten, einerseits und die finanzielle Belastung der Gewerkschaften andererseits die Ausgesperrten zum Nachgeben zwingen würden.
Bereits Anfang November wurden von KPD und SPD Interpellationen und Anträge im Reichstag eingebracht, die für eine staatliche Unterstützung der — wie es schien — unrechtmäßig Ausgesperrten eintraten; die dazu erforderlichen Gelder sollten von den an der Aussperrung beteiligten Arbeitgebern eingezogen werden. Das Zentrum setzte sich darüber hinaus für eine Gesetzesänderung ein, mit der Aussperrungen bei gültigen Tarifverträgen rückwirkend vom 15. Oktober 1928 an untersagt werden sollten; zudem wurde hervorgehoben, die Schlichtungsanfechtung durch Arbeit-Nordwest gefährde die Autorität des Staates. Am 18. November beschloß der Reichstag — mit Billigung der Reichsregierung, allerdings bei Stimmenthaltung der DVP —, die Ausgesperrten aus öffentlichen Mitteln zu unterstützen; über diesen Beschluß hinausgehend, sahen die Durchführungsbestimmungen des dem Zentrum angehörenden Preußischen Ministers für Volkswohlfahrt (Hirtsiefer-Richtlinien) vor, daß die Gewerkschaftsunterstützung nicht auf die öffentlichen Beihilfezahlungen angerechnet werden sollte.
Die Durchführung der Hirtsiefer-Richtlinien bot den Arbeitgebern indessen einige Angriffsflächen: Die Summierung von gewerkschaftlicher und öffentlicher Beihilfe erreichte oft fast das normale Arbeitseinkommen durch den Lohn, und in vielen Fällen übertraf es diesen sogar erheblich. Zudem war die Lage der unterstützten Ausgesperrten, wie sich in einer Aussprache mit den Wohlfahrtsdezernenten des rheinisch-westfälischen Industriegebiets am 29. November zeigte, besser als die von Arbeitslosen.
Der Unterstützungsbeschluß des Reichstages vom 18. November dürfte dazu beigetragen haben, daß der Arbeitskampf noch längere Zeit andauerte.
Dies gilt zum einen für die Position der Gewerkschaften: Die in einer Verhandlung von Arbeitgeber- und Gewerkschaftsvertretern am 17. November erzielte Einigung über die Grundlagen einer etwaigen Verständigung wurde von den Gewerkschaften am 19. November wieder in Frage gestellt. Deshalb trat die von den Arbeitgebern am 17. November angebotene Aufhebung der Aussperrung, mit der man wohl der

staatlichen Hilfsaktion glaubte zuvorkommen zu müssen, nicht in Kraft. Und die Arbeitgeber werteten die öffentliche Unterstützung der Ausgesperrten als unzulässige Parteinahme des Staates zugunsten der Arbeiterschaft und schlossen die Reihen: der VDA und der Reichsverband der Deutschen Industrie (RDI) stellten sich in einer Erklärung vom 23. November „in voller Erkenntnis der Tragweite des jetzigen Konfliktes für die ganze deutsche Wirtschaft geschlossen hinter" Arbeit-Nordwest.

Wenn sich auch die Arbeitgeberschaft nach außen einmütig gegen die gewerkschaftliche Politik und den staatlichen Schieds- bzw. Verbindlichkeitsspruch wandte, so waren dennoch auch von dieser Seite Stimmen zu vernehmen, die schon die Aussperrung als „keinen glücklichen Schritt" bezeichneten. Auch vor einer Berufung gegen das Düsseldorfer Urteil vom 24. November 1928 beim Reichsarbeitsgericht wurde gewarnt. Zudem schienen die Arbeitgeber angesichts der öffentlichen Mißbilligung, die ihr Vorgehen vielfach fand, befürchten zu müssen, die Gewerkschaften könnten unter dem Druck sowohl dieser öffentlichen Meinung als auch radikaler Arbeiter den Versuch unternehmen, den Arbeitgebern mittels einer einstweiligen Verfügung die Kosten des Arbeitsstreits aufzubürden. Die umgekehrten Befürchtungen bestanden bei den Gewerkschaften, — deren Berechtigung das Urteil des Reichsarbeitsgerichts vom 22. Januar 1929 erweisen sollte —, so daß auf beiden Seiten mit zunehmendem „Streitwert" die Bereitschaft zu einer erneuten Schlichtung wuchs.

So wurde am 30. November 1928 in getrennten Besprechungen von Vertretern der Gewerkschaften und der Arbeitgeberverbände mit Beauftragten der Reichsregierung die Durchführung eines neuen Schlichtungsverfahrens besprochen, das von dem sozialdemokratischen Reichsinnenminister Carl Severing geleitet werden sollte. Die Arbeitgeber stimmten trotz „schwerwiegender Bedenken" diesem Verfahren zu; und auch die Gewerkschaften erklärten sich nach innerorganisatorischer Absprache dazu bereit, den Schlichterspruch Severings im voraus zu akzeptieren: Während beim Christlichen Metallarbeiterverband 130 Stimmen für und nur 4 gegen die Annahme dieses Vermittlungsvorschlages abgegeben wurden, zeigte das Votum der Bezirkskonferenz des DMV (27 zu 14), wie umstritten diese Entscheidung war. Nach der Einwilligung der Gewerkschaften in dieses Schlichtungsverfahren hoben die Arbeitgeber die Aussperrung am 3. Dezember 1928 auf. Severing befand sich in einer schwierigen Situation. Er suchte einen Mittelweg zwischen einer Desavouierung Wissells und zu weitgehenden Zugeständnissen an die unternehmerische Interessenlage, der auch für die Gewerkschaften und die Ausgesperrten akzeptabel sein sollte. Der am 21. Dezember 1928 verkündete Schiedsspruch blieb deutlich hinter dem Stichentscheid Joettens zurück, der allerdings bis zum 31. Dezember 1928 gültig bleiben sollte; ab 1. Januar 1929 waren dann Lohnerhöhungen zwischen 1 und 6 Pfennigen pro Stunde vorgesehen; die Arbeitszeit sollte andererseits von 60 auf 57 bzw. 52 Stunden pro Woche gesenkt werden. Die Laufzeit des von Arbeit-Nordwest und den Gewerkschaften im voraus als Tarifvertrag akzeptierten Schiedsspruchs war auf eineinhalb Jahre festgelegt worden. Während sich die Freien Gewerkschaften wohl mit Rücksicht auf die Partei- und Regierungszugehörigkeit Severings eher zurückhaltend bis positiv zu dem Schiedsspruch äußerten, rief er auf seiten der Arbeitgeberschaft schärfste Kritik hervor.

Zur Wirkung und Bedeutung des Arbeitskampfes

Vor allem die Würdigung des „Arbeitskampfes in der Großeisenindustrie" (1929) von Max Schlenker, dem Hauptgeschäftsführer von Langnam-Verein und Arbeit-Nordwest, betonte zwar, es handle sich beim Ruhreisenstreit um einen aus „rein wirtschaftlichen" Motiven geführten „Abwehrkampf". Aber dann ging seine Argumentation doch deutlich über diese Begrenzung hinaus. Die Probleme der Kapitalbildung, vor allem die Belastungen der Wirtschaft durch steuerliche und sozialpolitische Verpflichtungen sowie die Reparationszahlungen, hätten „den Kampf auf die Dauer unvermeidlich gemacht und die Eisenindustrie seit langem schrittweise in ihn hineingezwungen". „Der tiefe Sinn der Arbeitsstreitigkeiten im Rhein-Ruhr-Gebiet" sei der „Kampf für die heutige Wirtschaftsform, für eine vernunftgemäße Wirtschafts- und Sozialpolitik, Sammlung aller gleichgestimmten Kräfte zur endlichen Auseinandersetzung mit den zerstörerischen Mächten des Sozialismus". Auch im Geschäftsbericht von Arbeit-Nordwest vom Juni 1929 wurde das Vorgehen der Arbeitgeberschaft als Verteidigung zu rechtfertigen gesucht. Die Wirtschaft sei sich im klaren, daß sie „eine destruktive, abseits von Wirtschafts- und Sozialpolitik liegende gewerkschaftliche Machtpolitik, gestützt von ihren staatlichen Hilfsstellen [. . .] an diesen Punkt gebracht hat".

Die „verhängnisvolle Politisierung" des Lohnkonflikts sei — so Max Schlenker — also „Schuld" der Gewerkschaften (und der SPD) gewesen. Da diese durch ihre Identifizierung mit dem „sozialistisch orientierten Staat" unter Erfolgszwang stünden, hätten sie sich gedrängt gesehen, „ihre im Wahlkampf gegebenen Versprechungen trotz der Ungunst der Konjunktur" einzulösen, um ein „Abschwenken der Mitglieder zu den Linksradikalen zu verhindern". Dementsprechend sei es den „Gewerkschaftsführern lediglich darauf an[gekommen], ein po-

litisches Ziel zu erreichen“. Sie hätten die Gelegenheit für günstig gehalten, „in die verhaßte kapitalistische Wirtschaftsordnung weiter Bresche zu legen und den Kampf um die ‚Wirtschaftsdemokratie‘, die in Wirklichkeit nur verkappter Sozialismus ist, fortzusetzen.“
Zwar hatten die Arbeitgeber die Möglichkeit der staatlichen Verbindlichkeitserklärung von Schlichtungen bei Tarifauseinandersetzungen bereits seit der Einführung im Jahre 1923 kritisiert, und die Härte dieser Haltung 1928 hatte auch konjunkturelle Gründe. Die zitierte Argumentation aber zeigt, daß mehr dahinter stand: Der nach den Wahlen vom Mai 1928 an der Reichsregierung beteiligten SPD und auch den Gewerkschaften sollten und konnten in diesem Konflikt eindringlich die Grenzen der politischen Einflußnahme auf die Privatwirtschaft vor Augen geführt werden. Damit markiert der Ruhreisenstreit die Wende der unternehmerischen Politik zur offenen Konfrontation gegen den Weimarer Staat, die schließlich in die Ablehnung des ganzen „Systems“ mündete.

Depression

Sämtliche Abb. aus: „Volk und Zeit“ Nr. 13, 1930; AdsD

Aktenberge – in ihnen ruht das Schicksal Tausender

Hier warten tagtäglich hunderte auf Beschäftigung

Nur schlafen, um die Not zu vergessen

Was gibt es heute zu Mittag?

Das soll eine Woche werden . . .

In der städtischen Volksküche

Detlev Peukert

Arbeiterschaft und Nationalsozialismus

Die deutsche Arbeiterbewegung hat sich von dem Schock von 1933 nie mehr richtig erholt. Mochten auch die in der Weimarer Republik führenden Parteien SPD und KPD nach 1945 wieder gegründet werden und die neugebildeten Einheitsgewerkschaften sich auf die sozialdemokratischen, liberalen, christlichen und kommunistischen Traditionen zurückbeziehen: Mit der Machtergreifung der Nationalsozialisten 1933 hatte eine 80jährige Tradition von Arbeiterbewegung einen Bruch erfahren, der nicht mehr rückgängig gemacht werden konnte. Für die Zeitgenossen war es beinahe unvorstellbar gewesen, daß die SPD oder die KPD, die beide in ihren jeweiligen Internationalen zu den mitgliederstärksten und bestorganisierten Gliederungen gehörten, binnen weniger Monate zerschlagen werden konnten. Trotz dieser Niederlage kam vor allen anderen und organisiert aus der Arbeiterbewegung Widerstand gegen die Nationalsozialisten. Und trotz der 1933 einsetzenden Verfolgung entstanden auch unter Arbeiterjugendlichen, die gar keine Erinnerungen mehr an die politischen Bewegungen vor 1933 haben konnten, noch in den Kriegsjahren spontane Protestbewegungen. Sowohl aus der politischen Tradition der Arbeiterbewegung wie aus der alltäglichen sozialen Erfahrung der Arbeiterschaft erwuchsen also Kräfte des Widerstands, der Nicht-Anpassung zumindest. Aber gerade wenn man dies hervorheben will, darf man die deprimierenden Handlungsbedingungen und die Ausgangslage nicht vergessen: Am Anfang war die Niederlage . . .

Zwei von vielen, die sich nicht anpaßten

Gustav Streich wurde 1906 in Ostpreußen geboren und kam 1924 mit seinen Eltern ins Ruhrgebiet, nachdem er eine Lehre als Schriftsetzer beendet hatte. In diesem Beruf arbeitete er dann in Essen, wo er 1929 der SPD beitrat und gleich politische Funktionen übernahm. 1931 heiratete er und bezog eine Wohnung in einer genossenschaftlichen Arbeitersiedlung, wo er bis in die 50er Jahre wohnen blieb. In dieser Umgebung spielte sich ein nachbarschaftliches soziales Leben ab, das von Solidaritätsgefühl und politischem Engagement geprägt war. Als er seine Lebensgeschichte erzählte, meinte Gustav Streich dazu:
„Die Hälfte der Nachbarn war sozialdemokratisch eingestellt, ein Viertel kommunistisch und ein Viertel christlich. Gewerkschaftler waren alle, die meisten in den Freien Gewerkschaften."
Diese Teilung in drei große politische Lager der SPD, KPD und der katholischen Zentrumspartei, die jeweils noch über eigene gewerkschaftliche, kulturelle und sogar sportliche Nebenorganisationen verfügten, war für die rheinisch-westfälischen Industriestädte charakteristisch. (Nur in überwiegend protestantischen Gebieten wurde sie zu einer bloßen Zweiteilung von SPD und KPD.) Scharfe Konkurrenzkämpfe der rivalisierenden politischen Lager und nachbarschaftliche Verbundenheit im Alltag konnten sich durchaus miteinander vertragen. 1931/32 erfuhr Gustav Streich wie viele andere die Härten von Kurzarbeit und Arbeitslosigkeit, aber auch diese unfreiwillige Freizeit wurde mit politischer Aktivität und vor allem Tätigkeit in der Arbeiterbildung ausgefüllt. Dann kam der 30. Januar:
„Das Einschneidendste in meinem Leben war der Einbruch des Dritten Reiches 1933 und meine Mitarbeit im Widerstand der Sozialdemokratischen Partei. Ja, da kam dann der Kladderadatsch, am 30. Januar '33. Wir haben weitergemacht, haben bis zum 5. März '33 unsere Versammlungen abgehalten, die letzten schon unter Aufsicht der Polizei und der SA, die Hilfspolizei war. Und dann merkten wir halt, die KPD wurde verboten, unsere Zeitungen wurden verboten, Versammlungen wurden uns schon verboten, all diese Dinge, da haben wir uns gesagt, offiziell wird die Partei nicht weiter existieren können, denn was den Kommunisten heute passiert, das blüht uns morgen. Wir haben uns dann in einem kleinen Kreis in (Essen-)Borbeck zusammengesetzt und überlegt: ‚Was machen wir?' Das ging ohne irgendeine Anweisung von oben. Es gab auch Leute, die glaubten, durch Stillhalten könnten wir die Nazis vielleicht besänftigen. Aber wir haben gesagt, ‚das glauben wir einfach nicht', und haben uns in den ersten Monaten immer wieder mal getroffen, entweder in Privatwohnungen oder in einer Gaststätte. (. . .)
Wir bekamen erst Anfang '34 das erste schriftliche Material von draußen, den ‚Neuen Vorwärts' und einige andere Tarnschriften. Im Juni '34 hatten wir nochmal in unserer Wohnung eine Zusammenkunft aus ganz Essen."
Damit waren die Essener Sozialdemokraten an ein Organisationsnetz angeschlossen, das Mitarbeiter des emigrierten SPD-Vorstands von Holland und Belgien aus über den ganzen Westen Deutschlands gesponnen hatten. Nachrichten über die Stimmung im Lande, über von der NS-Presse geheimgehaltene Vorgänge und über Widerstandsaktionen gingen auf diesem Wege ins Ausland, wo sie unter anderem in den „Deutschlandberichten" der SOPADE — so nannte sich die Exil-SPD — veröffentlicht wurden. Zugleich wurden politische Nachrichten aus dem Ausland in verbotenen Schriften zu den geheimen Lesegruppen im Reich gebracht, unter anderem durch Brotfahrer der Duisburger Brotfabrik „Germania".
„Die Verteilung des aus dem Ausland kommenden SPD-Schrifttums ist hier bei uns in Essen bis zum 1. Mai 1935 erfolgt (. . .). Wir hatten kleine Lesegruppen gebildet, fünf/sechs Personen, die je ein Blatt bekamen. (. . .) Wir hatten

schon 1933/34 eigene Maifeiern veranstaltet, natürlich nicht in einem allzu großen Kreis. 1933 waren viele da, da war sogar der Volkschor fast vollständig erschienen, der damals noch existierte. Die Feier war auf dem Gelände der stillgelegten Zeche Pauline in Werden und '34 und '35 in der Gaststätte ‚Alte Burg'. Es war einigen Leuten in (Essen-)Werden aufgefallen, daß in der Gaststätte ‚Alte Burg' an diesem 1. Mai 1935 vormittags so viele Männer waren, die sich zum Teil sogar eine rote Blume angesteckt hatten. Die Gestapo ist da oben hingekommen. Ich selbst kam ein paar Minuten zu spät (. . .)".
Das rettete ihn vor der Verhaftung. In den folgenden Wochen wurde die ganze SPD-Organisation am Niederrhein von verschiedenen Stellen her durch die Gestapo aufgerollt. Mehrere Hundert Mitglieder wurden im Zusammenhang mit dem sog. „Brotfabrik"-Prozeß zu Gefängnis- oder Zuchthausstrafen verurteilt. Gustav Streich setzte die illegale Arbeit fort, fuhr auch zweimal nach Belgien, um sich mit Vertretern der SPD-Grenzstelle auszusprechen, wurde dann jedoch am 5. März 1936 ebenfalls verhaftet. Es folgten der Prozeß vor dem Volksgerichtshof, Zuchthaus und nach der Entlassung 1941 polizeiliche Überwachung bis Kriegsende. 1945 schloß sich Gustav Streich einem örtlichen Antifa-Ausschuß an, der in überparteilicher Zusammensetzung erste Schritte des politischen und kommunalen Neubeginns versuchte, und gründete erneut die SPD mit, für die er bis 1975 im Stadtrat saß. „Wenn man Leuten helfen konnte, gab das wieder Auftrieb", schließt er seine Lebenserinnerungen.
Günter Ograbek aus Oberhausen gehört einer jüngeren Generation an. 1928 geboren, erlebte er das Ende seiner Schulzeit schon im Kriege. Persönliche Erinnerungen an die freieren politischen Verhältnisse vor 1933 hatte er naturgemäß nicht; über die Erfahrungen der älteren Verwandten oder der Nachbarn in seinem Arbeiterviertel erfuhr er wenig: „Solche Dinge wurden mir damals verheimlicht, sicher auch, weil das zur damaligen Zeit als Gesprächsstoff sehr gefährlich war. Es liegt bei der Mehrzahl der Familien der ‚Edelweißpiraten' ein Bruch zwischen den Generationen vor . . .", erinnert er sich. Günter Ograbek war „Edelweißpirat", Mitglied einer Jugendgruppe, einer Clique, heute würden wir vielleicht sagen: einer Subkultur, die mit der zur Staatsjugend aufgerückten HJ verfeindet war.
Wie kam ein 14jähriger, der sein ganzes bewußtes Leben unter der NS-Herrschaft verbracht hatte und der seit dem Gesetz über die Hitlerjugend von 1936, spätestens aber seit der Durchführungsverordnung von 1939 zwangsweise HJ-Mitglied sein sollte, mitten im Kriege in eine nonkonforme Gruppe? Die bewußte politische Tradition der Arbeiterbewegung war nach 1933 im Wechsel der Generationen abgerissen. Aber die soziale Grunderfahrung der Arbeiterexistenz war trotz allem Volksgemeinschaftsrummel der Nationalsozialisten geblieben, besonders gegenüber dem autoritären Gehabe der Parteibonzen: „Ohne daß groß darüber geredet wurde, die Spannungen waren ständig da, die Leute wußten genau, was sie voneinander zu halten hatten. Es war ein scharfer und ausdauernder Kleinkrieg im Alltag, äußerlich waren es alles Individualfälle. So war es in der Volksschule, im Betrieb, beim Militär, schon ab einem sehr, sehr frühen Alter. Ich muß vielleicht an dieser Stelle hinzufügen, daß es schon vor der ‚Edelweißpiraten'-Zeit in den jüngeren Altersstufen in unserer Ecke sehr häufig kleine Straßenbanden von fünf/sechs Mann gab, in sehr militanter Ausprägung. (. . .) Da man uns disziplinieren wollte, gab es noch eine Menge Zusammenstöße mit den verschiedensten Lehrern, bis zur Entlassung aus der Volksschule im April 1942. (. . .) Wir hatten z. B. einen Lehrer mit dem sehr germanischen Namen Wrzecsz . . ., der hatte die Angewohnheit, daß er den Tag in der Schule nicht beginnen konnte, ohne auf vier Bänke in unserer Klasse zu zeigen und zu sagen: die acht von der Lipperstraße raustreten! Dann hat er einen erst mal eine halbe Stunde durchgehauen. Solcherlei Typen, immer mit der Partei verbunden, gab es zuhauf. Sie griffen sich immer Kinder aus den Arbeitervierteln heraus (. . .) Denen war es egal, wie sich das auf die Kinder auswirkte. Der Druck in der Schule war also von Anfang an sehr stark, es gab eben genug Lehrer, die nicht nur äußerst borniert, sondern auch äußerst brutal waren. Sie waren fast alle Parteimitglieder. Das hat natürlich bei uns Kindern nicht zu bewußten Reaktionen geführt, aber es hat mitgeholfen bei der Gewöhnung an die Aufsässigkeit. Zunächst haben wir gelernt: Gegen die hilft nur Gewalt. Hier kann ich mich nur auf mich selbst verlassen. Hier habe ich nichts mehr zu verlieren. Das erklärt dann übrigens auch ein bißchen, daß man sich später mit Leuten in der gleichen Lage solidarisierte. Ähnlich war es im Betrieb."
Mit der Schulentlassung im Alter von 14 Jahren und der Übernahme einer Lehrstelle oder von ungelernter Industriearbeit nutzten Arbeiterjugendliche mit solchen Erfahrungen wie Günter Ograbek oftmals ihre Freizeit besser in informellen Freundescliquen als in der militarisierten HJ-Organisation. Da aber die HJ mit dem Einsatz ihres Streifendienstes oder gar durch Einschaltung der Gestapo ihr Freizeitmonopol durchzusetzen versuchte, gerieten diese Cliquen, ob sie es wollten oder nicht, in Konflikte mit dem Regime. Wie in anderen Städten des Rheinlands gaben sich die Cliquen abenteuerliche Namen wie „Edelweißpiraten", „Kittelbachpiraten" oder „Totenkopfpiraten".
„Die Kontakte der ‚Edelweißpiraten' wurden intensiver Ende 1942, Anfang 1943, seitdem traf man sich von selbst, ohne Aufforderung, am Knappenbunker. Wir machten weiter gelegentlich Ausflüge (. . .) Man brauchte einfach nur nicht in den Bunker hineinzugehen, man

mußte draußen bleiben, bis das Publikum drin war mitsamt den überängstlichen Luftschutzwarten. Das wurde die Regel. (. . .) Wenn man Lust hatte, gesellte man sich wie selbstverständlich zu einer Gruppe hinzu und wurde auch aufgenommen. Wir haben dann folgende Sachen gemacht: Erzählen, Singen, Rauchen, Sex — (. . .) In ganz seltenen Fällen wurde auch schon mal was getrunken. Zumeist wurde erzählt. Über Persönliches, am Rande über Politik — der Wissensvorrat darüber und der Informationsfluß waren nicht sehr groß. Man hat gemeinsam Pläne ausgeheckt. Über Arbeit und Schule gesprochen. Die Geschichte war die, daß wir Jugendlichen, mit der Umwelt zu diesem Zeitpunkt zurechtkommen mußten und wir uns jedesmal vergewissern wollten, wie man sich in der und der Situation verhalten sollte. Es wurde viel gesungen. Wir sahen — es war Krieg — nur eine begrenzte Lebensperspektive und nahmen uns für die Dinge sehr, sehr viel Zeit. Andererseits ging diese Zeit schnell vorüber, vor allem weil immer wieder Leute herausgerissen wurden, zum Militär oder zur Flak gezogen wurden."

Die Bedingungen des Krieges schufen also diesen relativ kontrollfreien Raum trotz aller Ansprüche des Regimes, sie begrenzten ihn aber auch vor allem auf die Jahre zwischen 14 und 17, 18 Jahren, zwischen „Schulbank und Kasernentor", exakt jene Jahre also, in denen schon die ordnungswütigen Pädagogen des Wilhelminischen Kaiserreichs die besondere „Zuchtlosigkeit" der Arbeiterjugend, zumal der ungelernten, immer wieder beklagt hatten. Jetzt, in den dreißiger und vierziger Jahren geriet solche soziale „Zuchtlosigkeit" in Konflikte mit den gesteigerten politischen Ordnungsansprüchen des NS-Regimes und besonders der Hitlerjugend: „Als verbindendes Element bei den Aktivitäten (der „Edelweißpiraten", D. P.) fällt im Grunde folgendes auf: HJ-Führer und vor allem der HJ-Streifendienst wurden angefallen und vermöbelt, die wollten wir weit weg von unserem Bezirk haben. Der Streifendienst mied auch tatsächlich die Gegenden der Stadt, in denen die Edelweißpiraten das Sagen hatten, oder tauchte da höchstens mal zu Zeiten auf, wo es nicht ganz so gefährlich war, zwischen 15 und 18 Uhr."

Dies ist keine nachträgliche Prahlerei. Die erhalten gebliebenen Akten von rheinischen Gestapostellen sind voll mit Klagen von HJ- und Parteivertretern über das Auftreten der „Edelweißpiraten", die manche Arbeiterviertel nach Einbruch der Dunkelheit für Träger von NS-Uniformen tabu machten.

Auch in der für damals provozierend bunten und phantasievollen Kleidung mit Anklängen an die Wandertrachten der verbotenen Jugendbewegung und durch das Absingen verbotener Wanderlieder äußerte sich der Nonkonformismus der „Edelweißpiraten". Nicht selten texteten sie Wanderlieder oder Schlager um und fügten Zeilen ein wie: „wir wollen frei von Hitler sein", „schlagt der HJ den Schädel entzwei", „Wilde Gesellen vom Wupperstrand,/ verfolgt von Schirachs Banditen" (Baldur von Schirach war der „Reichsjugendführer"). Die Gestapo reagierte auf das mit jedem Kriegsjahr anwachsende Cliquenwesen mit Razzien, Festnahmen. Für „Rädelsführer" folgten Haft oder Konzentrationslager. „Mitläufer" wurden vorzeitig in den Reichsarbeitsdienst oder zum Militär eingezogen. Dennoch wurde die Gestapo ihrer nicht mehr Herr, so daß noch im Oktober 1944 der „Reichsführer SS und Chef der Deutschen Polizei" Erlasse zur verschärften „Bekämpfung jugendlicher Cliquen", die „in allen Teilen des Reiches, insbesondere in größeren Städten" aufträten, herausgeben mußte.

Günter Ograbek entging zwar der Verhaftung, nicht aber der vorzeitigen Einziehung zur paramilitärischen Ausbildung. Es gelang ihm aber, in den Wirren der letzten Kriegsmonate unterzutauchen.

Mit den Lebensgeschichten des Sozialdemokraten Gustav Streich und des „Edelweißpiraten" Günter Ograbek haben wir zwei höchst verschiedene Typen von nicht angepaßtem Verhalten im Nationalsozialismus kennengelernt. Sie unterschieden sich in der politischen Anschauung, in den Formen des Verhaltens: Hier disziplinierter Kampf in einer politischen Untergrundorganisation, dort spontane, dem Drang nach einem Freizeitleben ohne kleinliche, autoritäre Kontrollen entspringende Konflikte mit der HJ. Verschieden sind auch die Generation (Jahrgang 1906, Jahrgang 1928) und der soziale Ort innerhalb der Arbeiterschaft. Der eine war Facharbeiter im graphischen Gewerbe, der sich in seiner Freizeit vielfältig fortbildete, der andere befand sich zumindest unter den Bedingungen des Krieges unter jungen, oft ungelernten Industriearbeitern, die in ihrer Arbeit keine Perspektive sehen konnten und dafür die Freizeit auszuleben versuchten. Beide aber gerieten auf unterschiedliche Weise durch ihre sozialen Erfahrungen als Arbeiter in Gegensatz zu dem Regime. In einem so weiten Spannungsbogen von typischen Verhaltensweisen und individuellen Lebensabläufen bewegten sich jene Teile der Arbeiterschaft, die gegen das Regime in irgendeiner Weise opponierten. Noch vielfältiger und in den Motivlagen und Handlungsweisen verschlungener hingegen war das Verhalten jener Arbeiter, die vor der Macht und dem scheinbaren Erfolgsdruck des NS-Regimes resignierten, sich passiv verhielten, mitmachten oder sich gar auf dessen Angebote einließen. Vorschnelle Generalisierungen über *den* Arbeiterwiderstand oder *die* totale Erfassung der Massen durch das Regime sind also irreführend. Vielleicht ist die wichtigste Verallgemeinerung über die Erfahrungen der deutschen Arbeiter mit dem Nationalsozialismus gerade die, daß es keine wirklich gemeinsamen Erfahrungen gab. Diese Schlußfolgerung zogen schon jene „Deutschland-Berichte" der SOPADE,

die aufgrund von Informationen aus dem Reich, wie sie etwa Gustav Streich nach Belgien gebracht hatte, entstanden. Für November 1935 schrieben sie:
„Das Wesen faschistischer Massenbeherrschung ist Zwangsorganisation auf der einen, Atomisierung auf der anderen Seite. Die Nationalsozialisten wissen sehr gut, daß das Solidaritätsgefühl die Kraftquelle der Arbeiterschaft ist, und infolgedessen gehen alle ihre Maßnahmen für oder gegen die Arbeiter darauf aus, das Gefühl für die Notwendigkeit solidarischen Handelns zu ertöten. (. . .) Diese Politik der Nationalsozialisten hat bedenkliche Erfolge gezeitigt, nicht zuletzt deshalb, weil die Zerstörung des Solidaritätsgefühls schon in der Weltwirtschaftskrise begonnen hat."
Die Ergebnisse nationalsozialistischer Politik legten also nahe, nach den ersten Anzeichen für eine Schwächung der dem damaligen Selbstverständnis nach so wohlorganisierten deutschen Arbeiterbewegung schon vor der Niederlage von 1933 zu forschen. Tatsächlich bot sich hier bei genauerem Hinsehen ein zwiespältiges Bild.

Von der Defensive in die Niederlage

Vor 1933 hatten die Nationalsozialisten in den Arbeitervierteln nichts zu melden. Das beleuchten etwa die Wahlergebnisse aus dem Ruhrgebiet zu jener Reichstagswahl vom 6. November 1932, die der NSDAP im Reich 33,1 % brachte. Im Gebiet Nordrhein-Westfalens hingegen erhielt sie nur 24,5 %, in einer Arbeiterstadt wie Dortmund sogar nur 17,7 %. Selbst diese Stimmen kamen vorwiegend von bürgerlichen Wählern. So erhielt die NSDAP in Dortmund-Gartenstadt 29,6 %, am Borsigplatz, wo die Hoesch-Arbeiter wohnten, nur 12,8 %. Hier entfielen jedoch 57,7 % auf die beiden Arbeiterparteien SPD und KPD. Dabei drückte sich die Radikalisierung der Arbeiter durch die Massenerwerbslosigkeit der Weltwirtschaftskrise in einem Stimmenwachstum der KPD von 29,8 % 1928 auf nunmehr 43,2 % aus. Vergleichbare Daten, allerdings in katholischen Gebieten mit einem höheren Anteil der Zentrumspartei, belegen, daß die NSDAP in den rheinisch-westfälischen Industriegebieten kaum Stammwähler der Arbeiterparteien für sich gewinnen konnte. Die Präsenz der Arbeiterparteien beschränkte sich aber nicht auf die Wahlkampagnen, sondern durchdrang weite Bereiche des Alltagslebens mit politischen Aktionen und einem beinahe unübersehbaren Vereinsleben. Überfälle der SA auf Arbeiterviertel oder „rote" Vereinslokale mußten immer wieder abgewehrt werden.
Dennoch setzte sich dieses imposante Potential nicht in geschlossene Abwehrkraft gegen die Nationalsozialisten um. Seit Novemberrevolution und Kapp-Putsch war die politische und persönliche Kluft zwischen Sozialdemokraten und Kommunisten viel zu tief, um eine Zurückstellung des politischen Konkurrenzkampfes untereinander angesichts des gemeinsamen Gegners zu erlauben. Sicher gab es manche gemeinsame Aktion am Ort, Fluktuation zwischen den politischen Lagern und verwandtschaftliche und freundschaftliche Beziehungen. Aber der politische „Hauptfeind" von SPD wie KPD blieb faktisch die jeweils andere Arbeiterpartei. Deshalb steht dem außerordentlich hohen Grad an politischer Aktivität am Beginn der dreißiger Jahre eine geringe politische Wirksamkeit der beiden linken Parteien gegenüber. Dieser jahrelang verschleppte Widerspruch mag erklären, warum weder SPD noch KPD zwischen Januar und März 1933 die Kraft fanden, ein sichtbares Zeichen des Widerstands zu setzen.
Aber hinter der politischen Spaltung lauerte jene noch gefährlichere soziale Atomisierung in der Weltwirtschaftskrise, deren entsolidarisierende Wirkung die erwähnten SOPADE-Berichte beschrieben. Langjährige Arbeitslosigkeit entfremdete nicht nur von der Solidarität am Arbeitsplatz, sondern lähmte oftmals auch die Handlungsfähigkeit der Betroffenen oder leitete sie in Scheinaktivitäten ab. Eine ganze junge Generation wuchs ohne jede Erfahrung kontinuierlicher Lohnarbeit und ohne jede greifbare Zukunftsperspektive auf. An ihnen gingen die traditionellen politischen Sozialisationsprozesse der Arbeiterbewegung vorbei, jedenfalls was die Erfahrung der Fabrikarbeit anlangte. Die radikalen Alternativen, die eine KPD anbot, in der nur noch etwa 10 % der Mitglieder erwerbstätig waren, nährten nur illusionäre Hoffnungen von einem nahen „revolutionären Aufschwung", die kurzfristige Aktivitäten anstachelten, aber vor der nationalsozialistischen Herausforderung genauso zerrannen, wie die Abwartetaktik der SPD und Freien Gewerkschaften deren Anhänger lähmte.
War das Abwehrpotential der Arbeiterbewegung 1933 auch nicht aktiv eingesetzt worden, so sicherten die Nationalsozialisten doch ihre Machtergreifung durch einen systematischen Terror vor allem in den Arbeitervierteln, um auch jede zukünftige antifaschistische Aktivität zu lähmen. Die Terroraktionen des Frühjahrs und Sommers 1933 geschahen unter den Augen der Öffentlichkeit. SA-Trupps richteten in besetzten Gewerkschaftshäusern, in Kasernen und stillgelegten Fabrikgebäuden „Privat"-KZs ein, in die sie Mitglieder und Funktionäre der Arbeiterbewegung, die ihnen bekannt und aus Straßenkämpfen vor 1933 verhaßt waren, verschleppten. Systematisch wurden Arbeiterviertel von SA und Polizei nächtlich umstellt und Haus für Haus, vom Keller bis zum Dachboden durchsucht. Die lokale Presse berichtete darüber ausführlich, Gerüchte und Augenzeugenberichte über den SA-Terror taten ein übriges, um eine allgegenwärtige Atmosphäre des Schreckens in den Arbeitervierteln zu verbreiten.
Auf drei Säulen hatte die traditionelle deutsche Arbeiterbewegung bis 1933 geruht: auf der gewerkschaftlichen Solida-

rität am Arbeitsplatz, auf dem Netzwerk politischer Organisationen und auf der nachbarschaftlichen Solidarität in den Arbeiterwohnvierteln. Mit der Massenarbeitslosigkeit in der Weltwirtschaftskrise, den Verboten der Arbeiterorganisationen im Frühjahr 1933 und den Razzien in den Arbeitervierteln waren diese Stützen wo nicht zerstört, so doch ihrer Selbstverständlichkeit beraubt und aus der Öffentlichkeit in den Untergrund gedrängt. Mochten auch Tausende von 1933 an in den Widerstand gehen; sie waren eine Minderheit, die mehr und mehr von der um ihre traditionellen Handlungsmöglichkeiten gebrachten Masse der Arbeiter isoliert wurden.
Vor allem von 1933 bis 1935 wirkten sozialdemokratische Widerstandsorganisationen und in ungleich größerem Rahmen kommunistische Parteigliederungen im Untergrund. Die Kommunisten hofften, daß sich der „revolutionäre Aufschwung" durch die Machtergreifung Hitlers eher noch beschleunigen würde, und mobilisierten trotz immer neuer Verhaftungsaktionen der Gestapo ihre letzten Kräfte zu opferreichen Widerstandsaktionen. Aber auch die behutsamer geknüpften sozialdemokratischen Verbindungsnetze fielen der Verfolgung zum Opfer. Nach 1936 gab es nur noch wenig organisierte Untergrundarbeit. Nur 1941/42 gelang es Kommunisten, im ganzen Rheinland die Zeitung „Friedenskämpfer" zu verbreiten. Die meisten ehemaligen Mitglieder der Arbeiterparteien bewahrten ihre Gesinnung und Tradition vorsichtig im kleinen Kreis von Vertrauten. Aus diesen Kreisen gingen dann allerdings in den Tagen der Befreiung 1945 sofort wieder politische Initiativen hervor, sei es zur Bildung von örtlichen Antifa-Ausschüssen, sei es zur Wiedergründung von Parteien und Gewerkschaften.

Zwischen Resignation, Alltagskonflikt und Mitmachen

Die große Masse der Arbeiter ging weder in den Widerstand, noch ließ sie sich zu jener begeistert-gläubigen Gefolgschaft bewegen, die die NS-Propaganda herbeizureden suchte. Die meisten blieben in einer skeptischen Distanz, zogen sich auf die Familie, Freundeskreise und ein betont unpolitisches Leben in der Nachbarschaft zurück.
Noch bis 1935 blieb die Stimmung in den Industriegebieten gedrückt. Niedrige Löhne, steigende Preise, gelegentliche Lebensmittelknappheiten, eine zunächst recht schleppende Arbeitsbeschaffung und die Korruption und Unfähigkeit der nationalsozialistischen Bonzen wurden immer wieder kritisch besprochen. Als die Aufrüstung die Vollbeschäftigung brachte, konsolidierte sich eine positivere Grundhaltung. Man erkannte einzelne Erfolge des „Führers" an, übte weiter aber scharfe Kritik an den Mißlichkeiten des nationalsozialistischen Alltags. Auch Hitlers Außenpolitik wurde mit jeder Mischung von Anerkennung („dem gelingt aber auch alles") und Kriegsfurcht betrachtet, die zwar keinesfalls an Widerstand denken, aber auch keine ständige Begeisterung aufkommen ließ.
Seit die Arbeitskräfte wegen der Aufrüstung wieder knapp waren, setzte sich auch trotz offiziellen Lohnstopps und der Ausschaltung der Gewerkschaften die starke Marktposition der Arbeiter wieder in Lohnsteigerungen um. 1938/39 war der Stand vor der Weltwirtschaftskrise wieder erreicht. Viele hofften nun darauf, daß trotz politischer Diktatur im Alltagsleben wieder „normale Zeiten" einkehren würden. Auch das NS-Regime war bis weit in den Krieg hinein ängstlich darum bemüht, sich die Zustimmung der Bevölkerung mit sozialen Gratifikationen zu erkaufen. Vor den permanenten Appellen der NS-Propaganda, sich ihren Organisationen anzuschließen, zogen sich die meisten aus der gelenkten Öffentlichkeit ins Privatleben zurück. Ging es um die Verfechtung unpolitischer Alltagsinteressen, so scheuten sie vor Konflikten mit Staat und Unternehmern nicht zurück. Politik hingegen blieb tabu.
Die nationalsozialistischen Eingriffe in das Alltagsleben waren im Bereich der Jugend besonders fühlbar. Hier hatte es die HJ in den ersten Jahren nach 1933 durchaus verstanden, den Zwang zum Mitmachen mit Angeboten an Sport und anderen Freizeitbeschäftigungen zu verbinden. Für nicht wenige Jungen und Mädchen aus Arbeiterfamilien boten die Aktionen der HJ und des BDM, aber auch die Funktionärstätigkeit in ihnen, Gelegenheit zum Ausbruch aus der Enge des Elternhauses und der Kolonie. Diese nicht zu übersehende zeitweilige Attraktivität der HJ verlor sich mit ihrer zunehmenden Bürokratisierung und Militarisierung. Aus dem Angebot zum Mitmachen wurde in den Augen vieler Jugendlicher immer mehr ein Zwang. Kein Wunder, daß nonkonforme Jugendsubkulturen wie die „Edelweißpiraten" Zulauf erhielten.
Die Krise des NS-Regimes 1943/44 reaktivierte zwar noch einmal die zerstreuten Kräfte des politischen Widerstands, während gleichzeitig die Mißstimmung in der Bevölkerung wuchs und die alltäglichen Konflikte zunahmen. Aber die zwölf Jahre der Verfolgung der Widerstandskämpfer und der Atomisierung der Bevölkerung durch den Nationalsozialismus verhinderten es, daß das Regime von den Deutschen selbst gestürzt wurde. Der politische Neubeginn 1945 mußte mit dieser Hypothek leben.

Aus dem Leben eines Kaufhauses

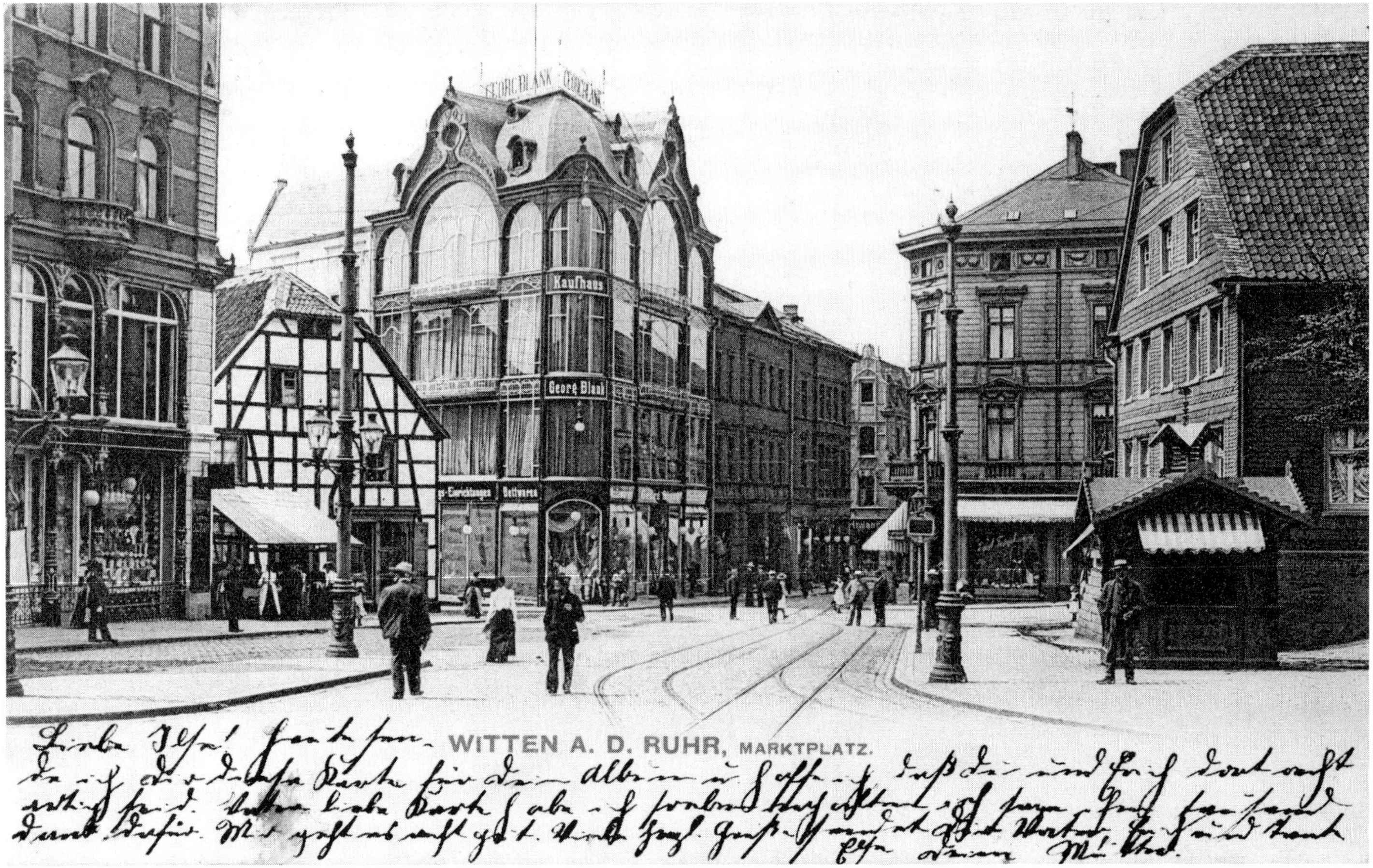

Um 1906 in Witten: das Kaufhaus Blank; Märkisches Museum, Witten

Im Dritten Reich: nach dem jüdischen das „deutsche Kaufhaus Neumann und Cropp“; Märkisches Museum, Witten

An gleicher Stelle aufgebaut: Kaufhaus Kogge; Märkisches Museum, Witten

Heute: Horten hält den Platz; Märkisches Museum, Witten

Annette Kuhn

Widerspruch und Widerstand im Frauenalltag 1920–1950

Chancen für die Frauen und Frauenalltag in der Weimarer Republik

„Nur Hausmädchen, nur Hausmädchen, ich durfte nichts lernen. Ich war in der Schule sojar sehr gut. Hatte 'ne wunderbare Handschrift und alles — ich sollte auch in 'nem Büro anfangen, und da hieß es aber nur — raus — Jeld verdienen. Wir mußten das Geld abgeben, weil der Vater nur verdiente, die Mutter war tot, ja, so war dat früher."
Maria Zieglers Erzählung führt zurück in ihre Kindheit nach dem Ersten Weltkrieg. Noch nicht vierzehnjährig, diente sie als Hausmädchen zuerst bei einer französischen Familie, dann bei einem jüdischen Arzt. Damals lebte sie bei ihrem Vater, einem Bergarbeiter, in Euskirchen bei Bonn und besorgte für ihn nebenher den Haushalt. Ihre Mutter war noch während des Krieges mit dreißig Jahren gestorben. „Wir hatten keine Ausbildung, dat jab es nit. Und das ist heute traurig, dat man dat nit hat . . ."
In ihrer Erzählung aus der Zeit der Weimarer Republik war nicht von den großen politischen Veränderungen oder von dem neu errungenen Wahlrecht der Frauen und auch nicht von ihren erweiterten Erwerbsmöglichkeiten die Rede. Das ist nicht verwunderlich. Denn Maria Ziegler hatte, wie die Mehrzahl der Arbeitertöchter ihrer Generation, nur die Wahl zwischen der Fabrikarbeit und der Arbeit als Dienstmädchen.
Nach dem Krieg sollten alle Frauen den heimkehrenden Männern „ihre" Arbeitsplätze „zurück"geben, eine Forderung, die auch die Gewerkschaften erhoben hatten. Dennoch stieg im Jahrzehnt nach 1918 angesichts der rasch fortschreitenden Industrialisierung, Technisierung und Rationalisierung der Bedarf an billigen, disponiblen, fügsamen, sprich: weiblichen Arbeitskräften stetig an. Trotz des sogenannten Frauenüberschusses — bis 1925 gab es ungefähr zwei Millionen mehr Frauen in Deutschland als Männer — blieb bis Ende der zwanziger Jahre die Arbeitslosenquote der Frauen unter der der Männer; die Anzahl der weiblichen Angestellten und Beamten stieg gegenüber der Vorkriegszeit auf das Siebenfache. Im Jahre 1928 stellten die Frauen fast 36 % aller Erwerbstätigen. Welche Bedeutung verbirgt sich hinter diesen Zahlen für Frauen wie Maria Ziegler?
In der kurzen Phase der forcierten industriellen Weiterentwicklung Mitte der zwanziger Jahre, in der sich neue Erwerbsmöglichkeiten für Frauen erschlossen, schienen sich auch Chancen für eine größere Selbständigkeit der Frauen zu eröffnen. Zweifellos zeichnete sich seit den zwanziger Jahren eine frauenfreundlichere Arbeitspolitik auch ab: Die ohnehin für die Unternehmer allzu kostspielige Absicht, durch einen Familienlohn Frauen vom Arbeitsmarkt fernzuhalten, wurde durch eine die Frauenlohnarbeit begünstigende Politik ersetzt. Jetzt galt es, besondere Schutzmaßnahmen für Mütter und Schwangere zu beschließen, Kindergärten und Kantinen in der Nähe der Fabriken zu errichten, beim Wohnungsbau die Belange der erwerbstätigen Frauen besser zu berücksichtigen und unter dem Stichwort ‚Technisierung des Haushalts' Konsumanreize für die Frauen zu schaffen. Im Zeichen der Modernisierung und des ökonomischen Aufschwungs vertraute man blind auf eine Verträglichkeit von Frauenerwerbstätigkeit auf dem erweiterten geschlechtsspezifischen Frauenarbeitsmarkt und der weiterhin allein den Frauen zugedachten Familienarbeit. Dieses Vertrauen beruhte auf der falschen Annahme, daß es eine Übereinstimmung von Marktinteressen und Fraueninteressen und eine grenzenlose Belastbarkeit der Frauen gäbe. Frauenerwerbsarbeit und Frauenfamilienarbeit ließen sich jedoch nicht ohne weiteres vereinbaren.
Die Zahlen der relativ hohen Frauenerwerbstätigkeit in den zwanziger Jahren dürfen uns also nicht zu falschen Folgerungen verleiten. Auch die weibliche Erwerbstätigkeitsquote von fast 36 % verweist eher auf eine gesellschafts- und familienpolitische Grenze der Frauenerwerbstätigkeit, denn entlohnte Frauenerwerbstätigkeit müßte ja, rein statistisch gesehen, mindestens bei 50 % liegen. Die Statistik erfaßt auch nur einen Bruchteil der geleisteten Frauenarbeit. Weder die vielfältigen Gelegenheitsarbeiten und entlohnten Teilzeitarbeiten, die Frauen außerhalb der Sozialversicherung leisteten, noch die umfassende Familienarbeit der Frauen werden hier berücksichtigt: In den Statistiken werden sowohl die unentlohnte Familienarbeit als auch die anstrengende, schlecht bezahlte Teilzeit- und Gelegenheitsarbeit von Frauen wie Maria Ziegler übergangen. Denn Maria Ziegler hatte bis zu ihrer ersten Ehe im Jahre 1930 mit dem Fabrikarbeiter Kurt Bender neben ihrer Arbeit als Dienstmädchen noch für ihren Vater und ihre Geschwister gesorgt. Nach ihrer Heirat mußte sie als Einundzwanzigjährige für Kurt Bender, der seit der Wirtschaftskrise arbeitslos war, durch Putzstellen und Teilzeitarbeit in einer Wäscherei den gemeinsamen Lebensunterhalt sichern. „Und wat meinen Sie, wat ich jearbeitet hab — eine Putzstelle nach der anderen . . . ich krichte von keinem was . . . ich hab keine Jugend jehabt."
Erst als sich die Weltwirtschaftskrise und die Massenarbeitslosigkeit verschärften, wurde das Problem der billigen Frauenlohnarbeit, der Nichtbeachtung der täglichen Subsistenzarbeit der Frauen im Haushalt und der Ausweitung der schlecht bezahlten, in ihrem Umfang unkontrollierbaren Frauenarbeit in der Grauzone zwischen Markt und Haus sichtbar. Noch in den ersten Jahren der Krise glaubten viele Unternehmer an das sogenannte Rentabilitätsprinzip, das auf den billigen Arbeitskräften und den Konsumzwängen der

stets unter Zeitdruck und Arbeitsüberlastung leidenden Frauen aufbaute. Aus dieser Sicht erklärt sich auch, weshalb nach der Statistik mehr Männer als Frauen von der Erwerbslosigkeit betroffen waren. 1932 haben wir eine Männerarbeitslosigkeit von 45 %, eine Frauenarbeitslosigkeit von 32 %. Aus diesen Zahlen läßt sich aber nicht eine größere Betroffenheit der Männer ableiten. Vielmehr wird die Brüchigkeit des sogenannten Rentabilitätsprinzips, das Frauen noch mehr als Männer benachteiligte, voll erkennbar. Auf dem Höhepunkt der Krise klagten auch die Unternehmer, daß Frauen nicht unter allen Umständen die billigsten Arbeitskräfte seien, wenn, wie zu Beginn der dreißiger Jahre, unter Beibehaltung der billigen weiblichen Arbeitskräfte bei gleichzeitiger Arbeitslosigkeit der Männer, sich die Reproduktionsbedingungen der Gesellschaft auflösten. Erst in der Krise des Kapitalismus wurde die politökonomische Bedeutung des Haushalts und der unentlohnten Arbeit der Frauen sichtbar. An eine veränderte, diese Ökonomie des Frauenhaushalts berücksichtigende Wirtschaftspolitik, die von einer ökonomischen Gleichstellung der Geschlechter ausgehen müßte, dachte aber in der Krise keiner.
Die Grenzen der allein auf Expansion gerichteten kapitalistischen Industriegesellschaft wurden im Alltagsleben von Frauen wie Maria Ziegler spürbar, als die Subsistenzbasis immer mehr von einer den menschlichen Bedürfnissen gegenüber gleichgültigen kapitalistisch-industriellen Entwicklung aufgezehrt wurde. An der Existenznot im Alltag von Frauen wie Maria Ziegler wurde die 1933 erreichte Systemgrenze der geschlechtsspezifischen Arbeitsteilung und der doppelten Ausbeutung der Frauen sichtbar, eine Grenze, die im Faschismus durch die Mischung von trügerischer Ideologie, Gewalt und Terror wieder zeitweise verdeckt werden konnte.

Frauenalltag im Faschismus

Obgleich Maria Ziegler erst 1933 und 1934 ihre beiden ersten Kinder bekam, deutete nichts darauf hin, daß sie sich von der bevölkerungspolitischen Propaganda des neuen Regimes beeinflussen ließ. Das ihr zustehende Kindergeld bekam sie niemals zu Gesicht: „Mein Mann krichte fünf Jahr das Kindergeld. Ich hatte die Kinder — ich wußte das gar nicht von dem Geld." Auch mit dem Mutterkreuz wurde sie ausgezeichnet — im Jahr 1939 und 1940 kamen noch zwei Kinder zur Welt —, allerdings „eingepackt hab ich dat und geworfen zum Teufel". Trotz ihrer Abneigung gegenüber der Partei bemühte sie sich um ein ‚Pflichtmädchen': „Ah, da warn die großzügig drin, und ich krichte auch Pakete von der Maxstraße, da war die Verteilungsstelle . . . Da sagte die Frau zu mir: ‚Frau Bender, Sie müssen ja auch mal 'nen bißchen für die Partei tun'. ‚Sech ich: Partei, sech ich, ich ham doch Partei jenug, hierum loofe mit fünf Kinder, sech ich, wat will der denn noch mehr?' Und da kricht ich das Pflichtmädchen, die mußte mir dann im Haushalt helfen." Jede Arbeitsentlastung war ihr wichtig, denn die Sorge für die Kinder und das Haus lag allein bei ihr. Während einer schweren Erkrankung bei ihrer Schwangerschaft 1940 hatte ihr erster Mann die Kinder einfach ins Waisenhaus gebracht: „Wie ich aus dem Krankenhaus kam, hab ich erstmal 'ne neue Wohnung gesucht. Da bin ich so arm gewesen. Der (ihr erster Mann) hat mir alles verkauft. Ich stand vor dem Nichts mit den Kindern." Sie war aber stolz auf ihre Arbeit als Mutter: Es gab in der Kinderkleidung „kein Löchelchen, was nicht jestopft oder jeflickt" war.
Mit dem System arrangierte sich Maria Ziegler im Alltag, allerdings auf eine selbstbewußte, eigenständige Weise. Von den vielen Widersetzlichkeiten in ihrem Alltag sprach sie nur nebenher, von dem verweigerten Hitler-Gruß beim Bäcker: „Da hab' ich kein Brot jekricht"; von der Beziehung zum französischen Strafgefangenen Henri in Hangelar, der ihr Waren zum Weiterverkauf aus der Kantine zusteckte, von den Kommunisten in der Altstadt, die sie in ihrer Wohnung vor den „Braunen" versteckte, und von dem Streit mit ihrer Schwester, die ihren Sohn in den Krieg ziehen ließ: „Den hätt' ich irgendwo verstochen. Wer wollt dat denn nachweisen."
Die Menschen in ihrer Umgebung dachten wie sie: „Besonders in der Altstadt, da waren sehr viele, besonders in der Altstadt warn doch alles Kommunisten. Da warn nur Rote." Bei ihren Erzählungen ging es Maria Ziegler aber nicht um politischen Widerstand, nicht um die Bekämpfung des faschistischen Systems — hieran hatte sie niemals gedacht —, sondern um die Sicherung der Existenz und um das Leben von Menschen, mit denen sie sich verbunden fühlte.
Manches im Alltag von Maria Ziegler ist für die Belastungen und die Rechtlosigkeit, auch für die Widerständigkeit von Frauen aus der Arbeiterschaft in der NS-Zeit typisch. Das neue Regime hatte zunächst die Politik der letzten Jahre der Republik: „Frauen weg vom Arbeitsmarkt" fortgesetzt, allerdings mit raffinierteren Mitteln, wie etwa der Propagierung eines Ehestandsdarlehens für Familien, in denen die Ehefrauen auf Erwerbstätigkeit verzichteten. Diese Maßnahme ist kaum je einer Arbeiterfamilie zugute gekommen, die auf den Verdienst durch die Frau oder die unverheirateten Töchter angewiesen war. Sie ging aber über die bisherigen arbeitsmarktpolitischen Zielsetzungen zur Bekämpfung der Arbeitslosigkeit hinaus, denn bei der faschistischen frauen- und familienpolitischen Gesetzgebung standen rassistische, bevölkerungspolitische und wehrpolitische Absichten im Vordergrund.
Der vom Regime erhoffte Geburtenanstieg blieb trotz aller ideologischen Anstrengungen und aller Gesetze zur Erhaltung des „germanischen Bluts" aus. Der allgemeine Trend der europäischen Industrieländer zur kinderlosen oder zur

Ein- bis Zwei-Kinder-Familie hielt auch im faschistischen Deutschland an. Der Kinderreichtum, der noch in den Arbeiterfamilien vorherrschte, sollte aber nicht vom Regime gefördert werden, denn hier drohte im „Geburtenkrieg“ die Vermehrung des „unwerten Lebens“ des „Untermenschen“. Die faschistische Politik, die zwischen Abtreibungsverbot und Zwangssterilisation, erzwungener Mutterschaft und dem Verbot von Mutterschaft hin- und herpendelte, erzeugte immer größere Widersprüche, die von Frauen wie Maria Ziegler zu ihren Gunsten ausgenutzt werden konnten, ohne daß sie zu Komplizinnen des Systems wurden. Eine weibliche List der Ohnmacht.

Das Bestreben, die weibliche Arbeitskraft maximal auszunützen, führte spätestens seit 1936 im Zeichen der Aufrüstung zu immer größeren Widersprüchen. Allen ideologischen Beteuerungen zum Trotz wurde der Druck zur Arbeitspflicht der Frauen immer größer, wenn auch das Regime bis zum Schluß vor einer weiblichen Dienstverpflichtung zurückschreckte. Die Verschlechterung der Arbeitsbedingungen und der verfügte Lohnstop hatten für die Mehrzahl der Frauen nicht nur eine Erschwerung der Lohnarbeit, sondern eine erhebliche Ausweitung der Hausarbeiten zur Folge. Die ideologische Aufwertung der „wesensgemäßen“, „produktiven Tätigkeit“ der Frauen im Haus — der Kochlöffel sei die „Waffe der Frauen“; der „wehrhafte Haushalt“ sei die natürliche Basis der Autarkiepolitik usw. — ging Hand in Hand mit einem immer größeren Zwang zur unqualifizierten weiblichen Erwerbstätigkeit vor allem in den Rüstungsindustrien, aber auch in den Verwaltungen und in der Landwirtschaft.

Häusliche und außerhäusliche Frauenarbeit waren für den Faschismus systemnotwendig, zugleich aber auch systemgefährdend. Nur mit äußerster Gewalt gelang die extreme Ausbeutung bei den vollends entrechteten Frauen, bei den Fremdarbeiterinnen, den weiblichen Häftlingen in den KZs, den sozial wehrlosen Mädchen und Frauen, die als Zuchtwesen mißbraucht wurden. Diese totale Verfügbarkeit über die Mehrheit der Frauen gelang aber dem Faschismus nicht. Wie ist es sonst zu erklären, daß die allgemeine Frauendienstverpflich-

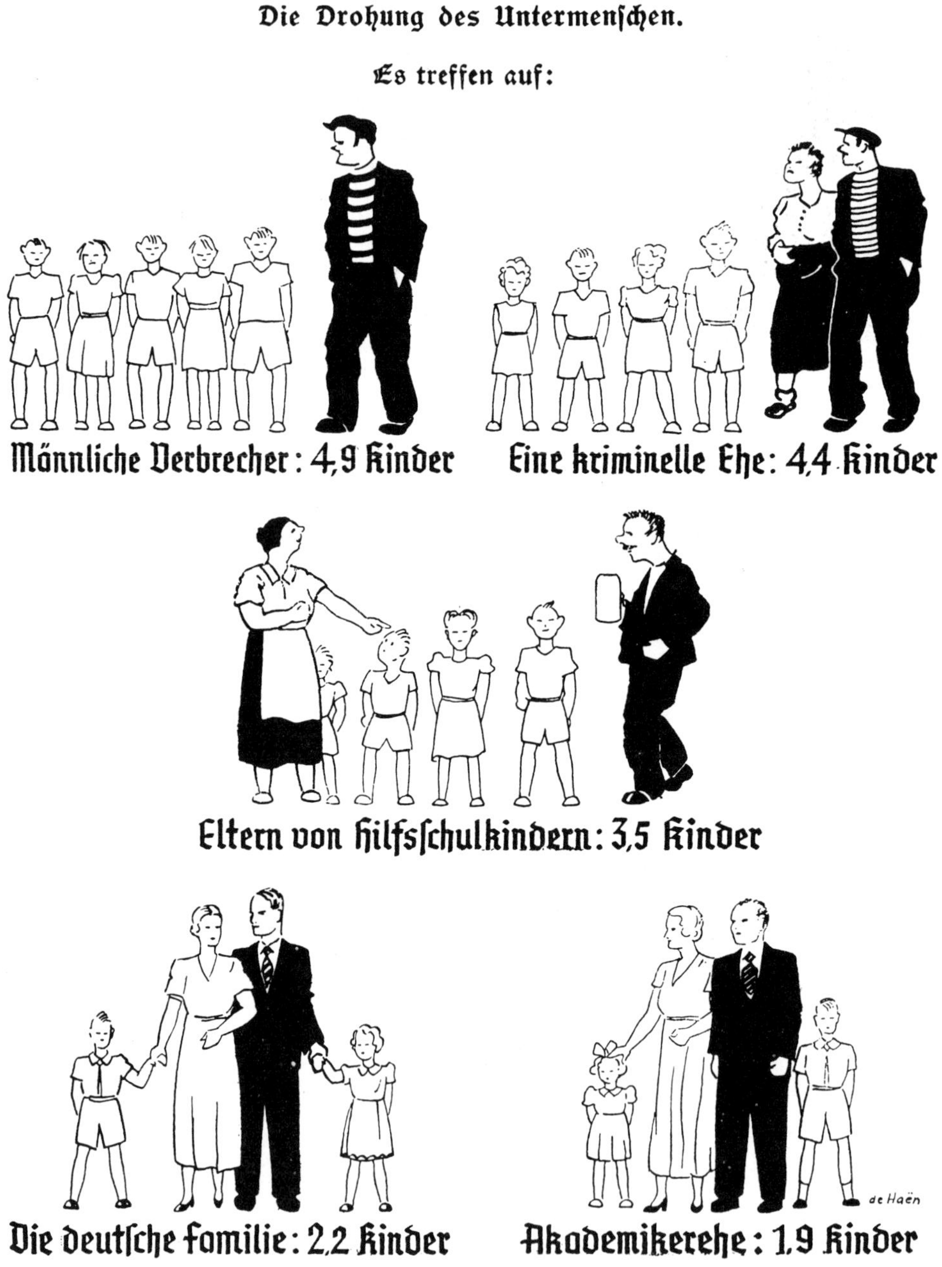

„Zum Wohle des Volkskörpers“ . . . Abtreibung und Sterilisation im Nationalsozialismus, Journal für Geschichte 59

tung, die sich in kriegführenden demokratischen Staaten problemlos einführen ließ, im deutschen Faschismus, aller Volksgemeinschaftsideologie zum Trotz, nicht durchsetzbar war?
Das Regime stand den Frauen mißtrauisch gegenüber. Sie galten als unzuverlässig; sie zählten für Hitler zu den Novemberverbrechern. Mit „weinerlichen Briefen an ihre Männer und Söhne" hätten sie 1918 die Kampfmoral untergraben. Das Trauma von Verrat der Frauen 1918 wuchs nach dem Mißerfolg der Blitzkriegstaktik. Als der Druck auf die Arbeiterinnen bei gleichzeitiger Schonung der Frauen der „besseren Gesellschaft" sich verstärkte, setzten sich immer mehr Arbeiterinnen zur Wehr. In den Sicherheitsberichten hieß es, die Arbeiterinnen neigten zur Disziplinlosigkeit, sie blieben unentschuldigt von der Arbeit fern, kündigten häufig, die Stimmung der arbeitenden Frauen sei durch die ungleiche Behandlung der Frauen sehr beeindruckt, die verhängten Gefängnisstrafen zur Verbesserung der Arbeitsmoral der Frauen hätten ihre Wirkung eingebüßt; gesetzliche Maßnahmen seien unumgänglich. Waren aber diese Frauen, für die das System nicht nur Verachtung, sondern vor denen es auch eine tiefgründige Angst hatte, wirklich ein Sicherheitsrisiko?

Bomben, Evakuierung und Flucht

Die letzten Kriegsjahre standen für die Mehrzahl der Frauen unter dem Zeichen der Bomben, der Evakuierung, der Flucht. Maria Ziegler hatte erst nach Kriegsausbruch eine feste Arbeit zuerst bei der Bahn, dann bei der Post übernommen. Als sie längere Zeit von ihrem ersten Mann, der an der Front war, nichts hörte, ließ sie sich 1940 scheiden, um ihren zweiten Mann, Georg Ziegler, einen Bahnbeamten, von dem sie zwei Kinder bekam, zu heiraten. Diese Jahre waren aber für Maria Ziegler die schwersten: „Ne, wat mir mitjemacht haben. Ich möchte die Zeit nicht mehr zurückdrehen, nie mehr . . . Und wat meinen se, wat ich jeschafft habe, ich hab' jeschafft bis zum Umfallen . . ."
Die schwersten Bombenangriffe auf Bonn 1943 erlebte Frau Ziegler noch vor ihrer Evakuierung. Obgleich auf die Nichtbeachtung der Fliegeralarme die Todesstrafe stand, ging Frau Ziegler nicht mit ihren Kindern in den Keller: „Das konnte ich nicht, ich mußte zwei Kinder tragen, auf jedem Arm eins, und zwei an der Schürze und dann 'ne Wendeltreppe im Dunkeln runter bis zum Keller. Und da hab ich gesagt: nein, das tue ich nicht. Ich hab' mich ins Bett gelegt und Kinder umjepackt, da hab' ich jesagt, so, wenn et passieren soll, da sind wir alle male weg." Sie schaute zu, als ihr Haus „so wie 'ne Ziehharmonika" zusammenstürzte: „Alles war weg, die ganze Altstadt, . . . der Bombenangriff kam so arg und da hieß es nachher von der SS, alles wat Kinder hatte, raus, wurden mer aus dem Bunker rausgeholt und einfach in 'nen Zug gesetzt und dann gings ab. Da sind mer oben nach Sachsen runtergekommen, da ham wir bittere Erfahrungen jemacht."
Die Zeit in Sachsen, als sie mit ihren Kindern auf einem Hof arbeiten mußte, erfuhr Maria Ziegler als tiefe Kränkung. Die Zumutung, im früheren Hühnerstall zu schlafen, wies sie zurück: „Da hab' ich jesagt ja, so weit biste jekommen, daß du als Bettler hier so behandelt wirst." Trotz ihres Heimwehs konnte sie erst nach Einmarsch der Russen im Januar 1945 die Flucht in den Westen antreten: „Und eines Abends da kam denn der Weißrusse, da sagte er — Mama — heute alles weg — ich hatt' dem jesagt, dat ich vier Jungens da hätt', nich' — da sagte er — Mama — heute alles weg — bei Amerikaner — ich bringen euch über Mulde nach Bitterfeld . . ." Nach fünf Monaten erreichte Maria Ziegler mit ihren vier Kindern und einem weiteren Jungen Bonn: „Fünf Monate und dann immer wieder die Flieger über uns".
Trotz der Schrecknisse der letzten Kriegsjahre („das kann man keinem schildern") sprach Maria Ziegler sehr ausführlich von ihren Erfahrungen in Sachsen und auf der Flucht. Sie berichtete von den Fremdarbeitern, vor denen man sich in Acht nehmen sollte, die aber „so echte Kumpels waren, dat glauben sie ja gar nicht", von dem Heini aus Köln, der seine Mutter verloren hatte und den Maria Ziegler zur Großmutter nach Bonn brachte, von der Freundin, die sich mit einem amerikanischen Soldaten einließ, „und unsere deutschen Frauen direkt mit den Amerikanern ins Bett — ich kann et noch verstehen, es ging um et Essen", und schließlich auch „von dem Schrecklichsten", was sie in Sachsen erlebt hatte, von dem Transport der Juden: „schwere Ketten an die Füße, nix zu essen, nur die gestreifte Kleidung an — da waren auch Deutsche drunter, und der eine, der hatte nur 'nen Stück Brot gebettelt und da ist dem ein deutscher Offizier mit den Stiefeln durch et Gesicht gelaufen . . . hab' ich mich janz stiek an den ranjeschlichen, hab' ihm die Wunde verbunden mit meinem eigenen Hemd, hab' ihm was zu essen zugesteckt. Aber wenn ich den (gemeint ist der deutsche Offizier) gekricht hätte, ich hätt' ihm den Hals durchgeschnitten und . . ."
Übertrieb Maria Ziegler bei diesen Erzählungen? Ist ihr Verhalten ungewöhnlich? Oder haben wir es hier mit einem authentischen Bericht zu tun, der uns auf Frauenwiderstand im Faschismus verweist? Frauen haben in den verschiedensten Formen Widerstand geleistet. Wie ihre Männer haben viele Frauen der organisierten Arbeiterbewegung gegen das Regime gekämpft, manchmal sogar unter noch größerer Lebensgefahr als sie. Von Bedeutung war vor allem der Frauenwiderstand in den Betrieben, besonders in den Rüstungsbetrieben, in denen sich die Widersetzlichkeiten, die Lohnforderungen, die Streiks mehrten. Suchen wir aber nach Formen des Widerstandes gegenüber den Zumutungen des Systems und des mörderischen Kriegs im Alltag der Frauen, so müssen wir uns von Frauen wie Maria Ziegler berichten lassen.
Maria Ziegler übertrieb nicht. Sie ist

auch kein Einzelfall. In ihren Erzählungen vermittelte sie etwas von der in ihrer sozialen Umwelt vorherrschenden Immunität gegenüber den menschlichen Zumutungen des Regimes. Obwohl Tausende von Frauen schwiegen und stumpf waren, so gab es doch eine antifaschistische Solidarität im Alltag vieler Frauen, die den Namen Widerstand verdient.

Die gesellschaftliche Restauration 1945 und der Widerspruch im Alltagsleben der Frauen

Das Ende der Bombardierung bedeutete für Frauen wie Maria Ziegler eine große Erleichterung. Sonst ging nach '45 der Alltag für sie weiter. Er wurde sogar in den nächsten zwei bis drei Jahren noch schwieriger. Die Männer waren zu einem Großteil gefallen, in Gefangenschaft oder stark beschädigt aus dem Krieg heimgekehrt; die Ernährungslage, die noch während des Krieges erträglich blieb, wurde immer kritischer.
Der strenge Winter 1946/47 bedrohte die Existenz vieler Frauen und Mutter-Familien. Dabei ging die außerhäusliche Arbeit für Frauen in verstärktem Maße weiter. Die Besatzungsmächte hatten eine allgemeine Arbeitspflicht für alle Frauen, die nicht durch dringende familiäre Belastungen betroffen waren, eingeführt.
Anstelle des regulären Einkaufs trat immer mehr der Handel auf dem Schwarz- und Graumarkt. Der tägliche Bedarf an Kalorien stand in einem unerträglichen Verhältnis zum Frauen- (und Männer-)lohn. Unter diesen Umständen gewann die Frauenarbeit in der Reproduktionssphäre, die Herstellung einer Mahlzeit, die Herbeischaffung von Brennmaterial, das Nähen der notwendigen Kleidung, die Pflege der Kinder, der Alten, der Kranken, eine Bedeutung von existentiellem Rang. Im erweiterten Reproduktionsbereich steigerte sich die Alltagsarbeit der Frauen ins fast Unermeßliche. Sollte sich auf diese Weise der „autarke Haushalt" der NS-Propaganda verwirklichen?
Der Frauenhaushalt der Nachkriegszeit sollte in der Tat mit den primitivsten Mitteln und auf dem niedrigsten Niveau das Überleben des besiegten Volkes inmitten einer hochindustriellen, kapitalistischen Gesellschaft, deren Strukturen unerschüttert fortwirkten, sichern. Hier lag der große Widerspruch in der Nachkriegsgesellschaft, der aber nicht zu einer neuen, demokratischen Wirtschaftspolitik führte. An diesem Widerspruch mußte auch die Frauenarbeit der Kriegszeit scheitern.
Der Widerspruch zwischen den Reproduktionsbedürfnissen der Nachkriegsgesellschaft und der wirtschaftlichen Entwicklung im Produktionsbereich konnte nicht Gegenstand einer neuen Wirtschaftspolitik werden, solange die Frauen-Hausarbeit nur als eine natürliche Größe, nicht aber als ein ökonomischer Faktor anerkannt wurde. Aus dieser Verkennung des Wertes der Frauenarbeit in der Nachkriegszeit ist auch die merkwürdige Überschätzung und Unterschätzung der Frauenarbeit nach '45 zu erklären. Frauen haben in der Nachkriegszeit fast Unmögliches möglich gemacht; sie verstanden es, „aus Nichts" etwas herzustellen. Diese Arbeit war lebensnotwendig. Sie blieb aber außerhalb der politikökonomischen Berechnung. Denn sie galt nur als die Voraussetzung von Arbeit, nicht als Arbeit. Die Sicherung der Reproduktionsbasis der Nachkriegsgesellschaft mußte somit scheitern.
Das Hungerjahr von 1947 war das Krisen- und Entscheidungsjahr der Nachkriegsgeschichte. Trotz aller Anstrengungen der Frauen brach die Reproduktionsfähigkeit der Bevölkerung zusammen. Die Frauen und Männer waren zu erschöpft, um weiter an den Maschinen zu arbeiten. Der Zusammenbruch im industriellen Produktionsbereich 1947 war die Folge des Zusammenbruchs des Frauen-Haushalts.
Dieser Widerspruch spiegelte sich im Nachkriegsalltag von Maria Ziegler. Das Kriegsende bedeutete auch für sie eine „Erleichterung . . . ja trotzdem dat wir nichts hatten, und daß wir arbeiten mußten bis daß wir schwarz waren". Nach der Rückkehr ihres Mannes aus französischer Kriegsgefangenschaft bekam sie noch ein sechstes Kind, verdiente aber durch den Verkauf von Blumen und Gemüse auf dem Bonner Markt, um den Lebensunterhalt der Familie zu sichern. Zur eigenen Rente fehlten ihr noch Monate: „Und daran ist es mir gescheitert, an fünf Monate, sonst würde ich meine Rente ja och kriegen. Ich hab' ja och mein Leben lang gearbeitet."
An diesen Erzählungen von Maria Ziegler wurde etwas von den Widersprüchen im Alltagsleben der Frauen aus der Generation unserer Mütter und Großmütter spürbar, Widersprüche eines kapitalistischen Industriesystems, das Frauenarbeit nur als Naturressourcen ausbeutet, Widersprüche, gegen die sich Frauen im Alltag auflehnten, die sie aber nicht wirksam bekämpfen konnten. Maria Ziegler erfuhr ihr Leben als unabwendbares Schicksal: „Ich möchte die Zeit nicht zurückdrehen . . . Da war der Erste Weltkrieg, da war die Erwerbslosenzeit, dann die Hitlerzeit, da kam der Zweite Weltkrieg, — da kam dat wir vertrieben worden sind von der Heimat . . . ne, die Zeit möchte ich nie mehr zurückdrehen." Auch für den wissenschaftlichen Betrachter von außen erscheint der Frauenalltag von Maria Ziegler als eine ihr auferlegte Gegebenheit, die sie einfach hinnehmen mußte. Denn Begriffe wie politisch, emanzipiert, autonom passen nicht zu diesem Leben. Beide Sichtweisen sind aber verkürzt. Sie spiegeln nur die schlechte Wirklichkeit unserer Gesellschaft wider, deren „Fortschritte" durch eine die Frauen strukturell benachteiligende geschlechtsspezifische Arbeitsteilung im Erwerbs- und Familienleben erkauft werden. Frauen können diese strukturelle Ungleichheit nicht aufheben. An den Widersprüchen und dem Widerstand in ihrem Alltagsleben werden jedoch Grenzen dieser Entwicklung kapitalistischer Industriegesellschaften sichtbar. Eine Aufhebung der geschlechtsspezifischen Arbeitsteilung ist an der Zeit.

Michael Zimmermann

„Betriebsgemeinschaft" — der unterdrückte Konflikt

Aus den Protokollen des Vertrauensrats der Zeche „Friedrich der Große"

Da eine organisierte Interessenvertretung der Belegschaft den Spielraum von Unternehmensleitungen einschränkt, haben sich die Unternehmer lange gegen deren Institutionalisierung im Betrieb gewehrt. Seither wird in gewissen Abständen immer wieder von ihrer Seite das Modell eines Betriebs beschworen, in dem alle in einer von ihnen geleiteten Leistungsgemeinschaft zusammenarbeiten und in dem die Mitwirkung von Belegschaftsvertretern auf eine beratende Funktion reduziert ist. Im Faschismus ist dieses Modell verordnet worden. Es ist bisher aber kaum untersucht worden, wie es im betrieblichen Alltag funktioniert hat. Auf der Zeche „Friedrich der Große" ist pünktlich über die Sitzungen der Betriebsvertretung Protokoll geführt worden, und diese Protokolle sind erhalten.

1945, am Ende des Krieges, mußten sich auf dieser Zeche, wie in fast allen Betrieben, die Vertrauensleute verdrücken, um dem aufgestauten Vergeltungswunsch der Kollegen zu entgehen. Es hat nur sehr wenige Einzelfälle im Revier gegeben, wo sie in den Jahrzehnten nach 1945 noch einmal in den neuen Betriebsräten eine Rolle spielen konnten. Mit dem Modell der beratenden Mitwirkung im Betrieb hatten sich auch die Vertrauensräte als Personen um jeden Kredit gebracht.

Am 30. Mai 1934 berief der stellvertretende Betriebsführer der Herner Schachtanlage „Friedrich der Große", Assessor T., eine erste Vertrauensratssitzung für diese Zeche ein. Der „Vertrauensrat" (VR) bildete eine der Institutionen, die das vier Monate zuvor verkündete „Gesetz zur Ordnung der nationalen Arbeit" zur nationalsozialistischen Neuordnung der industriellen Klassenverhältnisse vorsah. Als Betriebsvertretung ohne Mitbestimmungsrechte konzipiert, wurde ihm lediglich eine beratende Funktion gegenüber der Unternehmensführung zugebilligt. Seine Mitglieder hatten sich überdies allein an der „Förderung des Betriebszwecks" zu orientieren. Zum Vorsitzenden des Gremiums bestimmte das Gesetz den „Führer des Betriebes". So sollte jeder Tendenz zu einer autonomen Interessenvertretung der Lohnabhängigen, die das Gesetz zur „Gefolgschaft" umdefinierte, ein Riegel vorgeschoben werden. Die innerbetrieblichen Machtpositionen, die die Arbeiterbewegung im Gefolge der Novemberrevolution erstritten hatte, waren damit zunichte gemacht. Trotz dieser eindeutigen Machtverschiebung zugunsten der Unternehmerschaft stellte sich das Handeln des VR auf der Zeche „Friedrich der Große" in der Folgezeit nicht als graues Einerlei dar. Es läßt sich durchaus in verschiedene Perioden unterteilen, die im folgenden nachgezeichnet werden sollen.

Die schwungvolle Anfangsphase

Demjenigen Flügel der „Deutschen Arbeitsfront" (DAF) zugehörig, der die antikapitalistischen Phrasen des NSDAP-Programms ernst nahm, waren die Vertrauensmänner auf „Friedrich der Große" über den Mangel an gesetzlich abgesicherten Einflußmöglichkeiten mißgestimmt und verbittert. Indes bemühten sie sich, dieses Manko zunächst durch verstärkten Elan auf betrieblicher Ebene wettzumachen. Für die erste VR-Sitzung Ende Mai 1934 setzten sie 23, für die zweite im Juli 1934 25 Punkte auf die Tagesordnung. Diese Anträge befaßten sich mit der Arbeitszeit und der Arbeitsorganisation, mit der Grubensicherheit und mit Lohnumgruppierungen. Innerbetriebliche Lohnforderungen hingegen waren zunächst tabu; sie erinnerten zu sehr an die Tätigkeit der Betriebsräte und Gewerkschaften in der Weimarer Republik. Man verlangte allerdings die Neueinstellung von Arbeitskräften zur Linderung der Erwerbslosigkeit und griff Beschwerden über Vorgesetzte auf. Die Vertrauensmänner mahnten Reparaturen in den zecheneigenen Siedlungen an und bestanden auf einer besseren Qualität der den Bergleuten zum privaten Verbrauch zustehenden Deputatkohle. Schließlich suchten sie die eigenen Arbeitsbedingungen möglichst günstig zu gestalten, um den Handlungsspielraum für die VR-Tätigkeit auszuweiten.

Im Verhältnis zu diesen materiellen Anliegen nahm sich das Bemühen der Betriebsvertretung um die „Erziehung im Geiste des Nationalsozialismus" gering aus. An Radikalität ließ sie sich dort vom Management freilich nicht übertreffen. So monierte der VR, daß ein Ausbilder in der Lehrwerkstatt auf dem traditionellen Bergmannsgruß „Glück auf" beharrte und die Floskel „Heil Hitler" ablehnte. Zum zweiten forderte er Assessor T. „aus rein nationalsozialistischem Empfinden" auf, in Zukunft bei Abrißarbeiten „jüdische Firmen nicht mehr zu berücksichtigen". Im ersten Fall blockte der stellvertretende Betriebsführer eine Bestrafung des Ausbilders ab. Im zweiten verteidigte er die Auftragsvergabe: Es handele sich um ein zuverlässiges Unternehmen, das nur „christliche Arbeiter und Angestellte" beschäftige; außerdem habe der Besitzer am Weltkrieg teilgenommen und zudem ein Angebot abgegeben, das für die Zeche „vorteilhaft" gewesen sei.

Auch bei den materiellen Forderungen war die Ausbeute des VR bereits in der schwungvollen Anfangsphase gering. So sagte Assessor T. im Bereich der Arbeitsbeschaffung zwar die — wahrscheinlich ohnedies vorgesehene — Neubesetzung einer Laboratoriumsstelle zu; dem Drängen auf Einstellung mehrerer Platzarbeiter und eines Platzmeisters gab er jedoch nicht nach. Ganz ähnlich

die Entscheidungen zur Arbeitsorganisation in der Grube: T. nahm die Anregung des VR, der Förderwagenpark müsse zur Gewährleistung eines kontinuierlichen Arbeitsprozesses erhöht werden, gerne auf. Den Antrag, den auf „Friedrich der Große“ üblichen, konkurrenzfördernden Einzelakkord durch den von der DAF favorisierten Gruppenakkord zu ersetzen, lehnte er kategorisch ab. Freilich gab er die vage Zusage, in Einzelfällen Arbeiter zusätzlich zu bezahlen, die „unter besonders unglücklichen Verhältnissen bei guter Leistung nicht zu ihrem Lohn“ kämen.
Diese Vorgehensweise des stellvertretenden Betriebsführers hatte System. Konkrete Zugeständnisse machte er nur, wenn es um Einzelfallregelungen ging, die geringe Kosten verursachten und die innerbetrieblichen Machtverhältnisse unangetastet ließen, wenn allgemein gehaltene Lippenbekenntnisse erwünscht waren oder wenn ihm Anstöße des VR betriebswirtschaftlich sinnvoll erschienen. Tiefer greifende Vorschläge des VR zur Lohnstruktur, zur Arbeitsorganisation und Arbeitszeit sowie zur Belegschaftszusammensetzung blockte er dagegen rigoros ab. Der Bergbau hatte nicht auf die Durchsetzung des „Führerprinzips“ gepocht, um sich daraufhin weitreichende materielle Konzessionen abringen zu lassen.
Einen besonders folgenschweren Schlag hatte die Führung der Schachtanlage dem VR schon in der ersten gemeinsamen Sitzung zugefügt. Die Vertrauensmänner hatten dort mit dem Argument, man müsse mit zunehmender Mißstimmung rechnen, wenn die „Gefolgschaftsmitglieder häufig vergeblich an die Türe des Vertrauensrates kämen“, für eine Vermehrung ihrer Freistellungen plädiert. Assessor T. wandte sich jedoch sowohl allgemein gegen Freistellungen als auch gegen eine zureichende Anzahl von Freischichten. Damit war geregelt, daß die einzelnen Bergleute die Vertrauensleute in der Praxis schon kaum erreichen konnten.

Das Rückgrat des VR wird gebrochen

Die zum 1. Oktober 1934 auf der Zeche anstehende neue Betriebsordnung ließ den VR trotz seiner bisherigen Mißerfolge noch einmal den Versuch wagen, innerbetriebliche Mitbestimmungsrechte durchzusetzen. In der Betriebsordnung sollten die jeweils grubenspezifischen Regelungen zur Entlohnung, zur Arbeitszeit, zu den Modalitäten der Bußen und Kündigungen sowie zu eventuellen sozialen Vergünstigungen festgeschrieben werden.
Auf „Friedrich der Große“ spitzte sich die Auseinandersetzung um die Betriebsordnung auf vier Punkte zu: die faktische Verankerung eines „Rechts auf Arbeit“; die Mitbestimmung des VR bei Kündigungen; auf Lohnfragen und Arbeitszeitregelungen. Im Paragraphen 2 des von Assessor T. vorgelegten Entwurfes wurde das deklamatorische Bekenntnis, der „Führer des Betriebes“ habe den Belegschaftsmitgliedern einen festen Arbeitsplatz zu sichern, durch den Nachsatz „soweit es die Betriebsverhältnisse zulassen“ wieder aufgehoben. Der VR beantragte die Streichung des Nachsatzes. Während der Zechenentwurf vorsah, dem VR von Entlassungen lediglich Kenntnis zu geben, pochte dieser auf ein Vetorecht bei Kündigungen und wollte im Konfliktfalle außerbetriebliche Instanzen, die Arbeitsgerichte, entscheiden lassen. Sollte bei den komplizierten Lohnverhandlungen für die Arbeit unter Tage keine fristgemäße Einigung zwischen Arbeitern und Vorgesetzten zustandekommen, wollte die Betriebsführung nur den tariflich festgesetzten Mindestlohn zahlen. Der VR dagegen beharrte in Übereinstimmung mit der DAF auf der Gewährung des Durchschnittslohns. Schließlich forderte er eine Arbeitszeitverkürzung für bestimmte Angestelltengruppen sowie eine bessere Bezahlung für die neunte Arbeitsstunde der Über-Tage-Beschäftigten.

Was das „Gesetz zur Ordnung der nationalen Arbeit“ den Belegschaftsvertretungen an Rechten vorenthielt, ließ sich auch nicht unter der Hand betriebsintern durchsetzen. Alle vier Forderungen des VR wurden abgelehnt, die letzte mit dem Verweis auf die bestehenden Tarife und auf die dem Betrieb entstehenden Mehrkosten von 60.000 RM. Der VR reagierte empört: Diese 60.000 RM könne die Zeche durchaus aufbringen; überdies solle die „Betriebsgemeinschaft“ auf „Vertrauen und allseitiger Zufriedenheit“ basieren.
„Das sei jedoch nicht möglich, solange man RM 60.000 für die Belegschaft von 2.200 Mann für untragbar erkläre, auf der anderen Seite aber die Gefolgschaftsmitglieder sich in der Zeitung davon überzeugen könnten, daß sich beim Jahresabschluß die wenigen Herren des Aufsichtsrates über 200.000 RM für Tantieme bewilligten.“
Die Betriebsführung reagierte schnell und hart auf diese antikapitalistische Widerborstigkeit. Nicht einmal einen Monat nach den Auseinandersetzungen um die Betriebsordnung wurden drei Vertrauensmänner, unter ihnen der „Betriebsobmann“ genannte Sprecher, mundtot gemacht. Wegen angeblicher Gehorsamsverweigerung gegen einen Vorgesetzten und zu laschen Einschreitens gegen verleumderische Gerüchte, die über eben diesen Vorgesetzten verbreitet worden seien, wurden die drei von Assessor T. getadelt. Der anstehenden Abberufung aus dem VR, die der staatliche „Treuhänder der Arbeit“ aussprechen konnte, kamen sie durch die Amtsniederlegung zuvor.

Die Phase der Lethargie

Das Rückgrat des VR war gebrochen. Vor der „Neuwahl“ im April 1935 — die Kandidatenaufstellung wurde, wie gesetzlich vorgeschrieben, im Einvernehmen mit der Betriebsführung vorgenommen — trat er nur noch einmal zusammen und erreichte einige unbedeutende Zugeständnisse, die offenbar die Belegschaft vor dem Urnengang günstig

stimmen sollten. Der dann neu zusammengesetzte VR, dem fünf Kohlenhauer, ein Platzarbeiter, ein Zechenhandwerker, zwei Steiger und ein Büroangestellter angehörten — die Unterscheidung zwischen Arbeiter- und Angestelltenrat, die die Weimarer Betriebsverfassung gekennzeichnet hatte, war aufgehoben —, tagte Anfang Mai 1935 zum ersten und erst Ende Mai 1936 zum zweiten Mal. Assessor T. benutzte die Betriebsvertretung nun, um seine Strafmaßnahmen gegen renitente Bergleute absegnen zu lassen. Deren Zahl nahm zu, da mit der Erwerbslosigkeit zugleich deren disziplinierende Wirkung auf die Arbeitenden zurückgegangen war.
Dieses Verhalten des Assessors T. verweist auf die zwiespältige Haltung, die das Management der Betriebsvertretung gegenüber einnahm: Auf der einen Seite wußte es jede institutionell abgesicherte Einflußnahme des VR zu verhindern; auf der anderen Seite war ihm diese Einrichtung als Transmissionsriemen seiner Entscheidungen und disziplinarischen Eingriffe durchaus willkommen. Angesichts der geringen Autorität, die der VR in der Belegschaft genoß, konnte er jedoch auch dieser Funktion schwerlich gerecht werden.
Die völlige Lethargie des VR erregte auf „Friedrich der Große" offenbar in stärkerem Maße Unwillen, als dies anderswo der Fall gewesen zu sein scheint. Jedenfalls beschwerte sich ein Steiger im Spätherbst 1936 bei der „Reichsbetriebsgemeinschaft Bergbau", der für die Zechen zuständigen Unterabteilung der DAF, über die mangelhafte Aktivität der Betriebsvertretung. Vertrauensrat und Obmann genössen nicht das Vertrauen der Belegschaft. Zudem gehe das Gerücht, ein Vertrauensmann habe sich durch das Borgen von Geld in politische Abhängigkeit zu Assessor T. begeben. Ein solches Gerücht ist symptomatisch für die negative Einschätzung des VR durch die Belegschaftsmehrheit. Dieses Gremium wurde nicht als Interessenorgan der Bergleute, sondern als Büttel der Unternehmensleitung betrachtet.
In der anschließenden Aussprache mit Vertretern der DAF suchte der Betriebsobmann seine Passivität mit umfangreichen Schreibtischarbeiten und dem „zeitaufreibenden Markenkleben für die DAF-Mitgliedsbücher" zu entschuldigen. Von den anwesenden Funktionären der DAF wurde er zu mehr Rührigkeit gemahnt, ansonsten werde man „Mittel und Wege finden, um gegen ihn einzuschreiten". Assessor T., der selbstverständlich auch an dieser Aussprache teilnahm, erklärte sich auf Druck der DAF zwar bereit, den Obmann vom Markenkleben entlasten zu lassen; weitere Freistellungen von der Arbeit wehrte er jedoch ebenso entschieden ab wie den Vorstoß der Arbeitsfront zugunsten des Gruppenakkords.
Nach der Zahl der Vertrauensratssitzungen zu schließen, wirkten die Ermahnungen der DAF nur kurzfristig. Zwar fanden im Dezember 1936 in rascher Folge drei Zusammenkünfte statt, die nächste ließ allerdings bis zum Oktober 1937 auf sich warten.

Kleine Zugeständnisse im Rüstungsboom

Vom Herbst 1937 an traf man sich jedoch wieder häufiger, in Abständen von zwei bis drei Monaten. Diese Entwicklung war allerdings nicht auf die Initiative des VR, sondern auf das Eingreifen des „Repräsentanten und Führers des Betriebes", Regierungsrat H. aus Hannover, zurückzuführen. H., NSDAP-Mitglied und Leiter der Reichswirtschaftskammer, suchte weit stärker als der durch den harschen Führungsstil des Ruhrbergbaus geprägte Assessor T. die Einbindung des VR in die sogenannte „Betriebsgemeinschaft". Er setzte zudem die Beteiligung der Schachtanlage an dem von der DAF angeregten „Leistungswettkampf der Betriebe" durch, den die meisten anderen Zechenleitungen aus Furcht vor einem Machtexpansionismus der Arbeitsfront boykottierten. H. nahm seit dem Herbst 1937 an jeder zweiten bis dritten VR-Sitzung teil.
Der VR seinerseits suchte nun den aufgeschlossener wirkenden H. gegen den schroffen T. auszuspielen, indem er brisante Fragen ausschließlich in H.'s Gegenwart ansprach und Anträge, die T. abgelehnt hatte, auf diesen Sitzungen noch einmal auf die Tagesordnung setzte. In der Sache änderte sich dadurch nichts. Als einem Meister der unverbindlichen Zusage gelang es H. immer wieder erfolgreich, den VR zu vertrösten. Sogar bei dem Versuch, die DAF-Aktion „Schönheit der Arbeit", die die Leistungsmotivation der Bergleute erhöhen sollte, 1938 auf „Friedrich der Große" in die Praxis umzusetzen, zog der VR den kürzeren. Weder die jugendlichen Arbeiter an der Hängebank noch die Handwerker erhielten den gewünschten Aufenthaltsraum. Lediglich leicht zu behebende Mängel, wie die Schäden an den Toiletten und im Kesselhaus wurden beseitigt. Kleinere Konzessionen erwirkte der VR in Bezug auf das als „Gewinnbeteiligung" deklarierte Gratifikationssystem der Zeche. Auf seine Initiative hin wurden diese zur Eindämmung der Fluktuation eingeführten Sonderzahlungen geringfügig ausgedehnt. In diesem Punkt trafen sich VR und Zechenführung: Die eine Seite wollte durch materielle Erfolge ihre Existenzberechtigung nachweisen; der anderen Seite war angesichts der Arbeitskräfteknappheit in der Rüstungskonjunktur daran gelegen, den Arbeitsplatzwechsel von „Friedrich der Große" zu anderen Schachtanlagen zu beschränken und zugleich Bergleute von außerhalb anzulocken.
Im Bewußtsein der Konkurrenz um Arbeitskräfte unternahm der VR überdies mit Verweis auf die Leistungen anderer Zechen den zaghaften Versuch, Lohnaufbesserungen auf der eigenen Anlage

durchzusetzen. Zugeständnisse des Managements erzielte er nur bei zahlenmäßig kleinen, höher qualifizierten Belegschaftsgruppen wie den Steigern und den für Sprengarbeiten unter Tage zuständigen Schießmeistern. Freilich lehnte die Betriebsführung selbst in diesen Fällen globale Einkommenserhöhungen ab und bestand auf Einzelfallprüfung und Härtefallregelung.
Gemessen an der Rolle, die sowohl der Konkurrenz der Zechen untereinander zukam, der gegenüber den Jahren der Weltwirtschaftskrise gewachsenen Fluktuation und dem Resistenzverhalten einzelner Arbeitsgruppen unter Tage für Lohnzulagen, waren die Initiativen des VR der Schachtanlage unbedeutend. Gewerkschaften und Betriebsräte hätten in vergleichbaren Phasen der Hochkonjunktur weiterreichende Erfolge errungen. Dennoch zeigt das Verhalten der Betriebsvertretung, daß sich für die Zeit der Rüstungskonjunktur das Bild von einem völlig apathischen VR nicht halten läßt. Auf „Friedrich der Große“ zumindest sahen die Vertrauensmänner sich genötigt, dem Druck aus der Belegschaft partiell nachzugeben.

Opfer für den Sieg

Während des Krieges wußten sich Management und VR einig in der Zielsetzung eines deutschen Sieges, für den es Opfer zu bringen gelte. Gemeinsam befürwortete man Arbeitszeitverlängerungen und drakonische Maßnahmen gegen die „willkürlich Feiernden“; allenfalls in Einzelfällen sucht der VR besänftigend einzugreifen. Diese Willfährigkeit der Betriebsvertretung in den Kriegsjahren erklärt zu einem guten Teil die Ächtung, die den Vertrauensmännern nach Kriegsende in der Belegschaft widerfuhr. Sie erklärt auch die Tatsache, daß Regierungsrat H. im Herbst 1942 die in Friedenszeiten strikt verweigerte Erhöhung der Freischichten gestattete: Es galt, den Einfluß des VR im Sinne der Leistungssteigerung vor Ort nutzbar zu machen. Ab 1943 bildeten, neben Versorgungsproblemen, Bombenkrieg und Luftschutz die beherrschenden Themen der VR-Sitzungen. Die bevorstehende Kriegsniederlage freilich suchte man zu verdrängen. Zu welch absurden Konsequenzen das führte, läßt sich am Beispiel der Zusammenkunft vom 19. Januar 1944 zeigen. Dort besprach man ausführlich, ob es sinnvoll sei, für die Bergleute sofort Höhensonnen zu beziehen, oder ob mit dem Kauf bis zur Fertigstellung des Gesundheitshauses der Zeche gewartet werden solle. Man entschied sich für die sofortige Anschaffung.
Mögen derartige Verdrängungen gängig gewesen sein, nicht üblich war das Verlangen nach Opferbereitschaft, das gerade der VR der Zeche „Friedrich der Große“ an die Bergleute herantrug. Der Betriebsobmann dieser Schachtanlage war es, der nach der Niederlage der deutschen Truppen in Stalingrad das Verfahren zusätzlicher Schichten anregte und damit den Anstoß zu einer weiteren Auspressung der ohnehin völlig erschöpften Arbeiterschaft gab.

Bilder durchschauen: Fotos aus dem Dritten Reich

Erster Mai 1934: Arbeiterinnen des Presswerks Berge-Borbeck bekommen Maigeld in Form von Gutscheinen;
K. Wohlgemuth, Essen

K. Wohlgemuth, Essen

„Führerbesuch" in Essen am 27. 9. 1937;
Archiv E. Schmidt, Essen

Nationalsozialistische Betriebszellenorganisation
des jüdischen Betriebes Blank 1933;
Märkisches Museum, Witten

EPA-Belegschaft 1934;
Märkisches Museum, Witten

Synagogenbrand, Essen 1938;
Archiv E. Schmidt, Essen

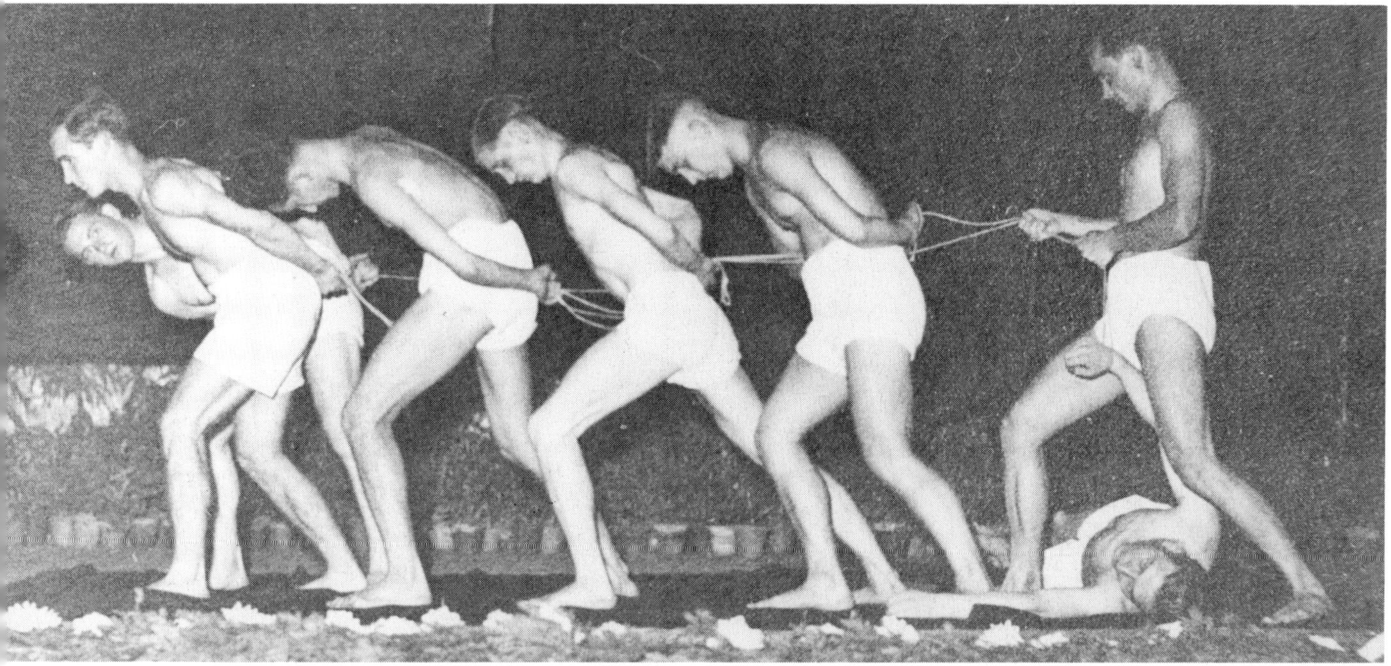

„Neuer Geist" im Sportverein: Lebende Bilder beim 50jährigen Jubiläum des TuS 84 Borbeck.

l. Bild: „Knechtschaft"; K. Wohlgemuth, Essen

links unten: 2. Bild: „Befreiung"; K. Wohlgemuth, Essen

SA-Marsch am Kölner Dom; Foto: Hannes Maria Flach; © Ch. Grossimlinghaus

Arbeit und Wehr, 4. 7. 1937

G. Arntz: „Krieg“

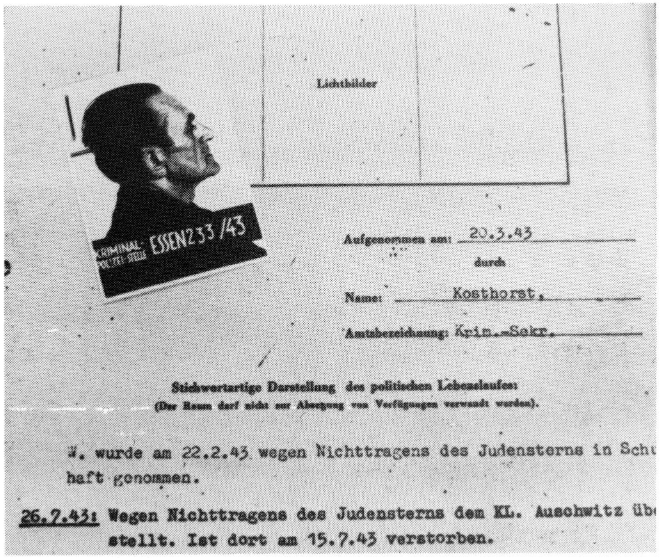
Lichtbilder

ESSEN 233 /43

Aufgenommen am: 20.3.43

durch

Name: Kosthorst.

Amtsbezeichnung: Krim.-Sekr.

Stichwortartige Darstellung des politischen Lebenslaufes:
(Der Raum darf nicht zur Abegung von Verfügungen verwandt werden).

W. wurde am 22.2.43 wegen Nichttragens des Judensterns in Schu
haft genommen.

26.7.43: Wegen Nichttragens des Judensterns dem KL. Auschwitz übe
stellt. Ist dort am 15.7.43 verstorben.

Aus dem Archiv der Alten Synagoge, Essen

Aufmärsche, Führerreden, Jubelbilder, Terror — wer kennt nicht solche Bilder aus dem Dritten Reich. Nischen des Protestes, Witze, Durchmogelei, halbherzige Anpassung oder auch Widerstand — davor versagt zumeist die Fotografie. Einige Beispiele aus der Grauzone zwischen Terror und Widerstand, schwer zu interpretieren, sind hier abgebildet; außerdem statt Frontberichterstattung, Heroisierung des Todes oder Zerstörung im Kriege: der Versuch der Distanzierung von G. Arntz.

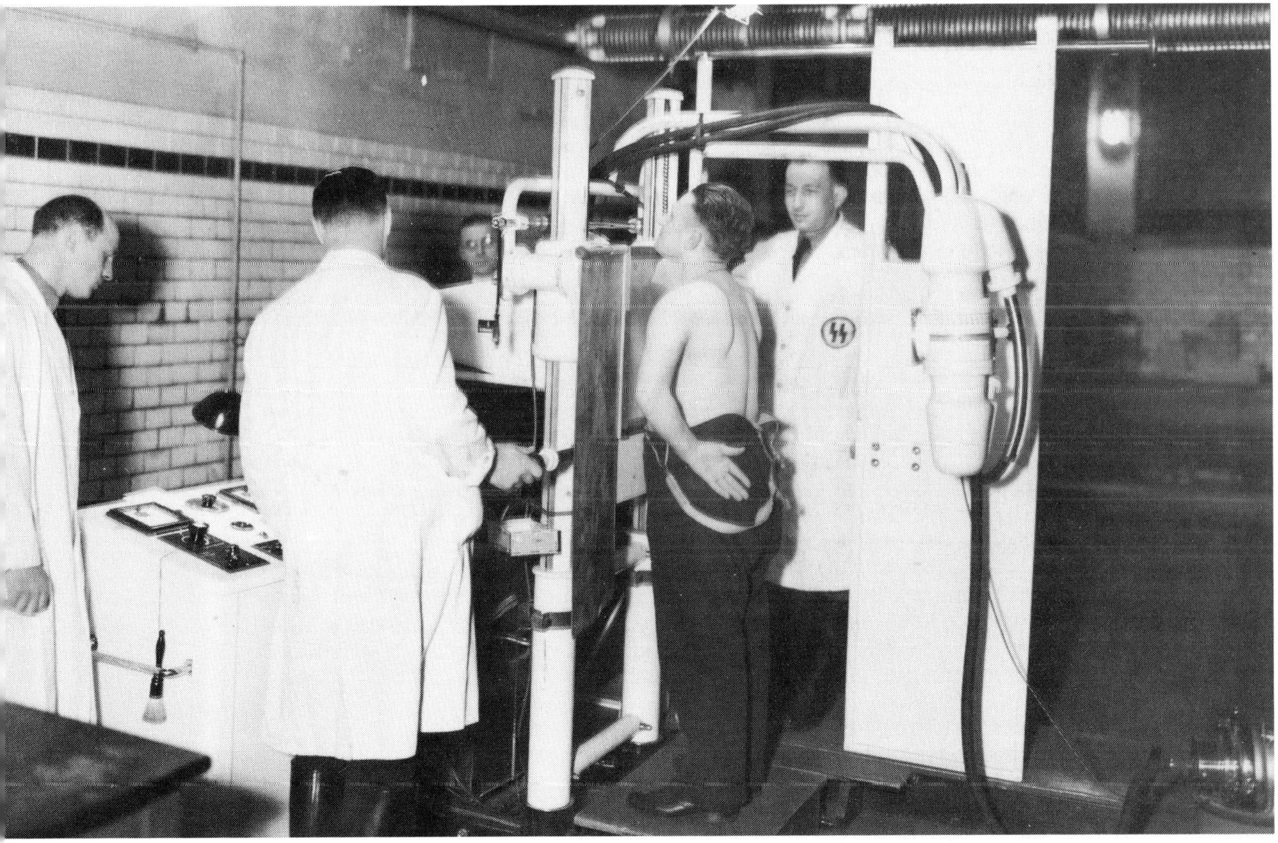
Durchleuchtung auf Zeche Prosper, ca. 1935; Ruhrlandmuseum

Ulrich Herbert

„Europa arbeitet in Deutschland“

Ausländische Arbeiter in der deutschen Rüstungsindustrie während des Zweiten Weltkrieges

Den Kriegsbeginn im September 1939 scheint die Arbeiterschaft der schwerindustriellen Großbetriebe des Ruhrgebietes zunächst anders erlebt zu haben als die männliche Bevölkerung in landwirtschaftlich geprägten und kleinstädtischen Regionen. Denn waren hier 1940 im Durchschnitt bereits ein Viertel der wehrfähigen Männer eingezogen worden, so waren die meisten der in den Betrieben mit rüstungswichtiger Produktion beschäftigten Arbeiter unabkömmlich („uk“) gestellt. Von den knapp 57.000 Arbeitern der Kruppschen Gußstahlfabrik in Essen waren im September desselben Jahres 6.800 oder 12 % beim Militär. Die Rüstungsbetriebe arbeiteten zu dieser Zeit unter Hochdruck, und angesichts der weiter steigenden Produktionsaufträge wurde der Arbeitskräftemangel trotz der geringen Einberufungsquote zu einem Hauptproblem der Unternehmensleitungen. Zwar gelang es den Großbetrieben zu Beginn des Krieges, ihre Belegschaften sogar noch weiter auszudehnen — bei Krupp stieg die Zahl der tatsächlich beschäftigten Arbeiter im ersten Kriegsjahr um mehr als 2.000 —, doch mußte dieser Zuwachs angesichts der Produktionsentwicklung unzureichend bleiben. Da man aber in den politischen wie in den wirtschaftlichen Führungskreisen des Dritten Reiches nach den schnellen Erfolgen in Polen, Nordeuropa und vor allem in Frankreich von einem baldigen Ende des Krieges fest überzeugt war, nahm man den Arbeitskräftemangel in der Industrie als vorübergehenden Engpaß in Kauf und wartete auf die aus dem Kriege siegreich heimkehrenden deutschen Arbeiter.

„Die Reinheit des deutschen Volkskörpers“

All diese Pläne und Überlegungen wurden im Herbst 1941 mit einem Schlage zunichte gemacht. Die deutsche Armee hatte vor Moskau ihren ersten Rückschlag erlebt, von einem „Blitzkrieg“ konnte nicht mehr die Rede sein; vielmehr mußte sich die deutsche Rüstungswirtschaft auf einen länger dauernden Abnutzungskrieg einstellen und ihre Kapazitäten erheblich vergrößern. Auch mit heimkehrenden Soldaten war nicht mehr zu rechnen — im Gegenteil: Eine massive Einberufungswelle erfaßte jetzt auch die Belegschaften der bis dahin geschützten Rüstungsbetriebe. Zwischen September 1941 und September 1942 wurden allein bei Krupp mehr als 20.000 Arbeiter eingezogen — fast die Hälfte der Gesamtbelegschaft; dieser Aderlaß mußte in kürzester Zeit ausgeglichen werden, andernfalls war die deutsche Rüstungsproduktion in der Gefahr, nach wenigen Monaten zusammenzubrechen.

Theoretisch gab es drei Möglichkeiten, um die einberufenen Arbeitskräfte zu ersetzen. Die erste bestand aus einer weiteren Intensivierung und Rationalisierung der Arbeit. Obwohl dies der nächstliegende Weg war, mußte er dennoch ausscheiden: Zum einen konnten sich solche Maßnahmen nur mittelfristig auswirken, und zum anderen waren sie, wie die Erhöhung der Arbeitszeit und Verschärfung des Leistungsdrucks, für das Regime mit der Gefahr verbunden, daß der Unmut der Arbeiter stieg und ihre ohnehin brüchige Loyalität gegenüber der NS-Führung in Gefahr geriet. Die zweite Möglichkeit war der Ersatz der zur Front geschickten Männer durch weibliche Arbeitskräfte. Dieser Weg war im Ersten Weltkrieg beschritten worden und hatte damals zu ganz erheblichen innenpolitischen Spannungen geführt. Ein massenhafter Einsatz von deutschen Frauen in der Industrie stand aber auch in eklatantem Widerspruch zur nationalsozialistischen Ideologie, in der das Dasein der Frauen auf die Rolle der Mutter und Hüterin des Haushalts beschränkt wurde, das Regime entschied sich daher ganz bewußt und in Abwägung der einzelnen Vor- und Nachteile für die dritte Möglichkeit — die Beschäftigung von ausländischen Arbeitern und Kriegsgefangenen auch in der Industrie. Denn schon seit Kriegsbeginn waren Ausländer, in erster Linie polnische und französische Kriegsgefangene, in der Landwirtschaft beschäftigt — im Sommer 1941 waren es bereits 2,5 Millionen.

Auch in den Industriebetrieben des Ruhrgebiets besaß man mit ausländischen Arbeitskräften bereits einschlägige Erfahrungen. Im Ersten Weltkrieg waren hier französische Kriegsgefangene vor allem im Bergbau beschäftigt worden, aber auch russisch-polnische „Ostarbeiter“, die zum Teil in umzäunten Lagern untergebracht worden waren, keine Freizügigkeit genossen und unter erschwerten Arbeits- und Lebensbedingungen zu leiden hatten. In der letzten Kriegsphase waren zudem mehr als 40.000 belgische Zivilarbeiter ins rheinisch-westfälische Industriegebiet deportiert worden, was damals die deutsche und internationale Öffentlichkeit alarmiert hatte und in den 20er Jahren zum Gegenstand gerichtlicher Untersuchungen geworden war. Und schließlich gab es im Ruhrgebiet schon seit Ende des 19. Jahrhunderts eine starke polnische Minderheit, die ein steter Stein des Anstoßes für Polizei- und Ausländerbehörden gewesen und von seiten der Nazis nach 1933 erneut einer scharfen Repression ausgesetzt war. All diese Erfahrungen führten dazu, daß die Unternehmensleitungen im Revier einem massiven Einsatz von Ausländern in ihren Betrieben eher skeptisch gegenüberstanden. Hinzukam, daß die nationalsozialistischen Sicherheitsbehörden eine Ausweitung des Ausländereinsatzes auf die Industrie ablehnten, weil sie durch Kontakte von deutschen mit ausländischen Arbeitern politische Sicherheitsrisiken befürchteten und zudem um die „Reinheit des deutschen Volkskörpers vor rassefremden Einflüssen“ bangte.

Bei Krupp, wie in den anderen Großbetrieben des Ruhrgebiets, spielten Ausländer bis Ende 1941 daher nur eine untergeordnete Rolle. Rund 1.000 französische Kriegsgefangene und ebensoviele italienische „Gastarbeiter" — der Begriff bezeichnete damals Arbeitskräfte aus befreundeten Ländern — waren in der Gußstahlfabrik beschäftigt — nicht einmal 4 % der Gesamtbelegschaft. Mit der hohen Anzahl von Einberufungen Ende 1941, kam es zu einer rapiden und einschneidenden Veränderung. Ausländer, möglichst Facharbeiter mußten her, so schnell es ging. Da es das größte und

Die deutsche Küchenleiterin vor dem Lagertor (Privatbesitz, U. Herbert)

am leichtesten zu erreichende Reservoir an Arbeitskräften in Frankreich gab, begann im Winter 1941 eine hektische Jagd auf französische Facharbeiter.
Die Betriebe errichteten eigene Werbebüros in französischen Städten, lockten mit weitgehenden Versprechungen und wurden von den deutschen Besatzungsbehörden unterstützt, die auf die Franzosen polizeilichen und sozialpolitischen Druck ausübten. Krupp verfügte traditionell über besonders gute Beziehungen zu militarischen und zivilen Behörden; und daher gelang es der Firma, die Zahl der in der Essener Gußstahlfabrik beschäftigten französischen Zivilarbeiter im Laufe des Jahres 1942 von 95 auf 8.400 zu steigern. Doch selbst dieser Anstieg war noch viel zu gering, um die Einberufungen auszugleichen. Nur der Einsatz von Arbeitskräften aus der Sowjetunion konnte eine weitere, wirksame Entlastung bringen.

Der „Russeneinsatz"

Der Arbeitseinsatz russischer Kriegsgefangener oder Zivilarbeiter im Reich war vor Beginn des Krieges gegen die Sowjetunion explizit ausgeschlossen worden. Dabei waren es nicht nur Parteiführung und SS, die sich aus rassischen und sicherheitspolizeilichen Gründen gegen jede Beschäftigung von Russen in Deutschland ausgesprochen hatten. Auch in der deutschen Bevölkerung gab es dagegen starke Vorbehalte, wie der nationalsozialistische Geheimdienst berichtete: „Es würde mit Sorge gefragt, was wir mit diesen ‚Tieren' in Zukunft anfangen wollten. Viele Volksgenossen stellen sich vor, daß sie radikal ausgerottet werden müßten. Zusammen mit Meldungen über die Gewalttaten entflohener russischer Kriegsgefangener bildete sich eine gewisse Angst davor heraus, daß diese Gestalten und Typen in größerer Zahl in das Reichsgebiet kommen könnten und gar als Arbeitskräfte Verwendung finden sollten." Die kriegswirtschaftlichen Sachzwänge aber erforderten einen Einsatz auch sowjetischer Arbeiter. Als die entsprechenden Weisungen dazu von der Regimeführung im November 1941 gegeben wurden, und die Arbeitsbehörden die Millionen sowjetischer Kriegsgefangener aus den Lagern im Osten nach Deutschland bringen wollten, war es bereits zu spät: mehr als die Hälfte der 3,3 Millionen russischen Kriegsgefangenen waren bereits verhungert, erfroren, vor Erschöpfung gestorben oder umgebracht worden. Bis März 1942 konnten nur noch 160.000 sowjetische Kriegsgefangene als Arbeiter in Deutschland eingesetzt werden, nicht einmal fünf Prozent der in deutsche Gefangenschaft geratenen sowjetischen Soldaten. Daher waren die deutschen Einsatzbehörden vor allem auf sowjetische Zivilarbeiter angewiesen; Göring hatte deren umfassende Beschäftigung im Reich bereits angeordnet, und auch bei der westdeutschen Industrie war mittlerweile erkannt worden, „daß auf lange Sicht gesehen nur derjenige richtig liege, der sich Russen verschaffe".
Im Winter 1941/42 begann die Organisation des „Russeneinsatzes" in der Industrie. Massive Werbekampagnen in den besetzten Ostgebieten, die seit Mitte 1942 jedoch fast ausschließlich von Terror und Zwang abgelöst wurden, führten dazu, daß im Jahre 1942 etwa 1,3 Millionen sowjetischer Zivilarbeiter, die jetzt „Ostarbeiter" genannt wurden, in Deutschland beschäftigt waren. Umfangreiche Bestimmungen zur nahezu vollständigen Reglementierung ihres Lebens wurden erlassen: Die Ostarbeiter waren verpflichtet, ein Abzeichen („Ost") auf der Kleidung zu tragen, lebten in stacheldrahtumzäunten Lagern, unterlagen einem eigens für sie geschaffenen Sonderstrafsystem, erhielten nur einen Bruchteil des Lohnes, den deutsche oder andere ausländische Arbeitskräfte bekamen, durften ihr Lager außer zur Arbeit nicht verlassen und erhielten die niedrigsten Lebensmittelrationen. Wenn es durch den Kriegsverlauf schon unumgänglich wurde, Russen in Deutschland zur Arbeit einzusetzen, so lautete die Logik der Nationalsozialisten, dann mußte man sie wenigstens schlecht behandeln.
Im Januar 1942 kamen die ersten für Krupp bestimmten Transporte mit russischen Arbeitskräften in Essen an; die Hälfte von ihnen Frauen, die meisten von ihnen sehr jung, fast noch Kinder. Sie waren zwar von der langen Fahrt, meist in Güterwagen, geschwächt, befanden sich aber in der Mehrzahl in körperlich guter Verfassung. In Essen angekommen, wurden sie auf die ver-

schiedenen Lager in der Stadt verteilt, von denen es mittlerweile weit über 100 gab und deren Zahl bis Kriegsende weiter stieg. Außer in den vornehmen Wohnbezirken im Süden war praktisch im gesamten übrigen Stadtgebiet irgendein Ausländerlager gleich um die Ecke.

Solche Transporte mit ausländischen Arbeitern aus aller Herren Länder, vorwiegend aber aus Frankreich und der Sowjetunion, trafen bis zum Frühjahr 1943 in Essen wie in jeder anderen deutschen Großstadt fast täglich ein; von September 1941 bis September 1942 stieg die Zahl der in Essen lebenden ausländischen Arbeiter von 7.400 auf 50.859 — fast 10 % der Essener Wohnbevölkerung waren somit Ausländer. Bei Krupp waren im Januar 1943 fast die Hälfte der 55.000 Beschäftigten ausländische Arbeiter und Kriegsgefangene — insgesamt aus 21 Ländern, darunter 970 französische und 2.700 russische Kriegsgefangene, 5.800 Ostarbeiter, 8.500 französische Zivilarbeiter, 1.000 Polen, 1.500 Holländer, 2.700 Italiener und 1.300 Tschechen. Der Ausländeranteil in Essen war aber durchaus nicht auffallend hoch; hier wie im gesamten Ruhrgebiet lag er Anfang 1944 bei etwa 17 %, in den Industriegebieten Mitteldeutschlands bei 25 %, in den Landwirtschaftsgebieten des Südens und Ostens bei über 30 % und im Reichsdurchschnitt bei 19 %.

Die Lebensbedingungen der einzelnen Ausländergruppen waren abhängig von einer strikten Hierarchie. Während die Arbeiter aus den besetzten Westgebieten und den sogenannten befreundeten Ländern zwar überwiegend in Lagern leben mußten, aber dieselben Löhne und Lebensmittelrationen wie die Deutschen erhielten und auch denselben Arbeitsbedingungen unterlagen, waren die Arbeiter aus dem Osten, vor allem die Russen, ganz erheblich schlechtergestellt. Ein französischer Arbeiter beschrieb im November 1942 in einem Brief an seine Mutter seine Eindrücke über Essen: „Es sind die russischen Gefangenen, die am unglücklichsten dran sind. Die armen Teufel bekommen nichts zu essen. Wir können uns nicht beklagen, wir sind am besten angesehen in der Geschichte." Die Rationen für „Ostarbeiter" waren so niedrig, daß die sowjetischen Arbeitskräfte oft schon

Ankunft am Bestimmungsort. In: Friedrich Didier, „Europa arbeitet in Deutschland"

wenige Wochen nach ihrer Ankunft völlig unterernährt und arbeitsunfähig waren. Das Kruppsche Direktorium mußte schon kurz nach Beginn des Ostarbeitereinsatzes feststellen: „Bei den zivilen russischen Arbeitern, die — mit wenigen Ausnahmen — in einem ausgezeichneten Gesundheitszustand hier ankamen, machen sich ebenfalls schon die typischen Hungeroedeme bemerkbar . . . Von unseren russischen Kriegsgefangenen sind bereits über 30 % infolge ungenügender Ernährung arbeitsunfähig und 12 schon im Lager gestorben."

So war es zwar gelungen, innerhalb kurzer Zeit Tausende von Arbeitskräften aus dem Ausland nach Essen zu holen, die bestehenden Vorschriften aber und ein weit verbreiteter Russenhaß führten dazu, daß der „Russeneinsatz" für die Betriebe völlig unwirtschaftlich wurde, weil eine effektive Beschäftigung nicht nur bessere Verpflegung und ausreichende Ruhepausen, sondern auch dem Arbeitsvorgang entsprechende Anlernmaßnahmen voraussetzte. Solche Maßnahmen hatten bei den Franzosen dazu geführt, daß die Arbeitsleistungen etwa das Niveau der deutschen Arbeiter erreicht hatten. Aber die Naziführung hatte geplant, die Russen für Arbeiten in Mooren, Steinbrüchen und im Straßenbau einzusetzen — gebraucht wurden hingegen Schlosser, Dreher oder Walzwerker. Zwar kam es in einzelnen Betrieben, so auch bei Krupp, schon 1942 zu ersten Versuchen, qualifizierte sowjetische Arbeitskräfte zu verwenden; doch die militärischen Erfolge im Sommer 1942, bei denen Gefangene in großer Zahl gemacht wurden, schienen weitergehende Maßnahmen der betrieblichen Qualifizierung der Russen unnötig zu machen. Der Charakter der Arbeit als Strafe blieb damit erhalten. Infolgedessen stieg die Zahl der Arbeitsunfähigen weiter, und auch die Todesfälle unter den sowjetischen Arbeitern nahmen zu. Dies vor allem im Bergbau, wo mit einem „Verbrauch an russischen Gefangenen", wie es wörtlich hieß, von einem Drittel pro Jahr gerechnet wurde. Auch die Arbeitsleistungen der Arbeiter aus der Sowjetunion waren dementsprechend niedrig, sie lagen 1942 bei Krupp bei etwa 30—50 % im Vergleich zu denen der deutschen Arbeiter.

Selbsthilfe, Unterwelt und Widerstand

Erst als durch die Niederlage in Stalingrad bei Volk und Führung zum ersten Mal der Gedanke an eine deutsche Niederlage auftauchte, kam es hier zu wirksamen Änderungen. Die Lebensmittelrationen für Ostarbeiter wurden erhöht und umfangreiche Maßnahmen zur Qualifizierung der russischen Arbeiter eingeführt. Dadurch gelang es tatsächlich, die Arbeitsleistungen beträchtlich zu erhöhen. Eine qualifizierte Beschäftigung der Ausländer mußte auch Auswirkungen auf das Verhältnis zwischen deutschen und ausländischen Arbeitern haben — hier lag einer der Schwachpunkte des nationalsozialistischen Arbeitseinsatzkonzepts; Ansätze zu einer Solidarisierung zwischen Deutschen und Ausländern im Betrieb mußten für die Nazis eine erhebliche politische Herausforderung darstellen. So war denn auch alles getan worden, um die bevorzugte Stellung der deutschen Arbeiter gegenüber allen Ausländern, insbesondere aber den Russen, in allen Bereichen durchzusetzen. Gegenüber den Ostarbeitern hatten die Deutschen prinzipiell eine Vorgesetztenfunktion, in manchen Betrieben, wie etwa im Bochumer Verein, erhielten die deutschen Arbeiter, die die Russen anlernen sollten, sogar die Funktion von Hilfspolizeibeamten.

Je häufiger die russischen Arbeiter auf qualifizierten Arbeitsplätzen eingesetzt wurden, um so stärker wurden sie jedoch auch in die Belegschaft integriert, und der Kontakt mit Deutschen wurde enger. Das wurde überall da für die Nazis gefährlich, wo es zwischen den „Ostarbeitern" und den Deutschen, die sie anlernen sollten, zu stillschweigenden Abreden kam, es „langsam angehen" zu lassen, weil die Ostarbeiter an

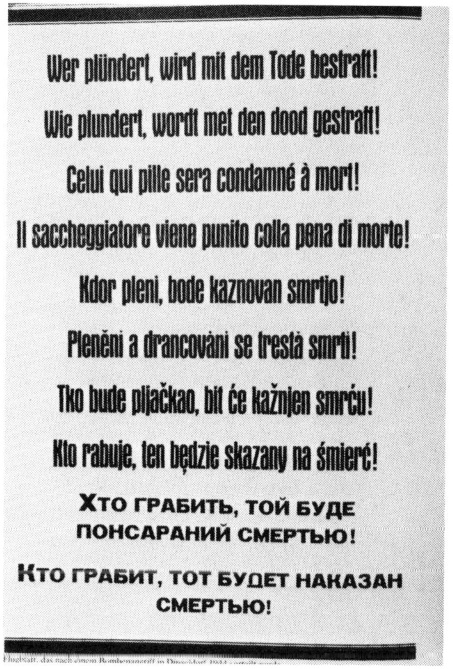
Wer plündert, wird mit dem Tode bestraft!
Wie plundert, wordt met den dood gestraft!
Celui qui pille sera condamné à mort!
Il saccheggiatore viene punito colla pena di morte!
Kdor pleni, bode kaznovan smrtjo!
Plenění a drancování se trestá smrtí!
Tko bude pljačkao, bit će kažnjen smrću!
Kto rabuje, ten będzie skazany na śmierć!
ХТО ГРАБИТЬ, ТОЙ БУДЕ ПОНСАРАНИЙ СМЕРТЬЮ!
КТО ГРАБИТ, ТОТ БУДЕТ НАКАЗАН СМЕРТЬЮ!

Flugblatt, das nach einem Bombenangriff in Düsseldorf 1944 verteilt wurde
Archiv H. Speich

einem scharfen Arbeitstempo kein Interesse haben konnten und die deutschen Arbeiter befürchten mußten, für die Front frei zu werden, sobald sie ihren eigenen Ersatz angelernt hatten. Insgesamt aber blieben die von den Sicherheitsbehörden befürchteten Solidarisierungen aus, und es wurde häufiger von übertrieben schroffer Behandlung und Mißhandlungen der Ausländer durch deutsche Kollegen berichtet als über zu enge Beziehungen.

Der Ausländereinsatz gehörte schon bald ebenso zum Kriegsalltag in Deutschland wie die Lebensmittelkarten oder Luftschutzübungen. Man hatte mit sich selbst zu tun, und das Schicksal der Bewohner des benachbarten Ostarbeiterlagers oder der Ausländer im gleichen Betrieb war angesichts der eigenen Sorgen für die meisten Deutschen von keinem besonderen Interesse. Diese Haltung verstärkte sich noch, als im März 1943 durch die ersten Großangriffe der alliierten Bomberflotten auf das Ruhrgebiet der Krieg auch hier unmittelbar einbrach.
Die Ausländer waren von den Bombenangriffen weit stärker betroffen als die deutsche Bevölkerung. Durch die Angriffe auf Essen im März 1943 wurden allein mehr als 10.000 bei Krupp beschäftigte Ausländer obdachlos. Sie mußten evakuiert werden und kehrten bis Kriegsende nicht mehr nach Essen zurück. Manche Lager wurden zwei- und dreimal ausgebombt, und ein Großteil der Ausländer war zu beständigem Umherziehen von einem Lager zum anderen gezwungen. Außerdem standen den Arbeitern aus dem Osten in der Regel keine Bunker zur Verfügung, sondern nur Splitterschutzgräben — und oft nicht einmal diese. Durch die ständigen Bombenangriffe wurde die für den Arbeitseinsatz in Essen notwendige Infrastruktur immer wieder zerstört. Die Folgen waren zum einen die Notwendigkeit, die Arbeit immer weiter zu intensivieren, zum anderen das Chaos, das in den Ausländerlagern entstand und von den korrupten und zur Willkür neigenden Lagerleitungen noch verschärft wurde. In dieser Situation breitete sich unter den Ausländern in Essen wie in anderen Städten eine Art Substruktur aus, eine Mischung aus Selbsthilfe, Unterwelt und Widerstand. Wo die Verpflegung nicht reichte und Lebensmittel verschoben wurden, entstand ein Schwarzmarkt, der allerdings die soziale Hierarchie unter den Ausländergruppen eher noch verschärfte als milderte. Vor allem aber entstand hier vom Umfang und der Häufigkeit her ein

neues Massendelikt, das seit 1943 die Gestapo mehr als alle anderen Vorfälle beschäftigte: der sogenannte Arbeitsvertragsbruch. Wo die Arbeitsverhältnisse unzumutbar schlecht waren, gingen die ausländischen Arbeiter dazu über, sich der Arbeit zu entziehen, was durch die zunehmende Desorganisation in Deutschland erheblich erleichtert wurde. Vor allem versuchten Franzosen, Holländer und Belgier ihre Heimat zu erreichen, während Ostarbeiter, Polen und sowjetische Kriegsgefangene Lager und Arbeitsstelle verließen, um woanders unterzukommen, weil für die meisten von ihnen eine Flucht nach Hause nicht möglich war. Im gesamten Reichsgebiet wurden seit Mitte 1943 monatlich im Durchschnitt etwa 45.000 ausländische Arbeiter als „flüchtig" gemeldet; bei Krupp waren bis Mitte 1944 etwa ein Drittel der ausländischen Belegschaftsmitglieder, vorwiegend aber Westarbeiter, geflohen.

Das Regime reagierte auf diese Entwicklung mit verschärftem, massivem Terror; aber angesichts von mehr als sieben Millionen Ausländern im Reich konnten hier nur noch Exempel statuiert und Einschüchterung betrieben werden, in den Griff bekam die Gestapo die Arbeitsflucht nicht mehr.

Seit Mitte 1944 wuchs angesichts des Kriegsverlaufs die Furcht in der Führung und in der deutschen Bevölkerung vor einem „Aufstand" der Ausländer. Umfangreiche Präventivmaßnahmen wurden ergriffen, die bei Krupp so weit gingen, daß regelrechte Manöver von Werkschutz, Feuerwehr und Flak zur Vorbereitung auf Ausländer-Revolten veranstaltet wurden. Tatsächlich ist es aber zu derartigen Aufständen nie gekommen; vielmehr arbeiteten die ausländischen Arbeiter ebenso wie ihre deutschen Kollegen pflichtgetreu bis buchstäblich zur letzten Minute. Große Teile der Produktion bei Krupp wie in jedem anderen industriellen Großbetrieb in Deutschland wurden bei Kriegsende ausschließlich von Ausländern getragen.

Die Arbeitsleistung vor allem der sowjetischen Arbeitskräfte war seit 1943 stetig angestiegen. Ostarbeiterinnen waren mittlerweile zur begehrtesten Kategorie von Arbeitskräften in den Unternehmensleitungen geworden, weil ihre Leistungen hoch, ihre Ansprüche niedrig und „Disziplinlosigkeiten" kaum zu befürchten und leicht zu unterdrücken waren. Insgesamt kam es unter den ausländischen Arbeitern nur in wenigen Fällen zu Formen organisierten Widerstands, was ebenso auf das Funktionieren des deutschen Spitzel- und Terrorapparates zurückzuführen ist wie auf die Tatsache, daß der politisch motivierte Widerstand etwa kommunistischer Organisationen unter den Ostarbeitern und sowjetischen Kriegsgefangenen keine Verbindung zu der Masse der Ausländer und zu der Substruktur herzustellen vermochte, die sie sich geschaffen hatten.

Die „Vorarbeiter Europas"

Für die deutsche Kriegsführung war seit 1943 der Ausländereinsatz insgesamt und der „Russeneinsatz" im besonderen von erheblichem kriegswirtschaftlichen Wert und relativ hoher Effektivität. Darüber hinaus wirkte er sich auch auf das soziale Gefüge der deutschen Gesellschaft aus. Spätestens seit 1943 war ein Großteil der noch in den Betrieben verbliebenen deutschen Arbeiter in Vorarbeiterposten aufgerückt, wo sie die Ausländer anzulernen oder zu befehligen hatten, ohne den Verlust ihrer uk-Stellung befürchten zu müssen. Ein nach rassistischen Prinzipien aufgebautes Klassensystem war hier innerhalb der Betriebe aufgebaut worden, das bei allen Reibungsverlusten doch funktionierte und in dem den deutschen Arbeitern eine in sich differenzierte Schicht recht- oder fast rechtloser Fremdarbeiter untergeordnet war.

Für das NS-Regime war der Ausländereinsatz seit 1943 nicht nur unbedingte Voraussetzung für die Fortführung des Krieges, sondern er ließ auch einen Blick zu auf die Perspektive einer siegreichen NS-Nachkriegsgesellschaft, in der die deutsche Bevölkerung und besonders die deutsche Arbeiterschaft als „Vorarbeiter Europas" nicht passive Zuschauer, sondern aktive Faktoren imperialistischer Innenpolitik waren und in der in einem archaisch anmutenden Rassismus Millionen von Arbeitern aus Osteuropa als „Arbeitsvolk" in modernen Industriebetrieben und auf qualifizierten Arbeitsplätzen eingesetzt waren.

Nach Kriegsende kehrten die meisten Fremdarbeiter und Kriegsgefangenen schon in den ersten Monaten in ihre Heimat zurück — in Deutschland aber war dieses Kapitel schnell vergessen, obwohl die Zwangsarbeit in den Nürnberger Prozessen einer der wichtigsten Anklagepunkte gewesen war. In der Bundesrepublik hat sich ein Schuldbewußtsein in der Frage der ausländischen Arbeiter des Zweiten Weltkrieges nie eingestellt. Hier mußte auch nichts „verdrängt" oder „bewältigt" werden, weil ein schlechtes Gewissen gar nicht entstanden war. Ohne daß es auch nur Ansätze eines öffentlichen Nachdenkens über die Vorläufer und Traditionen der Ausländerbeschäftigung in Deutschland gab, konnte auf diese Weise Ende der 50er Jahre die Anwerbung von „Gastarbeitern" in die Bundesrepublik beginnen.

„Kantinenessen" für Fremdarbeiterinnen (Privatbesitz U. Herbert)

„Die Mühen der Gebirge liegen hinter uns. Vor uns liegen die Mühen der Ebenen."

B. Brecht 1949

Märkisches Museum, Witten

Rettinghaus

Alexander v. Plato

„Sie müssen ja auch bedenken, was meine Generation erlebt hat"

Betriebsräte nach 1945

Wer Geschichte machen will, ist immer schon von ihr geprägt. Die Sozialisten, die 1945 in den Betrieben die Initiative ergriffen, waren zumeist schon in der Weimarer Republik aktiv gewesen und hatten dann zwölf Jahre lang Erfahrungen unter dem Nationalsozialismus machen müssen. Und die jungen Kollegen, die später Funktionen übernahmen, waren in nationalsozialistischen Jugendorganisationen und im Krieg gewesen. Welche Erfahrungen prägten ihr Verständnis von den Aufgaben der Betriebsräte, welche Perspektiven ergaben sich aus ihrer Lebensgeschichte? Diesen Fragen kann man versuchen nachzugehen, indem man ihren Lebensberichten zuhört, sie vergleicht und sie auf die reale Situation, in der sie handelten, bezieht.

„Im Betrieb waren keine Chefs"

1945 war es aus mit den „Gefolgschafts"-Vertretern der Nazi-Zeit. Wie Herr M. von den Essener Eisenwerken versuchten die „Vertrauensräte" fast aller Betriebe zu verschwinden. Aber die neuen Betriebsräte, die sofort nach Besetzung ihrer Städte durch alliierte Truppen in diese Funktionen gewählt wurden, ließen weder ihnen noch den braunen Chefs Ruhe. So beschrieb der Kommunist Walter Slottke, im Sommer 1945 einer der Gründer der Krupp-Betriebsgewerkschaft, in einem Bericht aus dem Jahre 1947 die Grundsätze der neugeschaffenen Betriebsgewerkschaft:

„1. Zusammenschluß aller antifaschistischen Hand- und Kopfarbeiter.
2. Geistige Erfassung aller nationalsozialistischen Bestrebungen und endgültige Bereinigung der Betriebe.
3. Unterstützung aller Mitglieder (der Betriebsgewerkschaft) in lohnpolitischer und sozialer Hinsicht.
4. Regelung der Arbeitszeit und Lohnfrage mit den Besatzungsbehörden."

Trotz der Beschränkungen der Besatzungsbehörden, trotz ungeheurer Probleme durch Zerstörung, wirtschaftliche Not, zerrissene Belegschaften und Familien gingen Betriebsräte als wichtigste Instanz an den Aufbau der Betriebe, an die Versorgung der Kollegen und ihrer Angehörigen. Ein alter Betriebsrat: „Im Betrieb waren keine Chefs. Das

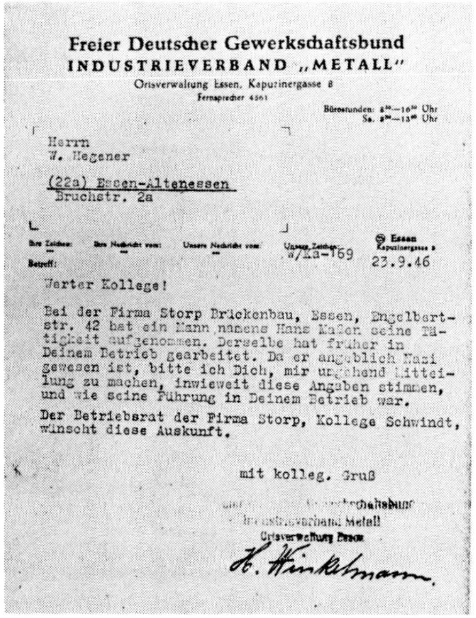

Freier Deutscher Gewerkschaftsbund
INDUSTRIEVERBAND „METALL"
Ortsverwaltung Essen, Kapuzinergasse 8
Fernsprecher 4561

Bürostunden: 8–16 Uhr
Sa. 8–13 Uhr

Herrn
W. Hegener

(22a) Essen-Altenessen
Bruchstr. 2a

Ihre Zeichen: – Ihre Nachricht vom: – Unsere Nachricht vom: – Unsere Zeichen: W/Ka-169 Essen Kapuzinergasse 8 23.9.46

Betreff:

Werter Kollege!

Bei der Firma Storp Brückenbau, Essen, Engelbertstr. 42 hat ein Mann namens Hans Maßen seine Tätigkeit aufgenommen. Derselbe hat früher in Deinem Betrieb gearbeitet. Da er angeblich Nazi gewesen ist, bitte ich Dich, mir umgehend Mitteilung zu machen, inwieweit diese Angaben stimmen, und wie seine Führung in Deinem Betrieb war.

Der Betriebsrat der Firma Storp, Kollege Schwindt, wünscht diese Auskunft.

mit kolleg. Gruß

...gewerkschaftsbund
Industrieverband Metall
Ortsverwaltung Essen

H. Winkelmann

machte der Kommunist Raben. Der war hier Sprecher und hat das alles in die Hand genommen . . . Dann wurde der Notar der Firma hier als Treuhänder eingesetzt. Der Raben hat den Betrieb von Nazis gereinigt. Da waren keine Fremdarbeiter mehr und auch keine Nazis. Die meisten haben sich abgesetzt . . . Die Hauptarbeit des Betriebsrats waren der Aufbau und private Sorgen, die Esserei mit dem Aufbau der Küche und der Kantine . . . Man besorgte Obst, machte Geschäfte mit anderen Betrieben, besorgte Kartoffeln aus dem Emsland . . . Von einigen Lebensmitteln in Pulverform haben alle die große Scheißerei bekommen. Ich habe auch Verbindungen nach Solingen gehabt und machte Kompensationsgeschäfte mit Messern, Rasierklingen, Rollschuhen, Schlittschuhen usw. . . . Im Betrieb haben wir Werkzeuge gemacht für den Bergbau, Draht gezogen, Bohrer. Die Kontakte mit dem Bergbau sind auch über den Betriebsrat gelaufen, auch der Verkauf und der Einkauf. Zum Beispiel als ein Betriebsleiter und ein

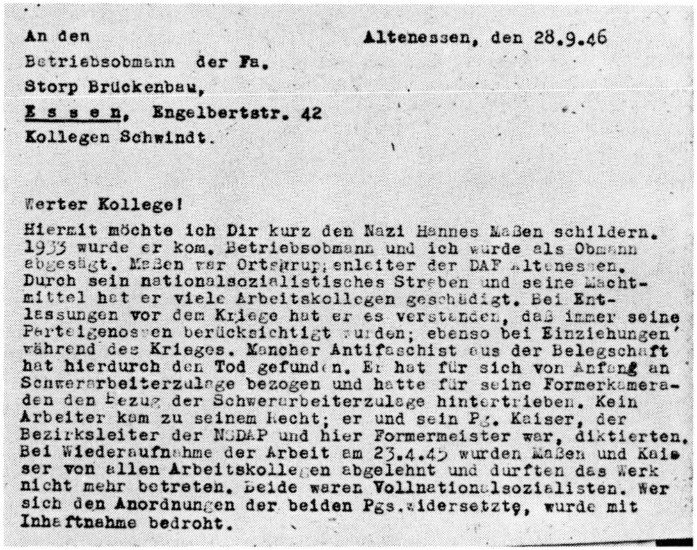

An den Altenessen, den 28.9.46
Betriebsobmann der Fa.
Storp Brückenbau,
Essen, Engelbertstr. 42
Kollegen Schwindt.

Werter Kollege!

Hiermit möchte ich Dir kurz den Nazi Hannes Maßen schildern. 1933 wurde er kom. Betriebsobmann und ich wurde als Obmann abgesägt. Maßen war Ortsgruppenleiter der DAF Altenessen. Durch sein nationalsozialistisches Streben und seine Machtmittel hat er viele Arbeitskollegen geschädigt. Bei Entlassungen vor dem Kriege hat er es verstanden, daß immer seine Parteigenossen berücksichtigt wurden; ebenso bei Einziehungen während des Krieges. Mancher Antifaschist aus der Belegschaft hat hierdurch den Tod gefunden. Er hat für sich von Anfang an Schwerarbeiterzulage bezogen und hatte für seine Formerkameraden den Bezug der Schwerarbeiterzulage hintertrieben. Kein Arbeiter kam zu seinem Recht; er und sein Pg. Kaiser, der Bezirksleiter der NSDAP und hier Formermeister war, diktierten. Bei Wiederaufnahme der Arbeit am 23.4.45 wurden Maßen und Kaiser von allen Arbeitskollegen abgelehnt und durften das Werk nicht mehr betreten. Beide waren Vollnationalsozialisten. Wer sich den Anordnungen der beiden Pgs. widersetzte, wurde mit Inhaftnahme bedroht.

Archiv A. v. Plato

Obersteiger mit einem Auftrag zu uns kamen, in Wirklichkeit um zu trinken, zu essen und in den Puff zu gehen. Da gibt es kein Vertun."

Die Entnazifizierung, für die die Betriebsräte nach dem Betriebsrätegesetz des Alliierten Kontrollrats vom 10. April 1946 auch offiziell zuständig wurden, stärkte ihre Position gegenüber den Unternehmern, von denen sehr viele „braunen Dreck am Stecken" hatten und untergetaucht waren. Einige ehemalige „Gefolgschaftsführer", also Direktoren, „dankten es dem Betriebsrat noch jahrelang", wenn sie von ihm — manchmal durch Schieberei — „Persilscheine" bekommen hatten. Die Versorgung der Belegschaften in der Nachkriegsnot durch Betriebsräte und Gewerkschaften schuf die Basis für das Vertrauen, das beide in der Nachkriegszeit genossen. Die Betriebsräte bauten auch die Gewerkschaften mit früheren Gewerkschaftsfunktionären auf, obwohl die Besatzungsmacht Gewerkschaften zunächst gar nicht, dann nur auf betrieblicher und erst ab 1946 auf lokaler und schließlich auf regionaler und zonaler Ebene zuließ. Die Sozialisierung scheint für die Betriebsräte jedoch eher eine abstrakt politische als eine konkret betriebliche Rolle gespielt zu haben. So sehr sie in vielen betriebspraktischen Fragen damals ihre Stellung gegen die Unternehmer ausbauen konnten, so sehr arbeiteten sie mit ihnen im Kampf gegen die Demontage, „für die Erhaltung der Arbeitsplätze" zusammen. Hierin könnte *eine* der Erklärungen für das betriebsbezogene Sozialpartnerschaftsdenken liegen, das man bei vielen alten sozialdemokratischen Betriebsräten findet.

In den ersten Jahren nach 1945 entwickelte sich auch durch die erstarkte Stellung der Betriebsräte eine weitgehende „spontane Mitbestimmung". Das alliierte Betriebsrätegesetz selbst legte sehr wenig Pflichten und Rechte der Betriebsräte fest: Es gab keine Friedens- oder Schweigepflicht, aber auch kaum Mitbestimmungsrechte, die allerdings in Betriebsvereinbarungen bei entsprechender Stärke und Kampfbereitschaft der Belegschaften und der Betriebsräte durchgesetzt werden konnten — wie in den folgenden Beispielen:

„Der Betriebsrat wirkt entscheidend mit bei der grundsätzlichen Regelung der Produktion, der Preisgestaltung und des Absatzes." (Essener Eisenwerke)

„Der Betriebsrat wirkt mit bei der Regelung der Produktion. An den monatlichen technischen Besprechungen nimmt der Betriebsratsvorsitzende und dessen Vertreter teil. Fragen der Preisgestaltung und des Absatzes werden mit dem Betriebsrat besprochen." (Wallram)

Der Gewerkschaft wurde das Recht eingeräumt, an Sitzungen des Betriebsrats bzw. der Betriebsleitung mit dem Betriebsrat mit beratender Stimme teilzunehmen.

Wie hier konnte in den meisten Betrieben 1946/47 eine weitgehende Mitbestimmung durch die Betriebsräte selbst erreicht werden, wenn sie sich mit den Belegschaften für Regelungen im konkreten Betrieb verbanden, während die Montanmitbestimmung von 1951 auf der Ebene des Aufsichtsrats und des Vorstandes „Arbeitnehmervertretern" (d. h. auch betriebsfremden Gewerkschaftsvertretern) Mitwirkung brachte. Schon 1952 fiel das Betriebsverfassungsgesetz jedoch weit hinter die faktischen oder in Betriebsvereinbarungen festgelegten Mitbestimmungsmöglichkeiten der ersten Nachkriegsjahre zurück und versuchte, durch die Schweige- und Friedenspflicht einen Keil zwischen Belegschaften und ihre Betriebsräte zu treiben. Ein alter Betriebsrat:

„Das Betriebsverfassungsgesetz war Scheiße. Das machte alles kaputt, was wir gemacht hatten. Wo gibt es denn Mitbestimmung nach dem Betriebsverfassungsgesetz? Nur Anhörungen. Die Chefs wurden auch andere Menschen, nämlich Herren. Ich war dann mitten drin zwischen Belegschaft und Geschäftsleitung."

Die Alten und die Jungen

„Am 20. 4. 1945 ging ich um 7 Uhr morgens zu meinem Betrieb Wallram in Essen Süd und beauftragte einen Lehrling, die anwesenden Arbeiter und Angestellten zu informieren, daß um 8 Uhr eine Belegschaftsversammlung stattfindet. Der Lehrling sah mich ungläubig an und meinte: ‚Was ist denn das — eine Belegschaftsversammlung?' Ich sagte: ‚Gleich wirst Du es erfahren. Höre dann gut zu.'"

Diese Episode lenkt sinnfällig den Blick auf die unter nationalsozialistischer Herrschaft entstandenen Erfahrungsunterschiede der Generationen: Der Lehrling hatte noch niemals etwas von Belegschaftsversammlungen gehört, während der Alte in der Weimarer Republik bereits kommunistischer Betriebsrat gewesen und im KZ mißhandelt worden war. Die meisten Jungen kannten die alten Arbeiterorgane entweder gar nicht oder nur vom Hörensagen und hatten stattdessen die HJ oder den BDM erlebt. Und die Alten, die aus zumeist sehr armen Verhältnissen stammten, keine höhere Schule besuchen konnten und ständig von Arbeitslosigkeit bedroht worden waren, hatten die alten Solidarorgane wie die Freien Gewerkschaften, den Arbeitersport oder Konsumgenossenschaften noch gekannt und im Nationalsozialismus „überwintern" müssen.

Die zwölf nationalsozialistischen Jahre sind auch an diesen „Alten" nicht spurlos vorübergegangen. Sie erzählen von der Angst nach der Niederlage der Arbeiterbewegung 1933 und von der großen Enttäuschung, die sie angesichts der Anpassung von Kollegen, Freunden und Genossen an das NS-Regime verspürt hatten. Von „umgefallenen" Genossen ist die Rede, von früheren Freunden aus dem Arbeitersport, die das gewöhnliche „Guten Tag" mit einem „Heil Hitler! heißt das hier — merk Dir das" beantworteten, oder von Nachbarn, die sofort nach dem 30. Januar 1933 die Hakenkreuzfahne flaggten. Einige Alte, die die Weimarer Zeit bereits als Aktive erlebt hatten, konnten sich diese Anpassung nur damit erklären, daß „der Mensch eben manipulierbar" sei, und entwickelten ein Mißtrauen auch gegen ihre Kollegen und Genossen. Trotzdem war der Betrieb neben der Familie und der engsten Nachbarschaft in alten

„roten“ Vierteln der Ort, wo man doch noch Ansätze kollektiver Solidarität erfuhr. Wichtiger wurde jedoch der *individuelle* Schutz vor Denunziation und Einziehung zur Front dadurch, daß man qualifizierte und ordentliche Facharbeit leistete und ein gutes Verhältnis zu Vorgesetzten hatte: „Mir konnten sie nix, weil ich ein guter Arbeiter war.“

Das scheint einen Trend zur Individualisierung bei den früher in der Arbeiterbewegung Aktiven, von denen die meisten sich nicht organisierten Widerstandsgruppen anschlossen, verursacht zu haben, wenn man sich auch mit Wehmut der alten Solidarorgane erinnerte und sie zurücksehnte. Einige versuchten daher, in ihrem Beruf eine höhere Position zu erreichen. Aufstiegsbewußtsein und Leistungsdenken scheinen sich während der NS-Zeit auch bei denen, die sich früher in der kommunistischen, katholischen oder sozialdemokratischen Arbeiterbewegung engagiert hatten, verstärkt zu haben. Da man als bekannter früherer „Roter“ oder „Schwarzer“ jederzeit besondere Verfolgungsmaßnahmen befürchten mußte, wagte man ein offenes politisches Wort nur im engsten Familien- oder Freundeskreis. Die Familie erhielt nun oft jenes Hauptgewicht, das für diese ehemals Aktiven früher politische Zusammenhänge besessen hatten, trotz oder vielleicht auch wegen ihrer ständigen Bedrohung durch Krieg, Evakuierung, Kinderlandverschickung, HJ oder BDM.

Viele mußten auch feststellen, daß gerade das „arbeiterfeindliche NS-Regime“ die große Arbeitslosigkeit reduzierte, daß es eine gewisse Verbesserung des Lebensstandards und sogar einzelne soziale Errungenschaften brachte: Besondere Erwähnung findet die Urlaubsreise mit der KdF („Kraft durch Freude“). Dies nicht anzuerkennen hätte nicht nur Gefährdung, sondern auch eine Teilisolierung im Kollegenkreis bedeutet. Deshalb spalteten sich solche ersten mageren Wohlstandserfahrungen im Bewußtsein von den politischen Zielsetzungen ab — sowohl von den eigenen wie denen der Nazis, auch wenn einige die Kriegskonjunktur als Ursache der Verbesserungen begriffen.

Kurz: die Alten hatten Narben aus dem Dritten Reich davongetragen, waren individualistischer, mißtrauischer geworden, stärker leistungs- und aufstiegsorientiert, hatten in ihrer Schwejkschen Durchmogelei und Überlebensstrategie auch mal „fünfe gerade“ sein lassen. Die alten Arbeitermilieus und ihre einstigen politischen Zusammenhänge bekamen während des Nationalsozialismus — und nicht allein durch seinen Terror — tiefe Risse. Trotzdem blieben die meisten Aktiven aus der Weimarer Zeit im großen und ganzen ihrer Überzeugung treu und standen 1945 „wieder auf der Matte“. Wer Krieg und KZ überlebt hatte und als u. k. Gestellter am Arbeitsplatz bleiben konnte, stand jetzt — 1945 — für die ersten Betriebsfunktionen bereit.

Ganz andere Erfahrungen mit dem Nationalsozialismus hatten die *Jungen*, die schon 1948 ca. ein Drittel der Gewerkschaftsmitglieder stellten: Sie kannten die alten Solidarorgane der Arbeiterbewegung nicht, sondern erlebten neue Gemeinschaftserfahrungen im Deutschen Jungvolk, dem BDM oder der HJ. Dort konnten viele von ihnen in Unterführer- oder sogar Führungspositionen aufsteigen, ein Angebot, das für Arbeiterkinder neue soziale Räume erschloß. Einige erzählen, daß dabei ihre Klassenherkunft kein Hemmnis gewesen sei:

„(Das äußerte sich) eben darin, daß ich als Arbeiterkind jetzt Fähnleinführer war. Und mein Untergebener, wenn Sie so wollen, das war ein Abiturient . . . Also ich war ja wer und war ja auch gleichberechtigt. Daß das nicht so war, das haben wir ja erst nachher festgestellt in der Gefangenschaft.“

Viele der damals Jungen waren mit Eifer bei der Sache: entweder wegen des Spaßes an Sport und Spiel, an Kameradschaft und am Lagerleben, das einen „hinaus in die Welt“ führte, die einem Arbeiterkind zuvor weitgehend verschlossen war, oder wegen einer positiven Identifikation mit dem Nationalsozialismus. Wer unter ihnen gegen die Nazis war, erinnert sich heute noch oft individueller Gründe: eine zu leise Kommandostimme oder schlechte sportliche Leistungen; und manch einer las lieber oder hörte Musik. Selten werden damalige politische Ablehnungsgründe genannt, die man als Mitglied in einem früher aktiven „roten“ oder „schwarzen“ Elternhaus mitbekommen hatte. Nur in Einzelfällen wird von oppositionellen Gemeinschaften berichtet. Die meisten aus dieser jungen Generation späterer Betriebsräte konnten nicht nur in der staatlichen Jugendorganisation, sondern auch in Schule und Beruf den früher fast unmöglichen Sprung zu „etwas Besserem“ machen: statt der Volksschule die Realschule oder das Gymnasium, statt des Bergbaus die Lehre in einem Metallberuf usw. Viele betonen auch — bei aller heutigen Kritik am NS-Regime — die sozialen Leistungen des Nationalsozialismus vom Winterhilfswerk bis zur Altwarenverwertung, von der Abschaffung der Arbeitslosigkeit bis zur KdF-Reise. Der Krieg machte jedoch einen dicken Strich durch ihre neu gewonnenen Aufstiegshoffnungen. Fast alle waren an der Front, einige sogar mit Begeisterung, zumindest während der Blitzkriegsphase am Anfang.

Für viele von ihnen brach 1945 eine Welt zusammen; aber die damals ganz Jungen — aus den Jahrgängen 1929 bis 1931 — konnten diesen Zusammenbruch rasch verdauen. Sie waren von der Entnazifizierung nicht betroffen und konnten mit ihrem bei der HJ gewonnenen Aktivitätsschub fortfahren, sei es bei der Bewältigung der Not, sei es in kirchlichen oder auch in linken Jugendverbänden oder in Betrieb und Gewerkschaft. Sie fanden meistens schneller als ihre etwas älteren Kollegen eine neue Sinnorientierung und konnten sich bald praktisch bewähren.

Diese etwas Älteren unter den Jungen aus den Jahrgängen 1920 bis 1928 hatten es schwerer: Sie hatten zunächst „von Politik die Schnauze voll", sie mußten umlernen. Die meisten hatten ihre früheren Ideale und ihren Einsatz im Krieg während der Rückzüge des letzten Kriegsjahres, in den zerbombten Städten oder in der Kriegsgefangenschaft als „sinnlos" erkannt. Einen neuen Sinn und eine neue Struktur in ihrem Denken hatten sie jedoch noch nicht gewinnen können. Kriegsgefangenschaft und Entnazifizierung brachten eine Denkpause, aber der in der Jugend im Nationalsozialismus freigesetzte und zunächst belohnte Aktivitätsdrang qualifizierte für neue Engagements. Sie mißtrauten zwar zumeist aller Parteipolitik, waren aber der zunächst als unpolitisch begriffenen gewerkschaftlichen, überparteilichen, praktisch-betrieblichen Arbeit aufgeschlossen. Erst nach einer längeren Praxis in den Gewerkschaften taten sie gewöhnlich den nächsten Schritt und traten in die SPD ein.
„Sie müssen ja auch bedenken, was meine Generation erlebte: Mein Vater, der Sozialist war, wurde 1933 verhaftet. 1945 brauchten die Nazis plötzlich Persilscheine. Von Politik wollten zunächst einmal die Alten etwas wissen, die vor 1933 aktiv waren. Sie kannten sich auch im Betrieb aus. Wir Jüngeren hatten doch nur Negatives mit der Politik erlebt und hatten unsere Erfahrungen auf den Schlachtfeldern und weniger im Betrieb gemacht."
Da hielt man sich lieber in der weniger exponierten Mitte. Diese Generation der „Jungen" scheint mehr als die ältere Generation den alten Arbeitermilieus entrissen, war ohne die Erfahrung in den alten Arbeiterorganisationen, scheint stärker leistungs- und aufstiegsorientiert, hatte militärische oder halbmilitärische Organisationen mit ausgeprägten Hierarchien erlebt, hatte den großen politischen Bruch von 1945 verdauen müssen; heute begreifen sich alle als Antifaschisten. Diese „HJ-Generation" bekam in der Aufbauzeit der Bundesrepublik wachsende Bedeutung auch an der Basis der Arbeiterorganisationen. Was das bedeutet, darüber hat sich die wissenschaftliche Literatur bisher weitgehend ausgeschwiegen, und auch in den Arbeiterorganisationen selbst ist dies noch kein Thema für eine offene Erörterung.

Vom „Kartoffelbetriebsrat" zum „Sozialplanbetriebsrat"

In den ersten Nachkriegsjahren bekamen die Betriebsräte eine wichtige selbständige Bedeutung in der Regelung der Produktion, des Absatzes, des Lohnes, der Sozialleistungen, der Versorgung, der Entnazifizierung und des Aufbaus der Gewerkschaften. Es scheint eine Zeit „linker Hegemonie" auch in den Betrieben gewesen zu sein, aber — das zeigen die Lebensgeschichten der Betriebsräte — die Repräsentanten der alten Arbeiterbewegung waren eben nicht die alten geblieben, und eine veränderte junge Generation wuchs heran. Und die Basis der Linken scheint nach den Berichten schwach: Es ging mehr ums persönliche Überleben und um die familiäre Versorgung; die großen politischen und weltanschaulichen Entwürfe standen hintenan. Von Politik hatten viele der Jüngeren, früher das Reservoir der Kommunisten, überhaupt genug, und die KPD vermochte im Kalten Krieg den Totalitarismusverdacht nicht abzuschütteln. Der Marshall-Plan und seine Verlockungen für eine neue Orientierung mit praktischen Vorteilen versetzten den Kommunisten, die 1945 zunächst einen Großteil der Betriebsräte gestellt hatten, den letzten Schlag. In den 50er Jahren waren die Betriebsräte nahezu ausschließlich Sozialdemokraten, und sie waren sehr unterschiedlicher Herkunft: alte Sozialdemokraten; solche, die früher in der KPD oder in der katholischen Arbeiterbewegung aktiv gewesen waren; ehemals national orientierte Angestellte; Junge, die im Nationalsozialismus ihre ersten öffentlichen Erfahrungen gemacht hatten; Flüchtlinge aus ländlichen Gebieten usw. Sie alle kamen über die Gewerkschaft als Durchgangsschleuse zur SPD, die dadurch stärker als in der Weimarer Zeit eine breite, feste Basis im Revier gewann und sich durch diese Mischung zugleich veränderte. Einige kommunistische Betriebsräte wurden Anfang der 50er Jahre aus der Gewerkschaft ausgeschlossen und zu ihrem Ärger manchmal von Jüngeren ersetzt, die sie „noch mit Schwertern als HJler" gekannt hatten.
Die integrativen Faktoren lagen vor allem im ökonomischen Bereich. Der Schwarzmarkt bis zur Währungsreform scheint zu einer Schule des kapitalistischen Marktes geworden zu sein, an dessen Ergebnissen man teilhaben wollte. Der ökonomische Erfolg wurde zur Grundlage des bundesrepublikanischen Konsenses; politische Zielsetzungen spalteten sich in den 50er Jahren stärker als je zuvor von der privaten Wohlstandserfahrung ab. Dies schlug sich auch in der Arbeit der Betriebsräte nach der Etablierung der Bürgerblockregierung unter Adenauer und dem Betriebsverfassungsgesetz von 1952 nieder. Ihr Handlungsspielraum schrumpfte auf einen Katalog zusammen, der im krassen Widerspruch zu ihren Kompetenzen in den ersten Nachkriegsjahren stand: Ein- und Umgruppierungen bei den Löhnen, Arbeitszeitregelungen, Arbeitsorganisation, Arbeitssicherheit, Reparatur- und Ausbesserungsarbeiten in den Werks- und Zechensiedlungen, Gestaltung der Arbeitsbedingungen und betriebsinterne Gratifikationssysteme (Gewinnbeteiligung, Weihnachtsgeld, Rentenkassen usw.)
Ihr Einfluß auf die ökonomischen Entscheidungen des Betriebes, wie die Betriebsräte ihn in der unmittelbaren Nachkriegszeit besessen hatten, schwand zwar, aber ihr sozialer Einfluß auf die Belegschaften blieb: durch das Wachstum der Wiederaufbauperiode

und durch ihren Zusammenhang mit den Gewerkschaften trafen sie auf kompromißbereite Unternehmensleitungen und konnten vor allem im Lohnbereich durch übertarifliche Leistungen Verbesserungen vermitteln. Sie wurden institutionell zwar reduziert, aber gesichert und als Beschwerdeinstanz ernst genommen. Darüber hinaus übernahmen sie die meisten sozialbetreuerischen Funktionen. „Ich bin hier wie der Pfarrer Sommerauer“, sagt heute ein Betriebsrat. Auch wenn sie zumeist der „Maloche“ entwachsen sind, werden die Betriebsräte persönlich geachtet; sie sind eine soziale Anlaufstelle, die „etwas darstellt“ und etwas bewirken kann.

Aus diesem Verständnis heraus spotteten viele aus der jüngeren Generation über die alten Aktivisten, die ihre Entmachtung durch das Betriebsverfassungsgesetz nach ihrer „heroischen Zeit“ nicht verwinden konnten:

„Die lebten also noch von 1945, als man hier Schuhe verkauft hat, als man Schokolade verkauft hat, als man hier billige Butter oder was weiß ich angeboten hat. Für meine Begriffe lebten die aus der Illusion noch, das müßte alles so weitergehen, obwohl jetzt echt schon ein Fortschritt da war.“

Diesen Fortschritt faßt ein anderer Betriebsrat so zusammen:

„Erst waren wir der Kartoffelbetriebsrat, dann der Lohnbetriebsrat und jetzt sind wir Sozialplanbetriebsräte.“

Das ist das Stichwort für die Kehrseite: jetzt, da die alte Generation mit ihren Visionen von einer ganz anderen Gesellschaft im Kopf längst abgetreten ist, da die jüngere Generation zunehmend weniger Wachstum und sozialstaatliche Fortschritte im und für den Betrieb repräsentieren kann, fühlen sich viele als Krisendämpfer mißbraucht und ohne wirksamen Einfluß, die Ursachen der Krise zu bekämpfen. Ihre organisatorische Aktivität hat sie zwar als Vertreter der Belegschaften in zahlreiche höhere Funktionen in den Betrieben, den Parlamenten und sozialen Organisationen geführt und zu einer der wichtigsten Basiseliten gemacht, aber sie scheinen den Mangel eines Hintergrunds zu spüren, von dem aus sie neue Alternativen entwickeln könnten; sie sehnen sich jetzt zurück nach den „goldenen Zeiten“ des Wachstums und eines funktionierenden Sozialstaats. Oder in der prägnanten Zusammenfassung eines Betriebsrats: „Wir kämpfen mit den Mitteln des Klassenkampfes um den Sozialstaat.“

Mark Roseman

Arbeiter in Bewegung

Neubergleute im Ruhrrevier 1945–1958

Arbeitskräfte um jeden Preis

„Kannst Du bei Deiner augenblicklichen Arbeit sagen, daß Deutschlands Wiederherstellung von Dir abhängt? Wenn Du Bergmann wärst, könntest Du es sagen.“ So hieß es in einem Zeitungsinserat aus dem Jahre 1946. Mit ihm sollten Männer aus anderen Berufen und Regionen dafür gewonnen werden, auf einer Zeche „anzulegen“, „Neubergleute“ zu werden. Es war die gleiche Konstellation wie nach dem Ersten Weltkrieg: Deutschland und Westeuropa waren dringend auf eine Steigerung der deutschen Kohleproduktion angewiesen. Bei Kriegsende lag die Kohleförderung im Gebiet der Britischen Zone bei weniger als 5 % des Normalstandes. Die wichtigste, unabdingbare Voraussetzung für ihre Steigerung war eine Erhöhung der Belegschaftsziffern. Während des Krieges waren in steigendem Umfang Fremdarbeiter und Kriegsgefangene im Bergbau eingesetzt worden, um die deutschen Bergleute zu ersetzen, die zur Wehrmacht eingezogen wurden. Als die Ausländer bei Kriegsende von ihrem elenden Schicksal befreit wurden, fiel die Zahl der Beschäftigten im Bergbau schlagartig von fast 250.000 auf wenig mehr als die Hälfte. Die Lücke, die auszufüllen die Fremdarbeiter gezwungen worden waren und die sie nach ihrer Befreiung hinterließen, war jedoch nicht leicht wieder zu schließen: Viele der deutschen Bergleute waren im Krieg geblieben oder in Gefangenschaft geraten, und die, denen Alter oder Krankheit das Los der Kriegstauglichkeit erspart hatte, schieden bald aus oder waren körperlich nicht in der Lage, ihren Anteil zur Produktionssteigerung zu leisten. Für die britische Militärregierung, die die Kontrolle über die Zechen übernahm, bedeutete dies: Es mußten Arbeitskräfte her, um jeden Preis.

Zwang oder Anreiz?

Es war jedoch kein einfaches Unterfangen, Männer „vor Kohle" zu bringen. Eine ausreichend große Zahl von gelernten Bergleuten stand nicht zur Verfügung, so daß auf angelernte Kräfte zurückgegriffen werden mußte. Doch wer wollte schon die schwere und gefährliche Arbeit des Bergmanns tun, wenn er nicht einmal sicher sein konnte, nach der Arbeit ein nahrhaftes warmes Essen zu haben? Kalorien sollten bald die Leitwährung an der Ruhr werden. Anfänglich versuchte die Militärregierung, das Problem mit Zwangsmaßnahmen zu lösen. Für den Bergbau in der Britischen Zone wurde sogar erwogen, versuchsweise eine allgemeine Dienstpflicht für junge Männer einzuführen. Derartige Zwangsmaßnahmen hatten sich jedoch schon als Fehlschlag erwiesen: Die auf diese Weise rekrutierten berufsfremden Arbeiter nahmen oft schon nach der ersten Schicht reißaus und ließen womöglich auch noch die ohnehin knappe Arbeitskleidung oder Wertsachen jener Zeit, wie Wolldecken, mitgehen. Blieben sie aber, waren sie oft nicht bereit, mehr als das absolute Minimum zu leisten.
Gegen Ende 1946 führte die britische Militärregierung besondere materielle Anreize für Bergarbeiter ein, vor allem erhöhte Verpflegungssätze und ein Bezugssystem für Genußwaren und Haushaltsartikel, eine Maßnahme, die später als „Punktsystem" bekannt wurde. Nun nahmen die freiwilligen Meldungen zur Bergwerksarbeit rasch zu. Gleichzeitig begann auch die Förderung langsam zu steigen: Eine bedeutsame Wende in der Wirtschaftsgeschichte Nachkriegsdeutschlands bahnte sich an. Sie war für den Wiederaufbau Deutschlands sicher von größerer Bedeutung als Ludwig Erhard.
Zwischen der Kapitulation 1945 und dem Anfang der ersten Kohlenkrise 1958 waren es eine halbe Million Männer, die ihren alten Beruf aufgaben und unter Tage eine neue Beschäftigung fanden. Etwa die Hälfte der Neubergleute kam aus dem Ruhrpott. In den ersten Jahren nach dem Krieg handelte es sich dabei oft um Eisen- und Stahlarbeiter, die durch Produktionsbeschränkungen und Demontagen ihre Arbeitsplätze verloren hatten. Später waren es dann — saisonbedingt — arbeitslos gewordene Bauarbeiter, die den Weg zur Zeche fanden. Über ein Drittel der Neubergleute waren Vertriebene oder Flüchtlinge. Unter den Vertriebenen gab es auch Bergleute, wie etwa die „Hauerländer", die aus der Slowakei vertrieben worden und von Süddeutschland aus geschlossen nach Oberhausen umgesiedelt waren. Aber die Mehrheit der Vertriebenen kam nicht aus dem Bergbau. Und mehr als die Hälfte von denen, die in diesen Jahren in die Zechen kamen, waren überhaupt keine Industriearbeiter und hatten zuvor auch keine körperliche Arbeit geleistet. Die nackte Not und die Möglichkeit, Unterkunft, Arbeitskleidung und Verpflegung von der Zeche zu bekommen und gleichzeitig die Familie mit Kohle versorgen zu können, veranlaßten sie, Bergleute zu werden. Für manche war es ein notwendiges Übel, bis sie in ihre alten Berufe zurückkehren konnten, für andere sollte es der Anfang eines neuen Lebens werden.
Nicht alle Flüchtlinge aus der Sowjetischen Besatzungszone (SBZ) waren nur aus wirtschaftlichen Nöten gezwungen gewesen, die Zonengrenze illegal zu überschreiten und in den Ruhrbergbau zu gehen. Einige taten es wegen der dortigen Registrierung der Arbeitskräfte im Jahre 1947, andere, weil sie eine Dienstverpflichtung zur Arbeit im Uranbergbau bekommen hatten, und manche gaben sogar polizeiliche Verfolgung als Grund an. Illegale Grenzgänger, die sich zur Bergarbeit bereit erklärten, mußten den normalen bürokratischen Weg und die Aufnahmelager nicht durchlaufen und gingen somit das Risiko nicht ein, wieder in die „Ostzone" abgeschoben zu werden.
Als sich in den 50er Jahren die Arbeitsmarktlage verbesserte, veränderte sich auch die anfänglich sehr breite Berufs- und Altersstreuung unter den Arbeitssuchenden im Bergbau. Es waren nun hauptsächlich junge Männer zwischen 18 und 25 Jahren, die aus Metall- oder Bauberufen, aus der Landwirtschaft oder aus Hilfsarbeiter-Tätigkeiten in den Bergbau überwechselten. Im Bergbau wurde es angesichts der Konkurrenz von anderen Industrien immer schwerer, neue Arbeitskräfte zu gewinnen. Daher gingen die Zechen 1957 dazu über, den Großteil ihrer Arbeitskräfte aus dem Ausland zu rekrutieren. 1958, als die Kohlenkrise begann und sich an der Ruhr die Lage auf dem Arbeitsmarkt in ihr Gegenteil verkehrte, war die Ära der Neubergleute vorbei.

Nichtseßhafte

Obwohl es zwischen dem Ende der Zwangsmaßnahmen und dem Anfang der Kohlenkrise den Zechen fast immer gelungen war, ihren Arbeitskräftebedarf durch Anwerbung zu decken, waren sie weit weniger erfolgreich, wenn es galt, die Neubergleute seßhaft zu machen. Über 50 % der Neubergleute wanderten innerhalb der ersten zwei Jahre wieder ab; im Durchschnitt blieb höchstens ein Viertel der Zugewanderten auch langfristig im Bergbau. War das Ruhrgebiet unfähig, neue Arbeitskräfte zu integrieren? Eigentlich war die Abkehr vieler Neubergleute nicht besonders überraschend, denn mit der Bergwerksarbeit waren immer noch typische Unannehmlichkeiten verbunden. Die Arbeit war dreckig wie eh und je, und für die weiterhin existierenden Gefahren lieferten die Grubenunglücke genügend Beispiele. Auch war das Risiko, an Silikose zu erkranken, gerade in dieser teilmechanischen Phase sehr hoch. Zudem machte es der relativ hohe Anteil der Arbeitskosten am Kohlenpreis dem Bergbau

unmöglich, mit der Lohnentwicklung der Eisen- und Stahlindustrie Schritt zu halten. Aber auch andere Industriezweige boten den gelernten Arbeitern und Angestellten unter den Neubergleuten oft gute Möglichkeiten, wieder auf ihre alten Berufe umzusteigen. Viele waren ohnehin mit der festen Absicht in den Bergbau gegangen, später auf andere Arbeitsstellen abzuwandern.
Neben den kaum zu ändernden Arbeitsverhältnissen im Bergbau war auch die Politik der Zechen und Gewerkschaften, aber auch die der Militärregierung und der Gemeinden gegenüber den Neubergleuten oft nicht dazu geeignet, die Bergfremden in ihrem neuen Beruf zu halten. Angesichts des allgemeinen Elends in den ersten Nachkriegsjahren, war es nicht verwunderlich, daß die sozialen Leistungen sehr beschränkt bleiben mußten und die Wohnlager der Neubergleute nicht gerade komfortabel eingerichtet waren. Doch ist es unverkennbar, daß die verschiedenen zuständigen Stellen erst ziemlich spät damit begannen, sich um das Wohl der Neubergleute zu kümmern. Erst gegen Ende 1947 lief eine Reihe von Initiativen an, die den Neubergleuten deutliche Verbesserungen ihrer sozialen Verhältnisse brachten.
Ein folgenschweres Versäumnis bestand zweifellos darin, daß zwischen 1948 und 1951 das Wohnungsbauprogramm für Bergarbeiter wegen mangelnder Finanzierungsmöglichkeiten allzu langsam voranging. Gerade aber in dieser Zeit wäre der Wohnungsbau entscheidend gewesen, denn nach der Währungsreform und der sich anschließenden allmählichen Normalisierung des täglichen Lebens sehnten sich sehr viele Menschen (verständlicherweise vor allem die große Zahl von Vertriebenen) nach einer festen Existenz in Form eines gesicherten Arbeitsplatzes und nach einer Wohnung für die Familie. Die — wie sich bald herausstellen sollte — scheinbare Krisenfestigkeit des Bergbaus hätte weit mehr und schneller Arbeitskräfte angelockt, wenn ihnen ausreichender Wohnraum zur Verfügung gestellt worden wäre. Die fehlende Aussicht auf eine Wohnung veranlaßte Tausende von verheirateten Neubergleuten, den Bergbau wieder zu verlassen.
Im allgemeinen aber fanden die Neubergleute für ihre soziale Lage und ihre Probleme zunehmend Gehör. Denn der nicht abreißende Strom abwandernder Neubergleute zwang Zechen, Gemeinden und das Land, die Schwierigkeiten der Neulinge ernstzunehmen. Daß die Zechen für diese Probleme nun aufgeschlossener waren, lag nicht zuletzt auch an der neuen Generation von Managern, die ihren Einzug gehalten hatten. Von noch größerer Bedeutung waren allerdings die durch das Mitbestimmungsgesetz in die Betriebe gekommenen Arbeitsdirektoren, die sich mehr um die sozialen Belange der Belegschaften kümmerten. Die daraus resultierenden Maßnahmen konnten die Zahl der Abwanderungen nicht reduzieren, aber zumindestens ihren Zuwachs in Grenzen halten.

Die neuen ‚Pollacken'

Konnten die Neulinge unter den Menschen im Ruhrpott heimisch werden? Natürlich war es für diejenigen Neubergleute, die aus dem Ruhrgebiet selber stammten, wohl nicht schwierig, mit den alten Bergarbeitern und ihren Familien auszukommen. Und im großen und ganzen konnte ein Fremder an der Ruhr ohnehin mit mehr Verständnis rechnen als in den meisten anderen Regionen. Wenn etwa ein Einheimischer anfing, die Vertriebenen als ‚Pollack' zu beschimpfen, so gab es auch immer einen, dessen Eltern um die Jahrhundertwende aus dem Osten gekommen waren, und der nun bereit war, die Neuzugewanderten in Schutz zu nehmen. Viele Vertriebene hatten ohnehin Verwandte im Ruhrgebiet. Und vielleicht war es ja auch so, daß die Bevölkerung an der Ruhr in der Notsituation nach dem Kriege eine ihrer Tugenden wiederbelebte, die um die Jahrhundertwende den Abertausenden „Fremden" die Eingewöhnung möglich gemacht hatte: Die

Weihnachtsfeier der Neubergleute auf der Zeche Hannover-Hannibal, Bochum 16. 12. 1956; Deutsches Bergbaumuseum, Fotothek

betroffenen Familien rückten noch einmal zusammen. Deshalb überrascht es nicht, daß der weitaus größte Teil der Übergangsbergleute zwar den Zechen, aber nicht dem Ruhrgebiet den Rücken kehrte.
Aber ganz so rosig war es nun auch wieder nicht. Es gab auch an der Ruhr Schwellen vor der Tür zur Integration. Die meist in Wohnlagern untergebrachten Neubergleute hatten oft erhebliche Schwierigkeiten, mit den Einheimischen in Kontakt zu kommen. Indem die Lagerbewohner — bedingt durch die erzwungene, maskuline Intimität der Heime — den rauhen und herzhaften Ton von unter Tage mit nach oben brachten, knüpften sie zwar an Verhaltensformen der Bergleute in der Kaiserzeit und in der Weimarer Republik an; doch spätestens seit den dreißiger Jahren hatten auch die Ruhrbergleute die Neigung, soziale Umgangsformen zu entwickeln, die der Wohlanständigkeit bürgerlicher Schichten immer näher kamen. Viele ältere Bergleute fühlten ihre mühsam errungene gesellschaftliche Anerkennung von den Neubergleuten in den Heimen bedroht und mieden den Kontakt mit ihnen. Die Wurzel des Problems lag darin, daß die

Bergleute meistens nicht besonders — oder nur in einer etwas trotzig-verschämten Art — stolz darauf waren, Bergleute zu sein. Es klingt paradox: Der Beruf des Bergmanns war im Ruhrgebiet nicht besonders gut angesehen. Bergleute schickten ihre Söhne — wenn es sich überhaupt vermeiden ließ — auf gar keinen Fall in die Grube, und sie versuchten, auf der Straße möglichst nicht wie Bergleute auszusehen. Deshalb war es für die Neubergleute schwierig, gesellschaftlich anerkannt zu werden, und sie mußten es immer wieder erleben, daß einheimische Mädchen ein anfängliches Interesse ganz plötzlich, nachdem nämlich das Wort ‚Bergmann' gefallen war, wieder verloren. Dieses Statusproblem war für Viele Anlaß genug, den Bergbau wieder zu verlassen, und auch die seßhaft Gewordenen hinderte es daran, sich voll und ganz mit dem neuen Beruf zu identifizieren.
Da es so viele Gründe gab, nicht im Bergbau zu bleiben, muß es irritieren, daß fast 100.000 Neubergleute doch lange Jahre im Ruhrbergbau gearbeitet haben. Was hielt sie dort? Allen Neuankömmlingen bot der Bergbau einen vergleichsweise erträglichen Lohn, eine sehr gute Krankenversorgung und eine passable Altersrente. In den 50er Jahren war die verspätete, dafür aber jetzt sehr schnelle Entwicklung des Wohnungsbaus für Bergarbeiter oft das entscheidende Motiv, dazubleiben. Und hatten die Neubergleute erst einmal die Angst vor Schacht und Streb verloren, gefiel ihnen die Selbständigkeit und Freiheit der bergmännischen Arbeit.
Und noch einen sehr wichtigen Vorteil hatte der Bergbau anzubieten: gute Aufstiegschancen. Sowohl in der Zechenhierarchie, in der es lange Jahre einen großen Mangel an Aufsichtsbeamten gab, wie auch in der Industriegewerkschaft Bergbau (IGB), in der die jungen Funktionäre fast vollständig fehlten, gab es für die Tüchtigen und Strebsamen viele Möglichkeiten, wichtige Posten zu erobern. In den 50er Jahren wuchs die Zahl der Bergschüler sprunghaft an; darunter waren viele Neubergleute und insbesondere Vertriebene. Bis in die 60er und 70er Jahre schaffte es eine erhebliche Zahl von Neubergleuten, in die höheren Ränge des Managements aufzusteigen. Und gegen Ende der 70er Jahre gab es in den oberen Rängen der IGBE gleich viele neue und alte Bergleute.

Soziale Erosionen

Vieles spricht dafür, daß die Neubergleute das soziale und politische Erscheinungsbild der Bergleute stark verändert haben. Sie waren wie eine neue Hefe im schon gärenden Teig der Ruhrgesellschaft. Schon Ende der 40er Jahre bestanden die Unter-Tage-Belegschaften durchschnittlich zu 40 % aus Neubergleuten. Auf einigen Anlagen lag der Anteil der Bergfremden sogar bei zwei Dritteln. Die Ruhrbergarbeiter der 50er Jahre waren zu einem Teil noch dieselben wie die der Weimarer Zeit, aber sie waren andere geworden. Von dem Radikalismus und den bitteren Streiks in den Weimarer Jahren war dreißig Jahre später kaum noch etwas geblieben. Die dichte Vereinskultur und die engen solidarischen Nachbarschaften machten in den 50er Jahren einem privaten, familienorientierten Leben Platz, das sich oft nur wenig von dem anderer Schichten unterschied. Es liegt nahe anzunehmen, daß auch die Neubergleute einen Beitrag zu diesem sozialen Wandel in der Bergarbeiterschaft geleistet haben. Sie haben länger angelegte soziale Prozesse offenbar beschleunigt: Als sie eintrafen, war die alte Ruhrbergarbeiterschaft mit ihren Milieus schon in der Auflösung begriffen. Die Rationalisierungswelle der 20er Jahre, der Rüstungsboom und die Massenkultur in den 30ern, der totale Krieg und der nationalsozialistische Terror hatten soziale Veränderungen in Gang gebracht, die das Erscheinen der Neubergleute nun rascher werden ließ.
Die soziale Eigenart der Neubergleute lag in drei Merkmalen begründet: Sie unterschieden sich in ihren beruflichen und sozialen Erfahrungen, ihrer Alterszusammensetzung und in ihren Zukunftsperspektiven von den alteingesessenen Bergleuten und deren Söhnen; sie waren auch als Gruppe in sich sehr heterogen. Schließlich stellten sie einfach auch eine Menge neuer, fremder Gesichter dar. Die Neubergleute brachten neue Spannungen, aber auch eine neue Vielfalt in die Bergarbeiterschaft und lösten alte Bindungen auf. In der Gedingefrage zum Beispiel trugen sie in hohem Maße dazu bei, daß das alte solidarische Kameradschaftsgedinge (Gruppenakkordlohn) durch das Einmann-Gedinge ersetzt wurde. Viele der Neubergleute hatten eine bessere Ausbildung als die „alten" Bergleute, waren sprachlich flinker und wendiger. Das wirkte sich gelegentlich bei der betrieblichen Interessenvertretung der Kumpel aus: Ein Neubergmann, der früher etwa Angestellter oder Berufssoldat gewesen war, ließ sich viele der Mißstände, die die alten Bergleute lange Jahre hingenommen hatten, nicht gefallen und war auch imstande, sein Mißfallen zu artikulieren. So kam es oft vor, daß trotz relativ beschränkter Berufserfahrung im Bergbau, selbstbewußte, gewandte Neubergleute zum „Ortsältesten" gewählt wurden, weil man es ihnen zutraute, die Belegschaft bei der Gedinge-Verhandlung erfolgreich zu vertreten. Außerdem wurden während der 50er Jahre die ehemals sehr harten Fronten zwischen Bergleuten und Steigern weicher. Das lag nicht zuletzt an der großen Zahl von Neubergleuten, die über die Bergschule in die Angestelltenschaft aufgestiegen waren.
Die im Verhältnis zu den anderen höhere Mobilitätsbereitschaft der Neubergleute erleichterte es den Bergwerksunternehmen, den Umfang ihrer Belegschaften an die von der „Kohlenkrise" verursachte schlechte Absatzlage anzupassen. In der Kohlenkrise breitete sich das Phänomen Neubergleute auch auf andere Bereiche der Ruhrgesellschaft aus. Ob sie dann als Neu-Hüttenmänner, Neu-Opelarbeiter oder Neu-Büroangestellte weitere Veränderungen in der Ruhrgesellschaft bewirkten — das ist eine andere Geschichte.

Ulrich Borsdorf

„Die Belegschaft des Hüttenwerkes scheint geschlossen in den Betten zu liegen."

Ein Streik für die Montanmitbestimmung

Alle Räder stehen still

Die Worte eines Polizeibeamten, die diesem Aufsatz zu seinem Titel verholfen haben, fielen am 14. Januar 1955 um 6.55 Uhr im Büro des Betriebsratsvorsitzenden des Hüttenwerkes Oberhausen AG. Der Polizist telefonierte von hier aus mit seiner vorgesetzten Dienststelle, und er hatte seiner Äußerung bekräftigend vorausgeschickt: „Ich habe aber versteckt gestanden. Es hat mich niemand gesehen. Ich habe aber auch niemand gesehen." In der Tat: Die 13.000 Arbeiter und Angestellten des Hüttenwerks waren zur Frühschicht, die um sechs Uhr beginnen sollte, nicht erschienen; sie streikten. Auch in den Drahtwerken Gelsenkirchen ruhte an diesem Tag die Arbeit, und tags darauf, am 15. Januar, legte auch die 17.000 Mann starke Belegschaft der Bergbau AG „Neue Hoffnung" in Oberhausen für 24 Stunden die Arbeit nieder. Aber an den Werkstoren fehlten Spruchbänder, es wurden keine Flugblätter verteilt, Streikposten gab es nicht, Streikgelder wurden nicht gezahlt. Was war in die Belegschaften gefahren?

Am Vormittag bahnte sich ein schwarzer Mercedes 300 seinen Weg durch den tiefen Neuschnee auf der Essener Straße in Oberhausen. Vor ihm fuhr — „rein zufällig", wie die Polizei später erklärte — ein Funkstreifenwagen. Im Fond des Mercedes saß der Generaldirektor der Gutehoffnungshütte (GHH), Dr. Hermann Reusch. Er war der Sohn von Paul Reusch, der aus der Gutehoffnungshütte der Familien Haniel und Jacoby einen der größten deutschen Montankonzerne geschmiedet hatte: Kohlezechen, Eisen- und Stahlwerke, Schiffswerften hatte er zu einem mächtigen schwerindustriellen Komplex verflochten. Und Paul Reusch war ein harter Vertreter politischer und wirtschaftlicher Unternehmerinteressen gewesen: Im Ruhreisenstreit von 1928/29 hatte er das Unternehmerlager dazu aufgefordert, zu prüfen, ob das Unternehmertum nicht „aus der seit Kriegsende beobachteten Defensive herauszutreten" habe.

Hermann Reusch war um das Lebenswerk seines Vaters und um sein Erbe besorgt, als er in der 74. Hauptversammlung der Aktionäre des Gutehoffnungshütte Aktienvereins am 11. Januar 1955 vor einer Ausdehnung der Mitbestimmung auf die wiederentstehenden Konzerne, die sogenannten „Holding-Gesellschaften", gewarnt hatte. Die in Bonn zur Beratung anstehenden diesbezüglichen Gesetzentwürfe stellten, so Hermann Reusch, eine fundamentale Durchbrechung der „bisher geltenden gesellschaftlichen Prinzipien" dar. Und dann trat er wirklich aus der Defensive heraus, indem er sagte: „Das Mitbestimmungsgesetz für Eisen und Kohle ist das Ergebnis einer brutalen Erpressung durch die Gewerkschaften. Es ist in einer Zeit durchgesetzt worden, in der die Staatsgewalt noch nicht gefestigt war." Das war eine Provokation in unterschiedliche Richtungen: Die Gewerkschaften, die Bundesregierung und letztlich auch die Briten, die die deutschen Stahlkonzerne beschlagnahmt und entflochten hatten, mußten sich herausgefordert fühlen. Und waren nicht auch jene Unternehmer gemeint, deren Kampf gegen die Mitbestimmung mit dieser Äußerung von Reusch nun als halbherzig oder zu subtil erscheinen mußte? Das Echo auf die Reusch-Äußerung fiel deutlich aus: Einer der Arbeitnehmervertreter im Aufsichtsrat der Hütte machte seiner Empörung Luft: „Es gibt nur eine Antwort auf Herrn Reusch: Jetzt ruhen mal die Räder!" Und so geschah es.

Der spontane Streik vom 14./15. Januar in den Werken, die im Zuge der Entflechtung der deutschen Montanindustrie aus dem GHH-Konzern herausgelöst worden waren und die Hermann Reusch nun in die neue „Holding" zurückgliedern — und dabei die Mitbestimmung abschaffen — wollte, war aber nur der Auftakt zum größten, weithin vergessenen politischen Streik in der Geschichte der Bundesrepublik. In der Nacht vom Freitag, dem 21. Januar, auf Samstag, 22. Januar, traten 820.000 (Neue Zürcher Zeitung) Stahlwerker und Bergleute an Rhein und Ruhr, im Aachener Revier und in Niedersachsen in einen auf 24 Stunden befristeten Streik.

Historische Ironie

Dieser Streik war gewissermaßen derjenige, für den im Dezember 1950 und im Januar 1951 bei Stahl und Kohle Urabstimmungen stattgefunden hatten. Damals hatten sich die Berg- und Hüttenarbeiter mit überwältigenden Mehrheiten dazu entschlossen, für den Fall in den Streik zu treten, daß ihnen die paritätische Mitbestimmung, wie sie in den entflochtenen Werken der Eisen- und Stahlindustrie seit 1947 Praxis war, genommen bzw. die Ausweitung dieses Rechtes auf die restliche Montanindustrie nicht Gesetz würde. In letzter Minute war im Januar 1951 nach langwierigen Gesprächen zwischen Konrad Adenauer und Hans Böckler ein Ergebnis erzielt worden, das schließlich zur Verabschiedung des Montanmitbestimmungsgesetzes am 21. Mai 1951 führte.

Daß ausgerechnet Hermann Reusch es war, der dieses Vorgehen des DGB, der IG Metall und der IG Bergbau von 1950/51 nun als Erpressung geißelte, entbehrte nicht der historischen Ironie, und die Arbeiter und Gewerkschaften mußten es sogar als Zynismus empfinden. Ein Brief an das Verwaltungsamt für Wirtschaft in Minden vom 21. Januar 1947 trug neben den Unterschriften von Hermann Jarres (Klöckner)

und Hans Hehemann (Otto Wolff) auch die von Hermann Reusch, und in diesem Brief hieß es: „Schließlich erklären wir unsere aufrichtige Bereitwilligkeit, den Belegschaften und den Gewerkschaften volle Mitwirkungsrechte einzuräumen. Wir wollen uns den Forderungen der neuen Zeit nicht verschließen und stimmen einer Beteiligung auch der Arbeitnehmerschaft an der Planung und Lenkung sowie an den Aufsichtsorganen für die großen Erwerbsgesellschaften der Eisen- und Stahlindustrie voll und ganz zu." Die Unterzeichner des Briefes gingen sogar so weit, die Überführung der Werke in „gemischtwirtschaftlichen Besitz — gegebenenfalls unter kapitalmäßiger Beteiligung auch der Gewerkschaften" vorzuschlagen, um, wie sie selbst formulierten, diese „ungemein wichtige Schlüsselindustrie endlich von einem politischen Odium zu befreien". Tatsächlich ging es im gesamten Fragenkomplex Demontage, Entflechtung, Sozialisierung und Mitbestimmung auch um die Verstrickung der deutschen Schwerindustrie bei der Zerstörung der Weimarer Republik und beim Aufstieg und der Herrschaft des Nationalsozialismus.

Was hatte aber nun die Rückverwandlung des Hermann Reusch von Paulus zum Saulus bewirkt? Im Winter 1946/47 hatten sich die Eisen- und Stahlunternehmer an Rhein und Ruhr in einer für sie schlecht überschaubaren strategischen Lage befunden: Demontagen mußten entweder hingenommen oder konnten mit Hilfe der Gewerkschaften abgemildert, manchmal sogar vermieden werden. Schwerer zu kontern war die ebenfalls im Potsdamer Abkommen vereinbarte Dekartellisierung der deutschen Schlüsselindustrien. Die von den Gewerkschaften geforderte und angesichts der neuen britischen Labour-Regierung scheinbar näher rückende Sozialisierung gab den Unternehmern damals Anlaß, wie schon 1918, selbst einen Pakt mit dem Teufel nicht zu scheuen.

Die Gewerkschaften ihrerseits stimmten den vorgesehenen Entflechtungen zwar grundsätzlich zu, doch wohl nicht ohne Vorbehalte. Sie fühlten sich in ihrer Ansicht bestätigt, die Konzentration wirtschaftlicher Macht in den Händen weniger Schwerindustrieller habe in der Vergangenheit politisch verhängnisvoll gewirkt und müsse daher in Zukunft endgültig beseitigt werden. Doch konnten die Gewerkschaften den Aspekt der Entflechtung nicht übersehen, der die Konkurrenzfähigkeit der deutschen

Montanindustrie auf dem Weltmarkt betraf. Sie mußten, bei allem eigenen Interesse an der Auflösung des schwerindustriellen Machtgebildes an Rhein und Ruhr, doch darauf achten, einen funktionalen und effizienten Verbund zwischen Kohle und Stahl aufrechtzuerhalten, gerade weil sie diesen Teil der Industrie in Gemeineigentum überführt wissen wollten.

Aus dieser Situation heraus waren die Unternehmer, von der Besatzungsmacht und dem Stahltreuhänder Heinrich Dinkelbach dazu gedrängt, nun geneigt, den Gewerkschaften die geforderte Parität im Aufsichtsrat zuzugestehen. Auf der Arbeitnehmerbank überwogen sogar die außerbetrieblichen, von den Spitzenorganisationen entsandten Vertreter, und ein „Arbeitsdirektor" sollte künftig als gleichberechtigtes Vorstandsmitglied neben einem technischen und einem kaufmännischen Direktor fungieren. Er konnte nicht gegen den Willen der Arbeitnehmervertreter bestellt werden, was in der Praxis bedeutete, daß Gewerkschaften und Betriebsräte ihn in sein Amt heben konnten. Das Modell der Montanmitbestimmung war geboren.

Auch die Gewerkschaften hatten in diesen historischen Kompromiß nicht ohne Vorbehalte eingewilligt, denn die Unternehmensmitbestimmung in der 1947 zum ersten Mal gefundenen Form war nicht der Inbegriff der Ideen, die im Konzept der Wirtschaftsdemokratie aus der Weimarer Republik überliefert waren. Hans Böckler sagte aber: „Ich hätte mir dauernd einen Vorwurf gemacht, wenn ich versäumt hätte, die Gewerkschaften einzugliedern in Eisen und Stahl, denn ich sage mir, wenn die Gewerkschaften dabei nichts gewinnen, aber eines werden sie erreichen, sie werden hier Betriebe schaffen können, von denen sie mit Recht behaupten können, zur Hälfte an ihrem Einfluß beteiligt zu sein . . . Wir sehen durchaus nicht einen entscheidenden Ansatz zur Sozialisierung in diesen Maßnahmen."

Die „Erpressung"

Die paritätische Mitbestimmung in den entflochtenen Werken der Eisen- und Stahlindustrie war das Ergebnis einer objektiven Kräftekonstellation und deren jeweiliger subjektiver Einschätzung durch die Beteiligten. Diese Konstellation bestand jedoch nur vorübergehend; bald sollte sie sich ändern: Die USA traten in gesellschaftspolitischen Fragen in der „Bizone" stärker in den Vordergrund. Sie frustrierten die politischen Ansprüche der Arbeiterbewegung und versuchten gleichzeitig, die elende Versorgungslage der Arbeitnehmer zu verbessern. Und sie dominierten die ökonomisch schwachen Briten, von denen sich die deutschen Gewerkschaften die entscheidende Unterstützung der von ihnen geforderten Strukturreformen (Gemeineigentum, Planung, Mitbestimmung) versprochen hatten. Der Marshall-Plan beschleunigte die weltpolitische Blockbildung und rückte die antikapitalistischen Ziele der europäischen Arbeiterbewegung in weite Ferne, ihre im Krieg gewonnene Einheitlichkeit zerfiel. Der Kalte Krieg ließ die Fronten erstarren, zog eine Grenze durch Deutschland und verdrängte den alten Konflikt zwischen dem sozialdemokratischen und kommunistischen Lager der deutschen Arbeiterbewegung durch die Zuweisung eigener Territorien.

Im Westen Deutschlands betrat in Gestalt des Bundestages ein neuer Souverän, der diesen Namen noch nicht verdiente, die politische Bühne; wider Erwarten regierte eine bürgerliche Koalition und erhob Anspruch auf die Lösung der wirtschaftspolitischen Fragen vor allem der deutschen Montanindustrie, die auch im internationalen Kontext eine Schlüsselfunktion innehatte. Es war deshalb ein vorrangiges Ziel der ersten Bundesregierung unter Konrad Adenauer, staatliche Souveränität im allgemeinen und Einfluß auf die Neuordnung der Schwerindustrie im besonderen zu gewinnen. Noch waren es die Alliierten, die diesen Prozeß mit dem Gesetz Nr. 75 aus dem Jahre 1948 und dem Gesetz Nr. 27 aus dem Jahre 1950 maßgeblich steuerten. Doch die Pläne des Wirtschaftsministers Ludwig Erhard zu einer „Durchführungsverordnung" für das alliierte Gesetz Nr. 27 liefen schon auf eine Gestaltung der neu zu schaffenden Unternehmen nach „deutschem Recht" hinaus. Und das bedeutete: Ohne die 1947 gefundene Mitbestimmungsregelung, die als „alliiertes Recht" angesehen wurde. Das rief die Gewerkschaften auf den Plan, und die gerade ein Jahr alte Regierung Adenauer geriet nun in Bedrängnis.

Die mitregierende FDP hatte schon zu ihrer historischen Rolle in der Mitbestimmung gefunden, sie vertrat eindeutig den Standpunkt der Unternehmer, die hier zum ersten Mal ihre Chance sahen, die ungeliebte Mitbestimmung wieder loszuwerden. In der CDU-Fraktion gab es aber eine starke christlich-soziale Gruppe, die mit den Sozialdemokraten einheitsgewerkschaftlich in der Frage verbunden war, daß eine wirksame Kontrolle der schwerindustriellen Machtzusammenballung nach den Erfahrungen am Ende der Weimarer Republik und schließlich von Rüstung und Krieg nun oberstes Ziel sein mußte. Daß auch die katholische Kirche den Mitbestimmungsanspruch der Arbeitnehmer bekräftigte, war weder für die Unternehmer noch erst recht für Adenauer eine vernachlässigenswerte Tatsache. Und Adenauer brauchte die Gewerkschaften für seine außenpolitischen Pläne. Es war ihm klar, daß die Gewerkschaften ihm auf seinem Weg zur Westintegration nicht weiter würden folgen können, wenn er ihnen auf diesem zentralen gesellschaftspolitischen Gebiet eine Niederlage bereiten würde. Die Gewerkschaften hatten, zum Teil in offener Differenz zu Schumachers SPD, dem Petersberger Abkommen zugestimmt und ihre Bereitschaft signalisiert, auch dem Schuman-Plan zuzustimmen — beides Eckpunkte Adenauerscher Außenpolitik. Der DGB brauchte Bundesregierung für eine Neuordnung der Montanindustrie unter gewerkschaftlicher Beteiligung. Die Montanindustriellen ihrerseits wußten zwar ihre Interessen in der Eigentumsfrage bei der neuen Bundesregierung, zumindest bei ihrem Wirtschaftsminister, gut aufgehoben, doch sie brauchten letztlich auch den DGB und die Arbeitnehmervertreter in ihren Aufsichtsräten, um den Alliierten ein Konzept der Rückverflechtung vorlegen zu können, das durchsetzbar war. In dieser Konstellation endete der große „show-down" zwischen Adenauer und Böckler, zwischen Gewerkschaften, Regierung und Unternehmen im Jahre 1951 mit dem bekannten Montanmitbestimmungsgesetz, dem zwar Teile der CDU-Fraktion nicht, wohl aber die oppositionelle SPD zustimmten. Doch: Gesetze, zumindest solche von der Bedeutung des Mitbestimmungsgesetzes, das an die heilige Kuh der „sozialen Marktwirtschaft" rührte, sind nur Momentaufnahmen der gesellschaftlichen Kräfteverhältnisse.

Der Angriff

Es gilt das Wort Ernst Fraenkels, daß die Geschichte eines Gesetzes mit dem Augenblick seiner staatsrechtlichen Sanktionierung nicht abgeschlossen, sondern erst in ihr entscheidendes Stadium getreten ist. Es war klar, daß diejenigen, gegen deren Willen oder mit deren zähneknirschender Duldung das Gesetz zustandegekommen war, nicht ruhen würden, es auszuhöhlen und möglichst wieder abzuschaffen. Nur eine kleine Gruppe von Kapitalvertretern, die Adenauer oder der katholischen Kirche verbunden waren, wie der CDU-Abgeordnete Günter Henle (Klöckner) oder die Bankiers Abs, Pferdmenges und Falkenhausen, scheint bereit gewesen zu sein, den historischen Kompromiß der Mitbestimmung weiterhin gelten zu lassen.
Die Chance der Gegner aber kam bald: 1952 erlitten die Gewerkschaften bei der Verabschiedung des Betriebsverfassungsgesetzes eine empfindliche Niederlage. Ein zweites Mal hatte sich Adenauer nicht ausmanövrieren lassen: Die gewerkschaftlichen Vorstellungen über eine demokratische Betriebsverfassung gingen unter; was blieb, war ein insgesamt unbefriedigendes Gesetz und lediglich eine „Drittelbeteiligung" der Arbeitnehmer in den Aufsichtsräten größerer Unternehmen. Bis zu diesem Zeitpunkt, aber auch noch weit darüber hinaus, hatten Gewerkschaften und die Unternehmen von Kohle, Eisen und Stahl mit Spezialverträgen die Lücken des Gesetzes von 1951 in der Praxis gefüllt: In allen neugeordneten und wieder zu Konzernen (Holdings) zusammengefügten Unternehmen wurde durch diese Verträge sinngemäß die Montanmitbestimmung angewendet.
Nun konnte man aber im „Unternehmerbrief" des Deutschen Industrie-Instituts über das Montanmitbestimmungsgesetz lesen, es sei „im Taumel der Tagespolitik (mit bürgerlicher Mehrheit!) der Arbeitsdirektor als Vorstandsmitglied verankert worden. Hier ist ein furchtbarer Sittenverfall offenbar geworden. Der Unternehmer hat sich des Rechts begeben, für das Wohl und Wehe seiner Belegschaft selbst zu sorgen. Um die Zurückgewinnung dieses in Wahrheit unveräußerlichen Rechtes (zur sittlichen höchsten Pflicht) muß unter Aufbietung aller Kräfte gekämpft werden." (Klammersätze im Original)
Bei der Mannesmann AG setzten der Vorstandsvorsitzende Wilhelm Zangen, der noch 1939 als Führer der Reichsgruppe Industrie in einer Rede die nationalsozialistische Betriebsverfassung als das unternehmerische Paradies gefeiert hatte, und der Vorsitzende der „Schutzvereinigung für Wertpapierbesitz", Carl Christian Schmid, der in der Weimarer Republik ein Lobbyist und Protégé der Schwerindustrie gewesen war und seinen Anteil am Sturz der letzten SPD-geführten Regierung Hermann Müller hatte, zu einer „Zangenbewegung" gegen die Mitbestimmung an. Ein Konflikt wurde inszeniert, die Gerichte entschieden, und zum guten Schluß war unklar, ob nun auf die neuen Holdings die Montanmitbestimmung oder das Betriebsverfassungsgesetz anzuwenden sei.
Nun war die Regierung Adenauer, nach den Wahlen von 1953 allerdings ein wenig fester im Sattel als 1951, erneut gefordert: Ein neues Gesetz mußte her. Die Regierung machte einen Entwurf, der im wesentlichen die Montanmitbestimmung gelten ließ. Die FDP verweigerte ihre Zustimmung im Kabinett, die Regierung war handlungsunfähig. Monate vergingen, bis schließlich eine Gruppe von CDU-Abgeordneten, die zu den Sozialausschüssen gehörten, sich ein Herz faßte und einen eigenen Entwurf vorlegte, der zwar die Montanmitbestimmung verwässerte, aber in der Substanz erhielt. Ein weiterer Regierungsentwurf, der als einen wesentlichen Punkt den Wegfall des Arbeitsdirektors vorsah und somit den unternehmerischen Vorstellungen weitgehend entsprach, war ebenfalls auf den Weg gebracht worden. Im November 1954 hatte der Bundestag die beiden Entwürfe dem Ausschuß für Arbeit zur Behandlung überwiesen. Die Beratungen zogen sich hin, Unternehmer mobilisierten ihre Presse, die Gewerkschaften versammelten mehrmals ihre Vertrauensleute und Betriebsräte zu großen Kundgebungen.

Das letzte Wort

Das war die Situation, in der Hermann Reusch seine Sätze von der Erpressung sagte, deretwegen am 22. Januar 1955 über 800.000 Berg- und Hüttenarbeiter in den Streik traten. Es war ein politischer Streik — jedoch nicht im juristischen Sinne, denn er war weder direkt gegen die Regierung noch gegen das Parlament gerichtet. Und Adenauer wußte, wie 1951, den linken Flügel der CDU an der Seite der Gewerkschaften. Der Schlußstein seiner Westpolitik fehlte noch: Die Ratifizierung der Pariser Verträge stand kurz bevor, in denen es um

einen deutschen „Verteidigungsbeitrag“ — sprich: um die Wiederbewaffnung und den NATO-Beitritt ging. Konnte er es sich leisten, den Widerstand der Gewerkschaften in dieser Frage vollends zu mobilisieren?
Etwas weniger scharf als der nordrhein-westfälische Ministerpräsident Karl Arnold tadelte schließlich auch — am Tage des Streiks — Adenauer die Reusch-Äußerung — allerdings auch den Streik. Er sei aber befriedigt, daß sich der Streik nicht gegen die Bundesregierung richte. Nicht nur gebe es keinen Grund dazu, sondern es sei auch ein Streik aus politischen Gründen nicht vereinbar mit den Grundgesetzen. Außerdem habe Reusch keine Entscheidungsgewalt in politischen Fragen. Er bringe deshalb kein Verständnis dafür auf, „daß jetzt über 800.000 Menschen einen Tag feiern, ohne jeden zwingenden Anlaß“.
Am 7. Juni 1956 wurde das Montanmitbestimmungsergänzungsgesetz gegen die Stimmen der FDP, der DP und von Teilen der CDU, jedoch mit denen der SPD verabschiedet. Es war kein Sieg für die Gewerkschaften, aber auch keine Niederlage. Die Mitbestimmung wurde geschmälert, blieb aber gesichert. Die Gewerkschaften hatten bewiesen, daß die Belegschaften selbst ein Interesse an der Mitbestimmung hatten — und nicht nur die Funktionäre, wie die Unternehmer es auch mit Hilfe wissenschaftlicher Untersuchungen — z. B. einer von Max Horkheimer — hatten beweisen wollen.
Die Arbeitnehmer an Rhein und Ruhr hatten 1955 per Streik eingeklagt, was aus der Geschichte Deutschlands ihrer Ansicht 1951 mit der Montanmitbestimmung gelernt worden war. Dazu hatte aber auch der „Industriekurier“ seine Meinung: „. . . eigentlich sollte man diese Dinge, nachdem Jahre darüber hingegangen sind, auf sich beruhen lassen. Sicherlich aber ist ein Streik das ungeeignetste Mittel, sie zu klären. Hier muß der Historiker das letzte Wort haben“. Der aber verzichtet zugunsten der Streikenden.

Kinder, Kinder

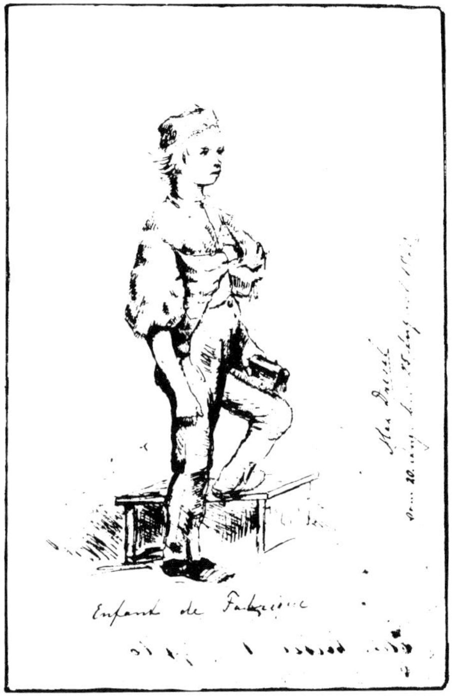

„Enfant de Fabrique“ von 1860, gezeichnet von Max Dresel; Fremdenbuch für das Hotel Tenge Crevenna. Familienarchiv Tenge-Rietberg, Schloß Holt, Raum Bielefeld

Wie die Alten, nur halblang. Borbecker Jungen vor 1914; Ruhrlandmuseum, Essen

1917 in der Phönixstra
K. Wohlgem

Kasperletheater im Kindergarten auf Prosper in den 30er Jahren; Ruhrlandmuseum, Essen

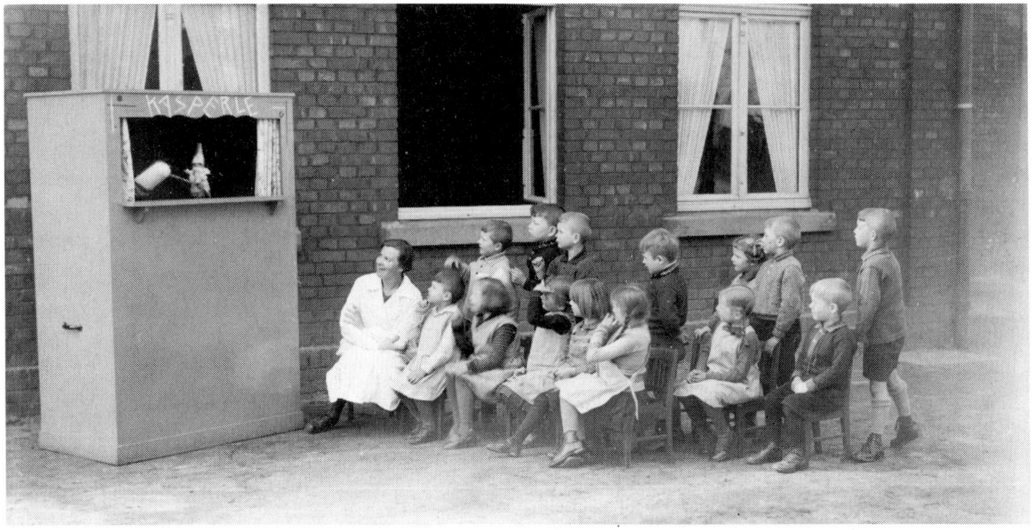

Reichsberufswettkampf um 1935; Ruhrlandmuseum, Essen

Spielplatz, Köln 1946;
Hauptstaatsarchiv Düsseldorf

Zur Kinderspeisung 1946;
Hauptstaatsarchiv Düsseldorf

Kriegsversehrt. Schalke 1946;
Hauptstaatsarchiv Düsseldorf

„Maßanzug" 1946;
W. Thiel, Wetter

Wieder adrett zur Schule
Foto: Chargesheimer

Heinz H. Krüger/Hans J. von Wensierski

James Dean und die ‚Wilden Engel' vom Borsigplatz

Die ‚Halbstarken' der 50er Jahre

Trümmergrundstücke und Trümmerfamilien

Ludwig Mann (Jahrgang 1940) und Werner Kullmann (Jahrgang 1944) wachsen nach dem Krieg in zwar unterschiedlichen, aber für beide Jungen problematischen Familienverhältnissen auf — Werner verliert seinen Vater mit dem 6. Lebensjahr durch Scheidung der Eltern; Ludwig dagegen hat quasi gleich zwei Väter.
L. M.: 1951 kam mein Vater aus russischer Kriegsgefangenschaft wieder, den ich eigentlich gar nicht kannte. Ich war schon 11 Jahre alt und hatte den vorher nie gesehen. Es dauerte eine ganze Zeit, bis wir beide uns verstanden hatten. Für mich war eigentlich mein Vater der Großvater . . . Es gab auch viele Probleme dadurch, daß er (der Vater) Schwierigkeiten mit meinem Großvater hatte . . . Ich als Junge, ich wußte nicht, soll ich jetzt mit meinem Großvater oder soll ich mit meinem Vater . . . Der hat nie mal gesagt, so jetzt ist 9 Uhr, ab ins Bett. Der hat höchstens mal gefragt: Wollt ihr jetzt schlafen gehen? Dann ist der Großvater dazwischen und sagt, die Blagen müssen ab ins Bett.
W. K.: Als meine Mutter mit mir allein war, mußte die auch arbeiten gehen. Ich bekam dann aber keinen Schlüssel, so daß ich nach der Schule immer draußen warten mußte . . . Meine Mutter hat mich schon da in gewissen Dingen sehr vernachlässigt. Nach der Arbeit ging sie oft gleich weg, ohne mich mit Essen zu versorgen.
Das Erziehungsverhalten der Bezugspersonen wird als autoritär beschrieben.
L. M.: Bei uns, das war 'ne einfache Erziehung. Wenn mal einer was gemerkt hat, dann wurde nicht lange gefackelt, da gab's was hinter die Ohren. Da wurde nicht diskutiert oder was. Zack, das war die schnelle Methode. Auch so, wir hatten ja noch in der Schule die Prügelstrafe. Wenn man dann nach Hause gekommen ist und hat gesagt, man hat ein paar durch die Hände bekommen, weil man auf dem Schulhof Blödsinn gemacht hat oder so, dann hat man zu Hause noch mal 'ne Tracht Prügel bekommen: Der Lehrer hatte immer recht.
Auffallend ist das Desinteresse und die Gleichgültigkeit der Erwachsenen gegenüber den Bedürfnissen, Sorgen und Nöten der Kinder. Diese Erwachsenen haben genug mit sich und dem Wiederaufbau zu tun. Denn die Umwelt, in der die beiden Jungen leben, ist 1950 noch eine Trümmerlandschaft.
W. K.: Wie gesagt, das Haus war zur Hälfte weggebombt, und wir wohnten im ersten Stock. Überall war der Putz los, und ich hab' immer Späßchen gehabt, mit 'ner Stange große Flächen von dem Putz abzubrechen.
Das hat nie einer gemerkt, daß ich das war. Im Keller waren Ratten. Unsere Wohnung war ein großes Zimmer, das war durch einen Vorhang unterteilt. Die Wohnung war nicht tapeziert, Holzfußboden.
An der Beseitigung materiellen Mangels, der noch allgegenwärtig ist, müssen sich die Kinder beteiligen. Manchmal reicht auch die Aussicht auf einige Pfennige Taschengeld als Anreiz.
L. M.: In der Schule haben wir immer auf die Tafel geschrieben und hatten nur ein Heft. Aber da durfte man nur mit Bleistift reinschreiben, weil das hinterher wieder ausradiert wurde. Wenn man ein neues Heft haben wollte, mußte man 3 Säcke Altpapier sammeln und abgeben.
W. K.: Auch wenn ich mal die Schule geschwänzt habe, war ich immer in den Trümmergrundstücken. Wir haben auch Steine gepickt für 'ne Baufirma. Da bekamen wir dann für 3 Steine 1 Pfennig. Wir haben auch Schrott gesammelt und beim Klüngelpitter verkauft. Das war immer 'ne Mordsanstrengung, wenn ich überlege, was wir für 5 Pfennige alles gemacht haben.
Der akuten Versorgungsnot der Familien in den ersten Nachkriegsjahren mußte sich auch der Kinderalltag beugen. Kinder waren bei Hamsterfahrten und anderen ‚Sammelaktionen' wichtige Helfer.
L. M.: Da erinner' ich mich, daß wir immer sehr viel Hunger hatten und daß ich so mit sechs Jahren mit dem Großvater die erste Hamsterfahrt ins Münsterland gemacht habe.
W. K.: Dann kam ich in die Kreuzschule, da hatte ich auch einen anderen Schulweg. Das waren dann auch wieder neue Abenteuer. Wir haben schon mal Kohlen gesammelt auf dem Bahndamm, die die Züge da verloren hatten. Das mußte ich noch morgens vor der Schule machen. Oder in den Schrebergärten haben wir Erdbeeren geholt.
Die Trümmerlandschaft bot dabei durchaus widersprüchliche Reize. Trümmerlandschaft, das hieß: Katastrophale Wohnverhältnisse — aber auch Abenteuerspielplatz.
W. K.: Wir konnten auch in den Trümmern spielen. Wir haben uns das immer spannend gemacht. Wir haben uns dann vorgestellt, da wären noch Tote. Einmal haben wir einen alten Keller voll mit Holz und altem Plunder gefunden. Wir hatten uns Fackeln gemacht, aber vergessen, die anschließend wieder auszumachen. Auf jeden Fall, wir waren schon zu Hause, da kam auf einmal die Feuerwehr, weil der Keller in Flammen stand. Die kriegte auch raus, daß wir das waren, aber es passierte uns nichts.
Der Strenge und dem Desinteresse der elterlichen Umgebung entfliehen die Kinder in die Freiheiten der Trümmerlandschaft. Mit ihren Spielkameraden bilden sie Kinderbanden. Eine der wichtigsten Aufgaben der Banden war die Verteidigung bestimmter Territorien.

W. K.: Banden gab's immer. Banden gab's auch schon, als ich noch 10 war. Wenn wir irgendwas hatten, dann waren wir 'ne Bande. Auch wenn wir mit Knicker gespielt haben, ne. Wenn wir fünf Mann waren, dann waren wir 'ne Bande. Das war ganz klar. Wir waren immer 'ne Bande. 'Ne Bande, was sich heute schlimm anhört, das war damals nicht schlimm. 'Ne Bande wurde erst später schlimmer, das wurde dann krimineller.
W. K.: Auf den Garagendächern hinter unserem Haus haben wir uns immer verschanzt und ‚unsere Festung' dann verteidigt gegen den Angreifer. Da flogen dann schon mal Pfeile und Steine. Da mußten wir dann immer aushandeln, wer schon tot war und wer nicht. Das waren immer richtige Kämpfe, aber eher so halbernste . . . Denn wir haben uns im Grunde genommen ziemlich gerne gehabt. Wir kannten uns jedenfalls gut . . . Ah, und dann kamen wir zurück und waren aufgeregt. „Wir haben 'ne Riesenschlägerei gehabt" und „die Hüttenmannstraße haben wir sicher im Griff, da können wir nochmal hingehen". Das hat immer Laune gemacht.
Die Prügelstrafe kennzeichnet in dieser Zeit das Verhältnis der Erwachsenenwelt zu den Kindern. Auch die Erinnerungen an die Schulzeit sind durch das Erlebnis leichtfertiger und ungerechter Schläge geprägt. Schule, das ist Schulspeisung („mit so einem komischen säuerlichen Geschmack") und das sind alte, Schlüsselbund werfende Lehrer („die jüngeren waren ja alle Nazis"), denen man Streiche spielen konnte.
L. M.: Bei Schule erinnere ich mich nur daran, daß es die ersten Jahre noch die Prügelstrafe gab. Daß man wegen jedem Schittgen auch in der Schule mit dem Rohrstock Senge bekommen hat. Und das nicht zu knapp. Und die ersten Jahre, daß man da sein Mittagessen bekam . . . Die Lehrer, das waren so alte Preußenköpfe: Zucht und Ordnung in der Schule. Jeden Morgen, wenn der Lehrer reinkam, aufstehen, beten, noch 'n Lied singen und dann ging der Trallala erst richtig los.

„Die anderen nannten uns Halbstarke"

Nach dem Ende der Schulzeit übernimmt der Meister im Betrieb oder schon mal ein Hausverwalter die außerfamiliäre ‚Erziehung'. Auch hier wird die Prügelstrafe in den Erzählungen zum Symptom einer Erwachsenenwelt, die diesen Jugendlichen nur sinnlose Tätigkeiten anzubieten hat und sich ansonsten durch Ignoranz gegenüber jugendlichen Interessen und Nöten auszeichnet.
In der Bergarbeiterfamilie ist die Berufsentscheidung für den Jungen eigentlich immer schon klar. Der Großvater und Vater sind auf'm Pütt. Da wird der Junge auch Bergmann.
L. M.: Und wie es damals in Eving so üblich war, wurde man Berglehrling auf der Schachtanlage Minister Stein. Ich weiß noch, wie wir damals auf der Zeche mit 350 Lehrlingen angefangen sind und es für uns gar keine Arbeit gab. Wir mußten tagelang Drähte gerade hämmern, und wenn der Draht gerade war, haben wir ihn dem Vorarbeiter gezeigt. Der hat ihn dann wieder krumm gemacht, und dann haben wir ihn wieder geradegebogen. Das ging tagelang so. Die schlimmste Arbeit im Bergbau als Lehrling war am Leseband. Man mußte jedes halbe Jahr einen Monat zum Leseband. Am Leseband mußte man die Steine aus den Kohlen raussuchen. Das war eine schwere Arbeit, eintönig und 'ne Idiotenarbeit.
W. K.: Das fand ich echt 'ne Sauerei mit der Schlägerei. Genauso in der Lehre. Da hat mich mal ein Geselle volles Rohr in den Arsch getreten, weil ich was vergessen hatte. Also, das find' ich überhaupt nicht gut. Damals nicht und heute nicht . . . Trotzdem, früher das war schon ziemlich hart. Da bekamste in der Schule Prügel und in der Lehre.
Zu Hause wachsen mit zunehmendem Alter die Konflikte. Freizeitverhalten sowie Musik und Kleidung, mit denen die Jugendlichen sich jetzt identifizieren, machen den Eltern eine Wertewandel ihrer Kinder deutlich, den sie zu unterdrücken suchen.
W. K.: Konflikte gab's laufend. Wegen Benzingeld fürs Moped oder wegen Ersatzteilen fürs Fahrrad. Oder weil sie nicht da war und ich was zu essen haben wollte. Konflikte gab's auch wegen des Mannes, den meine Mutter später geheiratet hat. Der hat sich richtig platt machen lassen von meiner Mutter. Das macht mich richtig sauer, daß sich ein Mann so platt machen läßt von 'ner Frau. Also, es gab viele Konflikte zu Hause. Ich glaub', das fing so mit 15, 16 Jahren an. Das war nicht nur das Geld.
Das war auch, wenn ich nach Hause kam, und keiner war da. Ich hab' immer das ganze Geld zu Hause abgegeben. Erst hab' ich 3 DM die Woche Taschengeld bekommen. Später 20 DM im Monat. Aber das verfährste, wenn du den ganzen Tag auf dem Hobel sitzst, auch wenn das Benzin billiger war.
Die Jugendlichen schaffen sich außerhalb des Elternhauses ein Umfeld, in dem sie die eigenen Vorstellungen und die eigene Phantasie entfalten können. Öffentliche Freizeiteinrichtungen stehen dabei nicht zur Verfügung: Jugendkneipen gibt es nicht; Jugendheime sind selten und stehen auch nur den Angehörigen der Jugendverbände offen. So bilden diese Jugendlichen wieder ‚Banden', und der Zusammenhalt dieser Gruppen liefert dabei auch ein Gefühl der Stärke gegenüber den Kontroll- und Ordnungsinstanzen der Erwachsenenwelt.
L. M.: Wir nannten uns der ‚Schrecken der Fauster Straße', weil wir ja auf der Fauster Straße wohnten. Das nannte sich damals aber noch Bande . . . Wenn wir in der Clique waren, waren wir stark. Wenn wir im Park saßen unter dem Pilz, dann sind die anderen alle woanders hergegangen, die Erwachsenen. Zu Hause und auf der Arbeit hat man immer nur Befehle bekommen, und da war man wenigstens jemand.
Die innere Struktur dieser Gruppen aber (hierarchische Ordnung, Überlegenheit körperlicher Stärke, Solidarität) ist geprägt durch Formen und Elemente, die aus Familie und Arbeitswelt übernommen wurden.

L. M.: Schriftlich festgelegte Satzungen hatten wir nicht. Aber natürlich war da 'ne Ordnung. Da war zuerst der Bandenführer, der Häuptling, der hatte immer recht. Danach kam gar nichts, und dann kam der Stellvertreter . . . Brutalität innerhalb unseres Clubs war nicht so stark, wohl weil wir uns von kindauf kannten. War eben, der Präsident, der ja der Stärkste war, hatte immer recht. Und wer nicht spurte, der bekam mal ein paar Ohrlaschen oder auch 'n Kinnhaken oder ein'n mit der Kette über den Rücken geplärrt. Es war auch ein anderer Zusammenhalt, weil wir ja alle im Bergbau beschäftigt waren. Man sah sich ja jeden Tag, und unter Tage muß man sich auf seinen Kollegen verlassen können.

Frauen spielen in den Cliquen eine untergeordnete Rolle. Entweder gibt es gar keine weiblichen Mitglieder (L. M.: „Mit Mädchen lief bei uns noch nicht viel. Das waren nur Jungs im Club.") oder sie haben nur eingeschränkte Rechte (W. K.: „Aber wenn wir unsere Fahrten machten nach Holland und in die Heide, da wollten wir unter uns sein".) Sie gelten zwar einerseits als „voll akzeptiert", sind aber andererseits nur Adressat für ein ausgeprägtes Beschützer-Syndrom, das Besitzstandsrechte wahren soll.

W. K.: Die haben wir beschützt und alles. Das waren unsere besten Bienen. Die durften auch mit keinem anderen gehen.

Auch in den sexuellen Beziehungen haben die Mädchen Objektcharakter.

L. M.: Wo man da so als Halbrocker rumgelatscht ist, so bei Mädchen . . . Wenn man sie gekriegt hat zur Benutzung, war gut, und wenn nicht, ja ph, lasse doch auf'n Mond schießen. War eben 2. Wahl, zack.

Sexualität ist in den 50er Jahren kein Thema, über das geredet wird: „Zu Hause nicht und in der Schule nicht." „Aufgeklärt worden bin ich nie." So sind die Jugendlichen in diesem Bereich auf ihre Cliquen angewiesen. Dort herrscht eine Mischung aus Offenheit und Imponiergehabe, die Sexualität auf den Vollzug technischer Handlungsabläufe reduziert.

L. M.: So untereinander haben wir da schon drüber geredet. Man kannte so einige Mädchen. Da wußte man, eh, das ist 'ne Nutte, die geht mit jedem . . . So unter den Jungs haben wir drüber gesprochen. Und jeder hat dem anderen was vorgelogen, wieviel Mädchen er vernascht hat . . .

W. K.: Ich war einfach zu dösig. Und da hat 'se mir immer wieder Mut gemacht mit ihrer Freundin, weil das da auch so lange gedauert hat mit dem Lutz. Und dann hab' ich mit dem Lutz geredet, wie das eigentlich richtig geht. Aber der Arsch hat mir das einfach nicht richtig erklärt.

In der zweiten Hälfte der 50er Jahre nehmen die zum Teil neuen Medien Einfluß auf das Erscheinungsbild der ‚Halbstarken'. Im Radio und auf der Kirmes hört man Rock'n Roll-Musik; in den Kinos laufen Filme mit James Dean und Bill Haley und treffen auf ein Publikum, das sich mit Darsteller und Inhalten identifizieren kann: Aus den ‚Halbstarken'-Banden werden ‚Halbstarken'-Clubs.

„James Dean" auf dem Kleinkraftrad; H. H. Krüger

W. K.: Und damals war das mit James Dean, der war da gerade gestorben, und das war so'n Idol. Der hat sein eigenes Leben gespielt. Der spielte es nun endlich einmal, da war mal einer, der das so zeigte, wie es wirklich war. Das hat uns unheimlich beeindruckt, wir haben dann unseren Club ‚James Dean-Club' genannt.

L. M.: Dazu geführt, daß wir später einen Club gegründet haben, hat eigentlich, was man an Filmen und in Zeitschriften gesehen hat. Da war schon mal ein ‚Wilder Engel' aus Amerika drin. Dadurch ist das auf einen zugekommen. Auf einmal waren wir dann die ‚Wilden Engel'.

Die Clubs entwickeln einen eigenen Stil. Vorbilder für Musikgeschmack, Tanzverhalten und Kleidung sind Angebote der amerikanisierten Freizeitindustrie, die gleichzeitig die Wertvorstellungen der Erwachsenen provozieren.

L. M.: Wir hatten aber andere Jungs, die richtige Platten zu Hause hatten. Die hatten Bill Haley und die Platten dagehabt. Wenn man die mal mit nach Hause brachte und hat die aufgelegt, gab's Trallala. Mußte man sofort runternehmen. Konnten wir nur heimlich hören . . . Wir hatten da einen, der hatte ein Transistorradio. Das war ja Gold wert . . . Die Kirmes war immer wichtig für uns. Da gab's immer neue Musik, und da fanden auch die Rock'n Roll-Wettbewerbe statt.

W. K.: Da haben wir uns alle Lederjacken gekauft und uns Schilder auf den Rücken gemacht mit dem Namen ‚James Dean-Club'.

Widersprüchlichkeit kennzeichnet auch die Aktivitäten der ‚Halbstarken': So finden sich zwar ‚Delikte', denen die Erwachsenen kriminellen Charakter zumessen, für die Jugendlichen aber liegen die Motive für solche Handlungen nicht auf der Ebene von Bereicherung. Im Vordergrund stehen vielmehr das Spannungsmoment und der Lustgewinn sowie die Konfrontation mit der Erwachsenenwelt.

L. M.: Ein paar Sachen haben wir meist in halb angetrunkenem Zustand gemacht.

Ich weiß noch, da wurde die Evinger Straße zu Ende gebaut, und da stand in Eving da die Dampfwalze. Und Samstagabend, als wir uns alle trafen und haben die Dampfwalze da stehen sehen, sind wir mit 15 Mann da hingegangen. Durch einen dummen Zufall haben wir die Dampfwalze in Gang bekommen und sind dann damit durch Eving gefahren bis zu einem Gartenfest. Das hat 'ne Stunde gedauert, bis die Polizei kam. Schaden wurde eigentlich nicht groß angerichtet. Wir sind ja auch sehr vorsichtig gefahren . . . Der Anführer bekam ein paar Wochen auf Bewährung, und ich wurde quasi als Mitläufer angesehen und bekam nur ein paar Auflagen.

1956/57 kommt es, meist im Anschluß an Rock'n-Roll-Filme, zu Auseinandersetzungen, die jetzt über den Bereich der Familie oder des unmittelbaren Stadtteils hinausgehen und ganz gezielt die Polizei als Repräsentant staatlicher Autorität und Ordnung provozieren.

L. M.: Danach hatten wir noch 'ne Auseinandersetzung in Dortmund, als die ersten Musikfilme liefen. Im Capitol. Da sind wir dann da hingezogen ins Kino rein. Draußen war alles voll, und anschließend aus dem Kino raus. Da wurde Bambule gemacht. Das war wie 'ne Lawine. Man hat sich mitschleifen lassen. Da wurden Autos umgekippt. Von der Polizei gab es auch sehr viel Härte. Die schlugen einfach wahllos drauf. Die Berittenen wurden eingesetzt mit ihren langen Gummiknüppeln von oben herab. Es wurden auch einige Gruppen in Seitenstraßen abgedrängt und von der Polizei niedergeknüppelt. Ich hab' damals einen Schlag mit dem Gummiknüppel auf den rechten Arm abgekriegt und mußte dann 14 Tage krankfeiern. Das durfte ich auf der Arbeit nicht erzählen und hab' dann gesagt, daß ich die Treppe runtergefallen bin. Zu Hause gab das auch Krach.

Für die Jugendlichen der ‚Halbstarken'-Cliquen bieten die Normen der Elterngeneration in der Adenauer-Ära, Wohlstand, Leistung, Ordnung und eine prüde Moral, keinen „sinnstiftenden" Halt. Auch Arbeit hat nur die Funktion des Gelderwerbs, um sich eine Lederjacke, ein Moped usw. kaufen zu können, sie war ansonsten „eintönig und 'ne Idiotenarbeit". Die Teilnahme an den ‚Halbstarken'-Gruppen entspringt dem Wunsch nach eigener Identität: „In der Clique war man jemand, da konnte man sein Selbst einbringen". Die Clique lieferte wenigstens für einige Jahre Orientierungsmuster in Form von Kleidung, Haartracht, Interaktionsritualen und Idolen wie z. B. James Dean, die geeignet waren, den jugendlichen Lebensentwurf zu stützen und die Auseinandersetzung mit den Normen der Erwachsenenwelt zu artikulieren, mithin Identität zu bilden.

Jugendsubkultur im Spannungsfeld von Arbeiterkultur und Konsumindustrie

Die hier skizzierten Lebensgeschichten von ‚Halbstarken' stellten im Leben der Jugend der 50er Jahre in Deutschland nicht die Ausnahme dar. Vielmehr tauchten bereits Anfang der 50er Jahre in einer Reihe westdeutscher Großstädte Gruppen von vorwiegend männlichen Jugendlichen auf, die exzentrisch gekleidet allabendlich an bestimmten Straßenecken herumstehen, sich zu ‚Rudeln' formieren, um dann z. B. Passanten zu belästigen oder, sofern sie Motorräder besitzen, mit donnernden Motoren um Häuserblocks zu rasen. Und als in den Jahren 1956—1958 die ‚Halbstarken' in jeder zweiten westdeutschen Großstadt oft nach der Aufführung von Rock'n-Roll-Konzerten bzw. -Filmen oder auf Rummelplätzen spektakuläre Krawalle inszenierten, waren an diesen Aktionen nach groben Schätzungen 5 bis 10 Prozent der Gesamtjugend beteiligt.

In ihrem Kern setzte sich die Subkultur der ‚Halbstarken' aus Arbeiterjugendlichen zusammen. Unter den aktiven ‚Halbstarken' überwogen eindeutig die jugendlichen Arbeiter und Lehrlinge mit einem Anteil von über achtzig Prozent. In diese vornehmlich durch Arbeiterjugendliche geprägte Subkultur flossen Traditionsbestände und Relikte der alltäglichen Arbeiterkultur ein.

Wenn auch nach dem Kriege die Versuche zur Wiederbelebung politisch geprägter Arbeitermilieus und die Anläufe zur Durchsetzung sozialistischer Machtpositionen spätestens Mitte der 50er Jahre scheiterten und SPD und Gewerkschaften sich zunehmend auf die Aufgabe einer wohlfahrtsstaatlichen Vermittlungstätigkeit konzentrierten: Es wäre doch verkürzt, die politische Situation und das soziokulturelle Leben der Arbeiter in den 50er Jahren allein mit den gängigen Stichworten ‚neue Normalität' (Verbürgerlichung), ‚Verbesserung des Lebensstandards' und ‚Konsens' zu kennzeichnen. Unter dieser Oberfläche existierten noch Restbestände einer alltäglichen Arbeiterkultur, die im zweigeteilten („dichotomen") Weltbild der Arbeiter, in informell-solidarischen Bezügen in Betrieb und Nachbarschaft und in ihrem männlichen, auf körperliche Arbeit stolzen Verhalten zum Ausdruck kamen.

In der Subkultur der ‚Halbstarken' tauchen Relikte der Arbeiteralltagskultur wieder auf, so etwa in der ‚Ohne-mich-Haltung' dieser Jugendlichen gegenüber staatlichen Institutionen. Ein weiteres Indiz dafür sind jugendliche Cliquen und Clubs, deren Aktivitäten auch symbolisch durch maskuline Normen (Bereitschaft zu körperlicher Auseinandersetzung, Beschützerhaltung gegenüber Freundinnen usw.) bestimmt waren.

Allerdings reproduzierten diese Jugendlichen nicht einfach die überkommenen kulturellen Verhaltensmuster ihrer sozialen Schicht. Vielmehr entwickelten sie als Heranwachsende, die sich gegenüber den Eltern zu behaupten üben, auch eigene, von ihrer Herkunftskultur abweichende kulturelle Ausdrucksformen. So findet man z. B. das Arbeitsethos und die Identifikation der älteren

Arbeiter mit dem Beruf bei dieser jungen Generation kaum wieder. Die Berufstätigkeit wird als eintönig, sinnlos, als ‚Idiotenarbeit‘ wahrgenommen. Die vorwiegend aus jugendlichen Arbeitern, Hilfsarbeitern und Lehrlingen sich rekrutierenden Halbstarken versuchten deshalb, ihre frustierende Berufsarbeit durch ‚action‘ und Erlebnishunger im Freizeitbereich auszugleichen.
In ihren Cliquen und Krawallen richteten sie ihre tätliche Kritik gegen die Symbole der Konsumwelt, gegen die Ruhe und Ordnung verheißenden Regelsysteme, insbesondere Verkehrsregeln, und gerieten dann oft in Konflikt mit den Einsatzkommandos der Polizei. Den Aktionen der ‚Halbstarken‘ lag selbstverständlich kein Modell von Gesellschaftskritik und gesellschaftlicher Veränderung zugrunde. Vielmehr wurde ein diffus empfundenes Unbehagen erst durch die Art der Krawalle und die gewählten Zielscheiben der Provokation tätlich bestimmt. Ihre Form von Politik war eine Politik des Alltags, es waren ausdrucksstarke Symbolhandlungen, für die der öffentliche Freizeitsektor Artikulationsmöglichkeiten bot.
Gerade die relativ kontrollfreien Räume öffentlicher Straßen und Plätze machten sich die ‚Halbstarken‘ zunutze, um ein eigenes System von Freizeit zu entwickeln. Mit der Eroberung eigener Territorien, mit der Gründung von Banden und Clubs und auch mit ihren Formen von Gelegenheitskriminalität knüpften die ‚halbstarken‘ Jugendlichen in den 50er Jahren an Aktivitäten und Erfahrungen an, die sie in ihrer Kindheit in der Nachkriegszeit gemacht hatten.
Das Phänomen der ‚Halbstarken‘ der 50er Jahre muß auch im historischen Zusammenhang zu den Gesellungsformen von Arbeiterjugendlichen in den 30er und 40er Jahren gesehen werden. Dies wird besonders deutlich an dem Stil der ‚Halbstarken‘, dessen Elemente teilweise noch in der Tradition der oppositionellen Jugendcliquen, (‚Edelweißpiraten‘, ‚Blasen‘) der 30er und 40er Jahre standen. Indikatoren dafür sind u. a. die langen Haare und bunten Pullover, die die männlichen ‚Halbstarken‘ trugen, oder die Wanderlieder, die bei einzelnen Krawallen, wie etwa in Duisburg, gesungen wurden.
Das generationsspezifische Neue dieser jugendlichen Subkultur der 50er Jahre war die Tatsache, daß die ‚halbstarken‘ Jugendlichen sich ungefähr ab 1955 bei der Entwicklung ihres Stils zunehmend auf die Angebote der amerikanisierten Massenkultur bezogen. Jeans, Petticoats, Lederjacken, ‚Elvis-Tolle‘, all das waren Accessoires und Symbole, für die die amerikanische Film- und Modeindustrie die Vorbilder lieferte. Es waren Objekte der einsetzenden Konsumkultur, die die Jugendlichen jedoch für ihre stilbildenden Zwecke umfunktionierten. Zu diesem neuen Stil gehörte auch die Begeisterung für den Rock'n Roll, die sich in körperlicher Verausgabung, im Herumjohlen und Pfeifen bei Konzerten und in einem entgrenzten Tanzverhalten zeigte. Die Musik und der Tanz des Rock'n Roll eröffneten den ‚Halbstarken‘, die diese Art von Rock zu ihrer Musik machten, keine wirkliche Chance — und sei es auch noch so vorsichtig —, aus dem repressiven moralischen Klima der prüden Wiederaufbaurepublik auszubrechen. Aber wie keine andere Musik war der Rock'n Roll ein neuer Ausdruck eines neuen Lebensgefühls dieser Jugendlichen, dem die Erwachsenen verständnislos gegenüberstanden.
Das alltägliche Miteinander und die erotischen Beziehungen der ‚halbstarken‘ Jugendlichen in ihren Cliquen blieben vom herkömmlichen Geschlechterrollenmuster geprägt. Doch deuten sich in den Vorlieben dieser Jugendlichen für eine sinnliche und körperliche Musik, für eine körperbetonte Kleidung (hautenge Jeans) und in ihrer Bereitschaft zu sexuellen Freizügigkeiten schon erste Ansätze eines jugendlichen Hedonismus an, der dann in den Jugendsubkulturen der 60er Jahre voll zur Entfaltung kam.
Am Wechselverhältnis zwischen dem subkulturellen Stil der ‚Halbstarken‘ und der neu entstehenden, industriell vorfabrizierten ‚Jugendkultur‘ im Nachkriegsdeutschland der 50er Jahre läßt sich erstmals der widersprüchliche Entwicklungsprozeß eines oppositionellen Jugend-Stils geradezu modellhaft verdeutlichen: Die Vorlagen für subversive Stilbildungen werden der standardisierten Jugendkultur entnommen und laufen dabei ständig Gefahr, in den Kontext des industriell erzeugten „Jugendmarktes“ wieder integriert zu werden. Denn mit der zunehmenden Verbreitung des protestorientierten Lebensstils der ‚Halbstarken‘ in der zweiten Hälfte der 50er Jahre ging zugleich auch dessen allmählicher Auflösungsprozeß einher. Der in diesen Jahren expandierende, auf jugendliche Konsumenten ausgerichtete Freizeitmarkt kommerzialisierte die subkulturellen Stilmerkmale dieser Jugendlichen, verbreitete sie massenhaft im Warenangebot der Teenager-Konsumindustrie und beraubte sie damit ihrer kritischen Impulse.

Soziale Treffpunkte

Schankwirtschaft Berkenhaus; Ruhrlandmuseum, Essen

1915; Privatfoto

Illegaler Ausschank einer jugoslawischen Einwanderin aus den 30er Jahren; K. Wohlgemuth, Essen

Katholisches Gesellenhaus Bottrop;
Ruhrlandmuseum, Essen

Bild oben links:
Kutschbetrieb in Köln Ende des 19. Jahrhunderts;
Rheinisches Bildarchiv, Plattennr. L998/13

Bild oben rechts:
Tante-Emma-Laden 1913;
Märkisches Museum, Witten

Veranstaltung der SPD Moers 1931;
Archiv der sozialen Demokratie, Bonn

K. Wohlgemuth, Essen

Die Familie im „Banne des Wunders“ 1952;
HÖR ZU

Motorrad-Treffen in Münster 1981;
K. Wohlgemuth, Essen

stkommunion;
to: Chargesheimer

Rock around the clock;
Foto: Chargesheimer

Kölner Markt;
Rheinisches Bildarchiv Köln

30er Jahre: Pferdemarkt in Crange;
Ruhrlandmuseum

STV Horst-Emscher vor der Rheinstahl-Hüttenwerke AG, Werk Schalker Verein
© Econ Verlag

Die Trinkhallen, ursprünglich ebenso wie die Milchausgaben von Mäßigkeitsaposteln gefördert, sind längst zum sozialen Treffpunkt geworden, an dem auch Alkoholika verkauft werden.

Friede.

In ein Beet von jungen Saaten, rings von Tannen grün umkettet,
Weltverloren, weltverborgen liegt ein Bauernhof gebettet.
Freundlich winkt der weiße Giebel durch die dunkelgrünen Zweige,
Recht ein Bild des süßen Friedens; jeder Hauch spricht: Leid, hier schweige!

Leise rauscht die Brunnenröhre über graubemoostem Steine,
Auf der Schwelle liegt ein Kätzchen, blinzelt matt im Abendscheine,
Tauben girren in den Schlägen, Schwalben zucken auf und nieder,
Hoch hin über Taub' und Schwalben jauchzen Lerchen ihre Lieder.

Kerzengrad wie Abels Opfer steigt in goldnem Abendrote
Eine feine Rauchessäule aus des Strohdachs engem Schlote.
Doch, wo ist die junge Hausfrau, wo das rüstige Gesinde?
Dort, wo sich die Saaten teilen, kommt sie an mit ihrem Kinde.

Marmorkalt und grambeschattet sind des jungen Weibes Züge,
Und mit scheuer Hand vom Boden nimmt sie Scherben, Splitter, Krüge.
Hat denn in des Hauses Räumen ein Gewittersturm gewütet?
Sind denn Hof und Flur und Garten vor dem Unhold nicht behütet?

Und sie hebt die Hand zum Schweigen, Thränen fallen in die Asche;
Dort in der Jasminenlaube liegt ihr Mann mitsamt der Flasche. —
O Natur, wo auch dein Friede selig sich hat eingenistet,
Immer hat die Schlange Sünde deine Unschuld überlistet!

Johanna Ambrosius.

Antialkoholismus-Gedicht;
G. Sieg, Mülheim/R.

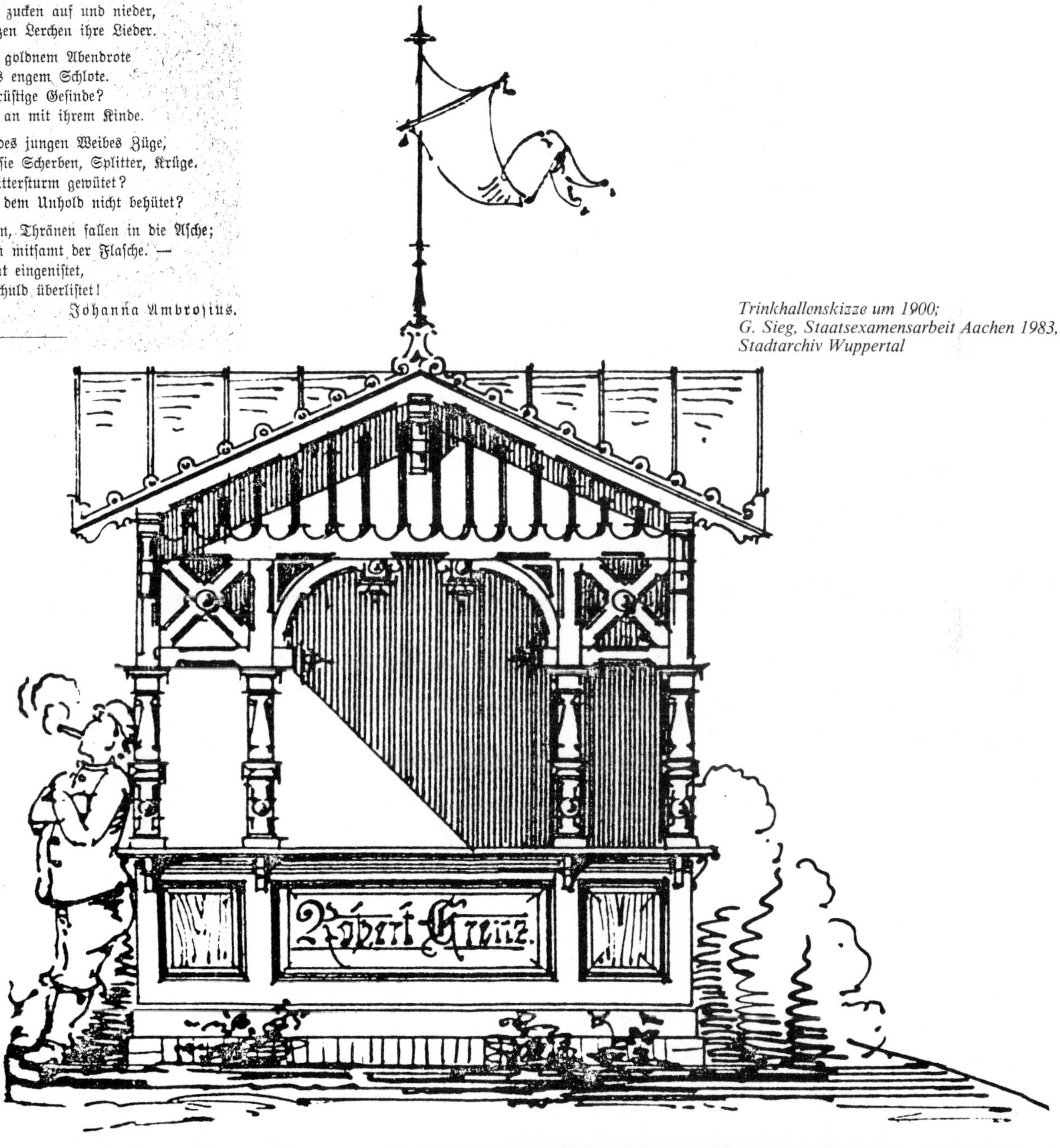

Trinkhallenskizze um 1900;
G. Sieg, Staatsexamensarbeit Aachen 1983,
Stadtarchiv Wuppertal

Drei gute Freunde. 1926;
Stadtarchiv Wetter

Milchausgabe;
Ruhrlandmuseum

Pommes-Genuß;
K. Wohlgemuth, Essen

Wurstbude in Paderborn;
© Dieter Mayer-Gürr/Jonas Verlag

Claudia Pinl

Bequem und billig

Frauen in Dienstleistungsberufen

Im April 1965 berichteten die „Düsseldorfer Nachrichten“: „Mit 65 Jahren braucht eine Frau noch längst nicht zum alten Eisen zu gehören. Jedenfalls nicht, wenn sie Schreibmaschine schreiben kann. Die Chancen der älteren Damen beruhen auf der angespannten Marktlage, die bei den Bürokräften besonders groß ist. In Düsseldorf oder Essen, in Köln, Dortmund oder Gelsenkirchen, überall mehren sich in den letzten Jahren die leeren Plätze. Vergebens fragen die Arbeitgeber bei den Arbeitsämtern an: ‚Können Sie uns keine Schreibkraft schicken?‘“
Lang, lang ist's her, daß Unternehmen und Arbeitsämter mit Geld und guten Worten die letzte „inländische Arbeitsmarktreserve“, die verheirateten Frauen und Mütter, auf den Arbeitsmarkt zu locken versuchten. Tatsächlich wurden immer mehr Frauen berufstätig, auch noch in den siebziger Jahren, als die Wirtschaftskrise die Arbeitslosenzahlen in die Höhe schnellen ließ. Heute sind mehr Frauen in Nordrhein-Westfalen erwerbstätig als 1960. Der Anteil der erwerbstätigen Frauen an der gesamten weiblichen Bevölkerung unseres Landes stieg von 27,2 Prozent 1960 auf 27,9 Prozent 1980. In absoluten Zahlen: 1961 gab es in Nordrhein-Westfalen 2,29 Millionen erwerbstätige Frauen, 1980 2,37 Millionen, während die Beschäftigung der Männer stagnierte. Damit liegt Nordrhein-Westfalen in einem Trend, nämlich dem der steigenden weiblichen Erwerbstätigkeit, der in anderen Bundesländern noch stärker ausgeprägt ist.
Schon 1960 arbeitete mehr als die Hälfte der erwerbstätigen Frauen in Nordrhein-Westfalen im sogenannten tertiären Sektor, im Dienstleistungsbereich und in den Verwaltungs- und Büroberufen. Immer weniger Arbeit gab es in der Landwirtschaft, und in den siebziger Jahren wurden traditionelle Frauenarbeitsplätze in den Fabriken abgebaut: in der Textil- und Bekleidungsindustrie, in der Chemie- und Kunststoffbranche. Die neuen Frauenarbeitsplätze entstanden in den Verwaltungsetagen, in den Einzelhandelsgeschäften, in den Postscheckämtern, in Schulen, Krankenhäusern und kommunalen Sozialverwaltungen.
Vor dem Hintergrund des Strukturwandels in der Landwirtschaft und im Einzelhandel muß man folgende Veränderungen sehen: 1961 waren 15 Prozent aller erwerbstätigen Frauen sogenannte „mithelfende Familienangehörige“, 1980 gab es nur noch 4,2 Prozent „Mithelfende“ — deutliches Signal dafür, daß Familienbetriebe sowohl in der Landwirtschaft als auch im Handel („Tante-Emma-Laden“) auf dem Rückzug sind.

Zum Beispiel Gisela B., Postangestellte

Seit Beginn der siebziger Jahre ist die typische Berufsfrau eine Angestellte, zum Beispiel im öffentlichen Dienst, wie die heute 35jährige Gisela Bell, die 1965 nach der mittleren Reife im Postscheckamt Köln eine Stelle als Buchungskraft fand. 1974 beschrieb sie ihre Arbeit so: „Ich fange morgens um acht Uhr an. Dann gehe ich erst vorne zu meinem Betriebsleiter hin, da liegt ein Blatt, steht mein Name drauf und dahinter die Platznummer, der Platz, an dem ich sitze. Wenn ich jetzt R 1 sitze, das ist Buchungsprüfplatz, dann muß ich mir die Gutschriften vom Buchungsplatz holen und die sortieren nach den Kontonummern, bis neun Uhr mache ich das. Dann gehe ich wieder hin zum Betriebsleiter, kriege dann einen neuen Platz angewiesen, damit keine Mauscheleien gemacht werden können. Und dann bekommen wir von dem Buchungsplatz die Arbeit 'rüber; dann tippen wir erst die Lastschrift ein, auf Addiermaschinen, dann hol' ich mir die Gutschrift und tipp' dann die Gutschrift. Dann machen wir, wenn wir das 'drin haben, Pause. Nach der Pause dann wieder Gutschriften, Gutbuchungen von Lastschriften, die wir morgens getippt haben. Wenn das drin ist, dann haben wir Feierabend . . .“
Ein paar Jahre nach diesem Gespräch wurden die Arbeitsabläufe im Postscheckamt reorganisiert, die elektronische Datenverarbeitung bestimmte jetzt stärker die Arbeitsinhalte. 1977 sagte Gisela: „Ja, das ist 'ne sture Arbeit, ist eben jeden Tag dasselbe. Mitunter ist es eine ganz schöne Hetze; kommt darauf an, was für ein Arbeitsanfall da ist, wie zum Beispiel um den Ersten 'rum, da haben wir unheimlich viel Arbeit. Und jeder möchte gern früh 'raus, ja, da wird dann eben gehetzt, kommt ja schon von unten, von der Verteil- und Sonderlistenstelle hoch, die morgens die ganze Post öffnet und sortiert und so weiter. Und dann kommen die um acht Uhr in die Buchhaltungen mit dem ganzen Kram. Und dann heißt es: Um elf oder um zwölf werden die Maschinen abgeschlossen, bis dahin muß der ganze Kram drin sein. Ein, zwei Stunden später kommt dann die Nachmittagsarbeit. Die Buchungsmaschinen hängen nämlich mit dem Rechenzentrum unten zusammen. Eine bestimmte Menge Buchungen kann nur eingetippt werden, dann ist erstmal Schluß; dann müssen wir wieder warten, bis die neue Arbeit kommt. Also, praktisch bestimmt das Rechenzentrum unten unser Arbeitstempo in der Buchhaltung. Wenn das Rechenzentrum irgend 'n Fehler oder sowas hat, dann wird das auch von unten gestoppt, dann können wir auch oben nicht mehr buchen. Die Zeit müssen wir dann nachher nachholen. Wir müssen das ja alles 'reinkriegen. Entweder schneller arbeiten, oder länger machen . . . Überstunden gibt es bei uns nicht, weil, Mitte des Monats kommen wir ja immer früher 'raus.“

Seit Beginn der siebziger Jahre haben die Frauen im Kölner Postscheckamt immer weniger mit Papier, mit Kontoauszügen, mit Belegen zu tun. Inzwischen bekommen die Frauen an den Buchungsplätzen überhaupt keine Belege mehr in die Hand, die Daten, mit denen sie arbeiten, sind auf Magnetkarten oder direkt im Rechner gespeichert.

Terminals und Textautomaten

Jahrzehntelang wurden Automation — die Einführung neuer arbeitssparender Maschinen — und Rationalisierung — die Vereinheitlichung und Beschleunigung von Arbeitsabläufen — nur in den Werkhallen und Fabriken betrieben. Seit Ende der sechziger Jahre hält das Maschinenzeitalter Einzug ins Büro. Fotos aus dem Büroalltag von 1960 muten heutzutage geradezu idyllisch an — da gibt es monströse mechanische Schreibmaschinen, hinter denen die Sekretärinnen hocken, Karteikästen, Registraturen mit meterhohen Aktenbergen. Aber die Rationalisierer, die seit Jahrzehnten die Arbeitsplätze in den Fabriken und Werkhallen umkrempelten, hatten ihr Augenmerk bereits auf den Verwaltungs- und Dienstleistungsbereich gerichtet. Anfang der sechziger Jahre kamen die ersten elektrischen Schreibmaschinen in die Büros — angeblich, um den Sekretärinnen die Arbeit zu erleichtern.
„Einen ersten Rationalisierungseffekt und eine wesentliche Arbeitserleichterung bringt der Einsatz elektrischer Schreibmaschinen: 96 Prozent Kraftersparnis und rund 20 Prozent Leistungssteigerung. Durch die Einführung von Diktiergeräten läßt sich die tägliche Schreibleistung sogar verdoppeln: von 12.000 auf rund 24.000 Anschläge. Aber erst die Einrichtung eines zentralen Schreibbüros, bei dem eine kleine Gruppe von Schreibkräften für mehrere Sachbearbeiter schreibt, bringt einen entscheidenden Rationalisierungseffekt: eine Steigerung auf 36.000 bis 50.000 Anschläge pro Tag und Schreibkraft." (Aus dem Prospekt eines Büromaschinenherstellers 1977.)
Der Prozeß der Rationalisierung der Büroarbeit wurde ausgelöst und vorangetrieben durch die elektronische Datenverarbeitung. Elektronische, später mikroelektronische Geräte, immer handlichere, schnellere, billigere Computer, Buchungsmaschinen und Textautomaten gleichen die Arbeit in den Büros immer mehr der Arbeit in den Fabriken an. Als erste waren die Frauenarbeitsplätze betroffen, denn die weiblichen Angestellten machten schon immer die einfacheren und schematischen Arbeiten, die man leicht auf Maschinen übertragen kann. Die Folge ist eine Dequalifizierung und Zerstückelung von ohnehin schon eintöniger Arbeit. Die Sachbearbeiterin, die früher einen Vorgang von Anfang bis Ende betreute, widmet sich heute nur noch einem Teilgebiet, die Schreibkraft, die früher Stenogramm aufnahm, Ablage machte, Telefongespräche vermittelte, greift heute ausschließlich in die Tasten des Schreibgeräts oder drückt auf die Knöpfe des Textautomaten — in diesem Fall muß sie noch nicht einmal die Rechtschreibung beherrschen, macht alles der Computer.
Rationalisierung und Automation, das hieß selbstverständlich auch: Abbau von Arbeitsplätzen, Intensivierung der Arbeit für die verbliebenen Angestellten und Beamtinnen. Weil die Nachfrage nach Arbeitskräften weiter anhielt, hatte das bis zum Beginn der Wirtschaftskrise 1973/74 keine Auswirkungen auf den Arbeitsmarkt. Erst ab 1975 haben wir es dann auch in Nordrhein-Westfalen mit einer steigenden Zahl arbeitsloser Frauen aus dem Angestelltenbereich zu tun. 1977 waren von allen arbeitslosen Angestellten zwei Drittel Frauen. In jenem Jahr kam es bei den Kölner Kabelwerken Felten und Guilleaume (F & G) zu Massenentlassungen, die auch die Angestellten betrafen. 449 Angestellte wurden entlassen, überwiegend Frauen. Die damals 50jährige Hilde Unger war Sachbearbeiterin in der Verkaufsabteilung bei F & G gewesen und schildert ihren Arbeitsplatz:
„Also Verkauf im Starkstromkabel . . . Wir führten Karteien, die Kunden riefen an bzw. die Vertreter, was sie an Kabel benötigten, wir riefen dann im Lager an, ob das Kabel vorhanden ist und wann es geliefert werden kann, und wir sagten dem Kunden dann Bescheid." Bald nach ihrer Kündigung hat Hilde Unger ihre Kolleginnen nochmal besucht: „In unserem Büro stehen jetzt zwei Bildschirme mit 'ner Schreibmaschine davor, ich glaube, das nennt man Monitor. Und die Kolleginnen sagten auf mein Befragen, daß sie jetzt fast wie im Akkord arbeiten müßten und daß ihnen das doch ein bißchen viel ist. Und durch diese Bildschirme ist in unserem Lager in der Düsseldorfer Straße jetzt auch rationalisiert worden. Denn man drückt jetzt auf 'nen Knopf, und dann erscheint auf dem Bildschirm, was man früher telefonisch erfragen mußte bei den Leuten."

Wandel im Handel

1960 wie heute gehörte die Ausbildung zur Verkäuferin zu den beliebtesten Berufszielen bei Mädchen. Die Inhalte des Verkäuferinnenberufs haben sich allerdings stark verändert. Immer weniger Zeit steht im Einzelhandelsbetrieb für die Beratung, für das Gespräch mit der Kundin, dem Kunden zur Verfügung; Lagerhaltung, Disposition, Einkauf — das machen die Chefs oder der Computer. Im Lauf der siebziger Jahre verringerten die großen Kaufhauskonzerne ihr Personal, vergrößerten gleichzeitig die Verkaufsfläche und steigerten den Umsatz. Ergebnis: die Belastungen der einzelnen Verkäuferinnen werden immer stärker, vielfach schrumpft ihr Arbeitsbereich zum bloßen Kassieren, vor allem im Lebensmittelhandel. War der

Selbstbedienungsladen 1960 eher noch die Ausnahme, so ist er heute die Regel.
Während Verkäuferinnen schon immer darunter litten, daß sie fast den ganzen Tag stehen müssen, kamen auf die Kassiererinnen andere Arbeitsbelastungen zu. In den siebziger Jahren lenkten arbeitswissenschaftliche Gutachten die Aufmerksamkeit auf die untragbaren Arbeitsbedingungen an vielen Kassen der Selbstbedienungsläden. Vor allem die sogenannten Umpackkassen, damals noch weit verbreitet, zogen die Kritik auf sich. Bei diesen Kassen ohne Rollband mußten die Frauen jede einzelne Ware hochheben und von einem Korb in einen anderen legen — das hieß: In Spitzenzeiten stemmten diese Frauen bis zu 500 Kilo in der Stunde.
Trotz Wirtschaftskrise und steigender Arbeitslosigkeit nahm die Zahl der beschäftigten Frauen bis 1980 weiter zu, während die Zahl der von Männern besetzten Arbeitsplätze stagnierte und sogar zurückging. Diese scheinbar widersprüchliche Entwicklung — trotz Krise arbeiten mehr Frauen — ist zu großen Teilen erklärbar aus der Ausweitung der Teilzeitarbeit seit etwa 1970 — die vorhandene Arbeit wird also auf mehr Frauen verteilt, nicht immer zu deren Vorteil. Um 1960 war Teilzeitarbeit noch so gut wie unbekannt. Dann begannen die Arbeitsämter eine massive Kampagne für Teilzeitbeschäftigungen, um mehr Frauen mit „Familienpflichten“ auf den Arbeitsmarkt zu locken.
Aber auch heute, bei steigender Arbeitslosigkeit, nimmt die Teilzeitarbeit noch zu. Die Unternehmen haben erkannt, daß es sich lohnt, Vollzeitarbeitsplätze in Teilzeitplätze umzuwandeln: Teilzeitkräfte — fast ausschließlich Frauen — sind in der kurzen Zeit stärker belastbar, je nachdem, wie wenige Stunden sie arbeiten, spart man Sozialversicherungsbeiträge, der Kündigungsschutz ist ausgehöhlt, wenn sie, wie häufig, auch noch befristete Arbeitsverträge haben. Vor allem im Einzelhandel macht man sich das zunutze. Der Bedarf an ganztägig beschäftigtem Stammpersonal wird ausschließlich am Arbeitsanfall der verkaufsschwachen Zeiten ausgerichtet. Abends, samstags und vor Weihnachten werden Teilzeitkräfte beschäftigt. Personaleinsatzplanung — PEP — nennt man das im Einzelhandel. Statt etwa vier volle Kräfte für einen Acht-Stunden-Tag zu bezahlen, teilen die Personaleinsatzplaner auf: in zwei volle Stellen, zwei halbe und vier viertel Stellen. Der Einzelhandel bescherte der deutschen Sprache auch ein neues Abkürzungsmonstrum: Kapovaz, die „kapazitätsorientierte variable Arbeitszeit“. Das heißt, viele Teilzeitkräfte haben noch nicht einmal feste Arbeitszeiten, sondern stehen bei größerem, nicht vorhersehbaren Kundenandrang auf Abruf bereit.

Und die Bezahlung?

In einem Punkt hat sich in den letzten Jahrzehnten an der Frauenerwerbsarbeit *nichts* verändert: Frauen werden weiterhin unterbezahlt. Nochmal zurück zu Gisela, der Angestellten aus dem Kölner Postscheckamt:
„Ich hab' 1965 bei der Post angefangen, Gruppe neun, und bin jetzt in Gruppe sieben (1974). Du kannst, mußte aber mindestens schon vierzig oder wie alt sein, dann kannste auch mal in sechs oder in fünf rutschen, bis vier. Als ich in Gruppe neun war, hab' ich während der Ausbildung 300 Mark Abschlag gekriegt, nach sechs Monaten war ich dann bei 850,— und das steigerte sich dann alle zwei Jahre. Jetzt habe ich 1.250,— brutto. Wir sind jetzt so hundertsechzig bei uns in der Stelle, in einem Saal, nur Frauen. Der Betriebsleiter und der Stellenvorsteher sind die einzigen Männer. Voriges Jahr hatten wir vom Fernmeldeamt mal zwei Männer bekommen. Die haben bei uns probeweise drei, vier Wochen am Buchungsplatz gesessen, als Beamte dann. Das sah komisch aus, wie die da saßen, die kamen damit nicht so zurecht. Das ist für die keine Arbeit, in den Karteikästen da 'rumwühlen, da haben die die Schnelligkeit nicht. Und wenn sie da auf den Buchungsmaschinen tippen sollen, das geht alles viel zu langsam. Für 'nen Mann, würd' ich sagen, hat das keinen Zweck, dieser Beruf, den ich da mache. Schon geldlich gesehen nicht, wenn der damit 'ne Familie ernähren soll. Normalerweise ist das doch immer der Mann, der das Geld nach Hause schafft. Nehmen wir jetzt ruhig mal meinen Mann, der säß' neben mir, jedenfalls in meinem Betrieb da, und würd' dieselbe Arbeit machen, die ich auch mache, und würd' auch nur seine 870,— Mark nach Hause bringen, und ich auch die 870,— Mark, das wär' zu wenig.“ (1974)
Scheinbar besser steht es mit der Bezahlung bei vielen Schreibkräften, die nach Prämiensystemen entlohnt werden — nur: Die Frauen ruinieren damit ihre Gesundheit. Bis 1980 konnten die Gewerkschaften nur in wenigen Betrieben durchsetzen, daß für Schreibkräfte Akkordobergrenzen einzuhalten sind — etwas, das es in Fabriken seit Jahrzehnten gibt.
Unterbezahlt sind und waren auch die Einzelhandelsangestellten. Während täglich zehntausende Mark durch die Hände der Kassiererinnen gehen, rechnete die Gewerkschaft Handel, Banken und Versicherungen für die siebziger Jahre aus, daß ein Beschäftigter der Bayer AG in Leverkusen im Schnitt ein doppelt so hohes Gehalt hatte wie ein Angestellter oder eine Angestellte des Einzelhandels — 1976 waren dreiviertel aller Verkäuferinnen in den beiden niedrigsten Lohngruppen.
Bislang war noch gar nicht die Rede von jenen „typisch weiblichen“ Dienstleistungsberufen, in denen der Kunde sozusagen das unmittelbare Arbeitsobjekt ist: die Gesundheitsberufe etwa, oder das Friseurhandwerk. Auch hier sind Frauen (und die wenigen beschäftigten Männer) unterbezahlt. Die

Bruttogehälter von Friseusen sind so niedrig, daß sie unbedingt auf Trinkgelder angewiesen sind, um nur einigermaßen ihren Lebensunterhalt bestreiten zu können. 1980 betrug das Anfangsgehalt einer ausgebildeten Arzthelferin laut Tarif 1.378,- Mark brutto, nach zwanzig Berufsjahren (!) konnte sie auf 2.000,- Mark kommen. — Über derartig miese Bezahlung tröstet auch nicht hinweg, daß diese Berufe weniger stark durch Rationalisierung und Technisierung verändert worden sind, die Arbeit immer noch durch den Umgang mit Menschen statt mit Computern bestimmt ist.

Frauen sind selbstbewußter geworden

Frauen im Beruf sind selbstbewußter geworden. Das läßt sich schon daraus schließen, daß sie sich in der Krise und bei Arbeitslosigkeit nicht mehr sang- und klanglos nach Hause schicken lassen, wie das in der Rezession 1966/67 noch der Fall war: Frauen melden sich bei den Arbeitsämtern, reichen Kündigungsschutzklagen ein, bestehen häufiger auf ihren Rechten. Frauen überzogen in den siebziger Jahren die Arbeitsgerichte mit einer Welle von Klagen auf Zahlung gleicher Löhne. Die Frauen der Fotofirma Heinze aus Gelsenkirchen und der Vereinigten Papierwerke in Neuss, die ihre Lohngleichheitsklagen erfolgreich bis zum Bundesarbeitsgericht durchfochten, machten Schlagzeilen. Frauen haben auch gestreikt: 1973 bei Pierburg in Neuss und bei Küppersbusch in Gelsenkirchen, bei den „Hella"-Werken in Lippstadt und Paderborn, um nur die bekannteren Ereignisse zu nennen. Weniger öffentlichkeitswirksam spielte sich der Widerstand der Frauen in den Büros ab: Laut einem Geschäftsbericht der Firma BBC haben Sekretärinnen und Schreibkräfte die Zerstückelung ihrer Arbeit und ihre Zusammenfassung in einem Schreibsaal verhindert; im März 1980 berichtete die Gewerkschaftszeitung „Metall" über einen Streik der Datentypistinnen bei den Stahlwerken Peine-Salzgitter: „Die für zwei Stunden streikenden Kolleginnen forderten Ablösung am Bildschirm, bezahlte Bewegungspausen und Erholzeiten, ‚weil sieben Stunden Bildschirmarbeit kein Mensch aushält'". Das Unternehmen zeigte Wirkung: Die Belegschaft der Datenverarbeitung wurde aufgestockt, über eine bessere Bezahlung der Bildschirmfrauen wurde verhandelt.
Auch in den Gewerkschaften engagieren sich Frauen stärker. Während der Frauenanteil an der Mitgliedschaft in den sechziger Jahren stagnierte, ging er in der zweiten Hälfte der siebziger Jahre steil nach oben. Auch innerhalb der Gewerkschaften stellen Frauen ihre Forderungen, lautstark und eindeutiger als noch vor zehn Jahren. Berufstätige Frauen lassen eben nicht mehr alles mit sich machen.

Jenseits von Nato und Nierentisch

Hamsterfahrt 1947;
o: Friedrich Seidenstücker

Selbsthilfe in Gelsenkirchen 1947;
Kurt Müller, Hauptstaatsarchiv Düsseldorf

Kölner Straße 1945;
W. Dick, Hauptstaatsarchiv Düsseldorf

Wohnen '45;
C.A. Stachelscheid, Hauptstaatsarchiv Düsseldorf

Gegen Hunger helfen Carepakete
und die freie Marktwirtschaft.
Archiv für Kunst- und Geschichte, Berlin.

Hungerdemonstration in Düsseldorf am
28. 3. 1947 mit 80.000–100.000 Teilnehmern;
C.A. Stachelscheid, Hauptstaatsarchiv Düsseldorf

Weihnachtsfeier der Arbeiterwohlfahrt 1946;
Hauptstaatsarchiv Düsseldorf

Heim bei Wülfrath 1946;
R. Mollenhauer, Archiv E. Schmidt, Essen

1. Mai 1952;
Archiv E. Schmidt, Essen

Atomtod-Demonstration 1959 in Dortmund;
Archiv E. Schmidt, Essen

1. Mai 1959;
Archiv E. Schmidt, Essen

Betriebsbasar auf Prosper für Rußlandheimkehrer; Ruhrlandmuseum, Essen

Märkisches Museum, Witten

DGB

1948: Ärmel hoch
und aufgebaut;
W. Faruss, Hattingen

Feierabend

Bodo Hombach

Aufsteigen ohne abzuheben

Der Wandel der Mitgliedschaft der SPD in NRW

Die SPD, die politische Repräsentanz der Arbeitslandschaft zwischen Rhein und Ruhr?

Heute wird das Land Nordrhein-Westfalen oft als Hochburg oder gar als Stammland der Sozialdemokratie in der Bundesrepublik bezeichnet. Und in der Tat hat sich die SPD in den letzten zwanzig Jahren als ein starker und beständiger Faktor bei den Wahlen in diesem Bundesland bewährt, wo sie seit den frühen siebziger Jahren bei Bundestagswahlen immer ca. 4 Prozentpunkte über dem Bundestrend lag, und heute erscheint der Abstand zu den meisten anderen Gebieten noch größer. Und doch ist die Vorstellung von einem Stammland nicht in allem zutreffend. Blickt man nämlich zurück, so lassen sich zwar in einzelnen Landesteilen wie etwa im Wuppertal, wo eine frühe Industrialisierung mit protestantischer Konfessionsstruktur zusammenkam, starke und durchlaufende Traditionslinien der SPD ausmachen. Im ganzen gesehen war der Westen Preußens aber keineswegs die Hochburg der Sozialdemokratie, da sie hier überwiegend mit der katholischen Arbeiterbewegung und mit radikaleren, zunächst kaum organisierbaren, später vorwiegend kommunistischen Strömungen konkurrieren mußte. Deshalb kam sie in der Weimarer Republik gerade im Ruhrgebiet oft nur auf den dritten Platz. Die Ursachen dafür und die Entwicklungen, die dazu führten, sind in diesem Buch bereits an anderer Stelle genauer beschrieben worden. Hier soll vor allem gefragt werden, was sich denn hierzulande so dramatisch geändert hat, daß aus diesem Entwicklungsland der SPD ihre Hochburg werden konnte.

Dieser Wandel ließe sich von verschiedenen Aspekten her beleuchten. Hier soll die Zusammensetzung und die Größe der sozialdemokratischen Mitgliedschaft in NRW genauer betrachtet werden, denn die Mitglieder stellen die organisatorische Kraft und Kontinuität der Partei und das Rekrutierungsfeld ihrer politischen Führung dar. Im Auf und Ab der Wahlerfolge einer großen Partei kommen immer auch eine Vielzahl äußerer Umstände und persönlicher Faktoren ihres Erfolgs zum Ausdruck; der langsamere und kontinuierlichere Wandel der Mitgliedschaft aber sagt etwas über die Veränderung des Charakters der Partei und die Richtung ihrer künftigen Handlungsmöglichkeiten. Das ist aber leichter gesagt als erforscht.

Meine Nachforschungen haben ergeben, daß die SPD NRW über außergewöhnlich wenig Rohdaten ihrer eigenen Geschichte verfügt. Blickt man auf die Zeit vor der Einführung der elektronischen Datenverarbeitung um 1970 zurück, so sind noch nicht einmal die statistischen Rohdaten der Mitgliedschaft in den Bezirken und Unterbezirken griffbereit: noch viel weniger wissen wir etwas über ihre genaue Zusammensetzung nach Alter und Beruf, Geschlecht und Beschäftigungsverhältnis, geschweige denn über ihre Erfahrungen und ihren Alltag, ihre politischen Motive und Ziele. So naiv wie manche Historiker, die meinen, man könne solche Erkenntnisse einfach aus einer Analyse der Parteiprogramme ableiten, ist die Partei als ein lebendiger politischer Organismus freilich nie gewesen. Die alte Sozialdemokratie hatte hier im persönlichen Gespräch der Funktionäre mit den Mitgliedern in den Ortsvereinen und ganz besonders im System der Hauskassierung ein sensibles Nervensystem, in dem sich Basis und Politik aufeinander bezogen. Aber gerade weil dieses System so persönlich war und aus dem Gespräch von Genossen mit Genossen lebte, hat es wenig an historisch verwertbaren Quellen hinterlassen, so daß wir heute — wenn wir nicht die Alten fragten und in den Ortsvereinen und Unterbezirken nach Unterlagen grüben — vielfach spekulieren müßten, wenn wir wirklich etwas über die Herkunft der SPD in NRW aussagen wollten.

Dieser Artikel kann nur mit wenig gesicherten Aussagen über die Mitgliedschaft der SPD in der ersten Nachkriegszeit und in den 50er Jahren beginnen. Am Anfang stehen muß ein Appell an die Aktivisten und Mitarbeiter der Partei aller Ebenen, das vorhandene Wissen zu bergen und die Erfahrungen der Alten abzufragen, bevor es zu spät ist. Wer nicht weiß, woher er kommt, wird nur schwer begreifen können, welche Möglichkeiten ihm die Zukunft gibt.

Zwei Volksparteien

Mitte der 70er Jahre hat die SPD mit einer sozialwissenschaftlichen Selbsterforschung nicht nur (wie alle Parteien) ihrer Wähler, sondern auch ihrer Mitglieder in der sog. Kommunikationsstudie von 1977 begonnen. Aus diesen Daten können wir einen ersten Befund zusammenstellen, der etwas vom Selbstbewußtsein der Partei, aber auch von der Schwierigkeit im Umgang mit solchen sozialwissenschaftlichen Statistiken lehrt. Damals wurde gefragt, ob die SPD eine Volkspartei sei, die sich bemühe, die Interessen möglichst vieler Bevölkerungsgruppen angemessen zu vertreten. 59 % der SPD-Mitglieder antworteten, das sei die SPD schon immer gewesen. 25 % bejahten zwar auch, meinten aber, dies erst in „neuester Zeit" feststellen zu können. 7 % meinten, das sei die SPD nur früher gewesen, und 3 % verneinten sogar, daß die SPD jemals eine Volkspartei gewesen sei. 1975 war dieselbe Frage an eine repräsentative Stichprobe von Wählern gerichtet worden. Die der SPD antworteten ganz ähnlich, nur daß noch 8 % mehr meinten, das habe für die SPD schon immer gegolten. Bei den Wählern im allgemeinen und denen der CDU im besonderen aber sahen die Ergebnisse ganz anders

aus. Hier glaubten nur 40 % (CDU-Wähler 21 %), daß die SPD schon immer eine Volkspartei gewesen sei, während einen neuen Wandel in dieser Richtung nur 13 % (CDU 12 %) feststellen konnten; 8 % (CDU 14 %) meinten hingegen, die SPD sei noch nie eine Volkspartei gewesen, und 17 % (CDU 26 %) glaubten, das habe nur für die frühere SPD gegolten.
Es ist keine Schande, wenn man einem solchen Befund zunächst ratlos gegenübersteht, weil in ihm offenbar auf eine frappierende Weise genaue Zahlen und schwammige Begriffe aufeinandertreffen. Unterstellen wir einmal, was wir alle zu wissen glauben, nämlich daß die alte SPD eine Arbeiterpartei war, so erfahren wir aus dieser Statistik vor allem zweierlei: Zwei Drittel der Sozialdemokraten glauben, daß früher eine Arbeiterpartei eine Partei des Volkes gewesen sei — und fast die Hälfte des Wahlvolks ist derselben Meinung —, während nur ein Viertel der Sozialdemokraten einen Bruch in der sozialen Zusammensetzung der Partei wahrnahm. Zweitens: Die Anhänger der CDU sind sehr viel mehr über die Wandlungen der SPD irritiert — allein 27 % antworten mit „Weiß nicht" —, laufen aber in ihrer Einschätzung der Entwicklung auseinander: fünfmal höher ist der Anteil derer, die meinen, die SPD sei noch nie eine Volkspartei gewesen, aber ebenso potenziert ist der Anteil derer, die glauben, die SPD sei als Arbeiterpartei dem Begriff der Volkspartei nahegekommen. Unter den CDU-Anhängern gibt es offenbar zwei sich ausschließende Volksbegriffe: Der eine ist der der höheren Stände, für die das Volk mit dem einfachen Volk der Arbeiter identisch ist, der andere jener der mittelständisch-völkischen Tradition, wonach man auf Volk erst trifft, wenn man das Proletariat hinter sich gelassen hat. Die Gewichte im sozialdemokratischen Selbstbewußtsein sind genau umgekehrt verteilt: nur ein Viertel der Sozialdemokraten meinten, daß die neueren Wandlungen der Partei sie dem Volk — im Sinne der Gesamtbevölkerung und hier namentlich den Mittel- und Oberschichten — nähergebracht habe, während die große Mehrheit der Partei sie immer schon als einen Agenten der arbeitenden Bevölkerung wahrnahm und ihre offenkundigen Veränderungen in den 60er und 70er Jahren nicht auf einen politischen Wandel der Partei, sondern auf eine soziale Veränderung der Bevölkerung zurückführte. Die Vorstellung der Partei war immer — unabhängig von den Umschichtungen soziologischer Begriffe zur Analyse von Partei und Gesellschaft — auf das Volksganze bezogen. Denn sie ging von der Arbeiterklasse aus, die im Konzept des Sozialismus als Kern des künftigen Ganzen verstanden wurde.
Die Genossen hatten recht. Unbeschadet der erheblichen soziologischen Strukturveränderungen in der Mitgliedschaft seit den 60er Jahren ist die Kontinuität der SPD für diejenigen, die sie innerhalb der Partei erlebt haben, größer, als sie von ihren irritierten Gegnern wahrgenommen werden konnte. Sie hat sich nur den sozialen Strukturveränderungen angepaßt, die zum Teil die Menschen aus der alten Arbeiterklasse in diesem Land der Arbeit erfaßt hatten.
Um dies zu präzisieren, muß man jedoch einiges nachtragen, wofür es zwar noch keine genauen Statistiken gibt, was sich jedoch aus der historischen Forschung in seinen Grundzügen benennen läßt. Nach Krieg und Kaltem Krieg konnte die Sozialdemokratie in NRW auch neue Gruppen der Arbeiter und der Angestellten unter ihrer Losung von der sozialen Demokratie vereinen: Vor allem jene, die zuvor noch ins katholische Milieu und das Zentrum eingebunden waren, aber angesichts der Privilegierung der Mittel- und Oberschichten in der Ära Adenauer zunehmend ihre sozialen Interessen vor ihren kulturellen Traditionen rangieren ließen. Aber auch frühere Anhänger der KPD, die sich angesichts der Entwicklung im Osten von den Kommunisten abwandten und auch im Sozialen eine Politik der kleinen Schritte befürworteten oder akzeptierten. Dadurch wurde die Sozialdemokratie an Rhein, Ruhr und Lippe in den 50er Jahren zunächst einmal auf „Normalmaß" gebracht. Aber dieser Prozeß war neu und weitgehend frei von jenen Verkrustungen, die in alten Hochburgen der SPD ein Moment der Abstoßung zwischen den traditionellen Trägerschichten der handwerklich orientierten Facharbeiter auf der einen Seite und der „Massenarbeiter" und Angestellten auf der anderen zur Folge hatten. Und er fand in einer Region statt, in der die Montanmitbestimmung für den Kern der Arbeiterklasse eine stabile Struktur basisnaher Interessenvertretung ermöglichte.

Neue Mitglieder — eine neue Partei?

Über den Wandel der Mitgliedschaft der Sozialdemokratie in den 60er und 70er Jahren gibt es in der Öffentlichkeit und sogar in der parteisoziologischen Literatur zahlreiche Fehlurteile. Sie lauten im wesentlichen:
— In der SPD sind immer weniger Arbeiter.
— In der SPD sind immer mehr Akademiker.

Diese Urteile werden in der Regel mit dem Verhältnis entsprechender Gruppen zur Gesamtzahl der Mitgliedschaft in diesem Zeitraum zu erhärten versucht. Zunächst muß man sich aber in Erinnerung rufen, daß Statistiken immer eine Reduktion komplexer Informationen unter einem speziellen Gesichtspunkt sind — das ist das Geheimnis der statistischen Lüge, die ihre Überzeugungskraft aus der scheinbaren Objektivität präziser Zahlen zieht. Nur wird bei diesen oft vergessen, was sie eigentlich wirklich bedeuten.
Deshalb ist es von grundlegender Bedeutung, festzuhalten, daß die Veränderungen der Parteimitgliedschaft der SPD in den letzten 25 Jahren ein Wandel im

Zuwachs waren. In diesem Zeitraum hat die SPD — die wie alle Parteien in den unmittelbaren Nachkriegsjahren mit ihren politischen Hoffnungen ihre größte Expansion, nach der Währungsreform im Kalten Krieg aber dann einen Einbruch erlebt und in den 50er Jahren wenig mehr als stagniert hatte — einen beispiellosen Aufschwung genommen, der zudem in NRW den Bundestrend noch weit übertraf.

Zeit	Mitgl. abs. NRW	Rel. Steigerung NRW	Bund
1958	166.532	—	—
1965	193.407	16,1 %	13,9 %
1972	277.841	43,7 %	34,3 %
1980	298.654	7,5 %	3,3 %

Nach dem Godesberger Programm, der Bewältigung der Kohlenkrise und insbesondere der Einleitung der sozialliberalen Ära durch die Bildung der Regierung Kühn in NRW hat sich die Mitgliedschaft der nordrhein-westfälischen SPD nahezu verdoppelt. Erst vor diesem Hintergrund kann man die parteisoziologischen Daten richtig verstehen.

Das ist besonders wichtig für die Interpretation des Arbeiteranteils an der Mitgliedschaft, der in diesem Zeitraum um ca. 90.000 mit leicht fallender Tendenz stabil geblieben ist. Mit anderen Worten: Die SPD hat kaum Arbeiter in ihrer Mitgliedschaft verloren, obwohl in derselben Phase der Anteil der wahlberechtigten Arbeiter an der Bevölkerung dramatisch fiel. Dazu haben insbesondere zwei gegenläufige Prozesse in den Umschichtungen der Erwerbsbevölkerung beigetragen: Auf der einen Seite ist der Anteil der ausländischen Arbeitnehmer an den Erwerbstätigen auf etwa ein Zehntel gewachsen; diese Ausländer sind ganz überwiegend als Arbeiter beschäftigt und haben kein Wahlrecht in der Bundesrepublik, engagieren sich also auch nur im Ausnahmefall in deutschen politischen Parteien. Auf der anderen Seite ist durch die Veränderungen in der Struktur der Arbeit, insbesondere durch die Automatisierung und Rationalisierung im handarbeitenden Bereich und den Ausbau der Verwaltungen und Dienstleistungen, der Anteil der Arbeiter an den Erwerbstätigen in der Geschichte der Bundesrepublik um rund ein Zehntel gefallen, während der Anteil der Angestellten und Beamten um weit über zwei Zehntel gestiegen ist. Das heißt: Der Anteil der wahlberechtigten Arbeiter an der Bevölkerung hat sich fast halbiert, so daß heute nur noch etwa jeder vierte Wahlberechtigte Arbeiter ist.
Angesichts dieser Veränderung ist die Tatsache, daß die absolute Zahl der in der SPD engagierten Arbeiter fast stabil geblieben ist, zunächst einmal ein spektakulärer Erfolg für die Partei. Entgegen einem verbreiteten Vorurteil ist also der Organisationsgrad deutscher Arbeiter in der SPD stark angestiegen, so daß die SPD heute mehr denn je von den deutschen Arbeitern als ihre Partei betrachtet wird.
Gleichwohl ist es natürlich richtig, daß die SPD heute weniger eine Arbeiterpartei ist, als sie dies früher war. Wäre sie das geblieben, wäre sie zu zunehmender Einflußlosigkeit verurteilt. Bei einer Erhebung 1977 ergab sich, daß in NRW 26 % der SPD-Mitglieder — mit Extremwerten von 30 % im Revier und 20 % in der Rheinschiene — im Erwerbsleben stehende Arbeiter und Arbeiterinnen sind. Das entspricht etwa ihrem Anteil an der Bevölkerung. Das wiederum ist nun freilich nicht *nur* ein Erfolg, sondern erzwingt auch die kritische Einsicht, daß die Kraft der organisierten Interessen der Arbeiterbevölkerung in der SPD vor allem durch die Aufspaltung der Arbeiter in Deutsche und Ausländer nachgelassen hat. Darüber wird eine Partei nachdenken müssen, deren Kraft und Tradition auf dem Fundament dieser Interessenvertretung gewachsen ist.
Andererseits ist es der SPD in den Wandlungen der letzten zweieinhalb Jahrzehnte gelungen, weiterhin der arbeitenden Bevölkerung insgesamt politischen Ausdruck zu verleihen. Dabei entspricht die Zusammensetzung ihrer Mitgliederschaft der Zusammensetzung genau jener Bevölkerung. Allein das Übergewicht, das die Selbständigen in den anderen Parteien haben, ist bei der SPD (zugunsten der abhängig Beschäftigten) in eine deutliche Unterrepräsentation verwandelt: Sie stellen um 5 % der Mitglieder. Sie und die akademisch Ausgebildeten sind darüber hinaus die einzigen Mitgliedergruppen, die sich seit der Wende der FDP auch von der Sozialdemokratie abwandten und seltener unter den Neuaufnahmen der SPD vertreten sind. Im Groben dürfte die soziale Zusammensetzung der Mitglieder des SPD-Landesverbands NRW aber noch jenem Stand entsprechen, der bei der gründlichsten Untersuchung 1977 erhoben wurde: 26 % Arbeiter, 29 % Angestellte, 11 % Beamte, 15 % Rentner und Pensionäre, 9 % Hausfrauen, 5 % Schüler, Lehrlinge und Studenten und 5 % Selbständige und Freiberufler.
Im Zuge dieses Anpassungsprozesses war es nur natürlich, daß in den 60er und 70er Jahren zwischenzeitlich bei den Parteieintritten der Anteil der Arbeiter unter und derjenige der Angestellten und Beamten über ihrem jeweiligen Anteil an der Gesamtbevölkerung lag. Das hat damals in der Presse oft zu falschen Einschätzungen des Trends geführt. Heute, nach der Konsolidierung dieses Anpassungsprozesses, läßt sich deutlicher erkennen, daß alle Unkenrufe darüber, die SPD werde zwischen ihrem abnehmenden Traditionsstamm an Facharbeitern und den linken „Bürgersöhnchen" und Opportunisten aus dem öffentlichen Dienst, die in den Ortsvereinen die Macht an sich rissen, zerrieben werden, auf Wunschvorstellungen beruhten. Gerade in NRW hat sich die SPD in ihrem Mitgliederstamm zu einem Spiegel der arbeitenden Bevölkerung und zur großen linken Volkspartei erweitert.

Kunst der Politik

Titelbild „Der wahre Jacob", 1913
AdsD

Bild rechts oben: Postkarte 1. Mai 1913
AdsD
Bild unten: Stickbild (um 1905/10)
AdsD

Postkarten des Arbeiter-Radfahrerbundes „Solidarität"; AdsD

Politisches Plakat „Werbedienst“, 1918/19; von H. Fuchs
SPD-Plakat, 1919 AdsD; Plakat des Zentrums, 1919/20 AdsD

Plakat der Zentrumspartei, 1932
Plakat der NSDAP, 1932
Plakat der KPD, 1933
Plakat der SPD, 1932 AdsD

Zur Landtagswahl 1954,
Hauptstaatsarchiv Düsseldorf

Bild links außen:
Wiederaufbauplakat 1949/50

CDU-Plakat aus Rheydt aus dem Jahre 1946
zur 1. Nachkriegskommunalwahl 1946,
Hauptstaatsarchiv Düsseldorf

Aachener Wandmalerei 1981;
Utz Küppers, Mülheim/Ruhr

Die aufsteigende Linie

Als kritisches Datum hierfür galt in der Debatte lange Zeit der wachsende Anteil der Akademiker und Studienberechtigten; man wollte die SPD auf Arbeiterschichten festnageln und warf ihr vor, demgegenüber sei sie „überbildet". Dazu muß man zunächst einmal sagen, daß Intelligenz einer Partei nicht schadet. Außerdem aber hat die Linke immer gewußt, daß Intelligenz mit Gymnasialbildung nicht identisch ist. Schaut man sich die Befunde darüber hinaus im einzelnen an, so erzählen sie eine ganz andere Geschichte. Es ist richtig, daß der Anteil derer, die eine Hochschulzugangsberechtigung erworben oder sogar ein Studium abgeschlossen haben, in der SPD höher ist als in der Bevölkerung (1977 14 % in der Landes- und 15 % in der Bundes-SPD gegenüber 10 % in der Bevölkerung) und daß solche Mitglieder besonders häufig mit Parteifunktionen und Mandaten betraut werden. Heute dürften diese Anteile in NRW jeweils um ca. 4 % höher liegen, worin sich nicht zuletzt die bildungspolitische Leistung durch den Ausbau des Schul- und Hochschulwesens seit Mitte der 60er Jahre in NRW niederschlägt. Aber was heißt dies? Sicher nicht eine Verfremdung einer Arbeiterpartei durch das Bildungsbürgertum. Bei innerorganisatorischen Untersuchungen wurde festgestellt, daß der überwiegende Teil der Funktionäre mit Hochschulabschluß ihre Ausbildung auf dem zweiten Bildungsweg erworben haben. Mit anderen Worten: Die überdurchschnittliche Intelligenz der SPD ist gerade in NRW der Mobilisierung von Begabungsreserven der Arbeiter und Angestellten zu verdanken.

Ähnliche Unterstellungen wie in der Akademikerfrage haben Statistiken ausgelöst, anhand derer etwa am Beispiel Dortmunds 1970 gezeigt werden konnte, daß der Anteil derjenigen SPD-Mitglieder, deren Vater bereits in der Partei organisiert war, kontinuierlich abnahm: Waren es von jenen, die vor 1933 beigetreten waren, noch 62 %, so sank der Anteil für die Beitritte in der unmittelbaren Nachkriegszeit auf 47 %, in den 50er und 60er Jahren auf 30 %, um schließlich in den Jahren seit 1968 auf 19 % zu fallen. Ein typisches Beispiel — wie man meinte — für den Verlust an Tradition und die Überfremdung der Partei durch die linke Dekadenz.

Auch hier erweist sich die Aussage als ein unhistorisches statistisches Kunstprodukt. Daß eine Partei, die ein Gebiet erobert, in dem sie traditionell schwach war, im Zuge ihrer größten Rekrutierungserfolge nicht nur die Kinder ihrer Altgenossen aufnehmen kann, ist doch selbstverständlich. Der Umkehrschluß, daß deshalb ein ganz anderes Klassenmilieu in die Partei gekommen sei, ist aber falsch. Vielmehr ist es der SPD zunächst in der Arbeiterschaft und dann in der (vor allem unteren und mittleren) Angestelltenschaft gelungen, zunehmend zur politischen Hauptvertreterin dieser Milieus zu werden, d. h. auch Arbeiter, Angestellte und Jugendliche anzusprechen, deren Eltern den Kommunisten, dem politischen Katholizismus oder auch den Nazis angehangen haben mögen oder die noch gar nicht zu einer bewußten politischen Einstellung gefunden hatten.

Das stellt freilich in der Tat ein Kulturproblem dar, das die Sozialdemokraten verstehen und bearbeiten müssen. Die Masse der Mitgliedschaft, von der fast zwei Drittel ihre Berufserfahrung als „sozialen Aufstieg" verstehen, wird durch eine gemeinsame soziale Herkunft zusammengehalten, aber sie hat vergleichsweise wenig gemeinsame politische Erfahrungen gemacht. Noch weniger hat sie eine eigene, auch auf andere ausstrahlende Kultur ausgebildet, zu der auch ein entspanntes historisches Bewußtsein gehörte. Vielmehr haben die meisten von den neuen Möglichkeiten, die durch das wirtschaftliche Wachstum und die besonders aktive Bildungs- und Infrastrukturpolitik in NRW eröffnet wurden, durch Teilnahme am allgemeinen und in gewisser Weise unspezifischen materiellen und kulturellen Fortschritt profitiert. Teilnahme am Fortschritt, das sieht man heute deutlicher, ist aber nicht genug. Man muß auch sagen, was Fortschritt ist, man muß ihn lenken und andere zur Beteiligung an dieser Zielfindung anregen und herausfordern.

Man kann es auch anders sagen: Einer der Erfolge der SPD in NRW ist es, daß sie einen besonders großen Teil der Aktivisten aus der Arbeiter- und Angestelltenschaft sammeln und dadurch zur bestimmenden politischen Kraft werden konnte. Und ein anderer besteht darin, daß diese „Aufsteiger" den Boden ihrer sozialen Herkunft noch nicht unter den Füßen verloren haben, wie das sonst für Aufsteiger oft charakteristisch ist.

Die Kehrseite aber besteht darin, daß sich eine linke Volkspartei nicht auf die Dauer über das Medium des sozialen Aufstiegs politisch und kulturell konsolidieren kann. Nachdem die Mehrheit in Angestellten- und Beamtenpositionen arbeitet und die Rationalisierung und Arbeitsplatzunsicherheit auch die Büros erfaßt hat, entpuppt sich für viele ihr Aufstieg aus der Arbeiterschaft als Umstieg in eine neue Problemlage. Hier droht soziale und existentielle Enttäuschung, die politisch durchaus verheerende Wirkungen haben kann; es gibt aber auch die Chance zur Einsicht in solidarisches Handeln und zur Ausarbeitung einer kreativen und kommunikativen Kultur, die jenseits sozialer Hierarchien Selbstbewußtsein verleiht, den Frieden mit anderen Menschen und mit der Natur befördert und ein erfülltes Leben nicht zur Phrase werden läßt.

Auch überschätzt derjenige, der individuell über den zweiten Bildungsweg oder die Nutzung vermehrter Chancengerechtigkeit Leitungspositionen in der Gesellschaft erobert hat, leicht seine individuellen Kräfte und entfremdet sich dem Zusammenhang mit dem sich zunehmend angleichenden Alltag der meisten, die als Arbeiter oder Büroangestellte arbeiten. Oder er verliert sich in den scheinbaren Sachzwängen seiner Funktion oder seinen Legitimationsproblemen gegenüber noch privilegierteren Kollegen. Ganz allgemein läßt sich deshalb sagen, daß dieser für die SPD gerade in NRW so kennzeichnende Zusammenhang von Herkunftsmilieu und individueller Leistung von der Partei kulturell konsolidiert werden muß, wenn er nicht auf die Dauer zerreißen soll.

Mehr Geschichte wagen

Abriß des Hauptverwaltungsgebäudes der Fried. Krupp AG in Essen 1976 – im Volksmund „Der Hungerturm" genannt; jetzt: ein Parkplatz. Kollage: Karl Debus, unter Verwendung zweier Fotografien von Hermann Sturm

Lutz Niethammer

Nachindustrielle Urbanität im Revier?

Für die Wahrnehmung und Nutzung regionaler Erfahrungen

Was die Kultur und Attraktivität einer Stadt ausmacht, weiß die Wissenschaft nicht zu sagen. Zahllose Geografen, Soziologen, Juristen und Historiker haben sich um eine Definition des Phänomens Stadt bemüht, aber im Kern sind ihre Versuche immer wieder auf dieselben Schwierigkeiten gestoßen, die sich nicht viel verändert haben, seit ein prominenter Stadtgeograf in den 20er Jahren definierte: Eine Stadt sei ein Ort verdichteter Besiedelung, der gegenüber seinem Hinterland abgegrenzt sei und zugleich mit ihm in Beziehung stehe — und in dem „städtisches Leben" herrsche. Aber so ratlos auch eine Definition von „Stadt" durch „städtisches Leben" anmutet, so sicher meinen wir gefühlsmäßig zu wissen, was das sei: Urbanität.

Zunächst einmal ist sie etwas Positives. Man denkt an Paris oder Wien, an das alte Berlin oder vielleicht sogar an Siena. Urbanität hat etwas Aufregendes und Grandioses an sich, etwas, was über sich selbst hinausweist, Begegnungsreichtum und Aktualität, Selbständigkeit und Beziehungsvielfalt, in ihr erscheint ein lokales Konzentrat von Weite. Stichworte stellen sich ein wie Verkehrsknotenpunkt, Markt, Hauptverwaltung, wie Theater, Kaffeehaus, Nachtleben; Gelassenheit trotz Geschwindigkeit, Gewühl und Flanieren, Boulevard und Park, vielleicht auch Selbstverwaltung, aber eher mit einem Flair von Patriziertum als mit dem Geruch eines Wohnungsamtes. Gibt man sich solchen Assoziationen hin, merkt man schnell, daß im Begriff der Urbanität ein Abglanz des Lebensstils des Bürgertums in den Metropolen des alten Europas aufbewahrt ist. Urbanität hängt offenbar an den Zentralfunktionen, die ältere Städte für Handel, Kultur und Verwaltung ihres Hinterlandes übernommen haben, und verweist auf die Vorherrschaft eines weltläufigen und gebildeten Bürgertums. Urbanität, das ist auch der Gegensatz zur Provinz, ihr Bezugspunkt, eine räumliche Konzentration infrastruktureller Privilegien, aber auch gesellschaftlicher Gegensätze und Probleme.

Von den Industriestädten aber hat unser Stadtgeograf gesagt, sie seien eine bloße Häuseranhäufung ohne Zentralität, mithin eine Art Verdichtung von Hinterland. Industriestädte, so meinen wir zu wissen, sind nicht urban, sie sind grau. Zwar mag das Bürgertum auch hier das Sagen haben, aber oft von fernher durchs Telefon, und auch wenn es da ist, tritt es nicht wirklich in Erscheinung, versucht nicht das Ganze öffentlich zu prägen, sondern zieht sich auf exklusive Inseln zurück oder herrscht in einem industriellen Privatimperium. In diesem Begriff ist kein Raum für die Subjektivität der Arbeitermassen, allenfalls für eine Art zoologisches Leben in den Häuseranhäufungen und Fabriken. So verräterisch diese Anklänge des Begriffs des Industriereviers als verdichteten Hinterlands sind, so klar erfaßt er den quasi kolonialen Status der industriellen Agglomeration gegenüber den Metropolen. Denn in ihnen wird über den Einsatz der Waffen und über die Verteilung der Güter befunden, die im Industrierevier gefertigt wurden. Hierher fließen die abgeschöpften Gewinne, von hier aus wird über Investitionen disponiert. Für die Einwohner des verdichteten Hinterlandes bleibt dann nur eine abhängige historische Subjektivität und kulturelle Identität und damit ein hoffnungsloser Zustand: Sollen sich diejenigen, die in bloßen Häuseransammlungen wohnen, damit befreunden, daß sie eben provinziell, aber ohne Natur, und städtisch, aber ohne Urbanität leben müssen?

Insofern ist es nicht verwunderlich, daß die Begrünung des Reviers und die Erhöhung seiner urbanen Attraktivität zu Kernpunkten der Stadtplanungs- und Kulturpolitik geworden sind, seitdem die montanindustrielle Funktion und Identität des Ruhrgebiets seit den späten fünfziger Jahren in immer neue Schübe der Krise geraten sind. Ein Jahrzehnt später hat der Direktor des Siedlungsverbands Ruhrkohlenbezirk (SVR) den Ausbau und die Zusammenfassung des Reviers zu einer Metropole gefordert, wieder ein Jahrzehnt später wurde eben dieser SVR — neben B1, WAZ, Ruhrbistum eine der wenigen Klammern des Ruhrgebiets — in seinen wesentlichen Zuständigkeiten zerschlagen, und heraus kam ein Konkurrenzsystem nahe beieinanderliegender, scheinbar normaler Städte, die von außerhalb des Reviers, aus Arnsberg, Münster und Düsseldorf koordiniert werden. Mit neuen „urbanen" Qualitäten versuchen sie sich der Abwanderung von Führungskräften und Mittelschichten entgegenzustellen. Das Ruhrgebietsklischee von der heroischen Werkstatt des Reiches wurde demontiert und in der Imagewerbung durch Symptome nervöser Identitätsverleugnung ersetzt: Zunächst zeigte das Revier seinen bemoosten Rücken am grünen Strand der Ruhr, dann schoß es in die umgekehrte Richtung und warb mit schwarz-grauer Arbeiterromantik, um schließlich beim nackten infrastrukturellen Beton zu landen und sich zum Beispiel, wenn die Straßenbahn unter dem Hauptbahnhof hindurchgeführt ist, in überregionalen Anzeigen als „U-Bahn-Stadt" anzupreisen.

Doch jenseits dieser Dokumente der Minderwertigkeitskomplexe der politischen Klasse des Reviers trifft man auf einen tiefergehenden Auflösungsprozeß des Ruhrgebiets. Während die glücklichen Hellwegstädte sich den umworbenen Angestelltenschichten als provinzieller Großstadtverschnitt anbieten, drohen die Emscherzone und die alten Stahlstandorte im Osten und Westen des Reviers zur Endmoräne des schwarzen Goldrausches zu werden: Hohe Ausländeranteile und wachsende Arbeitslosigkeit, geringe Steuerkraft und düstere Aussichten bei der Ansiedelung neuer Industrien signalisieren hier ein Schicksal, wie es aus den kleineren montanindustriellen Mono-Revieren Frankreichs, Belgiens und Englands bekannt ist. Ist es wirklich ganz falsch und nicht nur etwas überdramatisiert, wenn man ein Zukunftsbild beschwört, in dem das Süd-Nord-Gefälle das Revier in drei Kulturzonen zerteilt hat? Im Süden die Reihe der Hellwegstädte, die ihren Bevölkerungsschwund durch politisch herangezogene Institutionen des tertiären Bereichs (der Verwaltungen und Dienstleistungen) bremsen wollen und sich am Durchschnittsideal einer geschichtslosen Angestelltenstadt orientieren. In der Mitte die Emscherzone, die wiederum mit politischen Mitteln ihre Zukunft als größter industriearcheologischer Park Europas hinauszuschieben versucht. Und im Norden ein ländlich-industrielles Mischgebiet, in dem Tiefbauzechen, Naherholungsgebiete, Petrochemie und neue Schlafstädte ineinandergreifen. Kann dem relativ reichen Süden des Reviers der Durchstoß zu nachindustrieller Urbanität gelingen, wenn er die Emscherzone abhängt und im Norden der Zusammenhang von Industrie und städtischer Lebensweise in den Reihenhäusern und Waldwegen der Hohen Mark versandet?

Vor solchen Aussichten will ich lieber noch einmal Rat suchen bei den Vätern der Stadtforschung, dieses Mal beim Begründer der amerikanischen sozialökologischen Schule, der vor 65 Jahren schrieb: „Die Stadt ist ein Geisteszustand, ein Korpus von Gebräuchen und Traditionen und von unorganisierten Verhaltensweisen und Gefühlen, die in diese Gebräuche eingegangen sind und durch diese Traditionen weiter vermittelt werden." Auch das ist nur *ein* Aspekt, aber dieser verweist auf humanere Perspektiven. Städtisches Leben kann man nicht allein durch Infrastruktur-Investitionen, U-Bahnen, Ausweitung des Tertiärsektors und Verbesserungen des Wohnumfelds erzwingen; seine Attraktivität und Aktivität gründen auf einem entspannten, und das heißt zunächst einmal: nicht verdrängenden Verhältnis zur eigenen Geschichte. Man muß mit den Traditionen, die man vor Ort vorfindet, umgehen und die in ihnen liegenden kulturellen Potentiale entfalten.

Es mag trivial wirken, wenn man sagt, daß das Ruhrgebiet an der Emscher liegt und seine Größe und Bedeutung der Industrialisierung verdankt. In Wahrheit ist diese Aussage nicht ganz so trivial und auch nicht unbestritten. Denn sie steht nicht nur quer zu einem Großteil der Arbeit der Geschichtsvereine in den Hellwegstädten, die lange Jahre den hoffnungslosen Versuch gemacht haben, die Identität der großen Industriestädte aus dem Stolz auf ihre vorindustrielle Vorgeschichte („Das Münster am Hellweg") herzuleiten. Sie verlagert auch das Interesse von der Innovations- und Erfinderkraft frühindustrieller Unternehmer des Ruhrtales und der Hellwegstädte auf die großkapitalistische Investitionsexpansion und jene Masse zuwandernder auswärtiger Arbeitskräfte, die kurz vor der Reichsgründung und dann in sehr viel stärkerem Umfang seit den 80er Jahren des vorigen Jahrhunderts aus einem der verstreuten ländlich-kleinstädtischen Gewerbegebiete Deutschlands *das* Revier gemacht haben. In der Zeit des Kaiserreiches, in das dieses Gebiet mit etwa 900.000 Einwohnern hineingegangen ist, hat sich seine Bevölkerungszahl mehr als vervierfacht, die der Emscherstädte mehr als verzehnfacht und die der Hellwegstädte weit mehr als verdreifacht. Eine Geschichte, die von den Leuten ausgeht, muß *hier* die Identität des Reviers suchen.

Ein schwerindustrieller Boom bewirkte damals in heute unvorstellbaren Wachstumsraten und Mobilitätsziffern die Ausbildung eines Einwanderungslandes, das man sich heute wohl am ehesten vorstellen kann, wenn man an die Erdölemirate am persischen Golf denkt. Die Bürger der vorindustriellen Stadtkerne und die zu Grundstücksspekulanten gewordenen Bauern der gigantisch wuchernden Industriedörfer konnten sich selbst mit den Mitteln von Besitz und politischer Macht nur mühsam inmitten der industriellen Ausbreitung und der einwandernden, meist jüngeren Arbeiterbevölkerung behaupten, aber zahlenmäßig und kulturell waren sie verloren. Der dem Wildwuchs der Tiefbauzechen und den sich anschließenden industriellen Standorten nach Norden folgenden Urbanisierung fehlten alles Planmäßige, Ausstrahlende, fast alle zeitgemäße Infrastruktur und die politischen und kulturellen Integrationsmechanismen einer selbstverwalteten Stadt. Dieser im Ansatz abgebrochenen Urbanisierung entsprachen politische Strukturen, die von der Masse der Bevölkerung völlig abgehoben waren und Raum ließen für das Eigenleben einer Vielzahl lokal, von der Herkunft oder vom Beruf geprägter Eigenkulturen. Zu ihnen gehörten zwar auch die Erziehungs- und Gesellungsformen des Bürgertums und sein repräsentatives Kunst- und Bauverständnis. Im Industrierevier konnte sich die bürgerliche Kultur jedoch nicht als *die* Kultur durchsetzen, sondern sie blieb als Code der herrschenden Gruppierung isoliert. Die Reichen gingen einen Schritt weiter, denn sie konnten sich eine snobistische Anpassung an quasi-aristokratische Lebensformen leisten und zogen sich als Schlotbarone in alte und neue Schlösser zurück. Allein der bei den meisten alteingesessenen Fernwanderern vorherrschende Katholizismus konnte Menschen aus verschiedenen Schichten und unterschiedlicher Herkunft miteinander über die Religion in Beziehung setzen, aber auch seine Integrationskraft darf nicht überschätzt werden. Seit dem Kulturkampf war die katholische Kirche im Westen ein oppositioneller Bezugspunkt und vermittelte deshalb durchaus nicht die herrschenden Normen Preußens ungebrochen an ihr Kirchenvolk. Das katholische Vereinswesen war obendrein nach Klassen und Gruppen mit je eigenen Organisationen geschichtet, und diese Klassen waren auch durch ihre Wohnorte — die oberen nach Möglichkeit südlich, die unteren in der Regel nördlich des Hellwegs — entmischt und hatten wenig Gelegenheit und Neigung zur Begegnung.

Bürgertum und Kirche glaubten damals, daß die Massen der eingewanderten und noch lange nicht wirklich seßhaften Arbeiter überhaupt keine Kultur hätten, sondern erst noch diszipliniert und zivilisiert werden müßten. Aber die Historiker hatten mittlerweile diesen früher als allgemeingültig unterstellten Kulturbegriff, der die Bildung nach der Erziehungsdauer und zum Beispiel nach dem Stil einer Wohnungseinrichtung bemaß, als einen spezifisch bürgerlichen zu sehen gelernt und ihren Blick für die immaterielle Sozialkultur der Arbeiter geschärft: eine Kunst des Überlebens in einer fremden Umwelt und des Miteinander-Umgehens, das oft grob, aber meist auch solidarisch war. Und dies nicht etwa deshalb, weil Arbeiter mit solidarischen Normen geboren würden, sondern weil sie aufeinander angewiesen waren und ihr Verhalten praktisch danach ausrichteten. In den zwischen den Werken abgelagerten Arbeiterquartieren und Kolonien mußte vielfach mit solchen genossenschaftlichen oder informellen Solidarstrukturen ein Alltag der Arbeit und ein Schicksal der Mobilität selbständig bewältigt werden, dem sich kein Konsumentenmarkt erschloß und das jedenfalls fast alle späteren sozialstaatlichen Sicherungen entbehren mußte. Aber die einfache Tatsache, daß es in dieser Region so viele waren, die denselben Lebensbedingungen ausgesetzt waren, stärkte den Rücken und half bei der Ausbildung proletarischer Selbständigkeit. Aus dieser Phase des Wildwuchses sind nicht nur die grundlegenden landschaftsprägenden Elemente des Ruhrgebietes verblieben, sondern auch revierspezifische Verhaltenstraditionen gestiftet worden, die gerade in jenen Teilen der Bevölkerung, die sozial nicht aufgestiegen sind, auch heute noch gelten: Z. B. die Fähigkeit, sich an fremde Verhältnisse anzupassen, ohne sich völlig an sie zu verlieren, vielmehr ein cooles, unaufgeregtes Selbstbewußtsein zu bewahren; eine unkomplizierte Freundlichkeit und nüchterne Kooperationsbereitschaft auf Gegenseitigkeit; die Bedeutung von Familie und Quartier als Rückzugs- und Sicherungsbereich.

Was nicht geblieben ist, ist die politische Radikalität besonders der Bergbaubevölkerung, die sich von den 80er Jahren bis nach dem Ersten Weltkrieg in einer Reihe großer, das ganze Revier umfassender Streikbewegungen manifestiert hatte, die ohne die Leitung und Koordination der gewerkschaftlichen Organisationen ausbrachen und oft über erstaunlich lange Zeit durchgehalten wurden. Vordergründig hat diese Basisradikalität nicht überlebt, weil ihre Kader im Zuge der Unterdrückung der Rätebewegung durch Freikorps und Reichsregierung und dann vollends im Ruhrkrieg ausbluteten. Vor allem haben sich aber ihre soziokulturellen Voraussetzungen und ihre politischen Rahmenbedingungen seit dem Ende des Ersten Weltkrieges durchgreifend verändert.

Aus dem Wilden Westen Preußens wurde die disziplinierte Werkstatt des Reiches. Am Ende des Ersten Weltkrieges begann im Revier mehr als irgendwo sonst das „korporative" Zeitalter, die organisierte Verflechtung der großen Interessenblöcke von Kapital und Arbeit untereinander und mit dem Versuch, destruktiven Wildwuchs durch öffentliche Planung zu zähmen und die montanindustrielle Grundlage des nationalen Wachstums politisch zu stabilisieren. Charakteristisch dafür war die Zentralarbeitsgemeinschaft zwischen den Unternehmerverbänden und den Gewerkschaften, die sich im Krieg angebahnt hatte und in der ersten Nachkriegszeit die Umstellung auf Friedensproduktion erleichterte, den Unternehmern jene Phase, in der eine Sozialisierung drohte, zu überbrücken half und der Arbeiterschaft wesentliche Fortschritte in der politischen Emanzipation, der Betriebsverfassung und der Sozialpolitik einbrachte. Dennoch ist dieser Ansatz in Weimar gescheitert, denn er wurde gerade an der Ruhr von der in ihrem patriarchalischem Stil wie in ihrem Umfang überholten Schwerindustrie Ende der 20er Jahre im Ruhreisenstreit aufgekündigt. Und es waren gerade führende Vertreter der Schwerindustrie an der Ruhr, die Hitlers Machtgewinn am Ende der Weimarer Republik honorierten, um sich der organisierten Arbeiterbewegung zu entledigen und durch Aufrüstung die Krise der Schwerindustrie zu überwinden. Aber nach dem Zweiten Weltkrieg hat sich in der Abwehr gegen Demontagen und Reparationen die Arbeitsgemeinschaft zwischen Kapital und Arbeit in der Montanindustrie erneuert. Dieses Mal bedurfte es allerdings der Besatzungsherrschaft, um die Phase zu überbrücken, in der ein breiter gesellschaftlicher Konsens die Grundstoffindustrie an der Ruhr in Gemeineigentum überführen wollte. Aber die Ruhrarbeiter, insbesondere die Bergleute, wurden für ihre Kooperationsbereitschaft durch soziale Leistungen — dieses Mal in der Form bevorzugter Versorgung mit Nahrungsmitteln und Wohnungen — entschädigt, während die Gewerkschaften nach der Gründung der Bundesrepublik für die Hinnahme der Reprivatisierung der Montanindustrie im Rahmen der Europäischen Gemeinschaft für Kohle und Stahl (und des parallelen Aufbaus einer europäischen Verteidigungsgemeinschaft) die Montanmitbestimmung erwirken konnten: Ein qualitativer Durchbruch in der Betriebsverfassung, der die korporativen Strukturen bis ins einzelne Unternehmen hinein verfestigte.

Aus der preußischen Industriekolonie fernab am Rande Mitteleuropas wurde der Ansatzpunkt und das Kernstück der späteren Europäischen Gemeinschaft. In der neuen Republik wurde das Revier zum größten Ballungsraum des größten Bundeslandes und damit ein unübersehbarer Faktor für jeden, der im nahen Bonn, einem föderalen Tagungstreffpunkt ohne den Kräfte- und Geldverzehr einer Metropole, Macht ausüben wollte. Diese völlige Veränderung des Bezugsrahmens, die das Revier zum ersten Mal zu einem politischen Entscheidungsfaktor machte, war um so dramatischer, als die Alliierten noch wenige Jahre zuvor die „Waffenschmiede des Reiches" demontieren und von Deutschland loslösen wollten, um sie als Kohlengrube Europas gemeinsam und offenbar ohne alle Rücksicht auf die Wünsche und die Eigenaktivität seiner Bevölkerung auszubeuten. Aus diesem extremen Objektstatus eines künftig internationalisierten Ruhrgebiets, dem im Innern eine beispiellose Selbstorganisationsfähigkeit der Arbeiter und ihrer Betriesräte bei der Rettung der Zechen und Hütten und bei der Sicherung des eigenen Überlebens gegenüberstand, führte erst die Zuspitzung des Kalten Krieges heraus, weil die Westmächte diese geballten industriellen Ressourcen besser durch verbündete Produzenten als durch versklavte Feinde für ihre Seite zu mobilisieren hofften.

Auf der Ebene der Stadtentwicklung und der Stadtplanung ließe sich eine vergleichbare korporative Linie wie im Verhältnis zwischen Kapital und Arbeit verfolgen. Auch hier hat der Wildwuchs des Gründerbooms keine Selbstheilungskräfte entbunden, ungeachtet früher gescheiterter Hoffnungen auf einen Generalbebauungsplan für die Ruhr und eine künftige industrielle „Weltstadt ungeheurer Energien". Als die Städte und Gemeinden des Reviers in die gemeinsame Planung des SVR gezwungen wurden, kam der Anstoß 1920 als Kriegsfolge von außen. Denn auch damals mußte das Revier die Kohleproduktion zu Reparationszwecken erhöhen und dafür, nach der Abwanderung von etwa 150.000 polnischen Bergarbeitern am Ende des Krieges, eine runde halbe Million neuer Arbeitskräfte für den Bergbau ansiedeln, was die Möglichkeiten jeder einzelnen Kommune überstieg. Tatsächlich hat sich aber der SVR nicht in einem Bergarbeiterwohnungsprogramm erschöpft, sondern jenseits der Kommunen und Regierungsbezirke seine das ganze Revier umfassende Planungskompetenz fruchtbar gemacht, z. B. die Grünzonen rund um den Ballungsraum geschützt, die noch wenig besiedelten Randstreifen zwischen den Städten in Grünzonen verwandelt, Ansätze zu einer überkommunalen Verkehrsplanung durchgesetzt. Nicht nur in seiner Funktion, auch in seiner Struktur symbolisierte der SVR die neue korporative Phase, indem in seinem Parlament nicht nur die Kommunen, sondern auch Unternehmer und Gewerkschaften und andere Interessenverbände gleichberechtigt vertreten waren. Auch hier hat der Nationalsozialismus die demokratische Komponente des Koporativismus und damit seinen Sinn unterdrückt. Aber den Zusammenhang dieser Städteregion mußte er belassen, so sehr ihm auch die Ballung des Industriegebietes zuwider war. Auch hier hat sich nach dem Zweiten Weltkrieg über den Bedarf an Bergarbeiterwohnungen eine Wiederholungssituation eingestellt, und auch hier konnte der Wiederaufbau zwar durch das überlokale Planungs- und Koordinierungsinstrumentarium rationalisiert, aber die Konkurrenz der Stadtführungen konnte nicht überwunden werden.

Industrielle Arbeitsgemeinschaftspolitik und korporative Raumkoordination haben in den Perioden des Wiederaufbaus nach beiden Weltkriegen die vormals für die Kultur der arbeitenden Massen im Revier konstitutive innere Mobilität abgesenkt und zunächst zu seßhaften soziopolitischen Milieus geführt. Deren politischer Charakter wurde dann im Faschismus und verstärkt in der Ära Adenauer zuerst durch Gewalt, dann vermehrt durch Anschluß an die Konsumgesellschaft abgeschliffen. Vor und nach dem Ersten Weltkrieg wurde mit besonderer Intensität der Werks- und soziale Wohnungsbau im Ruhrgebiet betrieben. Zusammen mit den wachsenden Altersdurchschnitten der arbeitenden Bevölkerung hat dies das Schlafgängerwesen und damit ein wesentliches Medium zur Erlernung mobiler Solidarstrukturen zurückgedrängt und die Struktur der einzelnen Familie, wenn auch häufig in klassenhomogenen Siedlungsquartieren, im Raum verankert. Jetzt erst verbreitern sich die Möglichkeiten zur Organisation der sozialistischen Arbeiterbewegung. Aus dem Reservoir des individuellen Radikalismus der Vorkriegszeit formen die Kommunisten nun mit einem reichen Geflecht an Organisationen der Arbeiterbewegungskultur das neben dem Katholischen zweite große Lager der Arbeiterbewegung im Revier — und das ist ein Schritt nicht zur Radikalisierung, sondern zur Selbstdisziplinierung. Dagegen findet die Sozialdemokratie bei den Ruhrarbeitern der Zwischenkriegszeit noch immer nur einen beschränkten Organisationsspielraum.
Es sind aber nicht nur die Freizeitorganisationen der verschiedenen Zweige der Arbeiterbewegung, die eine neue kulturelle Dimension des Reviers eröffnen; auch die Versorgung mit Sporteinrichtungen, Bibliotheken, Primar- und Sekundarschulen wird gleichmäßiger gestreut und qualitativ verbessert. Fahrrad und Straßenbahn lassen trotz Flächensiedlung die Distanzen schrumpfen.
Auch das Bürgertum bricht aus seiner kulturellen Isolierung aus und will, teils in patriarchalischer, teil in missionarischer Manier das Volk der höheren Güter seiner Kultur teilhaftig werden lassen: Die Gründung des Museums Folkwang in Essen und des Stadttheaters in Bochum in den 20er Jahren mögen hier als zwei prominente Stichworte genügen.

Der Faschismus bricht viele dieser politisch-kulturellen Ansätze ab. Aber das Klassenmilieu der Quartiere besteht weiter, wenn es auch seiner Ausdrucks- und Gestaltungsmöglichkeiten beraubt wird. Während die Wirkungen der formellen Vereinheitlichungspropaganda des Faschismus und seiner Volksgemeinschafts-Inszenierungen wohl häufig überschätzt werden, erschließen sich gerade jungen Angehörigen der mittleren und unteren Schichten in seinen Organisationen und durch seine Desorganisation der Gesellschaft neue Möglichkeiten individueller Entfaltung und Gemeinschaftserfahrungen über die eigene Klasse hinaus: Beispielsweise Ausbruch aus kirchlichen und familiären Autoritätsstrukturen im BDM, relative Aufstiegserfahrungen durch breitgestreute Führungspositionen etwa im Reichsarbeitsdienst, der Ersatz des Kollektivvertragsrechts durch individuelles Manövrieren am Arbeitsmarkt, die Zwangsmobilität des Krieges mit völlig neuen Herausforderungen und Erfahrungen; Vorgesetztenpositionen für industrielle Befehlsempfänger in der Rüstungswirtschaft, nachdem ein Sklavenheer von Fremd- und Zwangsarbeitern in die Betriebe geholt worden war.

Jedenfalls ist das Bild nach dem Zweiten Weltkrieg verändert. Jetzt könnten zwar die alten Milieus sich reorganisieren, aber nach Form und Intensität sind sie nur noch ein matter Abglanz ihrer Vorläufer der Weimarer Zeit. Die Bereiche der Versorgung, Erziehung, Freizeit mit ihren milieuhaften kleinräumigen Solidar- und Genossenschaftsstrukturen geraten seit Anfang der 50er Jahre verstärkt in den Sog des Marktes und umfassender Organisationsformen. Auch die Arbeiterbewegung selbst meint zunächst, aufs Ganze gehen zu können, und setzt auf ihre bestimmende Macht in den Vereinheitlichungstendenzen der Nachkriegszeit. Alle Organisationen der Linken wollen nun auch andere, mittlere Schichten ansprechen. Im Kultur- und Freizeitbereich bauen sie ihre ehemaligen klassenspezifischen Organisationen nicht mehr auf und setzen auf ein einheitliches Vereinswesen, das sie zunächst bestimmen zu können hoffen und gegen dessen Durchsetzung sie sich schließlich nicht mehr wehren können. Im Revier mit seiner extremen Klassengeografie heißt dies, daß viele Organisationen noch einen klassenspezifischen Hintergrund, aber keine klassenspezifische Perspektive mehr haben. Nun ist die Stunde der Sozialdemokratie da. Gegenläufig zur Etablierung der CDU in den meisten anderen Regionen und im Bund, schafft die Sozialdemokratie in den 50er Jahren im Revier den Durchbruch, indem sie ein Potential ohne Alternative sammelt. Was der Faschismus an kommunistischer Führungskraft übriggelassen hat, zerreibt sich im Kalten Krieg. Und die katholische Arbeiterbewegung, die einst im Zentrum und in der Weimarer Koalition aufgehoben war, wird durch Adenauers Bürgerblockpolitik entfremdet. Die Einheitsgewerkschaft wird in dieser Region von Arbeitern und Angestellten zum Umschlagplatz der Vereinheitlichungstendenzen und zum Durchlauferhitzer der Arbeiterkader für die SPD.
In der Personalunion von mittleren und höheren Funktionären in der Gewerkschaft, in der Partei und in kommunalen Ämtern verklammern sich der industrielle Korporatismus der mitbestimmten Montanindustrie mit dem regionalstädtischen der im SVR koordinierten Kommunen, der proletarische Hintergrund mit der Aufstiegsperspektive, Reallohnzuwächse mit dem Aufstieg regionaler Verbrauchermärkte und der Ausweitung öffentlicher Dienstleistungen. Schwerindustrielle Tradition und die von Amerika beeinflußten Leitbilder der Wohlstandsgesellschaft und des Schmelztiegels machen das Revier zur sozialstaatlichen Vorreiterregion. Aber die selbsttätigen Solidarstrukturen der Basis aus der Einwanderungszeit verblassen im Vertrauen auf Wachstum, Sozialstaat und eine basisnahe Schicht von Stellvertretern, die einem das Bedürfnis nach politischer Aktivität abnehmen: „Laß man, ich mach dat schon für Dich.“
Doch mit dieser Beschwörung der korporativ-sozialstaatlichen Struktur des Reviers sind wir auch schon mitten in seiner Krise, jenem dritten Abschnitt, der mit der Kohlenkrise begann und sich mit der Rezession von 1966, der Öl- und der Stahlkrise als wichtigsten Wegmarken bis heute hin fortsetzt. Die wissenschaftliche Literatur, die Publizistik und die politische Arena sind voll der widersprüchlichsten Einschätzungen dieser Krise. Wiegen uns die Stadtväter an einem Tag in ihrer Obhut und Zuversicht, als lebten wir in einer Wachstumsregion voller Arbeitsplätze und kultureller Entfaltungsmöglichkeiten, so schrecken sie uns anderntags, wenn sie in der Vermummung der no-future-Generation in Düsseldorf oder Bonn um Subventionen antichambrieren oder den Arbeiterprotest gegen die Stillegung eines lokalen Werkes anführen. Haben sie sich noch morgens wie ein Gott des blauen Himmels über der Ruhr gerühmt, so drohen sie schon abends mit der Verslumung der Emscherzone. Kommen die Stadtforscher in vergleichender Perspektive zu der Diagnose, daß der Strukturwandel an der Ruhr auf dem richtigen Wege sei und in seinem Ausmaß ein kaum vorhersehbarer Erfolg, so mahnen ihre Kollegen anderntags, daß das Revier faul, subventionssüchtig und ohne Selbstheilungskräfte sei. Und wer genauer hinschaut, wird sehen, daß diejenigen, die den Strukturwandel preisen, das Revier mit den montanindustriellen Gebieten des Auslands verglichen haben, während die Untergangspropheten traditionelle zentralörtliche Großstädte etwa der Rheinschiene oder Süddeutschlands zum Vergleich herangezogen haben. Von der spezifischen historischen Dynamik dieser Region und seiner Menschen ist selten die Rede, denen allenfalls eine gewisse gelehrige Disziplin als industriegewohntes Arbeitskräftepotential attestiert wird.

In entwicklungsgeschichtlicher Perspektive rücken vor allem drei Leistungs- und Problembereiche bei dieser Frage in den Vordergrund: Zunächst das, was ich „sekundäre Urbanisierung“ nennen möchte, zweitens die fortdauernde Perspektivik des schwerindustriellen Korporatismus, aber in einer begrenzten Form und drittens das Identitätsproblem des Reviers als Ganzem und das Potential vielfältiger historischer Erfahrungen und Traditionen seiner Bevölkerung für Aktivität und Selbstbewußtsein.

Was meine ich mit dem Stichwort „sekundäre Urbanisierung“? Mit der Entwicklung des Waren- und Dienstleistungsmarktes im Revier sind die Defizite seiner ursprünglich im Ansatz stagnierenden Urbanisierung in Teilbereichen in den Hintergrund getreten. Das industrielle Hinterland hat sich selbst Zentralität geschaffen. Die Einkaufsstadtfunktion, die sich die Stadtkerne aller Hellwegstädte zuschreiben, oder die Ausweitung der öffentlichen Dienstleistungen, die z. B. Essen einen Spitzenwert des tertiären Bereichs unter den westdeutschen Großstädten verliehen hat, gehören hierher. Produktionsverlagerungen haben nicht immer auch den Wegzug von Hauptverwaltungen bedeutet, und viele von ihnen sind aus Unternehmenskontoren zu Großbürokratien geworden, die aus dem Süden des Reviers ein Dorado der Angestellten gemacht haben. Das Bildungswesen im Ruhrgebiet mag zwar noch im Vergleich mit anderen Großstädten unterliegen; in entwicklungsgeschichtlicher Perspektive hat es für diesen Raum jedoch eine kaum zu überschätzende Bedeutung gewonnen, sowohl zum Erwerb von Qualifikationen und zur Vorbereitung eines beruflichen Aufstiegs als auch zur kulturellen Bearbeitung der eigenen Lebenslage. Die Einrichtung von vier Universitäten innerhalb eines Jahrzehnts und der Aufbau verschiedener anderer tertiärer Bildungseinrichtungen, namentlich in der Hellwegzone, haben ein dauerndes Angebot von Intellektualität in eine proletarische Region gebracht, und zwar ein Angebot, das tatsächlich auch in die Familien von Facharbeitern und unteren und mittleren Angestellten hineinreicht. Diese Prozesse sekundärer Urbanisierung haben sich schon nach dem Ersten Weltkrieg vorbereitet; seit der Kohlenkrise sind sie aber von den sozialdemokratischen Regierungen im Land wie in den Städten aktiv betrieben worden. Zwangsläufig hat dabei die Umqualifizierung und die Entwicklung neuer Arbeitsplätze im Vordergrund gestanden. Für die Entwicklungs- und Kulturpolitik des Reviers erscheint jedoch die Konzentration dieser Prozesse am Hellweg problematisch, weil sie den Knick des Reviers an der Emscher verschärft hat, weil konzentrierte Entwicklungen in einer Region nicht notwendig auf Nachbarregionen ausstrahlen, sondern auch deren Kräfte absaugen können. Außerdem entstammt das Konzept, mit dem man Angestelltenschichten über standardisierte Bedürfnisse und Infrastrukturen anzulocken und zu binden versucht, zentralörtlichen Städten. Diese Problemstellung hat für die Führungen der Ruhrgebietsstädte zu jener merkwürdig von Minderwertigkeitskomplexen verstellten Perspektive geführt, als sei hier Großstadt minus etwas noch Aufzuholendem, anstatt Industrierevier plus neuer ökonomischer, sozialer und kultureller Möglichkeiten.

Die Alternative Schwerindustrie oder Angestellten-Dorado stellt sich so nicht. Die Kohlenkrise ist ja nicht dadurch gebändigt worden, daß einfach die Zechen zugemacht und die Kumpels zu Staatspensionären ernannt worden wären, sondern durch eine Mischung aus Reduktion, industrieller und tertiärer Umorientierung, Nordverlagerung des Bergbaus, Subvention von außen und eine neue, quasi-öffentliche Entwicklungsstufe des bergbaulichen Korporatismus in der Ruhrkohle-AG. Die Kohlewirtschaft wird selbst bei weiterer Reduktion grundsätzlich bleiben und mit ihr das Korporative als eines der tragenden Elemente dieses Raumes. Im Metallbereich, wo die Überproduktionskrise jüngeren Datums ist, sind die Verhältnisse zwar noch komplizierter; letztlich legt sich aber auch hier die Perspektive einer reduzierten Kontinuität nahe. Wenn die nationale Sonderstellung und die korporative Struktur der Schwerindustrie zwar bleiben, ihr Umfang und ihre Bedeutung im Revier aber schwinden, so müssen ergänzende andere Quellen des Einkommens und auch des Selbstverständnisses gesucht werden.

Mit korporativen Strukturen und Stellvertreterpolitik konnte zwar der tertiäre Bereich erheblich ausgedehnt werden; aber hier scheinen vorerst die Grenzen des Wachstums erreicht. Andererseits sind die Erfolge bei der Ansiedelung anderer Industrien überschaubar geblieben, und die in gewissen Abständen vielbesprochenen gigantomanen Projekte wie neuerdings die Biotechnik zerplatzen gewöhnlich schnell wie Seifenblasen. Wichtig erscheint es in der Öffentlichkeit heute, jene Unternehmen, die mit ihrer schwerindustriellen Vereinseitigung diesen Raum und seine Menschen geprägt haben, daran zu erinnern, daß sie damit auch eine Verantwortung auf sich geladen haben, diesen Menschen weitere Arbeitsmöglichkeiten zu schaffen. Sollten sie sich, wie viele voraussehen und wie bei den derzeitigen Stillegungsbegründungen auch immer wieder dokumentiert wird, darauf zurückziehen, daß ihnen außer optimaler Kapitalverwertung wo und womit auch immer nichts einfalle, so muß die Diskussion über ein menschenfreundlicheres Wirtschaftssystem wieder eröffnet werden, schon weil unsere Verfassung die Sozialpflichtigkeit des Eigentums und nicht die Verantwortungslosigkeit und Einfallslosigkeit der Kapitalverwertung legitimiert.

In der Zwischenzeit, bis sich die Sozialpflichtigkeit des Eigentums realisiert, muß die arbeitende Bevölkerung Lösungen der Krise aus eigener Kraft erfinden und gestalten. Dabei ist es gut,

sich daran zu erinnern, daß in ihrer Geschichte Solidarstrukturen und Eigeninitiative nichts Fremdes sind. Kurzfristig scheinen mir vor allem zwei ökonomische Lösungsansätze auf der Tagesordnung zu stehen, und beide verweisen auf kulturelle Defizite: Die eine ist die Umverteilung der Arbeit und die andere die Entwicklung neuer, kleiner, kooperativer Arbeits- und Lebensformen. Hinter dem ersten Ansatz steht die Frage, was mit der gewonnenen Zeit, sei es am Ende, am Anfang oder neben der Erwerbstätigkeit, geschehen soll. Soll die Arbeitszeitverkürzung, wenn sie denn durchgesetzt werden kann, nicht in Frustrationen und Aggressionen enden, wirft sie die Frage der kulturellen Selbstentfaltungsmöglichkeiten auf. Und im andern Fall geht es um Phantasie, um Lebensprioritäten, um praktische Kooperationsfähigkeit, Anpassungsbereitschaft und um die Neuverteilung der Geschlechterrollen, also um all jene kulturellen Selbstgestaltungsmöglichkeiten in auch ökonomischer Absicht, die der Korporativismus als scheinbare Selbstverständlichkeiten hinwegwischt, für die im Revier aus der Zeit der Einwanderung und der Nachkriegsnot jedoch ein reicher Schatz gelebter Erfahrungen schlummert.
Will man diese Fragestellungen nicht in zwei hoffnungslose Sackgassen auseinanderdriften lassen, in einen blindwütigen Niedergang des Korporatismus und in einen postmateriellen Protest ohne Initiative, so muß zunächst die Identität des Reviers als Rahmen des Ganzen wiedergewonnen werden, in der eine Vielfalt von historisch geprägten Voraussetzungen (z. B. auch der erst in den letzten Jahrzehnten Eingewanderten) ihr Recht hat und zur Lebensfähigkeit des Ganzen beiträgt. Diese Identität ist die Identität einer Industrieregion, der sich niemand schämen muß, die aber wohl der sinnlichen Erinnerungspunkte bedarf, um Gemeinsamkeit und Selbstbewußtsein zu entfalten. Deshalb muß die bauliche Verdrängung der industriellen Vergangenheit des Ruhrgebiets aufhören und mehr Ideen Raum gegeben werden, die z. B. die industriellen Gebäude neuen Zwecken des Erwerbs, aber auch der Kultur und Kommunikation zugänglich machen. Schließlich könnte die geschichtliche Erinnerung ein Gutteil Entkrampfung zwischen der begrenzten Kontinuität des Korporativismus und der Entfaltung eines belebenden Netzwerkes kleiner Experimente erbringen, weil die letzteren eben nicht nur neue Selbständigkeit im Sinne einer bürgerlichen Renaissance versprechen, sondern sich auch auf die genossenschaftlichen, solidarischen und eigeninitiativen Erfahrungen der Lebensbewältigung im Revier beziehen könnten. Eine solche Entkrampfung ist aber die Voraussetzung für eine von den Volkstraditionen dieser Region unterstützte produktive Aktivität und solidarische Kultur, die mehr Lust auf die Zukunft machen als die Urbanität der Bauherrenmodelle und Fußgängerzonen, des Abrisses der industriellen Vergangenheit und der Hofierung überlebter kleinbürgerlicher Kultur. Der blaue Himmel über der Ruhr ist nur dann ein Gewinn, wenn an der Emscher noch gearbeitet werden kann.

Lebenslauf einer Badeanstalt

Vor der Geburt: Ruhrufer in Wetter a. d. Ruhr um 1910; W. Thiel, Wetter

1920: Schulbaden an Pontons; W. Thiel, Wetter

Scham in der Pubertät: Umkleidebaracke 1928;
W. Thiel, Wetter

1937: Training;
W. Thiel, Wetter

1949: Davongekommen;
W. Thiel, Wetter

1974: Wieder wer;
W. Thiel, Wetter

Heute: alt, aber mit neuem Chic;
W. Thiel, Wetter

Klaus Novy

100 Jahre genossenschaftliche Wohnungsreform stehen auf dem Spiel

1984 wird das Wohnungsgemeinnützigkeitsgesetz novelliert. Obwohl es um die Zukunft der gemeinnützigen Wohnungsunternehmen schlecht bestellt ist, nimmt man in der breiten Öffentlichkeit von der Debatte kaum Notiz. Das Image der Gemeinnützigen ist seit Jahren so angeschlagen, daß die konservative Bonner Regierungspolitik auf keinen nennenswerten Widerstand stößt. Und der Gesamtverband der gemeinnützigen Wohnungsunternehmen ist in die Legitimationsfalle geraten, sich ausgerechnet in der Hausphilosophie seiner Gegner einrichten zu wollen. Nun muß er feststellen, daß in der „sozialen Wohnungsmarktwirtschaft" kein Platz mehr für Wohnungsreformer ist. Es hätte wirklich keines Weitblickes bedurft, um zu erkennen, wohin die Eigendynamik der „neuen" Wohnungspolitik die Gemeinnützigen führt (auch wenn dies niemand so ausspricht): sie werden die Armenhausverwalter der Nation mit direktem Zugriff der kommunalen Wohnungsämter. Das wohnungspolitische Zukunftspaket heißt sodann: viel Markt, Subjektförderung und belegungsgebundene Zweckbestände für die, die sonst niemand will. Ist es das, wofür Wohnungsreformer ein Jahrhundert gerungen haben?
Man könnte meinen, es hätte sie nie gegeben — die Wohnungsreformbewegung. Es spricht alles dafür, daß die Nachkriegszeit einen mindestens so großen Anteil am Verlust eines über Generationen gewonnenen und verallgemeinerten Standes wohnreformerischer Vorstellungen hatte wie die vergleichsweise kurze Phase systematischer Vernichtungsarbeit im NS-Staat. Das Mißverständnis heute besteht darin, daß man die Wohnungsreform mit der Beseitigung von elementarer Wohnungsnot durch *Versorgungs-, ja Fürsorgepolitik* gleichsetzt (und damit heute für überholt hält). Doch die Geschichte der Wohnungsreform in Deutschland belegt etwas ganz anderes — wäre sie bloß nicht so vergessen. Sie ist die Geschichte des genossenschaftlich-gemeinnützigen Bauens; und diese ist die einer *gezielten Sozial-, Wirtschafts- und Kulturreform* mittels Neugestaltung der unmittelbaren Lebenssphäre, der des Wohnens. Während die Marktwirtschaft und alle neueren Ansätze der Wohnungspolitik darauf beruhen, daß Neubau wesentlich für die gehobenen Wohnbedürfnisse betrieben wird und die unteren Schichten schließlich durch Umzugsketten davon indirekt profitieren (Filtering-Theorie), hatte der genossenschaftliche Wohnungsbau den sozialkulturellen Aufstieg seiner Mitglieder direkt zum Ziel. Man baute für die vorher schon bekannte und durch gemeinsame Interessen verbundene Gruppe. Bedarfsorientierung, Vermögensbindung, Überschußbindung, Solidarität, Baupflicht, Dauerwohnrecht, Selbstkostenmiete waren und sind — soweit sie nicht gänzlich pervertiert sind (wie die Kostenmiete) — Elemente einer wohnpolitischen Konzeption, die *nichts* mit der Markt- und Gewinnwirtschaft gemeinsam haben.
Wer heute — wie fast alle Verbandsvertreter — ständig die Folklore der „sozialen Marktwirtschaft" bemüht, verkennt nicht nur die Herkunft und Möglichkeiten eines Reformsektors gemeinnützig-gebundener Wohnungen, er begibt sich auch der Chance einer wirklichen Erneuerung genossenschaftlich-gemeinnütziger Träger im Sinne ihrer früheren Funktion als sozial- und wohnkulturelle Innovatoren, als Orte des Einübens von Mitbestimmung und praktischer Solidarität. Quantitativ und qualitativ sinkt der Anteil der gemeinnützigen Wohnungsunternehmen an der gesamten Wohnversorgung; und die anstehende Reform des WGG wird diesen Prozeß beschleunigen.

Genossenschaftliche Wohnungsreform im Rheinland und in Westfalen — ein anderes Wohnleitbild

Das Rheinland zählt zu den Mutterländern der Baugenossenschaftsbewegung. Hier entstand 1897 der erste der provinzialen Propagandavereine, der Rheinische Verein zur Förderung des Arbeiterwohnungswesens, die sich später im Deutschen Verein für Wohnungsreform zusammenschlossen. Dieser schuf die Voraussetzungen für die dann folgenden Hunderte von Neugründungen. 1901 entstand der erste nach dem heute gültigen Regionalprinzip organisierte Revisionsverband, der damals allerdings noch (bis 1934) mit überregionalen Verbänden zu konkurrieren hatte. Im Rheinland entstanden die erste genossenschaftliche Bauberatung mit ständiger Ausstellung (Düsseldorf), die ersten genossenschaftlichen Service-Unternehmen, die Kölner GAG (1913) und die Rheinische Wohnungsfürsorgegesellschaft (1918), die den Kleingenossenschaften Teile der professionellen Arbeiten abnehmen sollten.
Bis 1914 lag die Bedeutung der genossenschaftlich-gemeinnützigen Bautätigkeit nicht im Quantitativen — nur ca. 1 % des Neubaues wurde über solche Reformträger abgewickelt. Doch als Reformexperimente legten sie jene Bahnen an, die den Durchbruch des genossenschaftlichen Bauens nach 1919 möglich machten. Der „Tausch" von freiwilligen Bindungen und der Übernahme öffentlicher Aufgaben seitens der Genossenschaften einerseits und öffentlichen Gegenleistungen (Steuer- und Gebührenbefreiung, Bürgschaften, Darlehen, Bauzuschüsse usw.) andererseits wurde entwickelt. Die Wirtschaftsreform trieb man voran durch den Ausbau eigener Regiebetriebe, Sparabteilungen (Spar- und Bauvereine) und die Gründung der ersten baugenossenschaftlichen Spezialbank, der Westfälischen Bauvereinsbank 1912. Sozialbindungen wurden erprobt, denn es war allen Wohnreformern

selbstverständlich, daß man nur mit dauerhaften Sozialbindungen eine „kurzsichtige, Unfrieden erregende Geschenkpolitik“ der Gemeinden verhindern konnte. So wurde in Lennep die erste Arbeiterrentengutsiedlung von Bodenreformern gegründet. Mit dem Erbbau-, Rückkaufs- und Wiederkaufsrecht wurde experimentiert; letzteres bestimmte auch das Verhältnis der Bewohner zu ihrer Bewohnergenossenschaft und zur GAG im Kölner Reformmodell, eine heute nie wieder erreichte Ausbalancierung von weitestgehenden individuellen Verfügungsrechten, professioneller Betreuung und Wahrung öffentlicher Interessen. Städtebaureform wurde beispielsweise von drei Siedlungen der Deutschen Gartenstadtgesellschaft betrieben, bezeichnenderweise alle noch mit Gründungshilfe eines Unternehmers: Gartenstadt Hüttennau (Hattingen); Gartenstadt Gronauer Wald (Bergisch Gladbach) und Margarethenhöhe (Essen).

Sozial- und Kulturreform wurde exemplarisch vorgeführt von der ersten rein sozialdemokratisch-freigewerkschaftlichen Genossenschaftsgründung im heutigen Gebiet Nordrhein-Westfalens, der Bielefelder *Freien Scholle* (1911). Schon mit dem ersten Bau wurde auch die Möblierungsfrage aufgeworfen; eine Ausstellung schlichter, funktionaler Möbel wurde eingerichtet. Die Wohnberatung für eine „soziale Wohnkultur“ entsteht.

Erst mit der Republikgründung konnte sich der Genossenschaftsgedanke voll entfalten; nun erst war der Pluralismus möglich, den diese Selbsthilfeinitiativen zur Voraussetzung haben und den sie stärken. In dieser, der dritten und größten deutschen Genossenschaftsgründungswelle entstanden Tausende von Neuen. In Köln gelang es 35 neuen Genossenschaften in den Jahren 1919 bis 1925 zu bauen. Eines war ihnen allen gemeinsam: Bewohnergruppen bildeten sich entlang lebensbestimmender Gemeinsamkeiten kultureller, sozialer oder politischer Art; und sie wurden ihr eigener Bauherr. Überall entstanden kleine überschaubare Siedlungseinheiten, selbstnutzende Gemeinschaften als Bauherr, die ihren Stolz auch in einer einheitlichen Siedlungsplanung symbolisierten.

Kristallisationskern dieser Gründungen werden bestehende Institutionen vor allem der Berufsstände, aber auch Vereine oder der Organisationen der politischen Lager. Es gab in Köln Genossenschaften der Anarchisten (*Freie Erde*), der Sozialdemokraten und Freien Gewerkschaften *(Fortschritt, Grundstein, Zukunft, Gartensiedlung),* des christlichen Lagers, der einzelnen Berufsgruppen (oft nach Gewerkschaftsrichtung): der Eisenbahner, Straßenbahner, Beamten, Handwerker, sogar der Universitätsprofessoren, deutschnationaler Angestellter (GAGFAH). Selbst die in einem eigenen Verband organisierten Kinderreichen gründeten eine Genossenschaft und wurden ihr eigener Bauherr für kindergerechte Wohnungen. Auch der Mieterschutzverein übersprang seine Rolle als Schutzorganisation und wurde selbst Träger einer „vermieterlosen“ Wohnpolitik, indem er eine eigene Baugenossenschaft gründete.

Diese Gründungswelle erfaßte das ganze Land; auch Duisburg und Essen beispielsweise verzeichnen je ca. 30 Neugründungen, wobei es hier sogar eine Freimaurer-Genossenschaft gab. Die Not während der ersten Jahre der jungen Republik sowie die nun politisch anders besetzten Gemeindeverwaltungen lassen erstmals den genossenschaftlichen Weg auch für Arbeitslose und Menschen ohne Sparmöglichkeiten zugänglich werden. Die Muskelhypothek ersetzt die Eigenkapitalbeteiligung. Besonders in Remscheid entstehen zahlreiche Genossenschaftssiedlungen mit hoher baulicher Gruppenselbsthilfe, ein Programm, das bezeichnenderweise in dem Moment zurückgezogen wird, wo die bürgerlichen Mittelparteien einen Wahlsieg davontragen.

Über 500 Genossenschaften im heutigen Gebiet Nordrhein-Westfalens übernehmen fast den gesamten Klein- und Mittelwohnungsbau der zwanziger Jahre. Gemeinschaftssiedlungen entstehen, die bis heute in ihrem Wohnwert nicht eingeholt sind. Eine unverwechselbare Siedlungsidentität bildet sich heraus. Die genossenschaftliche Selbstverwaltung springt auf vor- und nachgelagerte Bereiche über. Selbstverständlich wird nur die „eigene“ Konsumgenossenschaft in die Siedlung geholt. Selbstverständlich bedient man sich der anderen Selbsthilfeunternehmen des „eigenen“ Verbundes. Die freigewerkschaftlichen Bauhütten und die christlichen Bauproduktivgenossenschaften sorgen für eine Sprengung der Baukartellpreisabsprachen und werden überall zum Bau von Reformsiedlungen herangezogen; diese haben sich zudem spezialisiert auf die Betreuung von Gruppenselbsthilfe leistenden Baugenossenschaften. Die symbolträchtigen Reformsiedlungen beginnen die Wahrnehmung der städtischen Umgebung zu strukturieren. Großzügige Gemeinschaftseinrichtungen wie etwa beim Solinger Spar- und Bauverein werden Zentrum der gemeinsamen Festkultur und tagtägliche Bestätigung, trotz schwieriger Zeiten „auf dem richtigen Weg zu sein“. Reformpolitik wird alltäglich, greifbar. Das so gewonnene Selbstvertrauen in selbstaktive Formen, in Formen der gemeinschaftlichen Selbstversorgung bewährt sich vor allem in Krisen. Anders als im Miets- oder Eigentumsverhältnis ist in der Wohnungsbaugenossenschaft Solidarität praktisch möglich. Mietstundungen für zahlungsunfähige Mitglieder sind gemeinsam beschließbar. Gewiß beinhaltet dies oft mühsame Debatten und Lernprozesse; aber Notfonds werden eingerichtet; arbeitslose Mitglieder erarbeiten in Regiebetrieben oder bei der Instandsetzung ihre Nutzungsgebühr. Zahlreiche Vereine übernehmen Notdienste, z. B. die Versorgung Arbeitsloser und deren Familien durch Gemeinschaftsküchen.

Von den Fortschritten des Rückschrittes

Die Nationalsozialisten haben systematisch und mit Weitblick der Genossenschaftsbewegung ihre Voraussetzungen entzogen. Diese bestehen — so meine These — vor allem in der genossenschaftlichen Binnenkultur. Durch Gleichschaltung, Einheitsverbandsprinzip, die Abschaffung der Sozial- und Kulturfonds wurde die gemeinnützige Wohnungswirtschaft technokratisch vereinheitlicht und zum „Organ staatlicher Wohnungspolitik" gemacht. Die für die Genossenschaftsblüte der zwanziger Jahre konstitutive bunte Vielfalt, die sich auch im Verbands- und Verbundspluralismus ausdrückte, wurde vollkommen zerstört. Mit den Zwangsverschmelzungen ab 1939 erreichte diese Politik ihren Höhepunkt. Eine Vielzahl von kleinen überschaubaren „selbstnutzenden Gemeinschaften als Bauherrn" mit ihrer je eigenen kulturellen Identität wurden zu „effizienten" sozialen Wohnungsunternehmen zusammengefaßt. So ging der größte Teil der neuen Genossenschaften unter. Das gilt beispielsweise auch für den hauptsächlich von USPD-Angehörigen gegründeten Arbeiterbauverein *Freiheit* in Düsseldorf, der mit einer christlichen Genossenschaft, einer Kriegsheimkehrergenossenschaft und der Gartenstadtgenossenschaft zur Genossenschaft Düsseldorf-Ost zwangsverschmolzen wurde. Andere Genossenschaften privatisierten ihren Besitz und lösten sich auf, um der Gleichschaltung zu entgehen. Dies gilt für die Bewohnergenossenschaften in den GAG-Siedlungen in Köln. Auch kappten die Nationalsozialisten zahlreiche wirtschaftsreformpolitische Errungenschaften der Genossenschaften. Zur Beschwichtigung des Mittelstandes mußten die Verbunde aufgelöst werden: die gemeinwirtschaftlichen Bemühungen um eigene Baustoffbetriebe, um Baunebenbetriebe, um Regiebetriebe, eigene Spararbteilungen wurden zerstört.
Für die gemeinnützigen Wohnungsunternehmen war 1945 kein Neuanfang. Viel, zu viel, blieb erhalten. Die Zwangsverschmelzungen wurden nicht rückgängig gemacht, im Gegenteil: Mit dem Hinweis auf größere Wirtschaftlichkeit versucht man bis heute, kleine Genossenschaften zur Fusionierung zu bringen. Für Politik im Alltag und Gemeinschaftsformen war für die Generation, die den Faschismus erlebt hatte, kein Platz mehr. Der Genossenschaftsgedanke wurde dadurch und durch den beginnenden Kalten Krieg stigmatisiert. Die Wohnraumbewirtschaftung und Einweisungen taten dann noch das ihre, die gemeinschaftlichen Binnenstrukturen der traditionsreichen Genossenschaftssiedlungen aufzulösen. Schließlich zielte die CDU-Wohnungspolitik mit ihrer Eigentums- und Mittelstandsorientierung auf die stille Abschaffung der Voraussetzungen eines kulturell attraktiven Wohnungsreformsektors. Mit dem sogenannten Gleichheitspostulat wurden alle Träger förderungsrechtlich gleichgestellt, obwohl nur die Gemeinnützigen dauerhafte Bindungen zu bieten hatten. Das 2. Wohnungsbaugesetz (1956) schaffte die Veräußerungsbeschränkung öffentlich geförderter Wohnungen (§ 8 WGG) ab. Nun wurden die Grenzen zwischen gemeinnützigen und freien Wohnungsunternehmen verwischt. Die Politik der Mittelstandsprämien vor allem über indirekte Förderung begann. Das stiftungsähnlich gebundene Vermögen der Genossenschaften geriet in jeder Hinsicht ins Hintertreffen. Freies Wohneigentum wurde zum Fetisch der Nation. Systematisch ließ man die früher mühsam errungenen Bindungen verfallen. Aus Genossenschaftssiedlungen entstanden private Eigenheimsiedlungen. Dies erst jüngst im Falle des ehemaligen Arbeiterbauvereins *Freiheit* in Düsseldorf. Deutlicher, weil älter, lassen sich die Folgen der Privatisierung an zwei Kölner Siedlungen verfolgen. Die Bewohnergenossenschaften Bickendorf und Mauenheim der GAG entwickelten sich von städtebaulichen Perlen zu Denkmälern sozialer und ästhetischer Kulturlosigkeit. „Eigentum macht frei", frei auch von Geschichte und Nachbarn. Hier hat die „Eigentumsbestie" — so nannten Sozialisten früher die Privatisierungsfolge — gewütet. Nicht einmal die Mauern sind stumme Zeugen dieser wohnkulturellen und sozialreformerischen Errungenschaften; denn ihre früher selbstbewußte, variationsreiche, doch einheitliche Gestaltung ist heute hinter den je unterschiedlich angebrachten Modeverblendungen der Baustoffindustrie nicht mehr zu erkennen. Auch die Bögen — Symbole des Verbindenden und der Gemeinschaft — verfallen, soweit sie nicht schon eingerissen sind. Es gelingt der atomisierten Bewohnerschaft nicht mehr, sie zu pflegen. Und die „kleinen Leute", heute Eigentümer, aber alt, stehen unter dem süß/sauren Druck, auf „zu teurem Boden" zu wohnen. Lieber 300.000 DM realisieren, so zumindest der Druck der Kinder, als in vertrauter Umgebung sterben. Sodann ziehen die Zahlungskräftigsten ein, womit auch die Bewohnergemeinschaft systematisch zersetzt wird. Damit tritt genau das ein, wogegen der Wohnungsreformer Greven, als er 1911 zur Gründung der Kölner GAG aufrief, anging:
„Den Hauptvorteil hat lediglich der erste Bewohner . . ., da er bei dem späteren Verkaufe neben dem übrigen Wertzuwachs auch noch den Wertzuwachs einstreichen wird, auf den die Stadt seinerzeit ihm gegenüber verzichtet hat. Der zweite Erwerber wohnt dann ebenso teuer, als wenn das Gelände nie in städtischem Besitz gewesen wäre. Eine denkende Gemeindeverwaltung wird aber den Egoismus unter diesem sozialen Mäntelchen erkennen. Sie hat pflichtgemäß die Interessen der Gesamtheit zu wahren und darf nicht auf Kosten der Allgemeinheit einzelnen Bürgern Geschenke zuwerfen."
Soviel wohnreformpolitischer Aufwand umsonst: verloren sind ein Stück Wirtschaftsreform, ein Stück öffentlicher Baukultur sowie eine Wohnform, die Identifikation und Zusammengehörigkeitsgefühl schuf. Hier kam selbst der Denkmalschutz, der keine gute Antwort ist, zu spät.

Blick zurück nach vorne

Lohnt ein Blick zurück auf die unbekannte Zahl von Siedlungen oder über 550 Baugenossenschaften, die es vor 1933 in diesem Bundesland gegeben hat? Ja, und zwar nicht nur aus nostalgischen Gründen. Die veränderten Rahmenbedingungen — gerade auch im Ruhrgebiet — lassen die Idee der „selbstnutzenden Gemeinschaft als Bauherr oder Erwerber" ausgesprochen aktuell werden, auch wenn z. Z. noch wohnungspolitisch alles auf Anleger- und Einzeleigentümerinteressen zielt. Da gibt es eine alte Werksiedlung in Duisburg, die Rheinpreußen-Siedlung, in der eine Bewohnerinitiative seit über zehn Jahren zuerst gegen den drohenden Abriß, nun gegen die Einzelprivatisierung kämpft. Eine genossenschaftliche Auffanglösung ist politisch weit vorangetrieben; doch noch sind die staatlichen Rahmenbedingungen derart, daß diese sozial- und kulturpolitisch sinnvollste Lösung förderungsrechtlich die schwierigste ist. Dabei könnte hier ein Modell entstehen: Bestandssicherung durch Bewohnergenossenschaften. Die Menschen im Ruhrgebiet sind ja doppelt bedroht, von der Arbeitslosigkeit oder Frühverrentung einerseits und der Mobilisierung des Wohnungsvermögens durch Anlegerinteressen andererseits. Eine soziale Wohnungspolitik muß jenen, die schon ihre Arbeit verloren haben, mindestens aber den Wohn- und Lebensraum retten. Die aktuellen Privatisierungswellen in alten Werkssiedlungen führen aber zu Verdrängungsprozessen, deren bittere Folgen für die Bewohner (Verlust der Nachbarschaft, teure Wohnung) meist auch zu steigenden Lasten für die Kommunen führen (Wohngeld, Sozialhilfe). Eine soziale Wohnungspolitik wird die Krisenlasten im Wohnbereich aufzufangen suchen. Genossenschaftliche Auffanglösungen wären hier möglich, da schon gewachsene Bewohnergemeinschaften da sind. Indem die Bewohnergenossenschaft einerseits freiwillige Bindungen übernimmt (Vermögensbindung, Sozialbindung), andererseits tendenziell öffentliche Aufgaben der Kommune abnimmt (Kinder- und Altenbetreuung, Spielplätze), haben sie mehr Anspruch auf öffentliche Gegenleistungen als alle anderen Träger, selbst dann, wenn kaum Eigenkapital vorhanden ist. Dort wo Wohnraum selbstaktiv als Lebensraum gestaltet werden kann, dort entwickeln sich jene sozialverantwortlichen Menschen und Gemeinschaften, ohne die eine Demokratie gefährdet ist. Für die Erneuerung der Möglichkeit genossenschaftlichen Wohnens spricht auch ein Wertwandel bei der jüngeren, vom Faschismus nicht direkt belasteten Generation. Selbstgewählte Bindungen und Gemeinschaftsformen werden gesucht und kaum angeboten. Schließlich zwingt auch die ökologische Krise zum schonenden, verantwortlichen Umgang mit den natürlichen Ressourcen. Eine Remoralisierung der Wirtschaft ist gefragt. Oberhausen experimentiert gerade mit einem Neubauprojekt als *Werkbund/Wohnbund*-Siedlung in genossenschaftlicher Form und mit Gruppenselbsthilfe. Genau das aber war die Stärke der Genossenschaftsidee.

Noch sprechen politische, rechtliche, verbandspolitische, kulturelle Werte gegen einen schnellen Aufbruch (obwohl er in anderen Ländern gerade in der Sicherung preiswerter Bestände im Gang ist). Um so wichtiger ist die kleinteilige Bildungsarbeit; das Thema „Genossenschaften", „gemeinschaftliche Selbsthilfe", „Solidarität" gilt es wieder positiv zu besetzen. Möglichkeiten müssen sichtbar werden. Wie glaubwürdiger daran gehen, als durch Vorstellen vergangener oder noch funktionierender Genossenschaftssiedlungen? Doch hier ist das Wissen und auch die Forschung minimal. Die Mehrzahl der örtlich errungenen Erfolge, die früher eine Stadt und die politische Identität ihrer Bewohner prägten, sind gänzlich vergessen. Die Verdrängung der alten und Vernachlässigung neuer Ansätze auf dieser unersetzlichen, weil konkreten und hautnahen Ebene der Politik hat fatale Folgen: Loyalitätsverluste, mangelnde Identifikationsmöglichkeiten, Verfall des kollektiven Selbstvertrauens.

Spurensicherung und aktives Erinnern am Ort wäre ein erster Schritt. Dazu ist eine Ausstellung *„Anders Leben.* Genossenschaftliche Selbsthilfe als politische Kultur. Beispiele aus NRW", die unter Beteiligung der Bürger ständig „wächst" und durch NRW zieht, ein wichtiger Schritt. Ein Archiv über die Geschichte der Wohnungsreform ist parallel im Aufbau. Doch eine Musealisierung der Geschichte dieser Politikform scheint mir wenig geeignet. Anzustreben wäre vielmehr eine Reaktivierung der Geschichte am Ort selbst. Dieses „Museum sozialer Fortschritte" bestünde einerseits aus einem Buch, einem Reformführer (analog zum Kunstführer), zum anderen aus örtlichen Aktionen des „aktiven Erinnerns", d. h. daß man die ausgewählten und im Führer dokumentierten Objekte örtlich wieder als das herausstellt, was sie waren: Errungenschaften. Dazu wären örtliche Sammelaktionen zu organisieren und Erläuterungstafeln an den Objekten anzubringen. Das „Museum" bliebe so „im Volke"; durch die Vielzahl der Einweihungsanlässe wäre eine breite Publizität zu erreichen. Zudem führt jeder Spaziergang und manch ein Schulausflug dann an diesen (bisher stummen) Zeugen des sozialen Fortschritts vorbei. Das städtische Einerlei bekommt wieder etwas Struktur; das flächig-geschichtslose Bild bekommt wieder Tiefenschärfe, und zwar in reformpolitischer Optik. „Geschichte ist machbar, Frau Nachbar . . .!"

Ulla Lachauer

Geschichte wird gemacht

Beispiele und Hinweise, wie man am eigenen Ort „Geschichte machen" kann

Seit einigen Jahren entstehen in Dörfern und Städten der Bundesrepublik Initiativen von Bewohnern, jungen Wissenschaftlern, zum Teil auch von kommunalpolitischen Organisationen und Instanzen, die vor Ort ein Stück heimatlicher Geschichte erforschen. Ihr Interesse gilt vor allem dem Alltag früherer Zeiten, insbesondere dem Alltag der „kleinen Leute" und dabei wieder ganz besonders dem Alltag unterdrückter Minderheiten und aufmüpfiger Zeitgenossen, die allesamt in der „großen Geschichte" und auch in der offiziellen Heimatgeschichte nicht vorkommen. Und sofern dies noch möglich ist, verhelfen sie älteren Bewohnern mit ihren Lebenserfahrungen zu Wort und erstmals zu öffentlichem Interesse. Ein Versuch, der auf dreifache Weise anders ist: als Perspektivenwechsel, indem Geschichte „von unten" betrachtet wird, als Wechsel zu neuen Methoden der Recherche und Befragung und als politischer Beitrag, die Geschichtsschreibung selbst zu demokratisieren — wobei das Geschichte Schreiben vor Ort sich nahezu zwangsläufig mit dem Geschichte „Machen", das heißt dem Eingreifen in lokale Probleme, verknüpft[1].
Inzwischen können solche Geschichtsprojekte selbst auf einige Jahre Geschichte zurückblicken, und wer neu anfängt, kann von ihren Erfahrungen profitieren. Dieser Aufsatz wertet solche Erfahrungen aus. Er stellt zunächst sechs sehr verschiedene ermutigende Projekte aus Nordrhein-Westfalen vor. In den weiteren Kapiteln folgen — zum Teil ebenfalls an Beispielen und Geschichten — Beobachtungen, Überlegungen und konkrete Hinweise auf Probleme der Arbeit, und zwar etwa in der Reihenfolge, wie sie im Lern- und Forschungsprozeß auftauchen.

Anfänge, Themen, Kooperationen

Telgte. In dem ostwestfälischen Wallfahrtsstädtchen entdecken zwei Realschüler, die am ‚Schülerwettbewerb Deutsche Geschichte' teilnehmen[2], daß es hier 1933 mehrere jüdische Familien gegeben hat. Es gelingt ihnen, deren Schicksal nachzuzeichnen: die allmählich immer schärfer werdenden Diskriminierungen, an denen sich auch Telgter Bürger beteiligten, die wachsende antisemitische Hetze, in die auch der katholische „Marienbote" einstimmte, bis hin zur „Reichskristallnacht", die dazu führte, daß später auch die letzten jüdischen Bürger aus Telgte verschwanden. Die Veröffentlichung einiger Arbeitsergebnisse erregt kurzzeitig die Gemüter; die Stadtverordenten sehen sich veranlaßt, eine Gedenktafel anzubringen. — Zwei Jahre später nehmen zwei andere Schüler den Faden wieder auf und beschäftigen sich mit dem ebenfalls verdrängten Schicksal der Fremdarbeiter und Kriegsgefangenen am Ort.

Recklinghausen-Hochlarmark. „Wissen Sie noch . . .? Hochlarmarker erzählen von früher." Unter diesem Titel trommelt 1978 ein junger Historiker, Bewohner des Bergarbeiterstadtteils Hochlarmark zu einem Volkshochschularbeitskreis zusammen. Sechs Teilnehmer kommen — in Erwartung eines Vortrags. Und erst allmählich wird klar, daß sie selber ihre Geschichte zusammentragen und aufzeichnen sollen. Durch Mund-Propaganda erweitert sich der Kreis zu einem harten Kern von 8 Frauen und 8 Männern, die meisten um die 60, fast alle aus dem Bergarbeitermilieu und auf irgendeine Weise in Vereinen, der Gewerkschaft oder der SPD engagiert. Sie sammeln Fotos, Flugblätter, Zeitungsartikel, Lieder, persönliche Erinnerungen von Nachbarn und Kollegen, und als nach dem ersten Dia-Abend mit 300 Gästen das Projekt bekannt wird, sagen viele Hochlarmarker sowie die Industriegewerkschaft Bergbau und Energie (IGBE) ihre Unterstützung zu. Innerhalb von drei Jahren entstehen mit ständiger Unterstützung der Stadtteilkulturreferentin, eines Historikers und eines Grafikers: eine Ausstellung zur 90-Jahr-Feier der IGBE, eine erweiterte Ausstellung in Hochlarmark, zu der 10.000 Besucher kommen, und schließlich ein Lesebuch über 100 Jahre Hochlarmarker Alltag — anschaulich, populär und doch wissenschaftlich solide, mit einem programmatischen Titel, der gegen das klassische triste Ruhrpott-Image den Reichtum einer kollektiven Lebenserfahrung setzt: „Kohle war nicht alles."[3]

Hürth. Ende der 70er Jahre wird ein Professor aus Köln eingeladen, anläßlich des Hürther Stadtjubiläums einen Festvortrag zu halten. Und er erzählt den staunenden Zuhörern, daß dort, wo sich heute das riesige Braunkohlenrevier erstreckt, noch vor 100 Jahren endlose Buchenwälder standen und die Kölner dorthin zum Picknick fuhren. Das ist der Funke. Unter dem Motto „Hürth erinnert sich" treffen sich in den folgenden Jahren viele Hürther auf abendlichen Bürgerversammlungen und versuchen zu rekonstruieren und sich darüber klar zu werden, wie die Braunkohleindustrie das Gesicht und die Identität der einst ländlichen Region verändert hat: die Umwelt, die Arbeit, das Zusammenleben, die Siedlungsformen und, besonders einschneidend, das Leben in den Dörfern, die im Zuge der Ausdehnung des Tagebaus umgesiedelt wurden. Aus den Versammlungen geht schließlich ein Forschungsvorhaben hervor, in dessen Verlauf sich eine enge Kooperation und zum Teil personelle Verflechtung zwischen Historikern der Kölner Universität, dem Stadtarchiv Hürth und dem dort bestehenden Heimatverein ergibt.[4]

Zeche Carl/Altenessen. Die Zeche blieb, obwohl schon 1956 stillgelegt, durch glückliche Umstände als Gebäude und Gelände erhalten. Immer wieder hatten sich Nutzer gefunden — die Bergbauvorschule, ein Möbellager, türkische Arbeiter, die von der Stadt einquartiert wurden. 1977 bringt ein Pfarrer die Idee auf, die Zeche als industriehistorisches Denkmal zu erhalten und für die Jugendarbeit im Stadtteil „umzunutzen". Eine Bürgerinitiative entsteht, und nach vierjährigem Tauziehen mit der Stadt Essen und der Ruhrkohle AG kann die „Initiative Zeche Carl e. V."[5] mit dem Umbau für ein selbstverwaltetes Jugendzentrum beginnen. Aus der Steigerkaue wird eine Kneipe, aus der benachbarten Kaue ein Theater- und Konzertsaal usw. Und erst als es in den Räumen lebendig wird, faßt eine historisch interessierte Gruppe von Wissenschaftlern und Studenten den Plan, die Geschichte der Zeche und der von ihr geprägten Umgebung zu erforschen. Anders als in Hochlarmark, konzentriert sich ihr Bemühen zunächst weniger auf ein breit angelegtes Forschungsprojekt als darauf, auf diesem historischen Weg das bisher nur für Jugendliche attraktive Zentrum auch für ältere Bürger zu öffnen. Das erste Thema ihrer Forschungen entsteht sozusagen auf Zuruf aus dem Stadtteil: Eine Bergarbeiterfamilie schlägt vor, die Geschichte eines bis heute ungeklärten Grubenunglücks zu untersuchen, das 1942 auf der Nachbarzeche „Fritz" passierte.

Mülheim. Zu seinem Abschied aus verschiedenen Ämtern macht der Vorsitzende des SPD-Unterbezirks Mülheim seiner Parteiorganisation ein Geschenk. Als Vermächtnis sozusagen, als Erinnerung wohl auch an seinen Vater, der im KZ ermordet wurde, regt er an, die Geschichte der Mülheimer Parteiorganisation zu erforschen. Bis dahin besitzt der Unterbezirk nicht mal eine Dokumentation. Nur in einer dünnen Jubiläumsschrift aus dem Jahre 1963 wird in groben Zügen über ein Stück Organisationsgeschichte berichtet (Auswirkungen der Zeitläufte auf Mülheim, Wähler- und Mitgliederentwicklung, Jubilar- und Totenehrung, ein Bild vom Vorstand). Die Initiative des Unterbezirksvorsitzenden wird in die Ortsvereine und Arbeitsgemeinschaften und Seniorenclubs getragen, dort diskutiert und aufgegriffen. Und es entsteht mit breiter Unterstützung vor allem der älteren Genossen eine reichhaltige Sammlung von Fotos, alten Dokumenten und an die 40 Interviews, die schließlich ein lebendiges Lesebuch ergeben, das neben einer erheblich ausdifferenzierten Organisationsgeschichte in Ansätzen auch den Alltag der Mitglieder und die innerparteiliche Entwicklung berücksichtigt.[6]

Alte Synagoge/Essen: Lange vor dem neuen Trend sammelte der kaufmännische Angestellte Ernst Schmidt Quellen und Materialien zur Geschichte der Essener Arbeiterbewegung und zum antifaschistischen Widerstand. Er ist auch dabei, als in den Jahren 1978/79 kirchliche und sozialdemokratische Kreise, Universitätsangehörige und ältere Genossen aus der Essener Arbeiterbewegung mehrere Vorstöße unternehmen, die Alte Synagoge, die damals das Haus Industrieform und das deutsche Plakatmuseum beherbergt, zu einer Mahn- und Gedenkstätte umzuwandeln. Ein Unglück kommt ihren Plänen zu Hilfe: Die Synagoge brennt aus. Die Stadt ergreift die Gelegenheit, und unter Federführung des Kulturamtes wird innerhalb weniger Monate in der Synagoge eine Gedenkstätte und ein Dokumentationszentrum eröffnet, das von Beginn an eine Dauerausstellung zum Thema „Widerstand und Verfolgung in Essen 1933 bis 45" beherbergt. In der Folgezeit entwickelt sich hier ein Zentrum der Begegnung und Beratung, das mit breiter Unterstützung aus der Essener Bevölkerung weitere Ausstellungen zu NS-Themen, später auch zu anderen sozialhistorischen Themen durchführt und neben einer Präsenzbibliothek und einem ständig wachsenden Archiv interessierten Bürgern bis weit über den Essener Raum hinaus Führungen und Sprechstunden sowie eine ganze Palette von „historischen Dienstleistungen" anbietet. Mittlerweile sind die kooperativen Beziehungen der Synagoge zu einem dichten Netzwerk verknüpft worden, in dem — nicht ohne Spannungen natürlich, aber weitherzig und produktiv — das Kulturamt, ein breit zusammengesetzter Arbeitskreis, kirchliche Bildungsstätten, Gewerkschaften, die Humanistische Union, Schulen, Volkshochschulen und Buchhandlungen, die Universität, das Museum Folkwang und das Ruhrland-Museum u. a. zusammenarbeiten und in dem bei aller Institutionalisierung Historiker aus Passion wie Ernst Schmidt eine wichtige stützende und kritische Funktion haben.[7]

Im Vergleich der Beispiele springt zunächst ihre Verschiedenheit ins Auge — der Motive und äußeren Anstöße, der Themen, der Kooperation der Generationen, politischen Kräfte und Kompetenzen, der institutionellen Einbindungen und zufälligen Wendungen. Und es wäre gut, wenn die Betroffenen *die* neue Geschichtsbewegung nicht allzu sehr im Singular dächten, damit die volle Breite der Erfahrungen als Anregung und im Austausch untereinander wirksam werden kann. Versucht man dennoch, vorsichtig zu systematisieren, so fällt als erstes auf, daß sich die Themen hauptsächlich um den Nationalsozialismus sowie auf den Arbeiteralltag und die Arbeiterbewegung unseres Jahrhunderts konzentrieren. Dabei nehmen die Projekte zum Arbeiterleben nie direkt von der Arbeitswelt, das heißt von einem bestehenden Betriebszusammenhang, ihren Ausgang, sondern immer von einem meist noch relativ festen Wohnzusammenhang.[8] Zweitens scheint in der Zusammenarbeit zwischen Intellektuellen und Kulturarbeitern auf der einen und interessierten bzw. betroffenen Bürgern auf der anderen Seite das Übergewicht der Initiative und mit Abstrichen auch der Durchführung derzeit noch bei den professionellen Mitarbeitern zu liegen, wenngleich sich die Pyramide der zur Profession Zugelassenen ganz erheblich verbreitert hat und hauptsächlich junge Wissenschaftler und Studenten (nicht nur der Geschichtswissenschaft) umfaßt. Drittens ermutigen eigentlich alle Projekte dazu, Vertrauen in die Dynamik eines auch noch so kleinen Anfangs zu setzen: Die Resonanz stellt sich ein, und wer eine Idee und eine Botschaft hat und genügend langen Atem, für den sind offenbar die Möglichkeiten einer finanziellen und organisatorischen Unterstützung nicht ungünstig.

Die alten und die neuen Lokalhistoriker? Es gibt mehr Berührungen und Kooperationsmöglichkeiten, als der Augenschein vermuten läßt.

Steinheimer Heimatverein

Zur Auseinandersetzung mit der traditionellen Heimatgeschichte

Das Steinheimer Emblem

„Die letzte Eiszeit . . . Germanen verdrängen die Kelten . . . der erste Römer . . . erste urkundliche Erwähnung um 1144 . . . Befestigung der Stadt und Fehden zwischen dem Grafen von M. und dem Bischof G. . . . Pestilenzen, Brände, Plünderungen, Türkensteuer . . . Exkurs: über Land und Leute, Wiesen und Auen, Wappen und Siegel . . . die erste Eisenbahn, Beginn des Stroniat- und Kohleabbaus . . . „Die Schüsse von Sarajewo schreckten auch unsere kleine Stadt auf" . . . „Das 1000jährige Reich machte auch um unsere Stadt keinen Bogen", dann — schnell hintereinander — der Krieg, Einmarsch der Alliierten, Zahlen der Verluste, Aufbau: „Neues Leben wächst aus den Ruinen" . . . die Errungenschaften: zwei neue Schulen, eine Mehrzweckhalle, Fußgängerzone, Freiplastiken, Theatergastspiele . . . Flurbereinigung, Flächennutzungspläne, Eingemeindungen . . . Exkurs: „Große Söhne unserer Stadt" . . . ein Dankeswort der Vertriebenen . . . stadtväterlicher Ausblick." — So sieht, etwas bösartig verkürzt, die Konzeption vieler, zum Teil auch noch neuer Heimatgeschichten aus: hoheitlich in der Perspektive, das Volk ist Fußvolk, stellt die Nullen in der Statistik und ist nur über seine Trachten ein wenig farbig; der Tenor — eine Mischung aus

Geschichtswerkstatt Dortmund

Nostalgie und unverbesserlichem Ruhm des Fortschritts; die Verantwortung für die unrühmlichen Teile der Ortsgeschichte ist immer bei den höheren Obrigkeiten fernab in der Metropole zu suchen.[9]
Vielleicht ist es das gegenwärtig größte Verdienst lokaler Geschichtsinitiativen, solche offiziellen Geschichtsbilder an einigen Stellen zu korrigieren; in Erinnerung zu rufen, daß um 1910 in Recklinghausen jedes vierte Schulkind polnisch sprach, daß in Bielefeld im Sommer 1921 zum Reichsjugendtag 10.000 junge Sozialisten durch die Stadt zogen, daß in der Ahlener Wandmacherstiege eine Synagoge stand und unter den Augen der untätigen Feuerwehr niederbrannte. All dies berührt Verdrängungen — unserer ethnischen und kulturellen Herkunft, unserer sozialistischen Traditionen, der Verbrechen und der Schuld während der Nazi-Jahre —, deren Brisanz bis in die heutige Zeit reicht. Vor allem im Hinblick auf die NS-Zeit ist in den letzten Jahren durch zahlreiche lokalhistorische Forschungen deutlich geworden, wie man vor Ort in das System verstrickt war und wie sehr in der Eltern- und Großelterngeneration die Lebenserfahrung jener Jahre noch lebendig ist. Ab und zu geriet dabei auch ein Denkmal ins Wanken. So entdeckten Jugendliche aus Lemgo, daß ein als Widerstandskämpfer verehrter Ex-Bürgermeister, der auch Namenspatron einer Schule ist, an der Deportation von Juden mitwirkte.
Für die neu entstehenden Geschichtsinitiativen hat die Entdeckung der Blindstellen des ortsoffiziellen Geschichtsbildes eine wichtige ermutigende Funktion. Denn sie läßt die Bedeutung und Verantwortung ihrer Forschungen so recht bewußt werden. Gerade in den Schwierigkeiten des Anfangs ist dieser Impuls oft ausschlaggebend für den Entschluß, sich durchzubeißen. Doch mit der simplen Konfrontation allein ist es nicht getan. Und die oft allzu schnelle Konsequenz, die traditionelle Geschichte der Städte oder auch die oft ähnlich mangelhaften Chroniken und Jubiläumsschriften der Kirchengemeinde, des Schützenvereins oder der Feuerwehr sozusagen „rechts liegen" zu lassen, kann leicht ins Abseits führen. Auf längere Sicht wird die demokratisierende Wirkung wie das Selbstverständnis der Geschichtsinitiativen auch davon abhängen, wie differenziert und sachkundig, wie entschieden und behutsam sie sich zur „traditionellen Heimatgeschichte" in Beziehung setzen. Und zwar in folgender Hinsicht:
Erstens: Eine intensivere Auseinandersetzung wird die Kritik zunächst in das sehr viel grundsätzlichere Problem hineinführen, daß die Geschichtsschreibung einer Stadt wie auch die Erhaltung der materiellen Überreste der Geschichte zu einem großem Teil aus Steuergeldern finanziert und damit ein Stück *Kommunalpolitik* ist. Wie wird eigentlich im Rat der Stadt über die Prioritäten beim Ausbau des Heimathauses diskutiert? Wer schlägt vor und lanciert die Interessen bei der Vergabe von Zuschüssen des Landes für den Denkmalschutz? Warum wird die öffentlich finanzierte Jubiläumsschrift der Elektrizitätswerke aus der Sicht ihrer Vorstandsetagen geschrieben? Wie hoch sind, würde man die im Budget verstreuten Posten zu einer Art „fiktivem Geschichtsetat" zusammenstellen, die Gesamtausgaben der Stadt auf diesem Feld? Sich hier sachkundig zu machen und ein Mehr an Öffentlichkeit herzustellen, wäre ein notwendiger Schritt zur Demokratisierung des öffentlichen Umgangs mit Geschichte. Dies ist um so wichtiger und chancenreicher, als seit ein paar Jahren auch von seiten der Kommunen einiges in Fluß geraten ist. Teils haben die Eingemeindungen dazu geführt, daß in den eingemeindeten Teilen ein Bedürfnis entstand, den Verlust an Selbständigkeit über eine Betonung historischer Eigenart wettzumachen (und umgekehrt in den neuen Großgemeindeverwaltungen das Bedürfnis, die künstlich geschaffene Einheit als historisch gewachsene Zugehörigkeit ideologisch zu untermauern). Teils versucht man, da Geld für Sozialpolitik fehlt, den damit verbundenen Konsensverlust auf anderem — kulturellem — Wege wieder hereinzuholen. Sozusagen unter dem Motto: Wir waren mal wer! und: Wenn man's recht betrachtet, geht's uns in der heutigen Krise immer noch Gold! Kurz: Wer sich auf dem Felde der Heimatgeschichte bewegt und für das eigene Projekt einen Ort finden will, muß wohl oder übel lernen, mit den Ambivalenzen dieser Situation umzugehen und die Herausforderungen der Kommunalpolitik anzunehmen.
Zweitens führt die eingehendere Beschäftigung meist zu Irritationen, die die anfänglich oft schroffe Konfrontation — hier die „Geschichte der Herrschenden", dort die „Geschichte der Beherrschten", die in der Pose des „Rächers der Enterbten" in ihre Rechte eingesetzt werden — verschwimmen läßt. Auch wenn die heimathistorischen Schriften meist von Honorationen und Stadtoberen verfaßt sind, so deutet doch ihre Verbreitung darauf hin, daß sie — auf komplizierte Weise — auch das Bewußtsein breiter Bevölkerungsschichten beeinflussen und ausdrücken. Auch einfache Gemeindemitglieder werden die auf Pfarrer, Bischof und Papst fixierte Festschrift ihrer Gemeinde als ihr Buch betrachten. Auch der Feuerwehrmann wird sich entlastet fühlen, weil der Bezirksbrandmeister in der Jubiläumsbroschüre der freiwilligen Feuerwehr den unseligen Synagogenbrand ausließ. Ja selbst in der Unternehmensgeschichte, die heute noch immer ungebrochen autokratisch den Unternehmerstandpunkt vertritt, wird es Überlappungen mit dem Bewußtsein vieler Arbeiter geben, sei es in der gemeinschaftlichen Verdrängung des Schicksals der Fremdarbeiter oder in einer starken persönlichen Verbundenheit mit dem Prestige, dem Wohl und Wehe der Firma. Die inkriminierten Schriften spiegeln also mehr oder minder auch ein Stück *kollektives Gedächtnis* und *Selbstverständnis* derer, die potentielle Adressaten und vielleicht sogar

Verbündete eines „alternativen" Geschichtsprojekts sein könnten. Unter diesem Aspekt also wäre, will man nicht zu einem sektiererischen Häuflein werden, nicht eine pauschale Abgrenzung, sondern eine intensive und behutsame Auseinandersetzung vonnöten.
Drittens enthalten viele Heimatgeschichten, gegen den Strich gelesen, *Kostbarkeiten*, die dem, der sie bloß als „Datenfriedhof" benützt, verlorengehen würden. Zum Beispiel können die meist älteren Schilderungen der „Fluren und Auen", geschrieben von Leuten, die ihre Heimat kannten und liebten, vorzügliche Pfadfinder sein, wenn man die Geschichte sterbender Biotope oder der Bausünden einer Stadt erforscht. Und vor allem für weiter zurückliegende Perioden der Geschichte kann man häufig wertvolle Darstellungen und Quellen auch für die Geschichte der Unterschichten finden — der Armut der Landbevölkerung etwa, die in Teilen übern großen Teich emigrieren mußte oder als „Hollandgänger" zur Saisonarbeit über die Grenze ging.

Spurensicherung

Als 1974 der Pütt Recklinghausen II dichtgemacht wurde, landeten auch die Unterlagen des Betriebsrats im Schacht. In Dorstfeld fiel der alte Gasthof Ziegler, wo einst der Bergarbeiterverband gegründet wurde, ohne große Diskussion der Stadtsanierung zum Opfer. 1979 rettete ein Bühnenbildner in allerletzter Minute den Nachlaß eines Dorffotografen aus dem Müll, darunter einige Hundert Porträt- und Hochzeitsfotos der Zwischenkriegs- und Kriegsjahre — eine kleine bebilderte Sozialgeschichte des Ortes. Drei beliebige, gar nicht mal spektakuläre Beispiele, wie durch Unachtsamkeit und gedankenlosen Neuerungswahn Quellenbestände und historische Schauplätze von Rang in vermutlich weit größerem Ausmaß vernichtet werden, als es Krieg und Nationalsozialismus vermochten.

Appelle von Historikern können das dramatische Tempo der Zerstörung kaum aufhalten. Dafür sind die Millionen privaten und öffentlichen Entscheidungen, die dazu führen, viel zu zahlreich. Lokale Geschichtsprojekte dagegen könnten auf Dauer vielleicht erreichen, daß für die Entscheidungen in ihrem Gesichtskreis zumindest die Frage nach dem Verlust der Geschichte und dem möglichen Gewinn ihrer Bewahrung Gewicht und Stimme erhält. Was zum Beispiel, wäre zu fragen, gilt in unserer Stadt als „geschichtswürdig"? Was passiert beim Umzug meiner Gewerkschaft mit dem „Papierkram" der Nachkriegsjahre? Wer kümmert sich um das Schularchiv, seit der letzte archivalisch begeisterte Lateinleher verstorben ist, und wer um die Hinterlassenschaften der Kirchengemiende? Was wird — außer kostbaren Möbeln und Schmuck und vielleicht noch den Feiertagsgesichtern der Ahnen — bewahrt und vererbt in der Familie?[10]
Was die Nachforschungen zum gewählten Forschungsvorhaben selbst betrifft, so ist wichtig zu wissen, daß es dafür keine festen Regeln gibt. Nicht nur wegen der geschilderten Vernichtung von Quellen, die die Überlieferungsmöglichkeiten stark ausgedünnt haben, sondern vor allem, weil die historische Logik des Untersuchungsgegenstandes und die Art und Weise, wie er sich überliefert haben könnte, sehr stark variieren. Aber ein Beispiel kann verdeutlichen, worauf es bei der Suche ankommt. Nehmen wir an, eine Gruppe will, neugierig geworden durch ein Gespräch mit einem alten Gewerkschafter, die Geschichte eines örtlichen Arbeitersportvereins für die Zeit der 20er Jahre erforschen. Die nächstliegende Frage wäre nun zuerst, ob der *Verein selbst* etwas hinterlassen hat (Fahne, Vereinschronik, Mitgliederkartei, Vereinszeitung, Schriftverkehr, Gerätschaften usw.). Doch diesen Fall gibt es höchst selten, da mit der Gleichschaltung der Vereine durch die Nazis, sei es durch Beschlagnahme und sinnlose Zerstörung, sei es aus Sicherheitsgründen durch die Vereinsmitglieder selbst, fast alles vernichtet wurde und die Arbeitersportvereine nach 1945 auch nicht wiedererstanden. Mit dieser Lücke muß man also, auch bei vielen anderen Themen, rechnen. Aber das Vereinslokal könnte noch existieren oder der Sportplatz, wenn auch sicher nicht in „alter Schönheit", sondern mit Resopaltresen und Tartanbahn.

Von vielen Ereignissen und Menschen blieben nur Gräber und Denkmäler. Lokale Projekte haben ihre Geschichte wiederentdeckt, z. B. von

83 Opfern des Kapp-Putsches in Pelkum; M. Homann/Beckum

Siegmund Spiegel, erschlagen am 9. November 1938 (VHS Ahlen); H. W. Gummersbach/Ahlen

Opfern eines Grubenunglückes 1942 (Initiative Zeche Karl/Altenessen). *D. Stemmrich/Essen*

234 sowjetischen Kriegsgefangenen (Schüler aus Datteln); Körber Stiftung

Pastor Zauleck, den die Nazis terrorisierten (Schüler aus Witten); G. Zauleck/Wetter

Carl Wilhelm Tölcke, Vater der westfälischen Sozialdemokratie. Sein Grab in Dortmund gibt es nicht mehr, nur noch ein Denkmal.

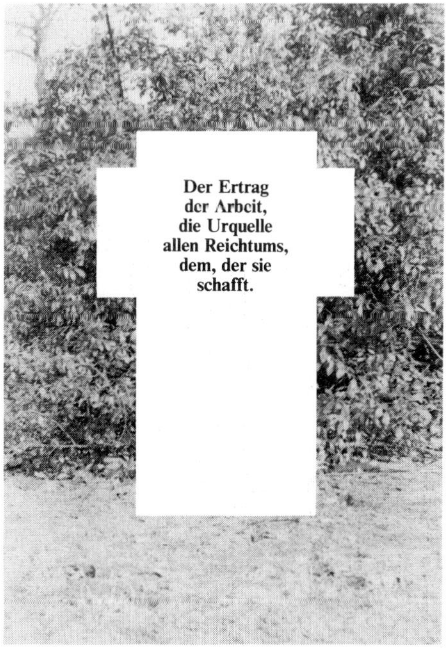

Der nächste Gang könnte ins *Stadtarchiv* fuhren. Fur den Neuling weckt dieser Ort angesichts wohlgefüllter Organisationsmöbel und Findbücher, Nachschlagewerke, Katalogsysteme — zunehmend auch — Bildschirme, oft die falsche Erwartung, daß man nur aussuchen und hinlangen müsse, um das Gewünschte zu finden: Bestellkarte, Knopfdruck, schon ist es da. Erst auf den zweiten Blick wird offenbar, daß sich hinter geordneter Fülle eher eine Art Labyrinth von Knossos verbirgt.

Sich darin zurechtzufinden, hat viel mehr mit klassischer Detektivarbeit zu tun als mit moderner Rasterfahndung. Wer sich darauf einstellt, wird am freien Kombinieren, Tüfteln und Sinnieren womöglich mehr Gefallen finden als am raschen Zugriff.[11] Angenommen, die Gruppe hat Glück und findet im ersten Anlauf unter dem Stichwort „Arbeitersportverein“ einen Zeitungsartikel über ein Sportfest und Agitationsmaterial vom Zentralen Arbeiter-Turn- und Sportverein aus dem Jahre 1926 und, wenn sie ganz großes Glück hat, eine Jubiläumsschrift des örtlichen Vereins vom Juli 1927. Dieses Wenige wäre schon eine sehr breite Spur: neue Namen und Gesichter tauchen auf, vom Vorstand, von Jubilaren und Sportskanonen; Hinweise auf sportliche Sparten, Trainingsorte, Sportfeste, Rekorde, den Mitgliederstand und vielleicht sogar die Finanzen ergeben sich; ein Programm wird sichtbar (Körperertüchtigung, Geselligkeit, sozialistische Ideen); Grußadressen von befreundeten Vereinen, den Gewerkschaften sowie der SPD und KPD deuten das weitere Umfeld an.

Mit diesen Anhaltspunkten gilt es nun möglichst geschickt und sachkundig zu wuchern. Dabei haben sich zwei gedankliche Wege als fruchtbar erwiesen. Der eine führt dahin, daß man so weiträumig wie möglich den mit wachsender Kenntnis der Sache und ihrer Hintergründe[12] sich ergebenden Querverweisen nachgeht und dabei gezielt die vom Archivar als potentiell ergiebig genannten Archivalien durchforstet. Da in diesem Falle z. B. das Schicksal des Arbeitersports mit dem der politischen Organisationen der Arbeiterbewegung eng verbunden zu sein scheint, müßte man nach Zeugnissen der örtlichen Gewerkschaften, der KPD und der SPD suchen und vielleicht später, falls sich herausstellt, daß ein Teil der Mitglieder aus dem katholischen Milieu kam, auch die der örtlichen Zentrumspartei. Die Spur der „befreundeten Vereine“ wäre aufzunehmen — beginnend vielleicht mit einem alten Adreßbuch, in dem man zumeist die Namen des jeweiligen Vorsitzenden und Kassierers, des Vereinslokals und der Geschäftsstelle findet. Damit hätte man zugleich einen Schlüssel für personelle und örtliche Überschneidungen und somit erste Hinweise auf ein ganzes Sozialmilieu. Und vielleicht fällt jemandem an dieser Stelle ein, daß der Kassierer des Sportvereins, der auch Vorsitzender bei den Arbeiterstenografen war, von der Nachbarin seiner verstorbenen Cousine auch als Brandmeister der freiwilligen Feuerwehr erwähnt wurde; und siehe da, ein kleiner Exkurs zum Thema „Feuerwehr“ fördert eine Jubiläumsschrift mit einem Bild von ihm zutage. Im Adreßbuch könnte man weiter die Berufe namentlich bekannter Vereinsmitglieder ausfindig machen und deren Wohnadressen in die Kopie eines alten Stadtplanes eintragen — eine weitere Spur zum Sozialmilieu. Ergänzende Angaben zur Arbeitsstelle und Religionszugehörigkeit liefert vielleicht, falls noch vorhanden, eine Kartei des Einwohnermeldeamtes[13]. Und womöglich taucht darin ein Mitglied jüdischen Glaubens auf, was einen neuen Strang der Recherche eröffnen würde. Und so weiter und so fort. Mit der Zeit dürften die Fragen auch auf das kommunale Terrain führen. Wer setzte sich für die Belange des Sportvereins im Rat der Stadt ein? Welchen Einfluß und Erklärungswert könnte die Entwicklung des Arbeitsmarktes für die Mitgliederentwicklung gehabt haben? Hier könnten Ratsprotokolle, Verwaltungsberichte, Statistiken nicht nur ökonomische und politische Rahmendaten liefern, sondern überdies konkrete Berührungen zwischen Stadt und Sportverein offenlegen. Wo solche Berührungen gelegen haben könnten, erfährt man möglicherweise, wenn man Punkt für Punkt das Inhaltsverzeichnis eines Verwaltungsberichts durchgeht. Unter einer Rubrik IV. C. 2a „Öffentliche Anlagen“ könnte man Informationen über den Zustand und Bau von Sportplätzen vermuten oder unter der Abteilung X. G. „Vereine für Leibesübungen und Körperpflege“ einen Hinweis auf die Art und Höhe der öffentlichen Zuschüsse für den Sportverein.

Als zweiter Weg wäre zu überlegen, durch welche Ereignisse womöglich Quellen produziert worden sind. Erfahrungsgemäß entstehen Anhäufungen interessanter Quellen immer dann, wenn etwas Besonderes, aus dem normalen Alltag Herausfallendes passiert — ein Skandal, ein Konflikt, der Zusammenbruch eines Menschen. Der Alltag eines Berliner Bausenators z. B. produziert vor allem Statistiken, Abrechnungen, dürre amtliche Berichte, aber der Kaußen-Skandal oder das Verschwinden eines Bausenators produzieren eine Fülle von internen und publizistischen Quellen, die künftigen Historikern spannende Geschichten erzählen können — nicht nur über Einzelfälle, sondern auch über das normale Funktionieren dieser Baubehörde.[14] Im historischen Falle des Sportvereins etwa könnte sich aus einer Verwaltungsnotiz der Hinweis ergeben, daß Anfang August 1932 dem inzwischen abgespaltenen kommunistischen Teil des Vereins die Benutzung des öffentlichen Schwimmbades verboten wurde und es darüber zu Handgreiflichkeiten kam. Hier könnte man gezielt nach städtischen und polizeilichen Akten oder auch nach Zeitungsberichten suchen. Oder ein Interviewpartner erwähnt, daß Mitte der 20er Jahre im Verein ein heftiger Konflikt entstand, weil ein großer Betrieb versuchte, mit Erfolg übrigens, die Spitzenathleten des Vereins gegen ein Handgeld und zusätzliche Freizeit für die Betriebssportgemeinschaft abzuwerben. Vielleicht hat darüber ja die Arbeiterpresse debattiert, vielleicht leben einige der „Abtrünnigen“ noch, vielleicht findet man eine Werkszeitung, die über die attraktive Ausstattung des Betriebssports berichtet? Beide Beispiele betreffen den Handlungsspielraum des Vereins und führen tief in Kernfragen politischer und ökonomischer Macht hinein. Wobei das letzte auch eine heutige Machtfrage berührt: der zu diesem Zweck nämlich naheliegende Weg ins *Werksarchiv* ist in aller Regel versperrt. Die Geschichte der Firmen und ihrer Belegschaften liegt hierzulande allein in der Verfügungsgewalt der Eigner, die selbst zu solch harmlosen Themen eine Benutzung selten zulassen. Um dies zu ändern, müßte eine betriebliche und gewerkschaftliche Interessenvertretung die Forderung nach Mitbestimmung auch auf den Zugang zur eigenen Geschichte ausdehnen.

Welchen Stellenwert aber hatte der Verein im täglichen Leben der Mitglieder und ihrer Familien? Bei dieser Frage ist man weitgehend auf die *private Überlieferung* angewiesen. Auf Interviews zum einen, wobei allerdings zum heutigen Zeitpunkt nur noch die damals Aktiven zu erreichen sein dürften; die Älteren, die den Verein führten und prägten, sind zumeist nur noch über die Berichte anderer schemenhaft zu erfassen und da am ehesten noch über die ihrer Feinde, die als Gestapo-Akten im *Hauptstaatsarchiv* liegen könnten. Und auf gegenständliche, bildliche und schriftliche Quellen zum anderen, die in Bruchstücken ersetzen könnten, was an Vereinsgeschichte verloren ging: Fotos von der Arbeiterolympiade in Wien etwa oder vom Sommerball mit Familien, Abzeichen vom Wettkampf, oder auch Liederbücher, Briefe und Aufzeichnungen, die in einem weiteren Sinne ein Stück Freizeitkultur und Lebensweise in der Arbeiterbewegung sichtbar machen könnten. Für den Umgang insbesondere mit solchen privaten Dokumenten können übrigens, auch das ist ein detektivisches Prinzip, die Umstände des Auffindens ebenso bedeutsam sein, wie das Fundstück selbst. Nicht nur die Urkunde vom Boxkampf, sondern auch die Tatsache, ob sie im Keller schimmelt oder einen Ehrenplatz über dem Vertiko hat, nicht nur das Aufklärungsbuch von Max Hodann, sondern auch die Tatsache, daß es (heute) im Bücherregal in der zweiten, hinteren Reihe steht, gibt Aufschluß über die Person des Besitzers. Auch das ist der Dokumentation und Erklärung wert.

Zeitgeschichtliche Befragungen

„Ganz zu Anfang, als mein Vater gerade vom Militär gekommen war, hat er in der alten Kolonie als Kostgänger gewohnt. Abends um zehn Uhr kommt er von der Mittagsschicht nach Hause . . ." So beginnt eine Anekdote, die ein alter Hochlarmarker Bergmann einem jungen Historiker erzählt. Sie handelt von seinem Vater, der zu Anfang des Jahrhunderts wie viele ledige Bergleute bei einer Bergmannsfamilie in Kost und Logis war. Abends also kommt der Vater „nach Hause, packt in das kleine Fensterchen neben der Tür, nimmt den Schlüssel, schließt auf, geht rein, hängt die Mütze an den Haken hinter der Tür — alle Wohnungen hatten so einen Haken hinter der Tür —, kommt zum Backofen, macht ihn los und holt die Bratkartoffeln raus. Er setzt sich an den Tisch und fängt an zu löffeln. Da guckt er sich um: ‚Moment mal! Neben meiner Mütze hängt ja ein fremder Hut!' Dann hat er sich erst mal richtig umgeschaut, die Pfanne wieder in den Backofen gestellt, rausgegangen, wieder abgeschlossen, und den Schlüssel weggelegt. Er hatte sich um ein Haus vertan. Und das ist ihm nicht allein passiert, das ist x-mal vorgekommen."[15]

Es ist anzunehmen, daß der Erzähler diese Anekdote schon häufiger im Familienkreis zum Besten gegeben hat. Der Gedanke, daß sie auch einen Wert haben könnte für die Geschichte seiner Klasse, ist ihm dabei vermutlich nie gekommen. Und er hätte bis vor kurzem, da in unserer politischen Kultur öffentliche und private Geschichte weitgehend getrennt voneinander existieren, außerhalb von Wohnzimmer und Stammtisch auch wohl kaum einen Adressaten für sie gefunden. Das öffentliche und wissenschaftliche Interesse an solchen Geschichten ist neu; sie zu erzählen oder gar öffentlich seine Lebensgeschichte auszubreiten, ist sicher noch etwas Ungewöhnliches. Von daher ist es nicht verwunderlich, daß zu Anfang eines Interviews oder bei einem ersten Gespräch an rundem Tisch meist allseits Verwirrung darüber herrscht, was denn eigentlich erzählt werden und wie dies vonstatten gehen soll. Was eigentlich aus dem bisher als privat Begriffenem erzählens-wert sei? Vor allem Frauen, deren Leben sich zu großen Teilen im Haus abgespielt hat, haben Probleme, von sich zu berichten, weil sie in ihrem Verständnis „nichts Wichtiges" erlebt haben. Wie aber löst man solche verinnerlichten Gefühle des Unwerts auf? Wie holt man Geschichten, die vielleicht nie erzählt worden und dadurch oft unbearbeitet geblieben sind, ins Gedächtnis zurück und auch noch über die Lippen? Wie kann man untereinander eine Kultur des Erzählens und Streitens entwickeln, die offen und zugleich rücksichtsvoll ist? In Hochlarmark z. B. hat ein verfilmtes Interview der „Lebensgeschichte des Bergarbeiters Alphons S." den Einstieg erleichtert.[16] Alphons S.' Erzählungen über den Ersten Weltkrieg ermutigten die Hochlarmarker, über ihre eigenen Kriegserinnerungen zu sprechen, und seine Kindheitsgeschichten machten ihnen zum ersten Mal deutlich, daß auch alltägliche Geschichten, die zunächst ganz banal erscheinen, ihren Wert haben. Plötzlich wurde im gemeinsamen Erinnern sichtbar, wie plastisch z. B. solch eine Anekdote, wie die von den verwechselten Häusern, Kleiderhaken und Bratkartoffeln, wesentliche Lebensumstände und kollektive Gepflogenheiten des damaligen Bergarbeiteralltags zum Ausdruck bringen: die Uniformität der Siedlungshäuser, die tägliche Routine des Todmüdenachhausekommens, die Nachbarschaftlichkeit von Menschen, deren gemeinsame Lebenslage solche Verwechslungen offenbar nicht zum Problem werden ließ.

Wer mit aufmerksamen Augen durch die Stadt geht, kann solche Spuren entdecken — aus Zeiten

als die Polen ins Ruhrgebiet kamen (ehemalige polnische Arbeiterbank, Bochum)
U. Lachauer/Mannheim

Ist der Bann erst einmal gebrochen, kann die mündliche Überlieferung von Geschichte zu einem wichtigen, wenn nicht zum entscheidenden Medium der Demokratisierung der Geschichtsschreibung werden. Durch sie können Menschen ihrer Geschichte Recht und Geltung verschaffen, die sonst in ihr gar nicht oder nur durch den Filter ihrer Oberen, ihrer Gegner oder ihnen freundlich gesonnener Philantropen (Menschenfreunde) vorkommen. Doch mit dem zu Wort kommen allein ist noch nicht viel gewonnen. Die vielerseits gehegte Hoffnung, daß der Originalton des Zeitzeugen ein besonders authentisches Bild der Wirklichkeit wiedergebe, erweist sich spätestens dann als trügerisch, ja gefährlich, wenn man sich eine O-Ton-Collage tumb-begeisterter HJ-Erinnerungen vorstellt. Erinnerungen

als Liebespaare noch Hakenkreuze und Bomber in die Bäume ritzten (Mülheim),
J. Schumacher/Essen

sind keine objektiven Spiegelbilder der Wirklichkeit, sondern Quellen zur Erschließung von Wirklichkeit und Wahrnehmung, die wie andere Quellen auch erst dann ihren Wert erweisen, wenn man weiß, was ihnen eigen ist, was sie leisten können und wie man methodisch klug mit ihnen umgeht.[17]
Das Besondere und zugleich Aufregende an dieser Quelle ist zunächst, daß sie ja erst im Gespräch erzeugt wird. Sie entsteht aus einer wechselseitigen Anstrengung der Gesprächspartner, ist also situationsabhängig und durch beide Seiten, den Interviewer wie den Zeitzeugen, vielfältig variierbar. Es macht einen gewaltigen Unterschied, ob ich zum Fabrikalltag der frühen 40er Jahre einen Arbeiter, den Direktor oder einen ehemaligen Zwangsarbeiter befrage, ob ich sie befrage zu den konkreten Abläufen der Produktion oder zur Mißhandlung von Ausländern, ob ich hinter jedem Befragten einen Erz-Nazi vermute oder hinter jedem noch so winzigen Murren ein Stück Widerstand gegen das Regime. Und wer einmal, weil das Tonband

als die Nazis noch mit Durchhalteparolen die Menschen zur Härte aufforderten (Mannheim)
U. Lachauer/Mannheim

als Schüler im Rahmen eines Wettbewerbs der Stadt Wuppertal ein Mahnmal entwarfen, das an die Geschichte des Kzs Kemna/Wuppertal erinnert.
Foto: Olaf Wunder

kaputt ging, ein Interview wiederholen muß, wird merken, wie viel auch von der konkreten Gesprächssituation abhängt, von der Tageslaune der Beteiligten, von der An- oder Abwesenheit des Ehepartners oder von der Tatsache der Wiederholung selbst, die fast immer ganz anders ist als das „erste Mal". Zu bedenken sind auch die Schwierigkeiten des Sich-Erinnerns, die physischen, psychischen und gesellschaftlichen Schranken dieses Prozesses. Der Mensch vergißt mit wachsendem Zeitabstand, er vergißt selektiv, die unangenehmen Ereignisse schneller als die angenehmen, die dramatischen weniger als den ruhigen Fluß ereignisloser Jahre, er vergißt innerhalb gesellschaftlich aufgerichteter Schranken, die etwa bestimmte sexuelle Wünsche oder die Beteiligung am Faschismus tabuisieren, — und all dies wird an einem Mann anders sichtbar als an einer Frau. Zudem sind die meisten Menschen, je älter sie werden und je weniger sie ihrem Leben noch eine erneute Wende geben können, verständlicherweise darum bemüht, ihr Leben, so wie es war, als sinnvoll erscheinen zu lassen. Das heißt, sie werden die Darstellung ihres Lebensverlaufs an den Bedürfnissen ihres Alters, ihrer Altersphilosophie orientieren. Wer würde schon, um ein ganz banales Beispiel zu nennen, vor sich selber zulassen, geschweige denn anderen erzählen, daß er in 50 Jahren Ehe überwiegend unglücklich war?

Für den kritischen Umgang mit Interviews haben sich folgende Beobachtungen und Verfahren als sinnvoll erwiesen:

— Die Ergebnisse zeitgeschichtlicher Interviews sind umso ergiebiger und zuverlässiger, je näher die Themen den Alltag der jeweiligen Zeitzeugen betreffen: den Tagesablauf einer Hausfrau, die Arbeit am Fließband und mit den Kollegen, den Verlauf des Sonntags, geschwisterliche Spiele, nachbarschaftliche Kontakte usw. Da diese Dinge von den Befragten selbst meist nicht für wichtig gehalten werden, muß man sie anstoßen. Befragt man sie aber, so erweisen sie sich als Experten des Alltags. Hier besteht kein Anlaß zu nachträglichen Uminterpretationen, hier ist die Befragung den meisten anderen Quellen haushoch überlegen, wenn nicht oft überhaupt die einzige Möglichkeit, alltägliche Lebensumstände und Lebensweisen dicht und detailgenau zu rekonstruieren.

— Je weiter sich dagegen die Themen vom Alltag entfernen, je mehr sie in politisch und lebensgeschichtlich heikle Bereiche und in Tiefendimensionen der Wahrnehmungen und Einstellungen hineinführen, desto schwieriger wird es mit der Quellenkritik. Hier empfiehlt es sich, den Interviewpartner nicht nur zu einzelnen Lebensbereichen oder Ereignissen zu befragen, sondern ein sogenanntes „lebensgeschichtliches Interview" zu führen. Eingebettet in den gesamten Lebensverlauf werden Einzelinformationen auf ihre innere Stimmigkeit im Gesamtkontext des Lebens überprüfbar und wird es möglich, der komplizierten Entwicklung von Haltungen — Solidarität, Zivilcourage, Ellbogenmentalität oder Fremdenhaß — auf die Spur zu kommen. Dies wird um so mehr gelingen, wenn man mehrere Angehörige einer Gruppe oder eines Milieus befragt.

— Eine weitere Möglichkeit der Interpretation und Kritik ist der Vergleich mit schriftlichen Quellen. Zum einen lassen sich dadurch Informationen weiter überprüfen; Zeitungsberichte etwa können Interviewaussagen widerlegen oder auch zusätzlich beglaubigen, daß die HJ im Dorf X. keinen Wehrsport betrieben habe. Zum anderen schärfen solche Vergleiche den Blick für die Perspektivität von Aussagen. So enthüllt die „Reichskristallnacht" erst dann ihren vollen Schrecken, wenn neben dem Augenzeugenbericht des Juden M. auch die lapidare Zeitungsmeldung über den Brand, der Bericht der Feuerwehr, das Tagebuch der mit ihm befreundeten Nachbarin oder etwa die Verteidigung der Täter aus den Prozeßakten der Nachkriegsszeit herangezogen werden können.

— Um eine Balance zu finden zwischen der freien Erzählung des Interviewten und den interessegeleiteten Fragestellungen des Interviewers haben sich sogenannte „halboffene" Interviews als am günstigsten erwiesen. Sie bestehen, grob gesagt, aus einem freien Teil, in dem der Zeitzeuge, unterbrochen allenfalls durch Verständnisfragen, sein Leben oder einen bestimmten Teil daraus erzählt, und einem gelenkten Teil, in dem der Interviewer nach einem zuvor erarbeiteten Gegenstandskatalog ergänzende Fragen stellt.[18]

Kurzschlüsse und Analysen

Sobald die Ergebnisse der Spurensuche einen gewissen Umfang erreicht haben, der eine systematische Ordnung des Materials nötig und Vergleiche zwischen verschiedenen Quellen möglich macht, spätestens dann stellt sich die Frage, was denn so das Gesammelte — außer vielen interessanten Neuigkeiten — eigentlich erbracht hat, was es erklärt, beweist, widerlegt oder auch offenlassen muß. Dieser Schritt der gedanklichen Durcharbeitung und Analyse ist, das wird oft unterschätzt, der Schwierigste und, wenn man ihn ernst nimmt, wohl auch der zeitraubendste. Zwei Schwierigkeiten verquicken sich hier. Zum einen vollziehen sich die gedanklichen Abenteuer und die damit verbundenen notwendigen Exkursionen in die Fachliteratur viel langsamer und mit weniger sichtbaren Ergebnissen als die der Recherche oder auch der politischen Reibungen, die immer wieder aus sich heraus Motivation und Dynamik erzeugen. Zum anderen spitzt sich, sobald es um Einschätzungen und Bewertungen geht, die Gefahr von Verletzungen, die in der Kooperation von Älteren und Jüngeren, Historikern und Zeitzeugen angelegt ist, ganz erheblich zu. Und oft entsteht dann aus Unlust, Überforderung und Scheu vor emotionalen Belastungen der Entschluß, es bei der Dokumentation von Materialien zu belassen. Trotzdem geht kein Weg daran vorbei, daß der Ertrag eines Projektes ganz wesentlich von der Bewältigung dieses analytischen Schrittes abhängt.

Angenommen, eine Gruppe von jungen Frauen und Historikerinnen hat für einen Arbeiterbezirk im Revier Forschungen zur Lage und zum Bewußtsein erwerbstätiger Frauen während der 40er und 50er Jahre angestellt. Anfänglich vermuten sie, daß in den 40ern, als Frauen überall die Männer ersetzen müssen, ein kräftiger Emanzipationsschub stattfindet, der dann in der Ära Adenauer gekappt wird, indem die Frauen zurück an den Herd oder in schlecht bezahlte dienende Frauenberufe gezwungen werden. Ihre Interviewpartnerinnen, in ihrer Mehrzahl pensionierte Büroangestellte, machen ihnen nun ziemlich übereinstimmend klar, daß diese Annahmen an ihrer Erfahrung völlig vorbeigehen: Zum einen empfinden sie die Rolle der „Trümmerfrau" nicht als emanzipatorisch, sondern als harte Zumutung; zum anderen fühlten sie sich als spätere Sekretärinnen und Sachbearbeiterinnen durchaus nicht vom Fortschritt abgehängt oder gar unterdrückt. Im Gegenteil, sie waren zufrieden, und ihre Zufriedenheit schien ganz besonders mit der „dienenden Seite" ihrer Arbeit zusammenzuhängen: Sie kochten gerne Kaffee für den Chef, hielten ihm gern den Rücken frei und ihn bei Laune, und sein Lob war für sie die beste Bestätigung. Die Historikerinnen sind überrascht und befremdet und bemerken vielleicht etwas selbstironisch, daß sie offenbar ihre eigenen Emanzipationswünsche in die Generation der Mütter hineinprojiziert haben. Und vermutlich erscheint ihnen nun aus der Perspektive dieser Erfahrung die Geschichte jener Frauen nicht mehr als Geschichte einer gekappten Emanzipation, sondern — genau umgekehrt — als Geschichte der Kontinuität traditionell weiblicher Unterwerfung.

Solche Irritationen ergeben sich innerhalb von alltags- und lebensgeschichtlichen Untersuchungen fast immer. Und fast immer besteht die Gefahr, daß aufgrund des ersten Augenscheins allzu schnell neue, kurzschlüssie Thesen entstehen — wie dieser einfache Umkehrschluß, daß die Frauen im Grunde in einer Position der Unterwerfung verharrten. Um zu differenzierteren Erklärungen zu kommen, braucht es sowohl weiteres Hintergrundwissen wie auch methodische Phantasie. Eine wesentliche Hilfe ist dabei meist die — zeitliche, systematische, oft auch regionale — Ausweitung des Gesichtswinkels der Betrachtung. In diesem Falle könnte man statt nur der fraglichen 10 oder 20 Jahre die gesamte Lebensgeschichte der Frauen in den Blick nehmen und auf die Voraussetzungen und Wendepunkte ihres Selbstverständnisses hin näher untersuchen. Dabei könnte sich folgender Zusammenhang ergeben: Die Frauen wachsen zumeist während der 20er Jahre in einem patriarchalisch geprägten Arbeitermilieu auf und werden hier, aber auch später durch die Nationalsozialisten auf Ehe und Familie hin erzogen. Der Krieg unterbricht ihren Lebensplan. Für eine Weile tragen sie die Hauptlast des Überlebenskampfes der Familie, und häufig gewinnen sie dadurch ein erstes Zutrauen in ihre eigenen Fähigkeiten. Doch die Not und Überforderung stärken vor allem ihre Sehnsucht nach „normalen Verhältnissen". Sie suchen einen Mann und Ernährer, wollen Nur-Hausfrau und Mutter sein; doch bleiben viele, nicht selten als eine weitere Folge des Krieges, ledig. Bei anderen reicht das Einkommen des Mannes nicht fürs Nötigste, jedenfalls werden sie ein zweites Mal in die Berufstätgkeit gezwungen. Die meisten finden Arbeit in den Büros der Schwerindustrie. Und hier entwickeln nun fast alle nach einer gewissen Anlaufzeit eine so ungeahnte Tüchtigkeit und Freude bei der Arbeit, daß im Nachhinein keine die Bestätigung durch den Beruf missen möchte. Und dies trotz des geringen Lohns, trotz mangelnder Aufstiegschancen und bei den Verheirateten, da der Mann in den 50ern ein Pascha bleibt, trotz einer gravierenden Doppelbelastung. Entscheidend für ihre berufliche Zufriedenheit ist tatsächlich, daß sie ihre traditionelle Frauenrolle in den Beruf miteinbringen können. Sie erleichtert ihnen wie auch ihren Chefs den Einstieg in die ungewohnte Situation. Nur wird im Rückblick auf den gesamten Lebensverlauf sichtbar, daß ihre Situation und ihr Selbstverständnis nicht nur ein Kapitel in der Gechichte traditionell weiblicher Unterwerfung ist, sondern zugleich eine Pioniergeschichte weiblicher Erwerbstätigkeit. Als Arbeitertöchter sind sie Pioniere ihres Geschlechts und ihrer Schicht. Ihr Schritt in den Beruf, der — zweimal erzwungen — schließlich eine Dynamik entwickelt und doch innerhalb der neuen Rolle die alte mit sich schleppt, ist ein eindrucksvolles Beispiel für die komplizierte Dialektik der Emanzipation. Faßt man nun nicht nur die weibliche Rolle, sondern die gesamte Lebenslage der Frauen und ihrer Familien ins Auge, so wird als Weiteres deutlich, daß sie in den 50ern zum ersten Mal einem seit Generationen stabilen Klassenschicksal der Armut entrinnen können — Bedingung und Quelle eines Selbstgefühls, das für Jüngere heute kaum noch nachvollziehbar ist und mit der Frage nach der Emanzipation nur wenig zu tun hat.[19]

So ähnlich könnte der Ertrag eines analytischen Blicks in den Alltag aussehen. Er könnte auch anders aussehen, wichtig ist nur, daß der Unterschied zwischen einem bloß eingesammelten Ertrag und sich daraus ergebenden (Kurz-) Schlüssen und einem ansatzweise verdauten Ertrag einleuchtet. Damit sind jedoch vorwiegend wissenschaftliche Fragestellungen berührt. Aber das Beispiel macht es auch vorstellbar, welche Verständigungsschwierigkeiten und Verletzungen es geben kann, wenn, wie in dem zuletzt geschilderten Fall, Rentnerinnen als Projektmitglieder dabei sind und man sich von Generation zu Generation, von Schicht zu Schicht über die Voraussetzungen und Kriterien von „Emanzipation" verständigt. Man muß sich klarmachen, daß dieser Prozeß für die Älteren in erster Linie eine Verarbeitung oft schwieriger lebensgeschichtlicher Probleme bedeutet, die ihre eigene Emotionalität, ihr eigenes Tempo, ihre eigenen Rechte und auch das Recht auf Verweigerung hat. Hier eine Balance zu finden zwischen den Interessen, Fähigkeiten und Rechten aller Beteiligten ist schwer. Trotzdem sollte man auch den Weg der Analyse als kommunikativen Prozeß suchen und die Vermittlungen zwischen Wissenschaft und Lebensgeschichte so offen wie möglich halten. Dabei wird das Maß an Selbstreflexion und Offenheit sicher auch davon abhängen, ob sich ein Angebot an verständlicher sozialhistorischer Literatur entwickelt, das für solche Projekte brauchbar ist; aber auch von einer Moral und Kultur des Umgangs miteinander, die im Zweifels- und Konfliktfalle enge Grenzen zieht, wo die Selbstachtung von Projektmitgliedern es verlangt.

Identität und Distanz

Was aber kann man aus dieser Auseinandersetzung mit der Geschichte, wie kann man überhaupt aus ihr lernen? Die Frage wird, wie es scheint, heute mit besonderem Nachdruck gestellt — unter einem geradezu existentiellen Druck. Und wer aus der Geschichte lernen will, tut gut, sich darüber zu vergewissern, was eigentlich diesen Druck erzeugt und wie dieser möglicherweise die eigene Fragehaltung gegenüber den jeweiligen historischen Gegenständen beeinflußt.
Das gegenwärtige Interesse an Geschichte ist vor allem ein Symptom der Krise. Nicht der vielzitierte „Verlust der Geschichte“ löste es aus. Damit haben wir ja schon eine ganze Weile gelebt. Erst als zu Bewußtsein kam, daß die auf Wachstum eingeschworene Gesellschaft an eine Grenze gestoßen ist, wurde dieser Verlust (an Natur, an Arbeitszusammenhängen und Beziehungen, an nichtstandardisierten Vergnügungen, der mögliche Verlust der Welt überhaupt) sozusagen als Kostenseite des Wachstums sichtbar. Und wenn die Welt nach vorne hin vernagelt erscheint und mögliche Perspektiven nicht mehr so einfach aus der Fortschreibung des bisher Gelebten genommen werden können, liegt der Blick zurück nahe: Wie sind wir eigentlich hierher gekommen? Wo hätten wir die Weichen anders stellen können, könnten wir sie heute noch anders stellen? Das Interesse entspringt also einem dringenden Orientierungsbedürfnis. Es geht quer durch die politischen Lager und Generationen und ist entsprechend heterogen. Als Bedingung historischen Lernens ist es ambivalent; in ihm steckt eine Chance zu grundlegender Besinnung wie auch die Gefahr, daß man sich unter dem Druck allzu hektisch und zweckgebunden auf die Suche nach schnellen Lösungen macht. In dieser ambivalenten Lernsituation befinden sich auch die lokalen Geschichtsinitiativen.
Unbestreitbar ist jedoch, daß aus dieser Auseinandersetzung mit Geschichte für alle Beteiligten ein größeres Selbstbewußtsein entstehen kann. Nicht unbedingt im Sinne von Stolz, sondern in der allgemeineren Wortbedeutung, daß man weiß, wer man ist, wo man herkommt und dies vor niemandem verstecken muß. Vor allem den Älteren, deren Lebensideale in den letzten 30, 40, 50 Jahren auf eine nie zuvor gekannte Weise entwertet wurden und deren Erfahrungen und Lebensweisen, zumindest was die Geschichte der weder herrschenden noch begüterten Schichten betrifft, in der Öffentlichkeit keiner Erwähnung oder gar Würdigung wert waren, wird durch die Beschäftigung mit ihrer Geschichte ein Stück Identität zurückgegeben. Hier kann offenbar die (selbst in den Arbeiterkolonien und der Arbeiterbewegung) weit fortgeschrittene Individualisierung und individuelle Verarbeitung auch von Geschichte ein Stück weit aufgefangen werden. In diesem Sinne hat wohl der Film „Rote Erde“ für einen breiteren Kreis Nachdenklichkeit und Selbst-Bewußtsein hervorgerufen.[20] In gewisser Weise gilt dies auch für jüngere Projektmitglieder, mit dem Unterschied natürlich, daß sie nicht direkt ihre eigene Lebensgeschichte aufarbeiten, sondern vermittelt über die der Eltern- und Großelterngeneration, so etwas wie Vertrautheit, Bindung, Zuständigkeit für die eigene Umgebung erwerben, in die sie heute nicht mehr wie damals so einfach hineinwachsen können. Zudem bedeutet der Prozeß des Forschens selbst mit seinen Entdeckungen, Hindernissen und Reibungen eine Herausforderung an die Kreativität und Aktivität, die wie jede kulturelle Betätigung die Ansprüche an das eigene Leben wachsen lassen und ein kritisches Gegengewicht gegen vorgefertigte (historische) Erkenntnisse bilden könnten. Auf das gesellschaftliche Handeln der Personen selbst muß dieser Prozeß nicht unbedingt Einfluß nehmen. Aber auch wenn diese Beschäftigung mit der eigenen Geschichte ganz affirmativ, ganz „konservativ“ im wörtlichen Sinne geschehen sollte, so läuft beides — die Entdeckung eigener Wurzeln wie auch der Weg dieser Entdeckung — allemal gegen den Strom des herrschenden Trends, der die Identität und Eigenaktivität von Gruppen und Individuen beständig weiter einebnet. Beides setzt gegen die Erfahrung des Ausgeliefertseins die Erfahrung: Geschichte wird gemacht.
Wie dann allerdings gegenwärtiges und künftiges Handeln aussehen könnte, welche Lehren aus dem je Erforschten für das Heute gezogen werden könnten, ist sehr viel schwieriger auszumachen. Liest man dazu die Vor-, Nach-, Schluß- und Mahnworte der Publikationen, die so entstanden sind, so scheinen die Parallelen und die daraus zu ziehenden Konsequenzen auf der Hand zu liegen: Juden damals — Ausländer heute, Nazis 1923 — Neonazis 1983; Aufrüstung in den 30ern — „Nachrüstung“ in den 80ern, Aufmüpfigkeit gegen die Obrigkeiten im 16. und 19. Jahrhundert — und im Jahr 2000. Aber sind diese Situationen in ihrem Kern, also von

ihren Ursachen, den Gefahren und möglichen Lösungen her, wirklich vergleichbar? Oder hat nicht die Ausländerfeindlichkeit in der Bundesrepublik sehr viel mehr mit dem sich verschärfenden Nord-Süd-Gegensatz zu tun als mit einer rassistischen Ideologie und der schlichten Ablehnung alles Fremden? Geht die Gefahr eines „neuen Faschismus" tatsächlich von einem drohenden Bündnis Roeders und Kühnens mit relevanten gesellschaftlichen Kräften aus oder nicht doch eher von der Wirklichkeit werdenden Vision des Orwellschen Überwachungsstaates? Und welche Rolle könnten in diesem Staat die Schnippchen spielen, die Räuber Mohr, der westfälische Schinderhannes, vor 130 Jahren den Obrigkeiten schlug — als Vorbild vielleicht für den Einbruch in moderne Computersysteme? Nicht daß mit den Gegenwartsbezügen nicht brennende Probleme angesprochen werden, aber es scheint, daß der historische Rückbezug eher die Mahnungen und Forderungen gegenwärtiger Politik unterstreicht, als daß er sie zusätzlich erklärt, erhellt oder lösbarer machen würde. Wie wenig aussagekräftig solche unmittelbaren Parallelen letztlich sind, wird spätestens im hektischen Schlagabtausch in der Tagespolitik deutlich, der die „Lehren" beliebig zur bloßen Munition macht, die schon längst bereitstand für etwas, was jeder von seiner Warte schon vorher wußte und wollte. Auf diese Weise schwimmt Geschichte im Kielwasser vorhandener Trends und hat keine eigenständige Bedeutung mehr.

Die Möglichkeit, sich an ihr, an der Geschichte des Alltags zumal, zu orientieren, ist woanders zu suchen, in indirekteren Wegen und „Lehren", die sich vermutlich um so deutlicher erschließen, je mehr man sich von dem Druck, etwas lernen zu *müssen*, befreit. Wer zum Beispiel verfolgt hat, wie sich die alltägliche Diskriminierung der Juden vollzog, wird zwar keine Lösung des Ausländerproblems finden, aber vielleicht eine neue Vorstellung davon bekommen, wie man als Normalbürger durch eine Fülle kleiner Zustimmungsakte und Gleichgültigkeiten mitbeteiligt und schuldig werden kann. Das wäre konkreter als das abstrakte „Nie wieder!" Aber zugleich würde auch sichtbar, daß das, was heute unsere Wahrnehmung von Unrecht begrenzt und unser freundliches Interesse verhindert, kaum etwas mit staatlich sanktioniertem Terror zu tun hat oder mit der Selbstverständlichkeit von Befehl und Gehorsam, sondern eher mit scheinbar unumstößlichen „Sachzwängen" ökonomischer Arbeitsteilung und mit dem weitgehenden Fehlen jeglichen nachbarschaftlichen Interesses überhaupt.[21] — Wer sich mit dem Widerstand der Gewerkschaften gegen die Nazis beschäftigt hat, wird in dem Verhalten der Protagonisten vor Ort sicher eine moralische Bekräftigung für heutige Kämpfe erfahren können. Aber Vorbilder in dem Sinne, daß er in ihre Fußstapfen steigen könnte, sind sie sicher nicht. Aber man kann, indem man ihr Handeln und die Bedingungen ihres Handelns näher untersucht, einige Anhaltspunkte dafür gewinnen, welche Bedeutung Solidarzusammenhänge für den Mut haben und wo ihre Grenzen liegen können, welchen Stellenwert für das Scheitern von Widerstand die Haltung der eigenen Organisation haben kann, oder auch daß Taten, selbst wenn sie ohne jede Aussicht auf Erfolg sind, ihren historischen Sinn haben können. Dabei wird man ganz zwangsläufig auch über die ungeliebten Erinnerungen aus der Gewerkschaftsgeschichte (etwa die Stillhaltepolitik des ADGB, die Spaltung der Arbeiterbewegung) stolpern. Aber vielleicht sind diese auf lokaler Ebene und im konkreten historischen Fall leichter aufzurollen als über die zentrale Organisation, die mehr an tagespolitischem Druck aushalten muß.[22] — In anderen Fällen könnte der größte Wert der Beschäftigung mit dem historischen Alltag darin bestehen, daß man vor allem die Nicht-Vergleichbarkeit zum heutigen feststellt. Warum sollten die Trümmerfrauen der Nachkriegszeit unbedingt Ahnfrauen heutiger Emanzipationsbestrebungen sein? Vielleicht lehren sie uns ja viel mehr, wenn sie uns aus der Perspektive ihrer völlig anders gelagerten Geschichte, sozusagen mit fremdem Blick, die Lasten und Privilegien und komplexen Bedingungen der eigenen Entwicklung genauer vor Augen führen. Es schärft unseren Wirklichkeitssinn und macht uns möglicherweise in der Beurteilung ihrer Entwicklung etwas „gnädiger".

Kurz: Geschichte ist ein Medium, das gegenüber der Gegenwart Abstand und Überblick vermittelt. Aus dieser Spannung lebt auch das Lernen aus ihr. Wenn man sie nach Art der Wünschelrutengänger durchforstet und sie sich, entsprechend dem jeweiligen Bedarf — an Helden, Argumenten, Seelentröstern — mit Haut und Haaren einverleibt, wird sie einem nicht viel mehr geben als historische Illustrationen der Tagespolitik. Ihr Wert aber besteht gerade entgegengesetzt in dem, was das tägliche Leben und Politikmachen kaum bietet: Distanz zu sich selbst, zu den Tabus der eigenen Organisation, gelassenes Atemholen, komplexes Nachdenken über Zusammenhänge und Hintergründe, Freiheit und Phantasie für mögliche Lösungen, aber nie die Lösungen selbst.

1 Einführend zur Problematik der Alltags- und Regionalgeschichte: Detlev Peukert, Arbeiteralltag: Mode oder Methode? in: Heiko Haumann (Hg.), Arbeiteralltag in Stadt und Land, Argument-Sonderband 94, Berlin 1982, S. 8—39; Lutz Niethammer, Anmerkungen zur Alltagsgeschichte, in: Geschichtsdidaktik 3/1980, S. 231—242; Alltagskultur/Industriekultur. Protokoll einer Tagung vom 15. 1. bis 17. 1. 1982 in Berlin (West), zu beziehen vom Museumspädagogischen Dienst Berlin, Hardenbergstr. 12, 1000 Berlin 12. Darin wird auch von einigen lokalhistorischen Projekten berichtet. Als neuesten kritischen Überblick zu den Ergebnissen und Bedenklichkeiten solcher Projekte vgl. Alfred Frei, Alltag — Region — Politik. Anmerkungen zur „neuen Geschichtsbewegung", in: Geschichtsdidaktik 2/1984.

2 Der Schülerwettbewerb Deutsche Geschichte um den Preis des Bundespräsidenten, der vor gut zehn Jahren von Gustav Heinemann und dem liberalen Hamburger Unternehmer Körber gegründet wurde, ist wohl die älteste überregionale Instanz, die Heimat- und ab 1977 auch Alltagsgeschichte in demokratischer Absicht fördert. Zu jedem der bisher acht Themen — sie reichen von der 1848er Revolution bis zur Nachkriegszeit, vom Wandel der Arbeitswelt und des

Wohnens bis zu Veränderungen in Familie und Freizeit — gibt es ein thematisch und regional geordnetes Findbuch der preisgekrönten Arbeiten (für NRW dürften das inzwischen etwa 300—400 Studien sein), das zu beziehen ist bei der Körber-Stiftung, Postfach 80 06 60, 2050 Hamburg 80, Tel.: 040/7 21 35 54. Inhaltlich und methodisch interessant (mit zahlreichen Hinweisen für Interviews, Archivarbeit, Ansprechpartner bei Institutionen und Organisationen) sind vor allem zwei Veröffentlichungen zu den letzten beiden Wettbewerben zum „Alltag im Nationalsozialismus". Für die Jahre von 1933—39 (darin auch ein Auszug aus der erwähnten Arbeit aus Telgte) vgl. Dieter Galinski/Ulrich Herbert/Ulla Lachauer (Hrsg.): Nazis und Nachbarn. Schüler erforschen den Alltag im Nationalsozialismus, Reinbek 1982 (rororo TB 7648) sowie für die Kriegsjahre 1939—45 das bei der Körber-Stiftung zu beziehende Heft für Tutoren „Nicht irgendwo, sondern hier bei uns". Zu diesem Wettbewerb wird im Herbst 1984 im Hamburger Verlag „Erziehung und Wissenschaft" eine Dokumentation der Ergebnisse erscheinen.

3 Hochlarmarker Lesebuch. „Kohle war nicht alles". 100 Jahre Ruhrgebietsgeschichte, Oberhausen 1981 (Asso-Verlag). Kontakt zu dem Arbeitskreis kann man über Margarethe Goldmann vom Kulturamt der Stadt Recklinghausen aufnehmen. In der Folgezeit entstanden in Recklinghausen weitere Projekte z. B. zur Geschichte von drei Gesangvereinen in RE-Süd. Vom IGBE-Bezirk Ruhr-Nord wurden einige Publikationen herausgegeben, die sich ebenfalls im Kontext des Projektes entwickelten: „Jahre, die wir nicht vergessen". 1945—1950. Recklinghäuser Bergbaugewerkschafter erinnern sich, sowie: „Abhängig vom Vertrauen". Gewählte Funktionäre der IGBE im Bezirk Ruhr-Nord, beide zu beziehen über den IGBE-Bezirk Ruhr-Nord, Recklinghausen. Das Hochlarmarker Projekt ist neben seinen gewerkschaftlichen Anbindungen assoziiert mit der im letzten Jahr gegründeten bundesweiten Geschichtswerkstatt e. V., einem vielleicht im weitesten Sinne linkspluralistischen Zusammenschluß von regionalen Geschichtsprojekten. Sie veranstaltet überregionale Treffen und gab seit 1983 zwei Infos mit Tagungs- und Projektberichten heraus. Bezugsadresse und Kontakt über: Alfred Georg Frei, FB 2 der TH Darmstadt, Residenzschloß, 6100 Darmstadt. Eine größere Zahl von mehr oder minder interessanten Projektberichten von Geschichtswerkstätten sowie zwei Berichte aus dem schwedischen (Sven Lindquist) und schweizerischen Ausland (Theo Pinkus) enthält das Jahrbuch 3 „Demokratie- und Arbeitergeschichte" der Franz-Mehring-Gesellschaft (Hg.) Weingarten 1983 (Drumlin-Verlag)

4 Kontakt über Manfred Faust, Stadtarchiv Hürth, Weierstr. 4, 5030 Hürth

5 Kontakt über „Initiative Zeche Karl e. V.", Hömannstr. 10, 4300 Essen 12, Tel.: 0201/35 79 22. Da es zur Zeit keine zentrale Informations- und Kontaktstelle der inzwischen zahlreichen Umnutzungs-Initiativen gibt, ist die Zeche Karl bereit, Interessierten mit Hinweisen und Weiterverweisen zu helfen. Sehr nützlich, um sich für die auftauchenden baulichen, juristischen, finanziellen und betriebswirtschaftlichen Probleme bei der Umnutzung von Industriegebäuden sachkundig zu machen, ist eine Broschüre der Reihe „Für Stadtentwicklung und Städtebau" des Instituts für Land- und Stadtentwicklung in Dortmund zur Umnutzung von Industrieanlagen. Sie ist etwa ab Mai 1984 für ca. 20 DM zu beziehen beim WAZ-Verlag, Am Burgacker 16, 4100 Duisburg. Einen anschaulichen Überblick über Industriedenkmäler in NRW gibt ein Bildband mit dem Titel: „Das darf nicht weg!" Historische Industrieobjekte in Nordrhein-Westfalen, Schriften des Rheinischen Museumsamtes Nr. 25, Köln 1983 (Rheinland-Verlag).

6 Demokratie vor Ort. Ein Lesebuch zur Geschichte der Sozialdmeokratischen Partei Deutschlands in Mülheim, hrsg. von Willi Müller, Mülheim 1979 — zu beziehen über die Geschäftsstelle der SPD, Auerstr. 13, 4330 Mülheim. Im letzten Jahr erstellte die Friedrich-Ebert-Stiftung eine „Bibliografie lokaler und regionaler SPD-Festschriften in der Bibliothek des Archivs der sozialen Demokratie" mit bisher 365 Titeln, die laut Vorwort zum großen Teil den Typ der klassischen Jubiläumsschrift repräsentieren. Neuerungen im Sinne des Mülheimer Lesebuchs sind offenbar noch selten. Der Trend geht eher dahin, neuere Festschriften und Ortsvereinsgeschichten bei professionellen Historikern in Auftrag zu geben. Um die Eigenaktivität der Ortsvereine selbst anzuregen, will die Historische Kommission der SPD demnächst ein Material „Geschichte schreiben im Ortsverein" herausgeben. Vgl. dazu den Aufsatz von Horst Schmidt, „Heißhunger auf Geschichte". Ortsvereine entdecken ihre Vergangenheit, in: Die Neue Gesellschaft 10/1983, S. 900—906. Ein anregendes Praxisbeispiel ist die von der „Gesellschaft der Freunde Nordrhein-Westfalens" initiierte Wanderausstellung zum Thema „Anders leben — genossenschaftliche Selbsthilfe als politische Kultur", die gegenwärtig durch die Städte wandert und die Ortsvereine und Bürger auffordert, vor Ort einen lokalen Teil zu den Genossenschaften zu ergänzen. Näheres ist zu erfahren über die Ausstellungsgruppe Genossenschaften, Wittekindstr. 16, 4800 Bielefeld 1, oder bei der Genossenschafts-Ausstellungsgruppe Köln, c/o Prof. Dr. Klaus Novy, Heisterbachstr. 12, 5000 Köln 41. Ein kleiner Katalog zur Ausstellung ist erschienen bei: Klenkes Druck und Verlag, Oranierstr. 9, 5100 Aachen (8,50 DM).

7 Alte Synagoge Essen, Steeler Str. 29, 4300 Essen 1. Von den inzwischen zahlreichen Publikationen sei nur die Dokumentation zur Dauerausstellung „Widerstand und Verfolgung in Essen 1933—1945", Essen 1981 erwähnt. Sie kann, ebenso wie das Publikationsverzeichnis über die Alte Synagoge bestellt werden. Der kaufmännische Angestellte und Wissenschaftler Ernst Schmidt schrieb übrigens auch für den vorliegenden Band einen Beitrag. — In diesem Zusammenhang sei als sozusagen letztes Netzwerk auf die Kulturpolitische Gesellschaft e. V. verwiesen, einen Zusammenschluß von kulturpolitisch engagierten Politikern, Wissenschaftlern, Künstlern und Kulturarbeitern, die seit 1976 zu einem wichtigen Diskussionsforum demokratischer Kulturarbeit — auch für deren historische Aspekte — wurde. Sie ist zu erreichen über die Geschäftsstelle Hohenhof, Stirnband 8—10, 5800 Hagen.

8 Mir ist kein Projekt bekannt, das von betrieblichen Zusammenhängen ausgegangen wäre. Lediglich in der schreibenden Zunft haben zwei mutige Journalisten des „Mannheimer Morgen" und des Berliner „Tagesspiegel" eine Art Betriebsgeschichte von innen gewagt, was beide Male zu großen Auseinandersetzungen mit dem Besitzer des Meinungsbetriebes führte. In Berlin (West) entstanden kürzlich zwei anregende Projekte, bei denen eine Mitarbeit von betrieblicher Seite in allerersten Ansätzen gelungen ist: vgl. die Dokumentation und Dia-Schau über Borsig und Borsigwalde, hrsg. vom Museumspädagogischen Dienst Berlin, Hardenbergstr. 12, 1000 Berlin 12, sowie die Dokumentation über die (sterbende) Metalldrückerei Ernst Schulze, 2. Hinterhof, hrsg. vom Kunstamt Schöneberg, Grunewaldstr. 6—7, 1000 Berlin 62. Das Projekt einer Einzelgängerin über die Bayer-Werke in Leverkusen, das auch viele Arbeiterberichte und Interviews mit Arbeitern einschließt, kann nur in verschiedener Hinsicht als mißglückt bezeichnet werden, ist aber trotzdem ein interessantes Dokument, insofern es zeigt, wie heikel offenbar Unternehmern dieses Thema ist und wie schwer es ist, mit dem wenigen, was sie, wenn überhaupt, aus ihren Betriebsarchiven und geschäftlichen Unterlagen herauslassen, kritisch umzugehen: „Nicht ohne uns!" Arbeiterbriefe, Berichte und Dokumente zur chemischen Industrialisierung von 1760 bis heute, gesammelt und kommentiert von Hilla Peetz, Frankfurt/Berlin/Wien 1981 (Ullstein-Materialien).

9 Einen Überblick über Probleme der neueren Stadtgeschichtsschreibung geben die „Informationen zur modernen Stadtgeschichte" 1/1981 (mit einer Bibliografie bestehender und geplanter Heimatgeschichten). Methodisch anregend für einen kritischen Umgang mit der Selbstdarstellung von Städten sind zwei Projekte aus dem Ruhrgebiet: Eine „Untersuchung der bildhaften Darstellung von Wohnen — Arbeiten — Öffentlichkeit im Ruhrgebiet" von Design-Pädagogik-Studenten der Universität Essen unter Leitung von Hermann Sturm, als Ergebnisbericht abgedruckt in: Wie lebt man im Ruhrgebiet? Bewohner fotografieren, Essen 1981, S. 119—129, sowie der Bericht eines Unterrichtsprojektes, das an Oberhausener Straßennamen das krasse Übergewicht wilhelminischer Traditionsbezüge nachwies, vgl. Detlev Appenzeller/Kristine Seidel, Geschichte im Alltag: Straßennamen, Denkmäler — ein offenes Projekt, in sowi 4/1981, S. 233—236.

10 Als neueste Beispiele für verschiedene Varianten solcher Öffnung von Stadtgeschichte seien genannt: Nippes gestern und heute. Eine Geschichte des Stadtbezirks und seiner Stadtteile Nippes, Bilderstöckchen, Mauenheim, Weidenpesch, Longerich, Niehl, Riehl, hrsg. von Franz Irsfeld, Köln 1983 (Buchladen Neusser Straße) — das Interesse rückt vom Kölner Zentrum an die Peripherie der Stadt, diese integriert ihre Teile; 1100 Jahre Duisburg, 883—1983, Festschrift, Kalender, hrsg. von der Stadt Duisburg, Duisburg 1983 — ein fast groteskes, krasses Nebeneinander verschiedener Phasen der Stadtgeschichtsschreibung; Frank Bajohr, Verdrängte Jahre. Gladbeck unterm Hakenkreuz, Essen 1983 (Klartext Verlag) — Stadt und Kommunalverband Ruhr unterstützen einen 22jährigen Historiker bei seiner Arbeit. Einen Überblick über kommunale Projekte zum Jahr der „Machtergreifung" im Bereich NRW stellte das Sekretariat für gemeinsame Kulturarbeit zusammen (Postfach 20 14 14, 5600 Wuppertal 2).

11 Nützliche Hinweise zur Problematik des Umgangs mit Archiven finden sich im Heft 3/1982 der Zeitschrift „medium" unter dem Titel „Archive: Endlager oder Aufbereitung", sowie — Archivalien zur NS Zeit betreffend — in einem Aufsatz von Joachim Radkau, Hinweise zur Arbeit in Archiven und zur Befragung von Augenzeugen, in: Benno Hafeneger u. a. (Hg.) Dem Faschismus das Wasser abgraben, München 1981, S. 219—238.

12 Zur Klärung von Sachfragen und Entwicklung von Leitfragen für die Suche kann — spätestens zu diesem Zeitpunkt — ein Standardwerk gute Dienste tun, in diesem Falle z. B.: Horst Ueberhorst, „Frisch, frei, stark und treu". Die Arbeitersportbewegung in Deutschland 1893—1933, Düsseldorf 1973

13 An dieser Stelle könnte die Benutzung mit Auflagen des Datenschutzes verbunden sein. Meistens gehen diese, sowie die sehr viel häufiger zutreffenden Einschränkungen aufgrund des allgemeinen Persönlichkeitsschutzes aus den Benutzerordnungen hervor. Zur rechtlichen Situation vgl. ausführlich die Auskünfte, Gutachten und Argumentationshilfen zum „Datenschutz und Persönlichkeitsschutz. Zur Rechtslage im staatlichen Archivwesen", in: D. Galinski/ U. Herbert/ U. Lachauer (Hg.), Nazis und Nachbarn, a. a. O., S. 321—329.

14 Ein von solcher Quellenfülle und der methodischen Erschließung her aufregendes und exemplarisches

Beispiel ist die Geschichte eines Borbecker Kommunalbaumeisters: Lutz Niethammer, Umständliche Erläuterung der seelischen Störung eines Communalbaumeisters in Preußens größtem Industriedorf oder: Die Unfähigkeit zur Stadtentwicklung, Frankfurt 1979 (Syndikat-Verlag).

15 Hochlarmarker Lesebuch, a. a. O., S. 28.

16 Ein Filmzyklus von Alphons Stiller u. a., BRD 1978, 8 Teile zu je 25—35 Minuten (Verleih u. a. über Ruhrfilmzentrum, Alte Bahnhofstr. 202, 4630 Bochum-Langendreer). Zu diesem Film gibt es auch ein gleichnamiges Textbuch von Jaimi Stüber, Bremen 1981, sowie ein weiteres Buch, das aus einer größeren Anzahl von Filmen über dieses Milieu entstanden ist: Gabriele Voss, Der zweite Blick. Prosper Ebel. Chronik einer Zeche und ihrer Siedlung, Berlin 1983 (Verlag Ästhetik und Kommunikation) — Ein weiterer Film, der für solch einen Einstieg, aber auch für spätere Diskussionen über die Perspektivität von Erinnerungen nützlich sein kann ist: „Unversöhnliche Erinnerungen", von Klaus Volkenborn u. a., BRD 1979, 92 Minuten (Verleih über alle Landesbildstellen). Er konfrontiert — ohne ein Wort des Kommentars — Sequenzen aus der Lebensgeschichte eines Arbeiters und eines Offiziers und späteren Generals vom spanischen Bürgerkrieg bis in die Nachkriegszeit.

17 Zu dem gesamten Komplex der „oral history" gibt es derzeit noch keine halbwegs populären Bücher. Einige wissenschaftliche Publikationen sind allerdings, bei einiger Ausdauer in der Erarbeitung, höchst lohnenswert: vgl. Lutz Niethammer (Hg.), Lebenserfahrung und kollektives Gedächtnis. Die Praxis der „Oral History", Frankfurt 1980 (Syndikat-Verlag); Werner Fuchs, Biografische Forschung. Eine Einführung in Praxis und Methoden, Opladen 1984 (Westdeutscher Verlag); sowie der Band „Oral history. Geschichte von unten", der Zeitschrift Literatur und Erfahrung, Heft 10/1982.

18 Zur Zeit existiert noch kein praktischer Leitfaden zur Vorbereitung Durchführung und Auswertung von Interviews. Allerdings findet man brauchbare Hinweise auch für ganz praktische Dinge wie etwa die Transkription von Gesprächen im Projektbericht des Hochlarmarker Lesebuches, a. a. O., S. 316 ff., sowie in den unter Fußnote 2 angegebenen Publikationen des Schülerwettbewerbs Deutsche Geschichte. Wer wissen will, ob in seiner Region oder zu seinem je speziellen Thema private oder öffentliche Bestände von Interviews existieren, oder Kontakt zu anderen Projekten sucht, sei auf eine soeben erschienene „Erhebung über Bestände und laufende Projekte zur Oral History in der Bundesrepublik Deutschland" verwiesen, hrsg. von Bernd Parisius u. a., Hagen 1983, zu beziehen über die Fernuniversität Hagen, Arbeitsbereich Geschichte, Elberfelder Str. 95, 5800 Hagen 1.

19 Dieses Beispiel stammt aus einem wissenschaftlichen Projekt über „Lebensgeschichte und Sozialkultur im Ruhrgebiet 1930 bis 1960". Vgl. dazu den Aufsatz von Margot Schmidt, Im Vorzimmer. Arbeitsverhältnisse von Sekretärinnen und Sachbearbeiterinnen bei Thyssen nach dem Krieg, in: Lutz Niethammer (Hg.), „Hinterher merkt man, daß es richtig war, daß es schiefgegangen ist". Nachkriegserfahrungen im Ruhrgebiet, Berlin/Bonn 1983 (Verlag J.H.W. Dietz Nachf.), S. 191—232. Dieses Projekt ist zugleich ein Beispiel dafür, wie wichtig und für Geschichtsinitiativen produktiv neuere sozialhistorische Literatur sein kann — vor allem, aber nicht nur, in Phasen der Analyse und darstellerischen Aufbereitung der gesammelten Quellen.

20 Daß der Film so gut ankam, hat sicher auch mit der Widersprüchlichkeit seiner Geschichte zu tun, die nicht nur lebensvolle Alltagskultur, liebenswerte Menschen und heroische Kämpfe ausbreiteten, sondern auch das, was schief ging und fragwürdig war — von mißratenen Kindern, einer Gewerkschaft im „Burgfrieden" bis hin zu kleinkarierten Antialkoholkampagnen. — Der Katalog zur Ausstellung „Rote Erde" im Essener Ruhrland-Museum zeigt übrigens am Beispiel der Äußerungen junger Schauspieler, die sich an den historischen Rollen abarbeiteten, sehr schön, welch persönliche und kräftige Beziehung junge Leute zu den Schicksalen ihrer (Ur)Großelterngeneration bekommen können, vgl. Tita Gaehme/Karin Graf (Hg.), Rote Erde, Bergarbeiterleben 1870—1920, Film — Ausstellung — Wirklichkeit, Köln 1983 (Prometh-Verlag), v. a. S. 19—64.

21 Zu den Erfahrungen mit dieser veränderten Art der Beschäftigung mit dem Nationalsozialismus erscheint etwa Mitte des Jahres in der Schriftenreihe der Bundeszentrale für Politische Bildung eine Dokumentation mit dem Arbeitstitel „Gedenkstätten für die Opfer des Nationalsozialismus in der Bundesrepublik und Berlin (West)". Vgl. darin insbesondere die Aufsätze von Ulrich Herbert, Faschismuserfahrung und politisches Lernen — über die Schwierigkeiten im Umgang mit der Vorgeschichte der Gegenwart, und Hilde Schramm, Zur Erschließung von Stätten der NS-Vergangenheit.

22 Wie schwierig dies trotz alledem ist und wie sehr die lokalen Möglichkeiten auch vom Stand der allgemeinen Diskussion bestimmt werden, zeigte sich z. B. in Hochlarmark, wo sich, als es um den Kapp-Putsch ging, CDU-Kreise mit engagierten Wissenschaftlern und einzelnen Mitgliedern des Projekts heftige Leserbriefgefechte über die Ziele und die Legimität von Gewalt lieferten, während sich sozialdemokratische Repräsentanten heraushielten — aus Unsicherheit vermutlich, wie denn die damalige Haltung von Sozialdemokraten, diesseits und jenseits der Barrikaden, zu bewerten sei. Hier liegt sicher einer der Defizitbereiche der Aufarbeitung. Ein anderes Beispiel aus Duisburg zeigt, wie offenbar bei der Veröffentlichung der Ergebnisse das Material um alle problematischen und politisch strittigen Aspekte gekappt wurde: Die ansonsten gut recherchierte und engagierte Publikation des örtlichen DGB „Die ‚Gleichschaltung' der Gewerkschaften. Die Ereignisse des 2. Mai 1933 in Duisburg. Berichte und Dokumente", Duisburg 1983, dokumentiert lediglich das Schicksal der Opfer des Terrors und läßt die gesamte Vorgeschichte des Sturms auf die Gewerkschaftshäuser völlig unerwähnt. Sicher legt die erfolgreich errungene Einheitsgewerkschaft eine gegenseitige Rücksichtnahme der früher zerstrittenen Flügel der Arbeiterbewegung nahe, aber ist es nötig, dieses heute und künftig dringende Erfordernis auch so weit auf die Geschichte auszudehnen, daß als kleinster gemeinsamer Nenner bloß noch die Geschichte der Opfer übrigbleibt? Dabei ist gerade im DGB zum 50. Jahrestag der „Machtergreifung" auch kritisch über die Rolle und historische Verantwortung der eigenen Vorläuferorganisation, des ADGB, gesprochen worden. Vgl. dazu z. B. Tilman Fichter, „Handlungsspielräume" und die nachfolgende Dokumentation „Gegen die übliche Legendengeschichtsschreiberei — 50 Jahre danach", in: Die Neue Gesellschaft 10/1983, S. 909—919. Ein Projekt aus dem gewerkschaftlichen Bereich, das ungewöhnlich kritisch mit der eigenen Geschichte und Gegenwart umgeht ist: „Eure Räder rollen, nur wenn wir es wollen!" Arbeiterbewegung und Gewerkschaftsbewegung in Südniedersachsen, Beiträge zur Geschichte der IG Chemie-Papier-Keramik zwischen Harz und Weser 1899—1979, hrsg. von Wolfgang Schäfer, Hannoversch-Münden 1979.

Literaturhinweis

Wollten wir am Schluß dieses Buches all jene Bücher und Dokumentationen aufführen, in denen diejenigen, die in ihrem Bereich die Initiative zu einer Erforschung des Volkes aufgreifen wollen, Rat, Anregungen, Informationen oder Quellenmaterial finden, so müßte der Band nocheinmal so dick werden und immer noch wäre es nicht alles. Das Aufspüren solcher Quellen und Anregungen gehört aber gerade auch zum Spaß an der eigenen Geschichtsforschung, die auch vieles auffinden kann, wovon die Wissenschaft noch gar nichts weiß. Die folgenden Titel sollen nur einen ersten Einstieg in die Literatur erleichtern. Die meisten der genannten Werke enthalten selbst ausführlichere Literatur- und Quellenverzeichnisse, über die man dann weiteres suchen kann, was für das eigene Vorhaben nützlich ist. Außerdem gibt es für systematischere Recherchen Bibliografien für Regionen und einzelne Städte, bei deren Auffindung und Benutzung die Stadtbibliotheken und Stadtarchive sicher gerne helfen. In den meisten Fällen können wir im folgenden nur einige Beispiele von Titeln anführen. Die Auswahl ist nicht als ein Qualitätsurteil gemeint; wir haben nur einige für die neuere Forschung besonders charakteristische, auch für den Nichtspezialisten lesbare Bücher herausgegriffen, die sich auf NRW beziehen.

Als Nachschlagewerke für die allgemeine, auch weiter zurückreichende Geschichte des Rheinlands und Westfalens dienen jetzt jeweils mehrbändige Werke, die auch jeweils einen Band mit Bilddokumenten umfassen:
Franz Petri und *Georg Droege* (Hrsg.): Rheinische Geschichte, bzw. *Wilhelm Kohl* (Hrsg.): Westfälische Geschichte. Beide Reihenwerke sind noch nicht abgeschlossen und erscheinen im Schwann Verlag Düsseldorf. Eine reichhaltige Ergänzung hierzu bieten die zahlreichen Aufsätze in der Sammlung: *Kurt Düwell* und *Wolfgang Köllmann* (Hrsg.): Rheinland-Westfalen im Industriezeitalter, 4 Bde., Wuppertal 1984.

Zur Anregung alltagsgeschichtlicher Fragestellungen bieten Bände aus der „gelben Reihe" des Hammer Verlags zahlreiche Aufsätze, von denen sich viele auch auf unsere Region beziehen:

Gerhard Huck (Hrsg.): Sozialgeschichte der Freizeit, Wuppertal 1980.

Lutz Niethammer (Hrsg.): Wohnen im Wandel, Wuppertal 1979.

Detlev Peukert und *Jürgen Reulecke* (Hrsg.): Die Reihen fast geschlossen. Beiträge zur Geschichte des Alltags unterm Nationalsozialismus, Wuppertal 1981.

Jürgen Reulecke und *Wolfhard Weber* (Hrsg.): Fabrik, Familie, Feierabend, Wuppertal 1978.

Schließlich seien zwei Schriftenreihen erwähnt, die wichtige Beiträge aus der regionalhistorischen Arbeit des Rundfunks zugänglich gemacht haben und seit Mitte der 60er Jahre von *Walter Först* im Grote Verlag in Köln herausgegeben werden: Rheinisch-Westfälische Lesebücher, sowie: Beiträge zur neueren Landesgeschichte des Rheinlandes und Westfalens. Regionalhistorisch interessante Dissertationen und ähnliche wissenschaftliche Einzelschriften sind in der Reihe „Düsseldorfer Schriften zur Neueren Landesgeschichte und zur Geschichte Nordrhein-Westfalens" (früher im Hammer-Verlag Wuppertal, jetzt im Schwann-Verlag Düsseldorf) erschienen.

Aus vielen anderen wissenschaftlichen Sammelbänden seien für unseren Zusammenhang vor allem genannt:

Dirk Blasius (Hrsg.): Preußen in der deutschen Geschichte, Königstein 1980

Hans Mommsen und *Winfried Schulze* (Hrsg.): Vom Elend der Handarbeit. Probleme historischer Unterschichtenforschung, Stuttgart 1981.

Karl Rohe und *Herbert Kühr* (Hrsg.): Politik und Gesellschaft im Ruhrgebiet. Beiträge zur regionalen Politikforschung, Königstein 1979.

Zur Geschichte der Lebensverhältnisse der arbeitenden Bevölkerung und zur Industriegeschichte seien genannt:

Heiner R. Adamsen: Investitionshilfe für die Ruhr. Wiederaufbau, Verbände und Soziale Marktwirtschaft 1948—1952, Wuppertal 1981.

Lotte Adolphs: Industrielle Kinderarbeit im 19. Jhdt. unter Berücksichtigung des Duisburger Raumes. Duisburg 1972.

Jörg Boström/Roland Günter: Rettet Eisenheim, Berlin, 2. Aufl. 1973.

Li Fischer-Eckert: Die wirtschaftliche und soziale Lage der Frauen in dem modernen Industrieort Hamborn im Rheinland, Hagen 1913.

Tita Gaehme/Karin Graf: Rote Erde. Bergarbeiterleben 1870—1920. Film-Ausstellung-Wirklichkeit, Köln 1983.

Carl Jantke: Bergmann und Zeche. Die sozialen Arbeitsverhältnisse in einer Schachtanlage des nördlichen Ruhrgebiets aus der Sicht der Bergleute, Tübingen 1953.

Otto Kaufmann: Frauenarbeit im 19. Jhdt. im Homburger Land, in: Rheinisch-westfälische Zeitschrift für Volkskunde 18/19 (1972), S. 76—102.

Friedrich Landwehrmann: Das Ruhrrevier. Sein sozialer Hintergrund. 2 Bde., Essen 1970.

Rolf Lindner/Heinrich Theodor Breuer: „Sind doch nicht alles Beckenbauers". Zur Sozialgeschichte des Fußballs im Ruhrgebiet, Frankfurt 1978.

Wolfgang Pabst: 350 Männer starben — nun laßt uns tanzen. Die Katastrophe in der Steinkohlenzeche Radbod/Hamm im November 1908, Herne 1982.

Heinrich Popitz u. a.: Technik und Industriearbeit. Soziologische Untersuchungen in der Hüttenindustrie, Tübingen 1957.

Dietmar Sauermann (Hrsg.): Knechte und Mägde in Westfalen um 1900. Berichte des Archivs für westfälische Volkskunde, Münster 1972.

Gustav-Hermann Seebold: Ein Stahlkonzern im Dritten Reich. Der Bochumer Verein 1927—1945, Wuppertal 1981.

Gabriele Unverferth:Evelyn Kroker: Der Arbeitsplatz des Bergmanns in historischen Bildern und Dokumenten, 2. Aufl., Bochum 1981.

Bernd Weisbrod: Schwerindustrie in der Weimarer Republik. Wuppertal 1978.

Paul Wiel: Wirtschaftsgeschichte des Ruhrgebiets. Tatsachen und Zahlen, Essen 1970.

Klaus Wisotzky: Der Ruhrbergbau im Dritten Reich. Sozialpolitik im Ruhrbergbau und soziales Verhalten der Bergleute 1933—1939, Düsseldorf 1983.

Erfahrungen und Lebensbedingungen wurden durch Interviews dokumentiert und untersucht in Bänden wie:

Hochlarmarker Lesebuch: Kohle war nicht alles. 100 Jahre Ruhrgebietsgeschichte, Oberhausen 1981.

IGBE Ruhr-Nord/Redaktion: Michael Zimmermann (Hrsg.): Jahre, die wir nicht vergessen, 1945—1950. Recklinghäuser Bergbau-Gewerkschaftler erinnern sich. Recklinghausen 1980.

Lutz Niethammer (Hrsg.): „Die Jahre weiß man nicht, wo man die heute hinsetzen soll". Faschismuserfahrungen im Ruhrgebiet. (= Lebensgeschichte und Sozialkultur im Ruhrgebiet 1930 bis 1960, Bd. 1), Berlin/Bonn 1983.

Lutz Niethammer (Hrsg.): „Hinterher merkt man, daß es richtig war, daß es schiefgegangen ist". Nachkriegserfahrungen im Ruhrgebiet, (Bd. II) Berlin/Bonn 1983.

Bernd Parisius: Lebenswege in Borbeck. Erlebnisse und Erfahrungen zwischen Jahrhundertwende und Kohlenkrise — erzählt von Frauen und Männern aus Borbeck, Essen 1984.

Jaimi Stüber (Hrsg.): Lebensgeschichte des Bergarbeiters Alfons S. Textbuch zum Film, Bremen 1980.

Aus der reichhaltigen Literatur auto-biographischer Dokumente und ihrer literarischen Bearbeitungen seien hier nur beispielhaft angeführt:

Hans Dieter Baroth: Aber es waren schöne Zeiten, Köln 1978.

Klaus Goebel/Günther Voigt (Hrsg.): Die kleine, mühselige Welt des jungen Hermann Enters. Erinnerungen eines Amerika-Auswanderers an das frühindustrielle Wuppertal, Wuppertal 1979.

Hans Marchwitza: Meine Jugend. Berlin/Weimar 1964.

Erik Reger: Union der festen Hand. Roman einer Entwicklung (Neuauflage), Kronberg 1976.

In den letzten Jahrzehnten hat die Erforschung der Arbeiter- und Arbeiterbewegungsgeschichte fast den Raum einer eigenen Disziplin eingenommen. Aber auch hier gibt es noch sehr viel Unbekanntes.

Einen guten Überblick gewinnt man durch Sammelbände wie:

Hans Mommsen/Ulrich Borsdorf (Hrsg.): Glück auf Kameraden! Die Bergarbeiter und ihre Organisationen in Deutschland, Köln 1979.

Hans Mommsen (Hrsg.): Arbeiterbewegung und industrieller Wandel. Studien zu gewerkschaftlichen Organisationsproblemen im Reich und an der Ruhr, Wuppertal 1980.

Jürgen Reulecke (Hrsg.): Arbeiterbewegung an Rhein und Ruhr, Wuppertal 1974.

Reinhard Rürup: Arbeiter- und Soldatenräte im rheinisch-westfälischen Industriegebiet, Wuppertal 1975.

An Einzelstudien seien genannt:

Günther Bergmann: Das Sozialistengesetz im rechtsrheinischen Industriegebiet. Ein Beitrag zur Auseinandersetzung zwischen Staat und Sozialdemokratie in Wuppertal und im Bergischen Land 1878—1890, Hannover 1970.

Ulrich Borsdorf: Hans Böckler, Arbeit und Leben eines Gewerkschafters von 1875 bis 1945. Köln 1982.

Franz-Josef Brüggemeier: Leben vor Ort. Ruhrbergleute und Ruhrbergbau 1889—1919, München 1983.

Karl Ditt: Industrialisierung, Arbeiterschaft und Arbeiterbewegung in Bielefeld. Dortmund 1982.

Dieter Dowe: Aktion und Organisation. Arbeiterbewegung, sozialistische und kommunistische Bewegung in der preußischen Rheinprovinz 1820—1852, Hannover 1970.

Peter Friedemann/Christoph Kleßmann: Streiks und Hungermärsche im Ruhrgebiet 1945—1948. Frankfurt a. M./New York 1977.

Arno Herzig: Die Entwicklung der Sozialdemokratie in Westfalen bis 1894, in: Westfälische Zeitschrift 121, 1971, S. 97—172.

Erhard Lucas: Märzrevolution 1920, 3 Bde., Frankfurt a. M. 1973/74/78.

Erhard Lucas: Zwei Formen von Radikalismus in der deutschen Arbeiterbewegung. Frankfurt a. M. 1976.

Richard Lützenkirchen: Der sozialdemokratische Verein für den Reichstagswahlkreis Dortmund-Hörde. Ein Beitrag zur Parteiengeschichte, Dortmund 1970.

Lutz Niethammer/Ulrich Borsdorf/Peter Brandt (Hrsg.): Arbeiterinitiative 1945. Antifaschistische Ausschüsse und Reorganisation der Arbeiterbewegung in Deutschland, Wuppertal 1976.

Klaus Novy/Günter Uhlig/Frank Karthaus/Arno Mersman: Anders leben. Genossenschaftliche Selbsthilfe als politische Kultur. Beispiele aus NRW. Katalog zur Ausstellung, Aachen 1983.

Projektgruppe Geschichte Bergischer Genossenschaften (Hrsg.): Vorwärts-Befreiung. Genossenschaftliche Selbsthilfe im Bergischen Land, Essen 1984.

Klaus Tenfelde: Sozialgeschichte der Bergarbeiterschaft an der Ruhr im 19. Jhdt. Bonn/Bad Godesberg 1977.

Der lange vernachlässigte Widerstand aus der Arbeiterbewegung und der Arbeiterschaft gegen den Nationalsozialismus ist jetzt in sehr vielen Städten historisch bearbeitet worden. Wichtig waren Studien wie:

Frank Bajohr: Gladbeck unterm Hakenkreuz. Essen 1983.

Kuno Bludau: Gestapo — geheim! Widerstand und Verfolgung in Duisburg 1933—1945. Hannover 1973.

Herbert Klein: Arbeiterwiderstand im Faschismus. Nördliches Ruhrgebiet/Münsterland 1933—1935. Edition Westf. Dampfboot 1979.

Kurt Klotzbach: Gegen den Nationalsozialismus. Widerstand und Verfolgung in Dortmund 1930—1945. Hannover 1969.

Annette Kuhn/Valentine Rothe: Frauen im deutschen Faschismus, 2 Bde., Düsseldorf 1982.

Detlev Peukert: Die KPD im Widerstand. Verfolgung und Untergrundarbeit an Rhein und Ruhr 1933 bis 1945. Wuppertal 1980.

Detlev Peukert (Hrsg.): Die Edelweißpiraten. Protestbewegungen jugendlicher Arbeiter im Dritten Reich. Köln, 2. Aufl. 1983.

J. C. Rossaint/Michael Zimmermann: Widerstand gegen den Nazismus in Oberhausen. Frankfurt a. M. 1983.

Ernst Schmidt: Lichter in der Finsternis. Widerstand und Verfolgung in Essen 1933—1945, Frankfurt a. M. 1979.

Hans-Josef Steinberg: Widerstand und Verfolgung in Essen 1933—1945. 2. Aufl., Bonn/Bad Godesberg 1973.

R. Theissen/P. Walter/J. Wilhelms: Anarcho-syndikalistischer Widerstand an Rhein und Ruhr. Ems-Kopp-Verlag 1980.

Abschließend noch einige Bücher aus verschiedenen Themenbereichen, die wegen ihres Gegenstands oder ihrer Methode besonderes Interesse verdienen:

Wilhelm Brepohl: Der Aufbau des Ruhrvolks im Zuge der Ost-West-Wanderung, Recklinghausen 1948.

David F. Crew: Bochum. Sozialgeschichte einer Industriestadt 1860—1914, Frankfurt a. M. 1980.

Walter Först: Geschichte Nordrhein-Westfalens. Bd. 1. 1945—1949, Köln/Berlin 1970.

Anna E. Freier/Annette Kuhn (Hrsg.): Frauen in der Geschichte V. „Das Schicksal Deutschlands liegt in der Hand seiner Frauen“ — Frauen in der deutschen Nachkriegszeit, Düsseldorf 1984.

Klaus Göbel/Manfred Wichelhaus: Aufstand der Bürger. Revolution 1849 im westdeutschen Industriezentrum, Wuppertal 1977.

Hermann Herbsts: Alles ist Küche und Handel . . . Wirtschaft und Gesellschaft des Wuppertals im Vormärz und in der Revolution 1848/49, Neustadt an der Aisch 1980.

Arno Herzig: Judentum und Emanzipation in Westfalen. Münster 1973.

Peter Hüttenberger: Nordrhein-Westfalen und die Entstehung seiner parlamentarischen Demokratie. Siegburg 1973.

Detlev Hüwel: Karl Arnold. Eine politische Biographie, Wuppertal 1980.

Christoph Kleßmann: Polnische Bergarbeiter im Ruhrgebiet 1870—1945. Soziale Integration und nationale Subkultur einer Minderheit in der deutschen Industriegesellschaft, Göttingen 1978.

Wolfgang Köllmann: Sozialgeschichte der Stadt Barmen im 19. Jhdt. Tübingen 1960.

Wolfgang Krüger: Entnazifiziert. Zur Praxis der politischen Säuberung in Nordrhein-Westfalen, Wuppertal 1982.

Herbert Kühr: Parteien und Wahlen im Stadt- und Landkreis Essen in der Weimarer Republik. Unter besonderer Berücksichtigung des Verhältnisses von Sozialstruktur und politischen Wahlen, Düsseldorf 1973.

Friedrich Landwehrmann: Europas Revier. Das Ruhrgebiet gestern, heute, morgen, Düsseldorf 1980.

Richard C. Murphy: Gastarbeiter im Deutschen Reich. Polen in Bottrop 1891—1933, Wuppertal 1982.

Lutz Niethammer: Umständliche Erläuterung der seelischen Störung eines Communalbaumeisters in Preußens größtem Industriedorf oder: Die Unfähigkeit zur Stadtentwicklung. Frankfurt a. M. 1979.

Hartmut Pietsch: Militärregierung, Bürokratie und Sozialisierung. Zur Entwicklung des politischen Systems i. d. Städten des Ruhrgebiets 1945—1948, Duisburg 1978.

Die Autoren

Dirk Blasius (Universität Essen, Gesamthochschule)

Ulrich Borsdorf (Wirtschafts- und sozialwissenschaftliches Institut des DGB, Düsseldorf)

Franz-Josef Brüggemeier (Fernuniversität Hagen)

Gerhard Brunn (Universität des Saarlandes)

Dieter Dowe (Institut für Sozialgeschichte, Bonn)

Bernd Faulenbach (Forschungsinstitut für Arbeiterbildung, Recklinghausen)

Tilman Fichter (Berlin)

Dieter Friedrichs (Fernuniversität Hagen)

Ulrich Herbert (Fernuniversität Hagen)

Bodo Hombach (Düsseldorf)

Christoph Kleßmann (Universität Bielefeld)

Arno Klönne (Universität Paderborn, Gesamthochschule)

Gottfried Korff (Universität Tübingen)

Heinz-Hermann Krüger (Universität Dortmund)

Annette Kuhn (Rheinische Friedrich-Wilhelms-Universität, Bonn)

Ulla Lachauer (Universität Essen, Gesamthochschule)

Alf Lüdtke (Max-Planck-Institut für Geschichte, Göttingen)

Martin Martiny (Ruhrkohle AG, Essen)

Hans Mommsen (Ruhr-Universität Bochum)

Lutz Niethammer (Fernuniversität Hagen)

Klaus Novy (Technische Universität Berlin)

Holger Paul (Friedrich-Ebert-Stiftung, Bonn)

Detlev Peukert (Universität Essen, Gesamthochschule)

Claudia Pinl (Köln)

Alexander von Plato (Fernuniversität Hagen)

Heinz Reif (Ruhrland-Museum, Essen)

Mark Roseman (Essen)

Ernst Schmidt (Essen)

Ute Schmidt (Freie Universität Berlin)

Michael Schneider (Friedrich-Ebert-Stiftung, Bonn)

Rolf Peter Sieferle (Universität Essen, Gesamthochschule)

Jutta Stehling (Universität Bielefeld)

Hans-Josef Steinberg (Universität Bremen)

Bernd Weisbrod (Ruhr-Universität Bochum)

Hans J. von Wensierski (Universität Dortmund)

Michael Zimmermann (Bochum)

CIP-Kurztitelaufnahme der Deutschen Bibliothek

„Die Menschen machen ihre Geschichte nicht aus freien Stücken, aber sie machen sie selbst“: Einladung zu e. Geschichte d. Volkes in NRW/Hrsg. Niethammer ... Mit e. Vorw. von Johannes Rau. [Die Bildserien wurden erstellt von: Tilman Fichter u. Alexander von Plato]. — 2. Aufl. (16. bis 35. Tsd.); Berlin · Bonn: Dietz, 1985.

ISBN 3-8012-0101-5

NE: Niethammer, Lutz [Hrsg.]